| 16 | 3  | 2  | 13 |
|----|----|----|----|
| 5  | 10 | 11 | 8  |
| 9  | 6  | 7  | 12 |
| 4  | 15 | 14 | 1  |

coleção TRANS

# Jean-François Courtine

# A TRAGÉDIA
# E O TEMPO
# DA HISTÓRIA

*Tradução*
*Heloisa B. S. Rocha*

editora■34

EDITORA 34

Editora 34 Ltda.
Rua Hungria, 592  Jardim Europa  CEP 01455-000
São Paulo - SP  Brasil  Tel/Fax (11) 3816-6777  www.editora34.com.br

Copyright © Editora 34 Ltda. (edição brasileira), 2006
*La tragédie et le temps de l'histoire* © Jean-François Courtine, 2006

A FOTOCÓPIA DE QUALQUER FOLHA DESTE LIVRO É ILEGAL, E CONFIGURA UMA
APROPRIAÇÃO INDEVIDA DOS DIREITOS INTELECTUAIS E PATRIMONIAIS DO AUTOR.

*Cet ouvrage, publié dans le cadre du programme de participation à la
publication, bénéficie du soutien du Ministère français des Affaires
Etrangères, de l'Ambassade de France au Brésil et de la Maison Française
de Rio de Janeiro.*
Este livro, publicado no âmbito do programa de participação à publicação,
contou com o apoio do Ministério francês das Relações Exteriores,
da Embaixada da França no Brasil e da Maison Française do Rio de Janeiro.

Capa, projeto gráfico e editoração eletrônica:
*Bracher & Malta Produção Gráfica*

Revisão técnica:
*Márcio Suzuki*

Revisão:
*Fabrício Corsaletti*

1ª Edição - 2006

CIP - Brasil. Catalogação-na-Fonte
(Sindicato Nacional dos Editores de Livros, RJ, Brasil)

Courtine, Jean-François
C668t      A tragédia e o tempo da história / Jean-
François Courtine; tradução de Heloisa B. S.
Rocha. — São Paulo: Ed. 34, 2006.
368 p.  (Coleção TRANS)

ISBN 85-7326-341-5

Tradução de: La tragédie et le temps de l'histoire

1. Hölderlin, Friedrich, 1770-1843.
2. Schelling, Friedrich W. J., 1775-1854. 3. Filosofia -
Romantismo alemão. I. Título. II. Série.

CDD - 501

# A TRAGÉDIA E O
# TEMPO DA HISTÓRIA

*Apresentação*, Márcio Suzuki ............................................... 7

*Nota da tradução* ........................................ 13

1. Da necessidade de/da filosofia ......................................... 17

2. A situação de Hölderlin
   no limiar do idealismo alemão ....................................... 37

3. A estréia filosófica de Hölderlin em Iena
   e sua crítica a Fichte ..................................................... 67

4. Quem é o Empédocles de Hölderlin? ...................... 91

5. O Cristo de Hölderlin ................................................... 113

6. Da metáfora trágica ..................................................... 143

7. Tragédia e sublimidade.
   A interpretação especulativa do *Édipo Rei*
   no limiar do idealismo alemão ....................................... 173

8. Mito e verdade.
   A mitologia explicada por ela mesma? ...................... 209

9. Temporalidade e revelação ............................................. 253

10. A crítica da ontoteologia ............................................. 275

11. Do Deus em devir ao ser por vir ................................... 303

12. Schelling e o judaísmo ................................................. 337

*Notas sobre os textos* ........................................ 361

Apresentação
# POR QUE AINDA A QUESTÃO: PARA QUE FILOSOFIA?

*Márcio Suzuki*


Um outro livro, certamente muito mais volumoso, teria sido necessário para reunir *todos* os trabalhos que Jean-François Courtine já publicou esparsamente sobre Hölderlin e Schelling. Este volume traz uma seleção, ao mesmo tempo abrangente e cuidadosa, dos ensaios que enfocam três temas caros ao autor: tragédia, tempo e história. Não escapará a uma leitura atenta destes ensaios a percepção de que essas três temáticas são, na verdade, aspectos diferentes de uma única e mesma questão. O trágico, a temporalidade e a história são maneiras de investigar a obra de Hölderlin e de Schelling numa perspectiva ontológica, onde importa escrutar como aparece nestes autores a preocupação com o problema do ser e de sua manifestação. O modo inusitado com que se voltam para o tempo trágico e para o tempo histórico indicaria precisamente a capacidade profunda que tiveram de se deixar interrogar por aquilo que é o essencial na questão do ser: a sua "destinação".

Esse viés "ontológico" que comanda a interpretação é bem patente nos primeiros ensaios sobre Hölderlin. Talvez se possa dizer, com algum exagero, que Courtine "desperta" para poeta suábio porque herda a problemática de Heidegger e dos heideggerianos: até que ponto Hölderlin teria comungado dos mesmos princípios que seus amigos e condiscípulos do seminário de Tübingen, Schelling e Hegel, que se tornariam os maiores filósofos de seu tempo? Mas em que medida, ao contrário, é possível dizer que ele se afasta dos grandes sistemas idealistas e, nesse mesmo gesto, rompe com a metafísica ocidental (já que o idealismo alemão seria, na leitura heideggeriana, a própria metafísica em seu perfeito acabamento)? A resposta que encontramos nos poemas, nos fragmentos filosóficos e "poetológicos" e na correspondência, mostram-nos os ensaios deste livro, não é uma resposta simples, como se a mera decisão pela poesia já bastasse como sinal claro de uma postura diferente da adotada pelos filósofos. Para ser rigoroso, é preciso não recuar diante das dificuldades e mostrar exatamente quando e como, no próprio terreno do saber filosófico idealista, brota a semente da ruptura com os pressupostos metafísicos.

A ontologia, mostra-nos Courtine, não exclui, mas rima muito bem com a filologia. É assim que, dispondo de um aparelhamento filológico muito mais preciso e rigoroso, os ensaios discutem detalhadamente questões importantíssimas, deixadas um pouco de lado pela hermenêutica do *Dasein*, tais como a da relação entre ser e juízo, a doutrina do signo e da metáfora, a teoria dos gêneros poéticos etc. Como Courtine mantém o tempo todo um confronto cerrado entre as teses idealistas de Kant, Fichte, Schelling e Hegel e os "desvios" operados por Hölderlin, nota-se uma crescente dúvida a despontar aqui e ali em seu espírito: será que não só Hölderlin, mas também o próprio idealismo já não teria entrevisto aquela outra margem do rio onde não mais vigem as leis da "ontoteologia"? O leitor já pressente que os ensaios sobre Schelling serão um complemento indispensável para responder inteiramente a essa questão.

Ao que tudo indica, é na discussão do problema da *Darstellung* (exposição, exibição, apresentação) que se demarcará a diferença crucial entre Hölderlin e a filosofia ainda eivada de metafísica dos idealistas. Se a *Darstellung* ainda é um tema de matriz idealista, o que afasta o poeta dessa filosofia é sua afirmação da singularidade de um destino trágico como o de Empédocles, que é um destino *único* mas, ao mesmo tempo, *exemplar*. O herói sacrificial, mostra o belíssimo ensaio sobre a "metáfora trágica", seria um elemento inseparável do todo, não como mais uma parte ôntica no conjunto dos entes, mas como uma parte "diferenciada" e, justamente por isso, imprescindível. A figura trágica é uma "exposição" desse todo, mas de uma forma muito especial. É que ela supre uma carência intrínseca aos próprios deuses: na partilha daquilo que caberia a cada um, estes receberam a beatitude, mas ficaram, por isso mesmo, *desprovidos de sensibilidade*. Isso explica por que a leitura hölderliniana do trágico teria fascinado tanto. O herói trágico é propriamente um destino, é o destinatário de uma "mensagem" que nem mesmo aos deuses foi dado ouvir.

O destino trágico é, portanto, no sentido heideggeriano, destinação. Ora, não deixa de ser curioso observar como a figura trágica da "individualidade em demasia", unicamente na qual se pode ser sensível ao todo, ter a "sensibilidade do todo", aparece também na análise da interpretação que Schelling faz de Édipo, o que mostra não só o interesse dos dois amigos suábios pelo tema do destino trágico, mas também a afinidade de suas reflexões sobre a questão. Aliás, o mesmo ensaio "Tragédia e sublimidade" também descobrirá em ninguém menos do que Friedrich Schiller um enlace original entre tragédia e história, que causará forte impressão em Schelling. Como esse "episódio" é ilustrativo da acuidade filológica de Jean-François Courtine, caberia umas breves palavras sobre ele.

São bem conhecidas as considerações de Kant sobre o sentimento sublime que o espectador experimenta ao observar "a distância" acontecimentos históricos grandiosos e violentos, como os da Revolução Francesa. Schiller teria dado uma inflexão totalmente nova a essas idéias, ao mostrar que a própria história mundial não pode ser entendida (kantianamente) segundo a teleologia ético-moral dos fins da razão. A aparente confusão, os aspectos medonhos e terríveis da *Weltgeschichte* escondem um verdadeiro *drama*, que, como tal, só se deixa apreender numa intuição estética semelhante à que se tem na experiência do sublime. Schelling foi ainda mais além: a história do mundo é, como o sublime, inapreensível, ela é o *próprio caos* e, por isso mesmo, forma de apreensão do absoluto: numa história digna do nome, não pode haver nenhuma fundamentação ou condicionamento de uma parte pela outra, ou de todas por um fundamento "onto-teo-lógico", mas todas as partes devem ser pensadas em si e por si mesmas, pois elas mesmas são absolutas.

Independentemente dos vínculos com o idealismo, a discussão do problema da *Darstellung* é decisiva para pôr às claras o momento em que a exegese de Hölderlin se afasta em definitivo da leitura heideggeriana. Este momento é o da interpretação da obra tardia do poeta. Uma das forças deste livro está, parece-me, em não esconder ou tentar minimizar a importância de Cristo em poemas como a elegia "Pão e vinho" e nos últimos hinos escritos já à beira do colapso mental. A análise mostra com todo detalhe e com toda a pertinência que o "Cristo de Hölderlin" é uma figura na acepção *tipológica* do termo, ou seja, ela recupera a seu modo o sentido pauliano da profecia "figural". Diferentemente, portanto, de Empédocles, a figura de Cristo já não marca apenas o fim do mundo dos deuses antigos, mas é também o início dos novos tempos. Por isso, do ponto de vista histórico, ele não é apenas o "último deus", mas também o "primeiro".

A interpretação de Cristo em termos de cumprimento da profecia figural aproxima mais uma vez Hölderlin de Schelling e, é bom lembrar, do romantismo de Iena. Essa aproximação é tanto mais in-

Apresentação

teressante, quanto, nos dois casos, quem prefigura profeticamente Cristo é ninguém menos que o deus Dioniso. A cuidadosa remontagem que Courtine faz da cristologia hölderliniana lhe permite, porém, fugir de uma certa tendência dos estudiosos do romantismo, que é a de simplesmente identificar as figuras do deus grego e do Crucificado. Eles são, sem dúvida, a mesma figura (e é isso, aliás, que possibilitará para Hölderlin uma aproximação e uma "reconciliação" do mundo antigo e do mundo moderno), mas numa relação de *profecia* e *cumprimento* que é determinante para o modo como se concebe a temporalidade e a história. Essa mudança na concepção do tempo e da história já ficará muito clara em Schelling: o tempo histórico não se confunde com uma cronologia progressiva, cumulativa, pois é preciso lê-lo, por assim dizer, de trás para frente. O "preenchimento" da figura é o instante em que se ilumina e ordena todo o processo histórico. É o Filho que realiza e atualiza aquilo que estava apenas em potência no Pai. No ensaio "Mito e verdade" se poderá ver como essa nova concepção de temporalidade é traduzida na linguagem schellinguiana das potências, na tripartição do deus Dioniso em Zagreu, Bakkhos e Iakkhos. Esse ensaio, por sinal, aproveita a conexão "figural" que existe entre mitologia pagã e revelação cristã para problematizar a tão celebrada inovação introduzida por Schelling na interpretação da mitologia. É verdade, diz Courtine, que o jovem Schelling deve ser considerado o primeiro (ao lado de Goethe e Moritz) a tentar uma explicação do mito nele mesmo e por ele mesmo, e não mediante um significado físico ou espiritual a que ele remeteria. Mas essa compreensão simbólica da mitologia não impede que haja, no Schelling tardio, uma espécie de *logos* alegórico subjacente ao *mito*, logos que já aponta, além do mito, na direção da Revelação.

Tal como ocorre nos ensaios sobre Hölderlin, os estudos sobre Schelling aqui reunidos percorrem praticamente todos os períodos da vida do filósofo. Vai ficando evidente para o leitor que o autor das *Idades do mundo* não pode ser simplesmente classificado como mais um que, a despeito de todos os esforços, não conseguiu escapar da metafísica. Dois ensaios, "A crítica da ontoteologia" e "Do Deus em devir ao ser por vir", dão a ver o quanto essa leitura pode ser simplificadora: se o primeiro apresenta as linhas gerais da *crítica à ontoteologia*, ao demarcar nitidamente os limites que separam a filosofia de Schelling das filosofias de Aristóteles e de Hegel, o segundo já esboça o que seria a própria *metaontologia* schellinguiana, uma metaontologia na qual já se pode encontrar, inclusive, uma nítida caracterização da diferença ontológica. Mas com a distinção Elohim/Jeová, ser/ente (*Seyn/Seyend*) Schelling não está sobretudo respondendo antecipadamente a Heidegger. Ele, ao contrário, propõe uma caracterização oposta para o vínculo ôntico-ontológico: o ser é justamente aquilo por meio do que o ente se revela — o *ente*, isto é, na acepção ativa e positiva do termo, a liberdade.

Poderíamos, enfim, nos perguntar se, apesar disso tudo, as questões — o modo de questionamento — não permanece inteiramente heideggeriano. O ensaio introdutório me parece escolhido com todo acerto, porque se incumbe de dizer que não é bem assim. Se a lição heideggeriana ensina que é preciso "sair da metafísica *na* metafísica" (*sortir de la métaphysique* dans *la métaphysique*), Courtine lembra que esta é mais uma das dívidas que o autor de *Ser e tempo* tem para com Husserl. É em Husserl que encontramos, diz-nos ele, essa postura "essencialmente ambígua" e, portanto, acrescenta, "fecunda" diante da história e da tradição. E é somente de uma meditação e interrogação que retorna incessantemente ao passado (*Rückfrage, Rückblick, historische Besinnung*) que podemos entender a "tarefa atual da filosofia" ou — para parafrasear Hölderlin — "a necessidade de/da filosofia" em "tempos de indigência".

Apresentação                                                                11

# NOTA DA TRADUÇÃO

Ao traduzir os poemas e ensaios de Hölderlin presentes neste livro, parti das traduções francesas utilizadas pelo autor, cotejando-as com os originais alemães. Cuidei contudo de não desviar da tradução francesa, nos casos em que isso pudesse comprometer o aproveitamento dos textos feitos por Jean-François Courtine. O imprescindível acesso a bibliotecas que dispunham dos originais de Hölderlin foi-me proporcionado por uma bolsa de tradução com estadia de dois meses em Paris, concedida pelo Ministério da Cultura da França, através do *Centre National du Livre*. Sem as versões integrais dos originais alemães e das traduções francesas, ainda que nem sempre nas edições utilizadas pelo autor, teria sido muito difícil traduzir os fragmentos de poemas e ensaios aqui incluídos.

*Heloisa B. S. Rocha*

# A TRAGÉDIA
# E O TEMPO
# DA HISTÓRIA

# 1.
## DA NECESSIDADE DE/DA FILOSOFIA

### A QUESTÃO DA FILOSOFIA

"Questão da filosofia" — a fórmula deve aqui ser entendida em todos os sentidos: com efeito, quando se trata de elaborar a questão "o que é a filosofia?" é seguramente a questão mesma posta pela filosofia — a questão-da-filosofia — que importa antes de tudo ter em vista e interrogar enquanto tal. Só uma interrogação desse gênero é capaz de abrir um novo espaço de questionamento, aquele em que se indaga sobre a questão de saber *quem* é a filosofia, qual é sua situação. A busca do lugar questiona a metafísica em suas possibilidades últimas, isto é, tanto em sua delimitação, quanto em sua proveniência essenciais. Encarar a metafísica a partir daquilo mesmo que é sua proveniência, e em busca de sua "identidade", leva de imediato a abandonar toda problemática que fosse a de uma história — ainda que filosófica — da filosofia, para se abrir à meditação de um destino e àquilo que, para a metafísica, foi o pontapé inicial ou a influência inaugural. Para chegar à questão "o que é a filosofia?" é preciso, em primeiro lugar, diz-nos Heidegger, "corresponder àquilo em direção a que a filosofia está a caminho [*wohin... unterwegs...*]".[1] A questão-da-filosofia só se torna assim questão da filosofia, questão que se indaga sobre o que é a filosofia, sobre sua essência ou sobre seu "alcance", caso já então se desenhe a figura de sua trajetória, de sua "destinação". Para que surja uma tal figura, é preciso enfim e seguramente que a filosofia se haja tornado ela mesma duvidosa, mesmo que se tornar duvidosa ainda não signifique revelar-se digna de questão. A filosofia pode parecer duvidosa numa primeira acepção "trivial", no sentido em que se ouve ecoar a questão: o que é a filosofia *para nós*?

[1] *Was ist das die Philosophie?*, Pfullingen, 1966, p. 21. Trad. francesa *in Questions*, II, p. 29.

De que serve a filosofia? Para que filosofia? Mas a filosofia pode igualmente se tornar duvidosa num sentido bem outro, no sentido em que Kant se questiona, por exemplo, sobre a possibilidade da metafísica, não para tentar simplesmente saber se ela é ou não "possível", ao termo de uma investigação orientada para chances de êxito factual na execução de um projeto recebido imediatamente como tal, mas com vistas a uma delimitação de sua essência e de sua destinação. A filosofia pode, enfim, se tornar eminentemente duvidosa, no sentido de que ela não nos é efetivamente mais nada, não porque houvesse pura e simplesmente desaparecido, ou porque tivesse se tornado supérflua, mas porque é, ao contrário, onipresente, isto é, porque está agindo em toda parte [*wirklich*], ou presente como subagente, porque decididamente entrou na era de seu "devir-mundo". É esse questionamento da filosofia que aqui gostaríamos de examinar brevemente, segundo a diversidade de seu ser-duvidoso; tentá-lo-emos, tendo como fio condutor a questão da necessidade, uma vez que tanto "necessidade" quanto "destinação" [*Bedürfnis-Bestimmung*] são os dois conceitos diretores, com o auxílio dos quais a metafísica, no limiar de seu acabamento, apreende sua essência.

### Auto-responsabilidade e destinação

No questionamento imediato da filosofia, segundo uma primeira acepção "trivial" de seu ser duvidoso, é a questão, ela mesma, que antes de tudo é questionável e que convém então interrogar enquanto tal. Que significa, com efeito, que implica essa inquirição formulada como um "para quê", como um "por quê"? A pergunta, aqui, situa de imediato o que é assim posto em questão num horizonte de relatividade, o do "para", do "bom por isso". A questão deveria então ser entendida em toda sua generalidade como questão do "para e por quê?". Para/por quê, com que fim há algo como a filosofia (com o seguinte subentendido determinante: ... e não outra coisa — o fundo do "para/por quê?", como *ratio cur*, sendo evidentemente, em boa lógica leibniziana, um *cur... potius quam...?*).

Sem nos demorar aqui nas condições de possibilidade de semelhante questionamento, podemos de imediato estabelecer que não há nenhuma resposta *filosófica* a uma questão assim formulada ou, mais precisamente ainda, que a metafísica se define por sua recusa a um tal questionamento exterior. Logo de saída, a questão se declara por si mesma impertinente, uma vez que pretende, de fora da filosofia, legitimar ou "situar" respectivamente esta última em algum horizonte definido por um sistema referencial (meio-fim) estranho à própria filosofia. Decididamente reivindicada pela questão, a filosofia poderá mesmo, sem hesitar, se pôr como inútil, isto é, "como boa para nada", sem mesmo que se tenha motivos de perguntar seriamente se, numa figura ancilar qualquer, ela não deveria ser considerada antes como "aquela que precede, com a tocha, a graciosa Dama" do que como "aquela que a segue segurando-lhe a cauda do vestido".[2] A filosofia, com efeito, não serve mais para nada, não "vale mais nada", desde o momento em que se pretende avaliá-la por sua inscrição possível num campo de validade de que ela própria não seria senão a fonte secreta ou a origem absolutamente fundadora. Se, portanto, a filosofia desde logo não "serve para nada", é antes de tudo, e negativamente, porque ela nunca pode ser reduzida à categoria de um simples meio que não existiria e não se justificaria senão *com vistas a* outra coisa. Com isso, a filosofia se dá fundamentalmente, e em conformidade com sua essência, como ab-soluta. Recusar toda possibilidade de responder à questão assim entendida — seria isso simples demonstração de pretensão tola ou marca de arrogância? A menos que essa recusa traga em si uma determinação filosófica positiva muito mais essencial.

"Falar da utilidade da filosofia, eis algo, a meu ver, contrário à dignidade [*Würde*] dessa ciência. Aquele que só sabe pôr esse tipo de questão certamente ainda não está à altura de possuir *a idéia da filosofia*", assim falava Schelling por ocasião das *Preleções* consagradas precisamente ao *Método dos estudos acadêmicos*.[3] O que importa aqui não é tanto destacar um desprezo schellinguiano qualquer por tudo o que fosse diretamente útil ou utilizável, quanto estar atento ao que o opõe a toda consideração utilitária: a *dignidade* da filosofia, desde o momento em que esta última é apreendida à altura de sua *idéia*. Que significa ao certo essa idéia da filosofia? Ouçamos ainda Schelling: "Esta última [a filosofia] se desobriga por si mesma de toda relação com a utilidade. Ela só existe em função de si mesma. Existir

---

[2] Kant, *O conflito das faculdades*, trad. francesa de Gibelin, p. 27.

[3] *SW*, V, p. 256 = Meiner, p. 50; trad. francesa, *in Philosophies de l'Université*, Paris, 1979, p. 81.

Da necessidade de/da filosofia

em função de outra coisa seria de imediato destruir sua própria essência".[4] A filosofia é "em função de si mesma", ela é seu próprio fim (*Zweck*), ou é ainda "fim último" (*Endzweck*), não porque de imediato a si mesma se bastasse, independentemente de todo o resto, mas porque não há totalidade, *omnitude*, senão graças a sua unidade fundamental, a sua universalidade; a filosofia é "o verdadeiro elo" (o elo divino, diz também Schelling), o único suscetível de restituir a qualquer coisa o seu centro, e de situar assim, no seio de um domínio de "uni-verso", tudo o que é, mediante o sistema de seus próprios fins.

Enfatizar que a filosofia, em sua figura absoluta, recusa a inquirição a ela dirigida sob a forma do "para quê?" é então dizer simplesmente que, "desembaraçada de si mesma", ela não poderia deixar-se pôr em questão de "fora", pelo fato mesmo de que ela se institui desde seu primeiro começo como tribunal supremo, instância absolutamente questionadora e normativa, não deixando lugar para nenhuma exterioridade. É por esse gesto de recusa que ela pode satisfazer a tarefa que é a sua: submeter à questão o ente em seu conjunto, nada admitir que antes não haja apresentado sua própria "justificação"; mas, por isso mesmo, ela pretende, quanto a si, escapar, à *ratio reddenda*, à necessidade de justificar sua existência ou de defender seus direitos. Medida por sua "idéia", a filosofia não é possível senão como instância arquifundadora, ciência fundamental: *Grund-legung*, posição-de-fundo.

Se é então impossível, desde o princípio, intimar a filosofia a responder por ela mesma, por sua utilidade ou seu valor *para* o presente ou *para* o hoje, não é contudo porque ela não esteja em condições de responder por si mesma: a responsabilidade — responder-por-si-mesma-para-si-mesma (*Selbstverantwortung*, repetirá Husserl) — é precisamente o que lhe cabe propriamente; mas é de *auto*-responsabilidade que então se trata. Se, portanto, nada é mais íntimo à filosofia do que a seriedade da auto-afirmação, da meditação própria, da auto-interpretação, não é por falta, mas por excesso, que a filosofia, em sua figura acabada, recusa expressamente a questão a ela dirigida. A recusa é propriamente *excessiva*, no sentido de que, de um extremo a outro de sua história, a filosofia é responsável por responder por si mesma diante de uma questão bem outra, a questão: *wozu?*

"E para que (*wozu*) poetas em tempos de indigência?/ Mas eles são, dizes, como os sacerdotes consagrados pelo deus do vinho/ Que

[4] *Ibidem.*

caminham de um lugar a outro na noite santa." O que responde aqui ao *wozu* (para quê) hölderliniano não é um "porque", mas a indicação de um encaminhamento, de uma orientação. *Wozu Dichter...?* O que antes de tudo não significa "para que poetas?", mas, mais profundamente, a questão pergunta qual é a orientação poética, voltados para que "Oriente" os poetas podem responder ao ofício poético [*Dichterberuf*], àquela que é a sua vocação. Com isso, a questão *wozu?* pergunta em direção à essência, à determinação essencial, à *Bestimmung*. Deve, também, o *wozu* ser entendido como o encontro de um *woher?* e de um *wohin?* no cruzamento de uma proveniência e de uma destinação? Qual é então a destinação da filosofia? Dito de outro modo: o que é a filosofia? Assim soaria agora a questão inicial.

A filosofia, observava Leibniz, fazendo eco a Aristóteles, poderia chamar-se *A Desejada*;[5] diríamos igualmente: *A Destinada*,* no sentido de que a metafísica descreve em sua história a figura de um único e mesmo destino, ou melhor, "destinamento" (*Geschick*), que nos é atribuído a partir de uma abertura originalmente grega, onde a Grécia se torna o lugar central de uma remessa ou de uma distribuição (*Schickung*). Nessa figura de destino, a Grécia, como partilha, não designa uma entidade cultural ou étnica, "um simples tipo antropológico, como a China ou as Índias",[6] mas possui a unidade de uma "configuração espiritual", como lugar de nascimento da filosofia, é o proto-fenômeno (*Urphänomen*) de uma Europa que escapa a toda delimitação puramente geográfica.[7] A Grécia concerne tanto menos a qualquer consideração tipológica quanto "é apenas em virtude dessa destinação que os gregos se tornam os Gregos no sentido da história como historialidade" [*im geschichtlichem Sinne*], como pôde escrever Heidegger.[8] A questão da proveniência grega não se impõe então numa pura e simples "preocupação com o grego",[9] já que tal não

---

[5] *Ph. Schr.*, IV, 468.

* Em francês, *La Destinée*, que se pode traduzir tanto por "A Destinada" quanto por "O Destino", no sentido de destino particular de um ser. (N. da T.)

[6] Husserl, *Krisis*, p. 14; trad. francesa, p. 21.

[7] *Krisis*, pp. 318-9; trad. cit., p. 352.

[8] *Holzwege*, GA, V, p. 336.

[9] *Questions*, IV, 242.

é a Grécia senão a título de origem da filosofia, isto é, como aquilo a partir de que se torna possível identificar enfim "aquilo *em direção* a que a filosofia está a caminho" (*wohin die Philosophie unterwegs ist*).[10] Esse caminho voltado para..., eis o que confere à filosofia sua mais secreta "destinação". Uma tal destinação (no sentido de que os "europeus" da Europa como tipo absoluto dela são os destinatários, e de que essa partilha fixa um lugar de destinação, um ser-com-destinação-a) traz na base a possibilidade de elaboração do conceito de *Bestimmung*, tal como ele se torna central para o idealismo alemão.

Revelar tematicamente a *Bestimmung* do homem, do sábio, da metafísica, visto que esta corresponde, como "disposição natural" (*Naturanlage*), a uma "necessidade própria da razão",[11] tal é, com efeito, a tarefa que a filosofia explicitamente se atribui no limiar de seu acabamento. Voltemos um instante a Leibniz: evocando "a Desejada", Leibniz, dizíamos, faz eco a Aristóteles (*zetoumené epistemé*). Por certo ainda se deve precisar que o Aristóteles assim visado é muito mais aquele cuja figura nos foi transmitida por Cícero nos seguintes termos: "é por isso que, quando Aristóteles recrimina nos filósofos mais antigos haverem acreditado que a filosofia, graças ao gênio deles, estava perfeita [*philosophiam... esse perfectam*], ele indica realmente que eles foram nisso muito tolos ou muito vaidosos, mas pensando ao mesmo tempo que, tendo em vista a amplidão do caminho percorrido em poucos anos [*magna accessio facta esset*], a filosofia estaria em pouco tempo completamente ultimada [*plane absolutam fore*]";[12] figura certamente bem diferente daquela do Aristóteles autenticamente dialético, isto é, preso a uma abordagem fundamental diaporemática (... *palai té kai nun kai aei...*). Dito de outro modo, a Desejada, "a verdadeira metafísica que Aristóteles buscava", como escreve ainda Leibniz,[13] pode receber no momento seu nome definitivo de *Ciência geral, Wissenschaft*, dirá Fichte. Este último aliás indicará explicitamente que o que era até aqui ciência buscada e desejada deve doravante "abandonar, não sem razão, esse nome bem

---

[10] *Loc. cit.*

[11] *KrV*, B 22.

[12] *Tusc.*, III, 69.

[13] *Theod.*, § 184.

conhecido de filosofia... que até aqui portou por uma modéstia não fingida" — a filo-sofia não designando, com efeito, senão uma forma de "curiosidade, de amadorismo, de diletantismo" — por aquele de ciência, ou melhor, de "ciência da ciência".[14]

No limiar de seu acabamento, dizíamos, a filosofia interroga-se tematicamente sobre sua destinação e sobre o sentido dessa destinação; mas consumação, ultimação (*Vollendung*), não significa ainda fim (*Ende*). Os pensadores do idealismo alemão não poderiam, e por princípio, pensar algo como um fim da filosofia e, muito menos, uma "Verendung", não um desaparecimento, mas uma entrada no fim, pois este fim é ele mesmo sem fim determinável, in-definido. Quando o que se anunciava na dimensão de uma história mais do que bi-milenar encontra enfim sua realização no pensamento do sistema,[15] a *pragmateia* que a filosofia é, alcançando seu objetivo, esforça-se antes de tudo por reunir a totalidade de sua tarefa em uma questão central, a meditação retrospectiva sobre sua *Bestimmung*.

Kant, em seus cursos de *Lógica*,[16] propõe reconduzir à questão "o que é o homem?" todas as outras questões até então diretoras da filosofia; a questão abre assim a via para uma antropologia transcendental, destinada a assegurar o fundamento da metafísica em seu "objetivo final" [*but-final*], isto é, da teologia como metafísica especial.[17] Todas as outras questões, aquelas às quais tradicionalmente a metafísica, a moral ou a religião respondem, podem doravante ser reconduzidas a essa *primeira* interrogação. A questão do homem que aqui se levanta, no horizonte do sistema, não é uma questão empírica, antropológica no sentido estrito do termo, já que ela questiona igualmente a essência do homem com vistas a sua situação, a sua posição [*Stellung*] no mundo, na história, na natureza, em direção a sua universalidade; uma tal questão talvez se pudesse chamar de "escatológica". É Fichte quem primeiro pretenderá — e pouco importa aqui

---

[14] *Sobre o conceito da doutrina-da-ciência*, G.A., 1, 2, pp. 117-8; trad. francesa, *in* Fichte, *Essais Philosophiques Choisis*, Paris, Vrin, 1984, pp. 35-6.

[15] É nesse sentido, mas apenas nesse sentido, que Schelling, por exemplo, pode dizer, falando de Kant: com a Crítica, "*die Philosophie ist noch nicht am Ende*" [a filosofia ainda não chegou ao fim] (*SW*, I, 152).

[16] *Ak Aus.*, IX, pp. 24-5; trad. francesa de L. Guillermit, p. 25.

[17] Heidegger, *Kantbuch*, § 36.

por meio de que inflexões decisivas — recolher a inspiração kantiana, fazendo da questão "o que é o homem?", sob o título de *Destinação do homem*, o centro de sua própria reflexão. A elaboração fichtiana, sabe-se, estabelece-se desde as *Preleções* pronunciadas em Iena em 1794-1795, onde Fichte pergunta mais precisamente qual é a destinação do *sábio*; uma tal questão recapitula, com efeito, aos olhos de Fichte, a "tarefa última" de toda investigação filosófica, a questão mais geral de saber o que é o homem constituindo antes a "tarefa primeira" da filosofia.[18] A razão é principalmente que a determinação da destinação do sábio permite estabelecer de modo absoluto a destinação do homem "em sua figura mais elevada e mais verdadeira".[19]

Mas o que é, então, de maneira geral, o homem, na óptica de sua destinação? O homem é aquele que, de direito, não poderia responder, tampouco ele, a uma questão formulada sob o modo do "para quê?". O homem, com efeito, é "seu próprio fim",[20] o que significa, precisa logo Fichte, que "ele é pura e simplesmente porque ele deve [*soll*] ser"; ou ainda: "ele é *porque* ele é. Esse caráter de ser-absoluto, de ser visando a si mesmo, tal é seu caráter ou sua destinação...".[21] O homem é então primordialmente porque "ele deve ser"; mas como determinar mais exatamente esse dever-ser, essa absolutez? Se o homem é absolutamente em função de si mesmo, é porque nele, em seu ser, é o absoluto mesmo que está em jogo desde o início. No sentido em que Husserl evocará por sua vez "o ego filosofante como portador da razão absoluta advindo a si mesma".[22] Do homem, acrescenta Fichte, não se poderia dizer muito simplesmente: *er ist* — ele é, já que é preciso imediatamente acrescentar essa determinação complementar: "ele é também algo" (*irgend etwas*).[23] Mas precisamente esse *o que* [*was*] o homem é, ele não o é porque ele é, pelo fato de que ele é. Desde então, a verdadeira tarefa que a ele se impõe, à altura de sua destinação, de sua autodestinação, pode ser formulada do seguinte

---

[18] *Sobre os deveres do sábio*, ed. Lauth-Jacob, p. 4.

[19] *Ibidem*.

[20] *Idem*, p. 5.

[21] *Ibidem*.

[22] *Krisis*, p. 275, 1.6-7; trad. cit., p. 304.

[23] *Sobre os deveres do sábio*, ed. cit., pp. 5-6.

modo: "o homem deve ser o que ele é, pura e simplesmente porque ele é"; desse homem, se poderá dizer, enfim, o que Hughes de Saint-Victor reservava antes "unicamente à natureza" do *genitor* e do *artifex*: "cui non est aliud esse et id quod est".[24] Em outros termos, tudo o que o homem é, todas as determinações de seu ser ou de sua essência, não devem ser, não podem ser suas, "senão porque ele é um Eu". Tudo o que ele é — *alles was er ist* — escreve Fichte; mas para precisar mais tarde: tudo o que é — *alles was ist*. A *Destinação do homem* de 1800 acrescentará, com efeito: "em suma, não há para mim absolutamente nenhum ser puro, em sua simplicidade, se ele não me concerne, nenhum ser que seja tal como eu o intuo unicamente por intuí-lo; é apenas através de sua relação com o Eu que é tudo o que, de maneira geral, está presente para Mim. Ora, não há de todo senão uma única relação possível com o Eu — todas as outras relações sendo apenas subordinadas a esta — [a relação correspondente a] minha destinação: agir moralmente. Meu mundo é — objeto e esfera de meus deveres e absolutamente nada mais".[25] A destinação "ética" é então o lugar da formulação radical da tese da unidade focal, da unicidade, da identidade [*Einigkeit*] absoluta do Eu. "A destinação última de todos os seres racionais finitos é então a unidade absoluta, a identidade permanente, a coincidência [*Uebereinstimmung*] total consigo mesmo", já nos ensinam as *Preleções* de 1794. "Uebereinstimmung", tal é então a última palavra da "Bestimmung" — da destinação; a coincidência dizendo aqui tanto a correspondência de tudo o que é com a determinação do Eu, a regulagem em uníssono no tom egóico fundamental, quanto o acordo consigo. É, com efeito, a *Uebereinstimmung*, como figura última da destinação, que permite fixar assim o fim último (*Endzweck*): "submeter a si tudo o que é privado de razão, dominá-lo livremente e segundo sua própria lei, tal é o fim derradeiro e último do homem".[26]

Ora, essa destinação geral que cabe propriamente ao homem enquanto tal encontra sua suprema realização na figura central do sábio — entenda-se, do filósofo. A destinação filosófica é o que é eminentemente apropriado para levar a cabo a destinação geral: "Tal é

---

[24] *Didascalicae libri Septem*, I, 7, P.L. 176, 746.

[25] *Sobre a destinação do homem*, edição Meiner, p. 97.

[26] *Sobre os deveres do sábio*, ed. cit., p. 9.

nossa destinação comum, tal é nossa partilha [*Schicksal*], sermos destinados [*bestimmt*] por nossa vocação [*Beruf*] a fazer o que deveríamos fazer em razão de nossa vocação universal, enquanto homens...".[27] Indiquemos desde agora a repetição desse mesmo gesto em Husserl, remetendo ele também de uma *Bestimmung* universal a um *Beruf* especificado, portador da evidência da sorte comum; o "sábio" tornou-se apenas, entrementes, "funcionário da humanidade": "Somos então... os funcionários da humanidade. A responsabilidade totalmente pessoal que é a nossa com relação à verdade de nosso próprio ser como filósofo, na vocação [*Beruf*] pessoal íntima, traz em si a responsabilidade com relação ao verdadeiro ser da humanidade [*Bestimmung*], o qual é apenas dirigido a um Telos e só pode chegar a sua realização, se é que o pode, através da filosofia, através de *nós*, com a condição de que sejamos filósofos com seriedade".[28] Ele não assume senão mais decididamente, através da filosofia nele, a função de "cérebro operatório" do mundo, e de seu "funcionamento" vai depender "a autenticidade e a saúde do espírito europeu".[29]

Voltemos a Fichte: o sábio fichtiano, através da filosofia nele e do chamado a que ela responde originalmente, é então aquele em quem vem a culminar cada vez uma destinação geral. Mas como determinar mais precisamente essa vocação, esse chamado (*Beruf*)? O chamado é aqui de imediato chamado absoluto, já que advém, através do saber que a ele responde, nada menos que "a exposição da via originária e divina".[30] Sem dúvida é mesmo no seio da humanidade histórica em seu conjunto, como gênero, que se manifesta a vida divina, mas é ao sábio que cabe propriamente, por sua "profissão", "manter presente entre os homens o conhecimento da idéia divina, levá-lo a um grau cada vez mais elevado de clareza e de determinidade e transmiti-lo [*fortflanzen*] de geração em geração nessa figura que se rejuvenesce sem cessar em sua iluminação".[31] Com isso, Fichte quer evidentemente indicar, contra o Schelling das *Preleções sobre o método dos*

[27] *Idem*, p. 42.

[28] *Krisis*, § 7, p. 15; trad. cit., p. 23.

[29] *Idem*, p. 338; trad. cit., p. 372.

[30] Fichte, *SW*, VI, p. 364.

[31] *SW*, VI, p. 416 = *Preleções sobre a destinação do sábio* (1805).

*estudos acadêmicos*, que essa exposição (*Darstellung*) divina advém mediante uma verdadeira progressão [*Fort-gang*], de maneira processual, como encenação *prática* do absoluto.[32] O que Fichte repetirá ainda uma última vez em Berlim em 1811: "esse aparecer de Deus em face [*dieses Erscheinen Gottes im Gesichte*]... é um aparecer infinito". Desde então, é preciso considerar que "nunca se apresenta no tempo uma figuração (*Bildniss*) imediata de Deus, mas que se trata sempre apenas de uma imagem de sua imagem por vir (*ein Bild von seinem zukünftigen Bilde*), a qual não é por sua vez senão uma imagem dessa imagem sempre futura, e assim continuando ao infinito".[33] A destinação filosófica determina-se então, de maneira última, como "imaginação-contínua" (*Fortbildung*), elaboração progressiva chamada a afirmar o aparecer divino antes como *unendliches Bilden* do que como *Offenbarung* ou *manifestação*.[34]

Apesar dessa oposição precisa, à luz da suprema vocação do sábio, o homem aparece como "instrumento" de uma revelação, ou ao menos de uma figuração absoluta; a destinação em todo caso deve ser pensada, a partir dessa situação em face do absoluto, como destinação absoluta. Sem dúvida, somos levados com isso a falar de novo de um "serviço" ou de um "ofício" preenchido pela filosofia, mas trata-se nesse caso de serviço sagrado, estranho a toda subordinação a qualquer fim exterior que seja (bom para...) — "serviço divino", dirão Hegel e Schelling.[35] Desde 1802, nas já mencionadas *Preleções* de Iena, Schelling anunciava: "O homem está destinado por sua posição [*Stellung*] a ser um complemento da manifestação do mundo; é dele, de sua atividade, que deve desenvolver-se o que ainda falta à totali-

---

[32] O diretor dessa encenação é naturalmente o sábio, que tem por tarefa "vigiar de cima (*oberste Aufsicht*) a progressão efetiva da humanidade em geral e favorecer sem trégua esse progresso" (*Sobre os deveres do sábio*, p. 37; trad. francesa de Vieillard-Baron, p. 72.

[33] *SW*, XI, p. 152.

[34] É nessa doutrina da "visão" (*Gesicht*), como "imagem de Deus" (*Bild Gottes*), que se enraíza de maneira última o que se chama em Fichte de "primado do prático"; "um saber prático, escreve ele, é um saber determinado por si mesmo, por conseguinte uma simples visão" (*ein blosses Gesicht*) (*SW*, XI, 150) — o essencial sendo naturalmente "realizar" as visões, ou o "plano", como preferirá dizer em seguida.

[35] Respectivamente, *GW*, vol. IV, p. 76; *SW*, IV, p. 231.

dade da revelação divina... o ser racional deve exprimir a imagem dessa natureza divina tal como ela é em si".[36] Em seus cursos de Munique consagrados à *História da filosofia*, Schelling evocará ainda o Si (*Selbst*) como "instrumento ou órgão" do Altíssimo (*Höchste*), isto é, precisamente destinado a sua "manifestação".

Observemos de passagem que essa interpretação da filosofia essencialmente centrada em sua destinação absoluta é também aquela que vai presidir a fundação da Universidade de Berlim e a organização enciclopédica do saber defendida pela *universitas*, pela *universio* filosófica.

### NECESSIDADE DA FILOSOFIA — FILOSOFIA COMO TAREFA

O conceito de destinação, cuja elaboração no seio do idealismo alemão acabamos de esboçar, em sua oposição a todo questionamento formulado como "para quê?", pode por sua vez ser esclarecido à luz de uma reflexão em termos de necessidade. A que necessidade responde a filosofia? Em que há necessidade de filosofia? De que a filosofia, ela mesma, pode ter necessidade? As considerações históricas precedentes acerca da tese idealista do caráter sagrado da vocação e da missão filosóficas, como exposição e encenação prática do absoluto, bastam para nos advertir de que a necessidade (*Bedürfnis*) aqui visada não poderia ser entendida no sentido imediato ou empírico de necessidades vitais ou ideológicas. Hegel, no início do *Escrito sobre a diferença*, evoca a "necessidade da filosofia": "o dilaceramento, a divisão em dois (*Entzweiung*), escreve ele, é a fonte da necessidade da filosofia",[37] precisando algumas páginas adiante: "quando o poder de unificação desaparece da vida dos homens e as oposições, havendo perdido sua relação viva e sua ação recíproca, adquiriram sua independência, então nasce a necessidade da filosofia".[38] Que significa aqui "necessidade da filosofia"? Que relação a necessidade mantém com a uni-dade, a uni-versidade? Heidegger, no decorrer de um seminário consagrado precisamente a esse texto de Hegel, interroga-se

---

[36] Op. cit., Meiner, p. 12; trad. cit., pp. 49-50.

[37] *GW*, vol. IV, p. 12.

[38] *Ibidem*, p. 14; trad. francesa de M. Méry, *Premières publications...*, p. 88.

28                                                    A tragédia e o tempo da história

assim: o termo "Bedürfnis" é suscetível de duas acepções; num sentido negativo, ter necessidade de alguma coisa "é experimentar ao mesmo tempo a ausência, a falta e a necessidade dessa coisa". Eis o que marca também a palavra alemã "Not", que diz a indigência, a situação de necessidade em relação a alguma coisa. Mas, acrescenta Heidegger, "Bedürfnis" pode receber também um sentido positivo: "ter necessidade de alguma coisa é pôr-se em ação em direção a alguma coisa, dar-se ao trabalho, empenhar-se para consegui-la".[39] A partir dessa distinção, Heidegger estabelece uma alternativa rigorosa: alguma coisa está carente de filosofia ou a filosofia está carente de alguma coisa? A resposta fica clara, mal formulada a questão: "Hegel quer mostrar aquilo de que a filosofia precisa para ser uma verdadeira filosofia".[40] Não é menos verdade que o essencial talvez não seja aqui escolher entre duas acepções, decidir a favor de um genitivo objetivo ou de um genitivo subjetivo, mas perceber que aquilo mesmo de que a filosofia precisa, aquilo que é a necessidade da filosofia, aquilo que a inquieta é exatamente aquilo em razão de que há igualmente necessidade de filosofia. Expliquemo-nos: pode-se dizer do mesmo modo, e inversamente, que não pode haver *necessidade de* filosofia, que a filosofia não se pode impor necessariamente como necessidade, senão quando ela, na condição mesma de filosofia, já está "em situação de necessidade", isto é, confrontada à necessidade *da filosofia*, a seu assunto, a caminho em direção a sua destinação. Voltemos um instante ao primeiro questionamento e à primeira acentuação da questão: para que filosofia? Essa questão, em sua formulação mesma, já indicava que a filosofia deixou de ser para ela mesma necessidade, de estar centrada em sua necessidade, em seu assunto. É por isso, aliás, que Fichte, não mais do que Schelling ou Hegel, não podia ouvir com seriedade ressoar a questão. Necessidade ou não de filosofia...? a alternativa então sugeriria apenas inteira satisfação uma vez dada à necessidade *da* filosofia? A razão é tão simples quanto difícil de pensar: a filosofia entrou em seu fim. Havendo entrado em seu fim ou em seu "estado terminal",[41] a filosofia aproxima-se de seu fim (*Ende*), não por falta de filosofia, extenuação pura e simples, mas por haver

[39] *Questions*, IV, pp. 222-3.

[40] *Ibidem*.

[41] *Questions*, IV, p. 112.

atingido seu objetivo, realizado seu fim (*Zweck*). Nesse sentido, não há mais necessidade de filosofia quando esta última, havendo entrado em seu fim, respondeu plenamente àquela que era a sua necessidade (a necessidade de uma "verdadeira filosofia"), e para a qual ela era precisamente *desejada*, isto é, destinada. Foi assim, também, que a filosofia, reportada a sua própria necessidade, sempre respondeu essencialmente àquele que a cada vez era o seu "hoje" — ao tempo; a questão do tempo da filosofia — da "idade da filosofia" num sentido decisivo — *é* a questão da necessidade da filosofia. A filosofia obedece sempre, por sua destinação mesma, à necessidade de "pensar o que é", de "capturar seu tempo no pensamento". "Saber pensante do que é no tempo", ela é necessariamente "filha de seu tempo", ela está necessariamente à escuta da "necessidade do tempo" (*Bedürfnis der Zeit*).[42] É assim que, inquieta com aquilo de que carece, ela também é portadora de história, abertura do tempo, já que concebe "was an der Zeit ist",[43] o que é em seu tempo, o que vem em seu tempo, o que o tempo exige.

Enunciemos agora a questão cuja elaboração gostaríamos de esboçar aqui para concluir: em tempo de indigência, no tempo da ausência de tempo, quando não há mais nenhuma necessidade *da* filosofia, uma necessidade de filosofia pode surgir renovada, uma nova tarefa se delinear?

"Três perigos ameaçam o pensamento", escreveu um dia Heidegger: "o pior perigo, aquele que desencaminha, é o filosofar". Mas por filosofar entende-se aqui, sem dúvida alguma, a "produção filosófica", no sentido do puro e simples prolongamento, da sobrevivência de um empreendimento doravante acabado, e não a filosofia em sua história. Dizer: a filosofia não traz mais em si nenhuma necessidade de desenvolvimento, no impulso de uma antiga destinação, certamente não significa que a filosofia simplesmente "não serve mais para nada" e que podemos nos lançar "ingenuamente" em um *outro pensamento* em busca de um "outro começo". O empreendimento, nós sabemos, acaba o mais das vezes em literatura.

Escutemos ainda Heidegger: "A metafísica acabada, que constitui o fundo do modo de pensamento planetário forma a armadura de

---

[42] Hegel, *História da filosofia*, ed. Hoffmeister-Nicolin, p. 149.

[43] *Idem, A razão na história*, edição Meiner, p. 97.

uma ordenação da terra, provavelmente chamada a durar muito tempo. Essa ordem não tem mais necessidade [*bedürfen*] da filosofia, porque ela já é sua raiz fundamental".[44] Ora, é precisamente essa ausência de necessidade que pode nos ser aqui signo de uma outra necessidade, definindo não mais uma destinação, mas talvez uma *tarefa*; não somos mais hoje os destinatários de uma primeira remessa, no sentido em que certamente o foram Platão e Aristóteles, mas também o são Tomás e Duns Scot,[45] isto é, aqueles que na imediata fidelidade a uma tradição, e respondendo a cada vez ao destino de seu tempo, abriam a história; abrir assim a história só é possível no horizonte de uma *Bestimmung*, e, quando a fidelidade não abre mais nenhum futuro, a filosofia está em seu fim.

Questões: como pode, contudo, haver necessidade de filosofia, como, e em que sentido, a filosofia pode tornar-se necessária, quando ela já reina em sua superpotência sobre tudo o que é? Como é que o fato de não ser mais diretamente requerida por nenhuma *Bestimmung*, por nenhum "wozu...", pode impor-se como a tarefa de responder a uma outra necessidade [*Notwendigkeit*]? Essa nova necessidade não corresponde estritamente a nenhuma "demanda" filosófica, a nenhuma necessidade da metafísica em busca de sua satisfação; essa necessidade, precisa Heidegger em seu *Schellling*, "não é a necessidade de uma época, a necessidade de um século, mas a necessidade de dois milênios, da indigência que nos torna necessitados desde que o pensamento é 'metafísico'".[46] De que necessidade se trata então, de que virada da própria indigência [*Not-wendigkeit*]? Seria num sentido fundamental a necessidade da "época", a necessidade de "fazer época" (e*poché*), respondendo assim a uma "epocalidade" que está na raiz de todas as épocas da metafísica?

Buscando circunscrever essa virada, gostaríamos de passar a palavra a Husserl, e mais precisamente ao Husserl, já citado, da *Krisis*. O decisivo da última empreitada husserliana residiria talvez menos no fato de que permitiria revelar cruamente uma síndrome crônica da

---

[44] Heidegger, *Vorträge und Aufsätze*, p. 83.

[45] *Idem, Satz vom Grunde*, p. 136.

[46] *Idem, Schellings Abhandlung über das Wesen der menschlichen Freiheit*, pp. 203-4.

metafísica ocidental e fixá-la como "paranóia 'teórica'",[47] do que no começo heróico da *Notwendigkeit* que está aqui em questão.

"*Notwendigkeit der Besinnung — Die Besinnung historisch —* WIE *bedarf es der Geschichte?*" (Necessidade de uma meditação — essa meditação é histórica — *qual* é aqui a *modalidade* da necessidade da história?), perguntava-se Husserl em 1935.[48] A "necessidade" que aqui se anuncia (necessidade da história, necessidade da meditação: *es bedarf also in jeder Weise der Besinnung*")[49] não é mais necessidade *da* filosofia no sentido hegeliano-schellinguiano, mas necessidade de um questionamento retrospectivo (*Rückfrage*), de uma retrospecção (*Rückblick*), voltadas para uma filosofia em seu todo e para a figura que é desenhada agora por sua história. A necessidade recebe a partir de agora seu impulso do que Husserl já chamava, em seus cursos reunidos sob o título de *Primeira filosofia*, de "a profunda indigência espiritual" do tempo [*eine tief bewegende Not*]; é para uma tal indigência que a filosofia, na figura inteira de sua história, pode enfim aparecer como enigma (*Rätsel*).[50] O enigmático é aqui a própria historicidade, daí a questão última ser saber em que sentido ainda desconhecido nós, filósofos "nos tempos de perigo",[51] devemos, também nós, "mergulhar em considerações históricas", quando, desde sempre, "cada filósofo 'toma emprestado à história'".[52] Dito de outro modo, qual é o "poema" inaudito da história da filosofia à altura da "época" (*Dichtung der Philosophiegeschichte*)?[53]

Recorrendo assim a Husserl, falamos de "começo", querendo insistir com isso no que a meditação husserliana comporta de essencialmente ambíguo — isto é, para nós, de fecundo — na articulação da elucidação "clássica" da *Bestimmung* e de um pensamento novo da *tarefa*. Quando Husserl escreve: "a filosofia está em perigo, isto é, seu futuro está ameaçado — não deveria isso dar um sentido excepcional à questão da

[47] G. Granel, em prefácio à trad. francesa de *Krisis*, p. VII.

[48] *Krisis, Beilage* XXVIII, trad. francesa ligeiramente modificada, p. 562.

[49] *Idem*, p. 510; trad. cit., p. 566.

[50] *Idem*, p. 512; trad. cit., p. 568.

[51] *Idem*, p. 510.

[52] *Idem*, p. 511.

[53] *Idem*, p. 513.

*tarefa atual* da filosofia, uma vez que essa questão é posta numa tal época?", podemos fazer nosso o diagnóstico e a interrogação urgente; naturalmente, resta a seguir determinar com mais precisão a natureza do *Gefahr* em questão, razão pela qual se pode de imediato desconfiar da pertinência da descrição husserliana que se segue: "uma grande onda, que aumenta cada vez mais, submerge a humanidade européia; é tanto a da falta de fé religiosa, quanto a da filosofia que renega a cientificidade".[54]

O procedimento de Husserl, quando visa a revelar a idéia da filosofia como teleologia imanente à humanidade européia, a assegurar uma repetição da origem que seja verdadeiramente um recomeço, concebido como re-fundação, pode e deve certamente ser lida dentro da linha de pensamento da meditação fichtiana ou fazendo eco à reapropriação metafísica da história da filosofia, que atinge seu ponto culminante com Hegel, mas é igualmente permitido aí perceber a aurora de uma relação nova e libertadora com a tradição. Ouçamos Husserl: "Nós, homens de hoje... estamos diante do maior perigo... Recuperando a lucidez nessa indigência, voltamos nossos olhos para a história... Só a compreensão interna do movimento da filosofia moderna em sua unidade... abre-nos a compreensão desse próprio 'hoje'... temos necessidade da penetração de uma *meditação retrospectiva, histórica e crítica*, a fim de nos preocuparmos com uma compreensão radical de nós mesmos *antes de qualquer decisão*".[55] A "meditação retrospectiva", a retrospecção não revelam aqui a história, a metafísica em sua historicidade, senão em uma perspectiva teleológica, por referência à idéia diretora da fenomenologia — esta última permitindo re-interpretar e ordenar o passado, "exatamente à maneira de Hegel", como o sugere G. Granel?[56] A necessidade de filosofia, tal como é detectada por Husserl, no tempo de indigência, não leva igualmente a liberar o olhar, ele mesmo, para a tradição e aquilo que nela é liberdade, a definir uma tarefa que Heidegger, desde *Ser e tempo*, denominava, de maneira certamente mais radical, "destruição"? É, com efeito, já para Husserl, em razão dessa atitude nova perante a metafísica em seu conjunto, e em razão de seu sentido, como "herança espiritual", que "nós temos, e só assim, uma tarefa a cumprir que nos

[54] *Idem*, p. 509; trad. cit., p. 564.

[55] *Idem*, pp. 20 e 23.

[56] *Le sens du temps et de la perception chez Husserl*, p. 181.

seja verdadeiramente própria".[57] Mas se essa tarefa de enfrentar a "crise" é uma tarefa incontornável, "não a venceremos pela crítica a não importa que sistema atual ou transmitido, pela crítica a uma "visão do mundo", científica ou pré-científica — e por que não, no fim, a uma visão do mundo chinesa? —, mas só o conseguiremos a partir de uma compreensão crítica da unidade de conjunto da história, de *nossa* história",[58] essa história que nos é assim "confiada, a nós filósofos de hoje", e à espera de nossa *decisão*, isto é, "da compreensão de si mesmo naquilo que se *quer* propriamente, dado o que se *é*". Meditação própria, questionamento retrospectivo, voltado para a tradição, eis portanto o que deve abrir a possibilidade de uma decisão, que é preciso entender antes de tudo como de-cisão da metafísica. Certamente aqui a de-cisão decide terminantemente, mas é principalmente para liberar os possíveis, e com isso — tal é bem o propósito de Husserl — reconduzir à possibilidade originária da filosofia. Heidegger (*O fim da filosofia e a tarefa do pensamento*) pergunta: quando a filosofia teve acesso a sua possibilidade *última*, quando foram esgotadas todas as possibilidades mais extremas, não é tempo de liberar aquela que foi possibilidade *primeira*, possibilidade original, não no sentido do que se haveria simplesmente apresentado em primeiro lugar, e em relação a que sempre se pode dizer que afinal de contas uma outra "escolha" inicial haveria sido possível, mas porque essa possibilidade é já origem de possibilidades, origem possível de experiências novas? O retorno às decisões originárias imposto pela destruição da tradição esquecidiça não é então simples repetição da origem, mas abertura do que é autenticamente *Ur-sprung*, só um tal "salto" liberando decididamente o que até então era só determinação precursora.

\* \* \*

No fim da vida, Heidegger confiava a seus ouvintes franceses: "Para Husserl, havia uma outra coisa que não existia, era o sentido profundo da história como tradição (como aquilo que nos liberta), no sentido de que Platão ali está, de que Aristóteles ali está e nos fala, e está presente para nós, e deve estar presente para nós".[59] Mas ele

[57] *Krisis*, p. 72; trad. cit., p. 82.

[58] *Ibidem*.

[59] *Questions*, IV, p. 226.

perguntava também em 1929, por ocasião de um discurso pronunciado pelo 70° aniversário de seu mestre: "Será que a investigação feita pelo senhor não produziu um olhar novo para as forças secretas da grande tradição ocidental?"[60] Talvez essa pergunta, que põe a própria investigação, isto é, a fenomenologia, em jogo importe mais do que a resposta dada trinta e nove anos mais tarde, ad hominem. O olhar novo da fenomenologia, encarada não apenas como "movimento", mas em sua "possibilidade" radical, é um único e mesmo olhar em sua dupla direção: Einblick e Rückblick. A retrospecção só tem, com efeito, sentido porque libera a experiência em sua possibilidade original, no gesto mesmo da "destruição" da tradição (Tradition); assim, a destruição liberta, ela abre de forma renovada a inspeção do presente, ela aguça o olhar fenomenológico.[61] Um tal olhar não deve abandonar a metafísica em prol daquilo que ela haveria constitucionalmente deixado ocioso, não se deve desprender imediatamente da metafísica, mas deve muito antes ter em vista o todo da metafísica, liberando assim e antes de tudo a metafísica para ela mesma. Em se tratando de repetição — a repetição respondendo rigorosamente à destruição — Heidegger nos diz: "Na primeira página de Ser e tempo, o que está em questão — as palavras são cuidadosamente pesadas — é a 'repetição'. Isso não significa reiteração uniforme do sempre idêntico, mas, muito pelo contrário: buscar, ir buscar, trazer de volta, armazenar, recolher o que, retraído, abriga-se no antigo".[62] A destruição-repetição não visa a cingir um defeito da metafísica, a traçar um limite

---

[60] Tomamos emprestada essa citação a uma aula (inédita) de F. Fédier: L'expérience de la Phénoménologie; o discurso de Heidegger (Rede zum 70 Geburtstag von E. Husserl) é mencionado por W. Biemel, em sua monografia (Heidegger, 1973), p. 152.

[61] É igualmente aí que recai a oposição que se gosta com freqüência de instituir entre as duas abordagens ou os dois aspectos da obra de Heidegger: o exercício fenomenológico (analítica do Dasein, por exemplo) e a hermenêutica da tradição, a exegese magistral da história da filosofia. A destruição não visa ao passado, mas sim ao hoje, e ela diz respeito, essencialmente, como o sublinha claramente Sein und Zeit, à elucidação do presente. É então a mesma e única fidelidade fundamental à inspiração da fenomenologia que leva a empreender uma leitura interrogativa de Hegel e que permite declarar na ocasião: "phänomelogische Übung ist mehr wichtig als Hegellesung" [exercício fenomenológico é mais importante que leitura de Hegel] (Questions, IV, p. 225).

[62] Acheminement..., p. 122; grifo nosso.

Da necessidade de/da filosofia

além do qual ela enfraqueça, mas a abrir a metafísica para o excesso que lhe é próprio. É essa superabundância, esse excesso, que permite, e justamente não permite, de-finir a metafísica, ela mesma, como ultra-passagem de si, que deixa paralisadas todas as tentativas que visam a pôr fim à metafísica, ultrapassando-a, a acabar com a metafísica para enfim abrir tranqüilamente sua sucessão e triunfalmente sucedê-la.

Seria possível, então, que hoje houvesse eminentemente necessidade de filosofia para empreender a estranha operação de sair decididamente da metafísica *em direção à* metafísica, isto é, para realizar a travessia até o que "se reserva ao pensamento".[63] O que se reserva (*was dem Denken vor- und aufbehalten wird*) não é o que só seria acessível a um pensamento ele mesmo reservado; não se trata mais de pensar algo que permaneceria pura e simplesmente "reservado", como um segredo em algum reservatório até aqui negligenciado, uma verdade em algum poço. O que está reservado se reserva na e através da metafísica, presente com reservas no cerne mesmo da filosofia, e só assim suscetível de nos reservar "um outro começo". Talvez seja mesmo assim que o que parecia de início "vontade revolucionária" da destruição seja ainda mais autêntica e radicalmente *revolucionário* como "apropriação original" com vistas a "recuperar de maneira mais original aquilo que foi".[64] É precisamente também porque esse "outro começo" não é simplesmente outro, mas sim re-começo, re-curso* e repetição (a qual é de imediato resolução, decisão),[65] que a nós, homens de hoje, privados da antiga *Bestimmung*, impõe-se a tarefa de experimentar esse estranho destinamento que é a *Unbestimmtheit*, através da remessa que se delineia no vazio no todo da metafísica.

Destinatários de nada, sem destinação, nossa tarefa poderia então ser muito bem, na experiência desse "destinamento", experimentar a fundo o *dusmoron* sobre o qual Hölderlin começou a meditar pondo-se à escuta de Sófocles.

---

[63] *Zur Sache des Denkens*, p. 66. Remetemos aqui a D. Janicaud, "Savoir philosophique et pensée méditante", *in Revue de l'enseignement philosophique*, fevereiro-março, 1977.

[64] *Acheminement, loc. cit.*

* Em francês, *re(s)-source*, que permite um jogo com a palavra *source* (fonte, origem) perdido com a tradução. (N. da T.)

[65] *Sein und Zeit*, p. 385.

## 2.
## A SITUAÇÃO DE HÖLDERLIN
## NO LIMIAR DO IDEALISMO ALEMÃO

O idealismo alemão pode ser caracterizado muito brevemente aqui como a tentativa de levar a cabo, ultrapassando-o e radicalizando-o, o projeto kantiano de abrir para a filosofia "o caminho seguro de uma ciência".[1] Evidências disso são, por exemplo, a carta que Fichte dirige a Stephani em dezembro de 1793, na qual declara que Kant "sem dúvida possui a verdadeira filosofia, mas apenas em seus resultados, não em seus fundamentos",[2] ou ainda a nota da *Fundação da doutrina-da-ciência* na qual Fichte faz questão de precisar que, em seu entender, "Kant não quis expor em suas *Críticas* a própria ciência, mas apenas apresentar uma propedêutica a esta".[3]

Cumpre, aliás, observar que Fichte aí não faz mais do que responder a seu modo à determinação proposta pelo próprio Kant no limiar da *Crítica da razão pura*: "a crítica da razão pura é a idéia integral da filosofia transcendental, todavia não ainda a própria ciência".[4] Mas, por isso mesmo, Fichte determina com muita precisão a tarefa que se impõe à filosofia pós-kantiana, cujo fio condutor deve ser a "idéia" crítica. Trata-se, em outros termos, de "elevar a filosofia à condição de uma ciência evidente".[5] Schelling partilha inteiramente dessa interpretação geral que Fichte faz da empreitada kantiana, como o indica expressamente desde o prefácio ao *Sobre o eu*: "Tentei expor os resultados da filosofia crítica, reconduzindo-os aos princípios últimos de todo saber",[6] e como já explicava em sua célebre carta a

---

[1] *KrV*, B, VII.

[2] J. G. Fichte, *Briefwechsel*, ed. H. Schulz, Leipzig, 1925, t. I, p. 319.

[3] *Gesamtausgabe (GA)*, I, 2, p. 335.

[4] *KrV*, A 14, B 28.

[5] *GA*, I, 2, p. 109.

[6] *SW*, I, p. 125; Schelling, *Premiers écrits (1794-1795)*, Paris, PUF, 1987, p. 49.

Hegel de 6 de janeiro de 1795: "A filosofia ainda não chegou ao seu fim; Kant deu os resultados, ainda faltam as premissas".[7]

Sabe-se como esse esforço de levar a cabo o projeto kantiano toma de imediato como ponto de partida a mediação da questão do *sistema*, que já havia sido introduzida de maneira decisiva pelo próprio Kant no seio da *arquitetônica*, e incansavelmente perseguida até sua morte, através de "reflexões" que não virão à luz senão um século mais tarde.[8] O sistema e o acabamento sistemático da abordagem kantiana constituem, com efeito, o principal objetivo que Fichte atribuiu a si mesmo desde sua *Einladungsschrift*, como ele ainda lembrará num prefácio destinado à segunda edição: trata-se, antes de mais nada, de fornecer uma "introdução ao sistema", este último sendo agora decididamente interpretado como *Wissenschaftslehre*.[9] A esse propósito responde direta e imediatamente a primeira obra do jovem Schelling, *Sobre a possibilidade de uma forma da filosofia em geral*. Trata-se, nos dois casos, de uma *reflexão* formal sobre as condições de possibilidade de acabamento da filosofia, entendida como saber sistemático, a partir da evidência de um princípio supremo de unificação e de organização interna; por isso, essa investigação formal deve se dedicar prioritariamente a identificar a natureza e a estabelecer a existência de uma proposição-de-fundo (*Grundsatz*) que permita realizar até o fim o empreendimento de fundação (*Grundlegung*) capaz de garantir enfim uma base inabalável à totalidade do saber. Como observa Schelling no *Sobre o eu*, é essa reflexão, com efeito, que deve permitir fornecer definitivamente uma sustentação ao saber e um "suporte" (*Haltung*)[10] radical a toda certeza; a partir de então, essa investigação-de-princípio do fundamento sistemático pode "abandonar não sem razão", como observa Fichte, "esse nome bastante conhecido de filosofia... que ela trazia até agora por uma modéstia nada exagerada", uma vez que, afinal de contas, ele não designa se-

---

[7] Schelling, *Briefe und Dokumente*, ed. H. Fuhrmans, t. II, p. 57

[8] *Ak. Aus.*, Bd. XXI; sobre essa questão do sistema no idealismo alemão, *cf.* M. Heidegger, *Schellings Abhandlung...*, GA, t. XLII, pp. 59 ss.; trad. francesa, Gallimard, 1971, pp. 66 ss.

[9] GA, I, 2, p. 159; e também *ibidem*, p. 130.

[10] *SW*, I, p. 164; *Premiers écrits*, p. 64.

não uma certa forma de "curiosidade, de amadorismo ou de diletantismo",[11] trocando-o pelo nome de "ciência" ou, melhor ainda, de "ciência da ciência": *Die bisher sogennante Philosophie wäre demnach die Wissenschaft von einer Wissenschaft überhaupt* [Aquilo que até agora se chamou de filosofia seria, portanto, a ciência de uma ciência em geral].[12] A isso Schelling mais uma vez faz eco no *Sobre o eu*, indicando que esse estudo que tem por objeto as condições últimas de possibilidade de todas as outras ciências, inclusive da filosofia no sentido tradicional, pode legitimamente reivindicar o nome antigo de *philosophia prima*, entendendo aqui primado no sentido de prioridade, isto é, do privilégio daquilo que é, em sua acepção fundamental, "propedêutico"; pode-se ainda, e na mesma óptica, denominá-lo "teoria (ciência) de todas as ciências, ciência por excelência — *Urwissenschaft* [ciência primordial]".[13]

Parece, antes de mais nada, que a situação de Hölderlin em relação a esse horizonte, muito grosseiramente esboçado, da metafísica absoluta no limiar de seu acabamento só pode ser determinada de maneira rigorosa como uma situação de exterioridade ou, em todo caso, de crescente estranheza. Não há dúvida que após a publicação por Franz Rosenzweig, em 1917, do texto copiado pela mão de Hegel e conhecido sob o título de *O mais antigo programa sistemático do idealismo alemão*,[14] e sobretudo após o debate a que essa publicação deu ensejo, a questão "Hölderlin e a filosofia" veio para o primeiro plano, ao menos por um tempo. A controvérsia que opôs primeiramente W. Böhm e L. Strauss[15] marca aqui uma data relativamente im-

---

[11] *Über den Begriff der Wissenschaftslehre*, GA, I, 2, pp. 117-8; Fichte, *Essais philosophiques choisis (1794-1795)*, Paris, Vrin, 1984, p. 36.

[12] *Op. cit., ibidem.*

[13] *SW*, I, p. 92; *Premiers écrits*, p. 21.

[14] *Das älteste Systemprogramm des deutschen Idealismus*, Ein handschriftlicher Fund mitgeteilt von F. Rosenzweig, *Sitzungsberichte der Heidelberger Akademie der Wissenschaften*, 1917. Sobre a história desse fragmento e os debates relativos a sua atribuição, ver Frank-Peter Hansen, *"Das älteste Systemprogramm des deutschen Idealismus", Rezeptionsgeschichte und Interpretation*, Berlim, 1989. Dentre as inúmeras traduções francesas desse fragmento, apontemos a de Ph. Lacoue-Labarthe e J.-L. Nancy, *in L'absolu littéraire*, Paris, 1978.

[15] W. Böhm, "Hölderlin als Verfasser des ältesten Systemprogramms", *DVJ.*,

A situação de Hölderlin no limiar do idealismo alemão                    39

portante, uma vez que, atraindo a atenção para os "temas" hölderlinianos presentes no "programa sistemático", W. Böhm destacou pela primeira vez a importância, no itinerário mesmo do poeta, do debate com a filosofia de seu tempo. Mas o trabalho de W. Böhm também contribuiu para desviar do bom caminho o estudo da verdadeira relação entre Hölderlin e a filosofia, visto que o autor, ao apresentar Hölderlin como "um poeta cujo pensamento é rigorosamente sistemático",[16] não apenas desconhecia toda a distância que separa meditação poética e pensamento filosófico, mas sobretudo inscrevia de imediato o diálogo de Hölderlin com Fichte ou com Schelling no espaço do idealismo alemão, a fim de mensurar o "pensamento" hölderliniano pelas medidas dessa metafísica. Se evocamos esse artigo já antigo, é porque essa inscrição nunca foi, por assim dizer, verdadeiramente recolocada em questão, nem mesmo nas pesquisas todavia mais circunspectas de Cassirer ou de Hoffmeister.[17] O que aparece com mais freqüência nos comentadores nada mais é do que uma inversão da tese de Böhm, o que resulta em reforçar a imagem, de todo insuficiente, que F. Zinkernagel, por exemplo, apresentara, já desde 1907, do poeta a propósito de *Hipérion*,[18] isto é, a imagem de um Hölderlin sensível a todas as influências externas, quer se tratasse inicialmente de Schiller, quer de Fichte e de Schelling, quer enfim (?) de Hegel. Não há dúvida que Cassirer tentou restituir a contribuição doutrinal própria a Hölderlin e sublinhar sua originalidade perante Fichte ou Schelling; ele insistiu, nesse sentido, na importância decisiva, para a gênese do idealismo alemão, e particularmente para o itinerário do primeiro Schelling, das conversas que este teve com Hölderlin por ocasião de seu retorno a Iena, no outono de 1795, e ainda no iní-

H.4, pp. 339-426; L. Strauss, "Hölderlins Anteil an Schellings frühem Systemprogramm", *DVJ.*, 1927, H.5, pp. 680-734.

[16] *Op. cit.*, p. 341.

[17] E. Cassirer, *Hölderlin und der deutsche Idealismus* (Logos, 1918-1919); reeditado em *Idee und Gestalt*, e também: *Hölderlin, Beiträge zu seinem Verständnis in unserem Jahrhundert*, 1963 (Schriften der Hölderlin-Gesellschaft, 3). Nossas referências remetem a essa última reedição; J. Hoffmeister, *Hölderlin und die Philosophie*, Leipzig, 1944.

[18] F. Zinkernagel, *Über die Entwicklungsgeschichte von Hölderlins Hyperion*, Estrasburgo, 1907.

cio do ano seguinte; Cassirer chegou mesmo a evocar a "virada" que pode ter representado, na história do idealismo alemão, a contribuição de Hölderlin, mas o fez para por fim se recusar, também ele, a considerar Hölderlin como um "pensador sistemático",[19] o que significava dizer: como um autor capaz de formular expressamente idéias filosóficas rigorosas.

O contra-senso liga-se aqui muito provavelmente à representação ingênua da relação entre pensamento e poesia que sustenta a reflexão de Cassirer, e que se exprime com clareza em proposições como a seguinte: "Foi Schelling quem pela primeira vez deu uma formulação conscientemente sistemática àquilo que naquele momento se preparava, sob a forma de exigência, no espírito de Hölderlin. O que nele se apresentava como uma necessidade de sua natureza artística, ele [Schelling] transformou numa necessidade sistemática... Schelling deu voz àquilo que em Hölderlin era nostalgia indeterminada, e o formulou conceitualmente: assegurou-lhe que não havia nenhum abismo intransponível, nenhuma dualidade irredutível entre aquilo que ele mesmo visava, e de que carecia como poeta, e aquilo que a filosofia, a razão, punha como sua tarefa mais elevada."[20] Do mesmo modo, J. Hoffmeister, por interrogar a reflexão hölderliniana com questões e segundo critérios no essencial tomados de empréstimo ao pensamento de Hegel, desconheceu inteiramente o que estava em jogo no modo de proceder do poeta, a quem chegou mesmo a acusar, por exemplo nos textos poetológicos da época de Homburg, de "girar em círculo",[21] demonstrando assim nada ter percebido do que havia de específico na dificuldade fundamental com a qual a meditação hölderliniana se viu muito cedo confrontada, nem tampouco o autêntico embaraço que, desde então, lhe será próprio.

Para concluir esse exame demasiado rápido dos primeiros estudos consagrados à situação filosófica de Hölderlin, basta citar aqui W. Binder, que viu muito bem que a única verdadeira questão que movia implicitamente todos esses trabalhos era saber "como o pensamento idealista se reflete no universo intelectual da poesia hölder-

---

[19] E. Cassirer, *op. cit.*, p. 95.

[20] *Ibidem*, p. 98.

[21] *Ibidem*, p. 140.

liniana";[22] mas isso significa dizer também que essas pesquisas constituem antes um obstáculo que um verdadeiro apoio a nosso presente propósito.

\* \* \*

Gostaríamos, com efeito, de introduzir aqui o estudo do debate que Hölderlin trava desde o início, e em primeiro lugar, com a metafísica nascente do idealismo alemão, isto é, a princípio com a de Fichte, mas também com a de Schelling, a fim de avaliar a amplitude inicial desse debate, bem como o que está em jogo nele. Isso implica, sem dúvida, deslocar a ênfase, no estudo do idealismo alemão, para os primeiros anos de sua elaboração (1794-1800); mas não se trata tanto de buscar circunscrever aquilo que em Hölderlin pode haver contribuído para a gênese desse idealismo, em particular durante o período frankfurtiano e graças à proximidade de Hegel, quanto de tentar avaliar a originalidade e a pertinência da *crítica* hölderliniana, tal como se manifesta desde o início.[23] Talvez encontremos aí também o caminho de uma interpretação do itinerário de Hölderlin, até seu período tardio, suscetível de marcar nitidamente a continuidade e a coerência de um projeto de conjunto na obra do poeta.

Naturalmente atraída por suas últimas obras, que precedem a ruína, a crítica recente dedicou-se sobretudo, graças principalmente ao estudo filológico das variantes e dos remanejamentos sucessivos dos grandes poemas, a estabelecer as soluções de continuidade, os momentos de ruptura e as diferentes etapas que lhes são correspondentes, assim como os períodos de transição, tanto mais notáveis quanto quase sempre acompanhados de reflexões teóricas fundamentais. Conhece-se, por exemplo, a fortuna da controvertida tese de W. Böhm, que

[22] W. Binder, *Hölderlin-Aufsätze*, Frankfurt, 1970, p. 9.

[23] O. Pöggeler, em dois artigos importantes ("Hegel, der Verfasser des ältesten Systemprogramms des deutschen Idealismus", *Hegel-Studien*, Beiheft, 4, 1969 e "Hölderlin, Hegel und das älteste Systemprogramm", *Hegel-Studien*, Beiheft, 9, 1973), buscou estudar as trocas entre Hegel e Hölderlin durante o período de Frankfurt-Homburg; mas a perspectiva de Pöggeler permanece a de uma contribuição de Hölderlin para a gênese do idealismo alemão, ele mesmo interpretado na figura decisiva de seu acabamento hegeliano. Ver também, do mesmo autor: "Philosophie im Schatten Hölderlin", *in Der Idealismus und seine Gegenwart*, Festschrift für W. Marx, Hamburg, 1976, pp. 363-77.

desde 1923 busca revelar a existência de uma "viragem ocidental",[24] que supostamente dividiria a obra do poeta; e, num horizonte totalmente diferente, B. Alleman também se associou a essa pesquisa de periodização, uma vez que de um certo modo pôde centrar seu estudo capital consagrado a *Hölderlin und Heidegger*[25] no ano de 1801, tomado como aquele no qual se caracteriza plenamente "o retorno natal".[26] As conseqüências dessa ênfase mostram-se, contudo, discutíveis: manifestam-se claramente quando Alleman coloca a questão, por certo "decisiva", de saber se "o passo que leva Hölderlin, para além do limite kantiano, à metafísica absoluta do idealismo alemão, é efetivamente seguido de um segundo passo, para além do próprio idealismo...",[27] pois podemos nos perguntar se o autor, ao formular assim a questão, não desconhece de certo modo a importância do diálogo que Hölderlin trava desde 1794 com o idealismo nascente. Ora, é exatamente esse diálogo que já contém os diferentes remanejamentos de *Hipérion*[28] realizados imediatamente após a publicação de um primeiro "extrato" na revista de Schiller (*Thalia*); é ele que sustenta igualmente a elaboração dos projetos do drama de Empédocles, em particular a reflexão do "Fundamento para Empédocles", até os ensaios do período de Homburg, e principalmente o texto capital sobre "O modo de proceder do espírito poético", ou ainda o esboço "Sobre a diferença dos modos poéticos"; mas esses últimos textos conduzem-nos ao limiar do período do *Reno*, ainda ele caracterizado por Alleman como "período de transição". Sem dúvida, e precisamente a propósito desses ensaios poetológicos de Homburg, Alleman observa com muito acerto que os textos desse período "não podem ser validamente determinados senão em conexão com o idealismo alemão..."[29]; e é

[24] W. Böhm, *Hölderlins abendländische Wendung*, Iena, 1923.

[25] B. Alleman, *Hölderlin und Heidegger*, Zurique-Freiburg, 1954; trad. francesa, *Hölderlin et Heidegger*, Paris, PUF, 1959.

[26] *Op. cit.*, p. 137.

[27] *Ibidem*, p. 162; trad. francesa, p. 212.

[28] D. Janicaud mostrou como a versão definitiva do romance podia ser interpretada como um debate com a *Doutrina-da-ciência* ("Hölderlin et la philosophie d'après Hypérion", *Critique*, n° 243-4, 1967).

[29] *Op. cit.*, p. 154; trad. francesa, p. 202.

precisamente o sentido dessa conexão e da ambigüidade que ela recobre que gostaríamos de esclarecer indiretamente aqui, revelando um *primeiro debate* que se anuncia desde o período de Iena. O estudo mais preciso dessa conexão deveria provavelmente tomar como fio condutor esta observação, a princípio enigmática, do último Heidegger, que em 1968 evocava a proximidade de Hölderlin e Hegel nos seguintes termos: "Essa proximidade é, todavia, questionável. Pois, desde essa época [Frankfurt-Homburg], e apesar de todas as aparências de dialética que os *Ensaios* podem apresentar, o poeta já atravessou e rompeu o idealismo especulativo, ao passo que Hegel o está constituindo".[30] Se a "brecha" hölderliniana pode ser lida nos *Ensaios* de Homburg, ela não deixa, contudo, de ser preparada desde a primeira apropriação do idealismo fichtiano; a conexão entre Hölderlin e a metafísica em vias de acabamento é, por isso, fundamentalmente ambígua, e a ambigüidade se deve aqui a que Hölderlin pôde certamente desempenhar, ao menos por um tempo, um papel motor na formação e no desenvolvimento do idealismo alemão — quer se trate dos encontros com Schelling em Tübingen e em Frankfurt, quer do período de Homburg-Frankfurt e das conversas com Hegel ou Sinclair —, mas isso sempre explicitando cada vez mais nitidamente e aprofundando sua oposição às características fundamentais desse idealismo nascente.

É, portanto, o próprio impulso hölderliniano que é fundamentalmente equívoco, já que não contribui para levar o idealismo alemão adiante senão para conduzi-lo além dele mesmo; é aliás o que aparece com bastante nitidez ao se confrontar o primeiro itinerário de Schelling com a "abertura" hölderliniana. Se, como mostramos desde o início deste ensaio, o pensamento inicial de Schelling parece com efeito situar-se na esteira da reflexão transcendental de Fichte, ele também é movido por um debate fundamental com a *Doutrina-da-ciência*, e isso pelo menos até 1802, data da ruptura definitiva com Fichte, e também da publicação, significativa até no título, da *Exposição do meu sistema da filosofia* (1801). A crítica hölderliniana desempenhou, sem dúvida alguma, um papel essencial nesse debate, a ponto mesmo de se poder ser tentado a afirmar que ela contribuiu largamente para conduzir Schelling ao centro de seu *próprio* pensa-

---

[30] M. Heidegger, *Questions IV*, p. 214.

mento, quer se trate da filosofia da natureza, do equilíbrio entre filosofia da natureza e filosofia transcendental, quer se trate do lugar atribuído à experiência estética e à intuição da beleza no cerne do pensamento schellinguiano, no *Sistema do idealismo transcendental*, por exemplo. Talvez seja mesmo permitido ir ainda mais longe nessa direção e perceber a presença de um certo número de "motivos" hölderlinianos trabalhando no interior da obra de Schelling até suas últimas reviravoltas. Eis porque o manuscrito do *Mais antigo programa sistemático* forneceria um texto capital, visto que tanto manifesta a proximidade de Schelling e Hölderlin, quanto a divergência entre eles, e visto, sobretudo, que ele próprio antecipa o futuro desenvolvimento da meditação schellinguiana.

\* \* \*

Após haver assim delimitado, com demasiada rapidez, o horizonte de nosso propósito, gostaríamos simplesmente de abordar aqui o estudo dos primeiros documentos, limitados ao ano de 1795, desse diálogo entre Hölderlin e o idealismo alemão em formação, para em seguida tentar situar nesse contexto (paralelismo *e* divergência) o modo de proceder de Schelling na primeira fase de seu pensamento.

Sabe-se que, embora fosse o mais jovem, Schelling, foi o primeiro a se lançar abertamente na meditação sobre o empreendimento fichtiano de sistematização e de radicalização do projeto kantiano, antecipando-se amplamente a seus companheiros de estudo. Após a resenha do *Enesidemo* de Schulze, e imediatamente antes de começar a lecionar em Iena, Fichte havia redigido um escrito-programa *Sobre o conceito da doutrina-da-ciência*, concluído em abril de 1794 e publicado no mesmo ano, por ocasião da *Jubilate-Messe* [missa do 3º domingo após a Páscoa], que encontrou eco em Schelling, então ainda estudante do *Stift* [seminário] de Tübingen, o qual publica, já no outono de 1794, suas próprias reflexões sobre as condições de possibilidade de acabamento do projeto kantiano de uma filosofia que fosse, ao mesmo tempo e num sentido eminente, uma ciência. É essa obra, *Sobre a possibilidade de uma forma da filosofia em geral*, que Schelling remete a Fichte, acompanhada de uma carta, em 26 de setembro de 1794.[31] Durante o inverno de 1794-1795, Fichte faz che-

---

[31] Schelling, *Briefe*, ed. Fuhrmans, I, pp. 51 ss.

A situação de Hölderlin no limiar do idealismo alemão

gar a Schelling os primeiros cadernos da *Fundação da doutrina-da-ciência*, publicados inicialmente para o uso de seus ouvintes, de modo que já no mês de março de 1795 Schelling pôde concluir sua segunda obra, *Sobre o eu como princípio da filosofia ou sobre o incondicionado no saber humano*, publicada na Páscoa de 1795. Foi com base nesses primeiros trabalhos da juventude que se pôde formar a imagem, por muito tempo aceita, de um primeiro Schelling inteiramente situado na esfera de influência fichtiana, e preocupado principalmente em desenvolver ou divulgar o pensamento de Fichte. É conhecida a fórmula, bastante infeliz, de J. Baggesen, evocando, em carta a Eberhard de 1797, Schelling como "o apregoador público do Eu" (*Ich-Markschreier*),[32] mas também a adesão do próprio Fichte a essa leitura, o que sem dúvida é mais grave, já que ele chega ao ponto de declarar a Reinhold, em carta de 2 de julho de 1796, acerca precisamente do *Sobre o eu*: "O livro de Schelling, tanto quanto me é possível julgá-lo, é todo ele um comentário de minhas próprias obras. Mas ele captou magistralmente as coisas, e muitos dos que não me compreenderam acharam o seu escrito muito claro. Por que ele não diz ser meu intérprete, é algo com que não atino muito bem... Alegra-me sua publicação, particularmente preciosos me são seus pontos de vista sobre o sistema de Espinosa, a partir do qual se pode explicar admiravelmente meu próprio sistema". Podemos, aliás, observar que em 1800 Fichte ainda contribui para manter essa imagem, quando nada incompleta, de um Schelling fiel intérprete e comentador ou colaborador, ao mencionar, numa nota da *Gazeta geral* destinada a anunciar a publicação de uma nova versão da *Doutrina-da-ciência*, Schelling como "geistvoller Mitarbeiter" [colaborador espirituoso].[33]

Por mais precoce que seja essa primeira aparição de Schelling na cena do mundo filosófico, ela não deve, porém, ofuscar completamente o trabalho de apropriação do pensamento fichtiano a que se consagra, quase ao mesmo tempo, Hölderlin, que, desde o fim do mês de dezembro de 1793, é preceptor em Waltershausen, na residência dos von Kalb. É durante esse período em Walterhausen que Hölderlin retoma a elaboração de seu já antigo projeto do *Hipérion*, que resulta no fragmento publicado por Schiller em novembro de

---

[32] *Cf.* a esse respeito X. Léon, *Fichte et son temps*, t. I, p. 399, Paris, 1954.

[33] *Cf. Briefe, op. cit.*, pp. 221-3.

46      A tragédia e o tempo da história

1794;[34] mas são também alguns meses de intensa atividade filosófica, centrada de início na leitura de Kant — principalmente a *Crítica do juízo* — e dos Gregos,[35] isto é, sobretudo Platão. O horizonte do trabalho de Hölderlin define-se desde esse momento por um primeiro debate com Schiller, o Schiller de *Graça e dignidade* (publicado em 1793 na *Neue Thalia*), o que dá origem ao projeto de um estudo consagrado às *Idéias estéticas*,[36] para onde viriam convergir as reflexões de Hölderlin sobre Kant e sobre o *Fedro* de Platão; é, com efeito, desse encontro que ele acredita poder esperar a possibilidade e a audácia de transpor, diferentemente de Schiller, "o limite kantiano".[37] Enfim, é sobretudo a época do primeiro confronto com o pensamento de Fichte: Hölderlin, com efeito, terá muito provavelmente lido, assim que chegaram, os primeiros cadernos da *Doutrina-da-ciência*,

[34] *Cf.* as cartas a Neuffer de abril de 1794 (nos 75 e 77): *G.St.A.*, VI, 1, pp. 108 ss. e pp. 113-4.

[35] *Cf.* a carta a seu irmão (21 de maio de 1794) (nº 80, *G.St.A.*, VI, 1, p. 118): "Minha única leitura no momento é Kant"; a carta a Breulin (nº 81, *G.St.A.*, VI, 1, p. 120): "No que diz respeito à ciência, divido por ora meu trabalho entre a filosofia kantiana e os Gregos"; e por fim a primeira carta a Hegel (10 de julho de 1794, nº 84, *G.St.A.*, VI, 1, pp. 126 ss.): "Minhas ocupações estão atualmente muito concentradas. Kant e os Gregos são quase que minhas únicas leituras. Tento principalmente me familiarizar com a parte estética da filosofia crítica". Pode-se, aliás, observar aqui que a *Crítica do juízo* representará para Schelling igualmente (*cf.* o *Sistema do idealismo transcendental*) o centro em torno do qual vai de imediato se organizar sua leitura de Kant, diferentemente de Fichte, por exemplo, que decididamente dava ênfase à *Crítica da razão prática*. O que é comprovado, entre outras coisas, pela carta de agosto-setembro de 1790 a F. A. Weisshun, na qual Fichte comunica a seu correspondente a perturbação que nele foi suscitada pela leitura da *Crítica da razão prática*: "Princípios que eu acreditava inabaláveis foram postos por terra, coisas que eu acreditava que a mim nunca poderiam ser provadas, por exemplo o conceito de uma liberdade absoluta, do dever etc., me foram demonstradas..." (*GA*, III, 1, pp. 167 ss.). E é aliás pela vontade de tornar evidentes para todos "as conseqüências" da filosofia kantiana, essencialmente no domínio da *moral*, que se define a "vocação" de Fichte (*ibidem*, carta 65).

[36] *Cf.* a carta a Neuffer de 10 de outubro de 1794, nº 88; *G.St.A.*, VI, 1. p. 137).

[37] "... *einer Schritt... über die kantische Grenzlinie*" (*ibidem*). Sobre o sentido propriamente hölderliniano desse "ultrapassar", ver as indicações de J. Beaufret: *Hölderlin et Sophocle*, em prefácio à trad. francesa, de F. Fédier, das *Remarques sur Œdipe et sur Antigone*, Paris, 1965, pp. 20, 26 e *passim*.

A situação de Hölderlin no limiar do idealismo alemão 47

que Charlotte von Kalb manda trazer de Iena já no mês de agosto de 1794,[38] o que é confirmado, aliás, pela carta de Hölderlin a Hegel, escrita em janeiro de 1795, e à qual voltaremos: "... eis minhas reflexões, tais quais eu as anotava, estando ainda em Walterhausen, ao ler os primeiros cadernos [da *Doutrina-da-ciência*], imediatamente após a leitura de Espinosa".[39] A isso ainda é preciso acrescentar o estudo das *Conferências sobre a destinação do sábio*, que Fichte começou igualmente a proferir desde sua chegada a Iena e que publicou durante o verão de 1794; elas constituem um elemento capital para apreciar a visada ética da *Fundação* e a relação com a natureza ou com o mundo que Fichte assim instaura.

A partir de novembro de 1794, Hölderlin está em Iena, onde permanecerá, salvo por uma breve interrupção no mês de dezembro, até o momento de sua partida precipitada, no início do verão de 1795, data de seu retorno a Nürtigen. Esse período de Iena, caracterizado pela proximidade de Schiller e pela amizade de Sinclair, é um período no qual Hölderlin, que desde o início dá evidências bastante fortes de seu entusiasmo por Fichte,[40] apropria-se cada vez mais profundamente de seu pensamento, elaborando uma crítica cada vez mais radical da *Doutrina-da-ciência* e de seu modo de proceder. De tal modo que, num certo sentido, é permitido dizer que Hölderlin foi o primeiro dos três companheiros de estudo de Tübingen a penetrar fundo em toda a amplitude do projeto fichtiano;[41] o que ainda é

[38] *Cf. G.St.A.*, VII, 2, p. 9-10.

[39] *G.St.A.*, VI, 1, pp. 155-6.

[40] *Cf.* a carta a Neuffer (nº 89, novembro de 1794, *G.St.A.*, VI, 1, p. 138): "Fichte é no momento a alma de Iena"; *cf.* também a carta de Hegel a Schelling de 16 de abril de 1795 (*Briefe*, ed. J. Hoffmeister, t. I, p. 18): "[Hölderlin] está inteiramente entusiasmado por Fichte...".

[41] É preciso, com efeito, lembrar aqui que se Schelling em suas duas primeiras obras responde a seu modo às instigações vindas de Fichte, ele contudo nunca leu completamente a *Wissenschaftslehre*, isto é, sobretudo a parte prática; de fato, ele escreve a Niethammer em 22 de janeiro de 1796, respondendo à proposta de fazer uma resenha da obra de Fichte: "Ihren Auftrag nehme ich mit desto grösserem Vergnügen an, da ich selbst bisher nicht Zeit genug gehabt habe, dieses Werk eigentlich zu *studieren*" [Aceito o seu pedido com tanto maior contentamento, quanto até agora ainda não tive tempo bastante de *estudar* propriamente essa obra] (*Briefe*, ed. Fuhrmans, I, p. 60).

atestado a seu modo pelo episódio, cujo relato se deve ao filho de Schelling, do encontro de Schelling e Hölderlin em Tübingen, provavelmente no fim do mês de julho, encontro no decorrer do qual Schelling deplora o quão grande é seu "atraso" em filosofia, ao que Hölderlin pode lhe responder, autorizado que está por seu próprio "avanço": "Fica tranqüilo, estás no mesmo ponto que Fichte, aliás já ouvi ele mesmo dizer isso".[42] Schelling, de quem se trata aqui, já é, no entanto, o autor do *Sobre o eu* e da primeira parte das *Cartas sobre o dogmatismo e o criticismo* (1-4), endereçadas pouco depois a Niethammer e destinadas ao *Jornal filosófico*. Muito já se escreveu sobre essas conversas entre Hölderlin e Schelling (teriam sido três?), ocorridas em Tübingen e em Stuttgart até o início de 1796; delas, no entanto, o que se sabe com certeza é muito pouca coisa; o que é certo, em todo caso, é que elas permitiram a Hölderlin comunicar a Schelling o essencial de suas críticas a Fichte, ou seja, de suas críticas também ao empreendimento do *Sobre o eu*, e que por isso mesmo elas muito provavelmente devem haver contribuído para modificar a orientação da reflexão schellinguiana;[43] foi, aliás, nessa perspectiva que até aqui o *Mais antigo programa sistemático* foi com mais freqüência interpretado.

Mas voltemos primeiro às principais evidências da crítica elaborada por Hölderlin à maneira fichtiana de proceder.

Desde o mês de janeiro de 1795, com efeito, ou seja, imediatamente após sua instalação definitiva em Iena e liberado de seus encargos de preceptor, Hölderlin comunica a Hegel suas primeiras reflexões sobre a doutrina e as aulas de Fichte;[44] Hölderlin refere-se expressamente aqui aos primeiros cadernos da *Fundação* e às *Preleções sobre a destinação do sábio*.[45] Fichte mantém-se numa encruzilhada (*auf dem Scheidewege*), a saber, naquele ponto decisivo pelo qual passa a linha divisória que separa o empreendimento crítico de Kant e o pro-

---

[42] *G.St.A.* VII, 2, p. 47; *cf.* também Fuhrmans, *op. cit.*, t. I, p. 57.

[43] *Cf.* a carta de 22 de dezembro de 1795 a Niethammer (*G.St.A.*, VI, 1, pp. 190-1): "Schelling, deves saber, renegou um pouco suas primeiras convicções".

[44] *G.St.A.* (nº 94), VI, 1, pp. 154 ss.

[45] Fichte deu início a suas *Conferências* em maio de 1794, imediatamente após sua chegada a Iena; elas foram reunidas e publicadas em setembro do mesmo ano. *Cf. Von den Pflichten der Gelehrten*, ed. R. Lauth e H. Jacob, Meiner, 1971.

A situação de Hölderlin no limiar do idealismo alemão          49

cedimento "transcendente" do dogmatismo, quando ele se lança para além da esfera da experiência e, mais precisamente, para além da esfera da consciência finita.

"No início, suspeitei-o seriamente de dogmatismo. Ele parece, se me é permitido fazer tal conjectura, haver estado verdadeiramente numa encruzilhada — se é que ainda não continua nela —, ele gostaria de ultrapassar o fato (*Faktum*) da consciência para se aventurar na teoria. É o que revelam muitas de suas declarações, e isso é tão certamente e ainda mais manifestamente transcendente que quando os metafísicos anteriores queriam ultrapassar o ser-aí do mundo."

Nessa vontade de ultrapassar o fato da consciência para se elevar à teoria, pode-se reconhecer um eco da distinção estabelecida por Fichte contra Reinhold desde a resenha do *Enesidemo*: a distinção entre *Tatsache* e *Tathandlung*. Em sua reflexão sobre a "representação da representação", tal como formulada na "proposição de consciência" de Reinhold, Fichte buscou, com efeito, trazer à luz as condições últimas de possibilidade dessa derradeira "posição", isto é, identificar seu fundamento primeiro, que não poderia ser, por sua vez, um fato. "O resenhista", escreve Fichte, "pensa estar convencido de que essa última [a proposição de consciência] é um teorema, que deve fundar-se sobre um outro princípio (*Grundsatz*), a partir do qual ele pode ser demonstrado com rigor, *a priori* e independentemente de qualquer experiência."[46]

Tudo o que é simplesmente "fato", "estado-de-fato" (*Tat-sache*) deve, com efeito, ser encarado numa perspectiva transcendental e examinado quanto a suas condições de possibilidade. Pode-se, portanto, formular como se segue a questão transcendental que Fichte opõe a Reinhold: qual é a atividade originária que está na raiz do estado-de-fato e da facticidade da consciência, tal qual é posta pela proposição de consciência? É essa questão essencialmente reflexiva que vem de imediato arruinar qualquer pretensão de estabelecer um fato no princípio da filosofia. Além disso, essa passagem necessária da

---

[46] Fichte, *SW* (ed. I. H. Fichte), I, p. 8.

*Tatsache* à *Tathandlung* permite evidenciar a espontaneidade e o caráter originário da atividade constitutiva da essência do Eu em sua absolutez e por isso mesmo assegura a perfeita reciprocidade da posição do Eu e de seu ser-posto. Na posição do Eu, o Eu é objeto, mas também sujeito absoluto; a posição advém como afirmação do Eu e de sua identidade: Eu sou Eu, com base numa reflexão *originária*, no sentido de que não há ser que fosse anterior a esta última, dito de outro modo, não há ser-refletido apresentando-se de fora como objeto possível para a reflexão do sujeito. Nesse sentido, Fichte pode escrever na *Fundação*: "*Aquilo cujo ser (essência) consiste unicamente em se pôr para si mesmo como ente\* é o Eu, como sujeito absoluto. Ele é, como se põe; e ele se põe, como é; e o Eu é, por conseguinte, absoluta e necessariamente para o Eu. Aquilo que não é para si mesmo não é um Eu".*[47]

É importante insistir nessa passagem do "estado-de-fato" à atividade originária, uma vez que já pressupõe a redução do ser à posição, ou seja, também ao ser-posto; é essa redução que Hölderlin tenta evidenciar, antes de Jacobi, para desenvolver a seu modo uma crítica ao niilismo fichtiano.[48] Fichte, aliás, retorna a essa distinção entre o estado-de-fato e a atividade que está na raiz de toda facticidade, a fim de expô-la com toda a clareza desejável no limiar da *Fundação*: "Assim a posição (*Setzen*) do Eu por si mesmo é a pura atividade (*Thätigkeit*) desse último. O Eu *põe-se a si mesmo* e *é*, em virtude de seu ser puro. Ele é ao mesmo tempo aquele que age (*das Thätige*) e o que é produzido pela atividade (*Thätigkeit*); ação (*Handlung*) e fato (*That*) são uma única e a mesma coisa; segue-se que *Eu sou* exprime uma atividade originária (*Thathandlung*)".[49] E Fichte precisará mesmo um pouco mais tarde, na *Nova exposição da doutrina-da-ciência*, que o

---

\* O triplo sentido do termo francês *étant* ("ente", "sendo", "estando") confere uma ambiguidade a certas frases que a tradução para o português se vê obrigada a resolver. Em alemão, a letra maiúscula distingue o substantivo *Seiend* ("ente") da forma verbal *seiend* ("sendo", "estando"). (N. da T.)

[47] *GA*, I, 2, pp. 259-60.

[48] *Cf.* Jacobi, *Carta a Fichte* (1799); *cf.* também *Theologische Literaturzeitung*, 76, 1951, pp. 193 ss.

[49] *GA*, I, 2, p. 259; trad. francesa por A. Philonenko, Fichte, *Œuvres choisies de philosophie première*, Paris, 1964, p. 20 (tradução ligeiramente modificada).

Eu mesmo não deve ser entendido como "aquele que age", ou como "o sujeito da ação" (*das Thätige*), mas mais radicalmente ainda como puro "agir" (*Tun*), ou mesmo como "agilidade".[50] Ora, é precisamente essa absolutização de um Eu centrado em si, perfeitamente independente e auto-suficiente, e interpretado como atividade originária em vista unicamente de si mesma,[51] que Hölderlin denuncia pondo acento na finitude radical da consciência-de-si. Pode-se, sem dúvida, pensar que a reserva de Hölderlin aqui responde, antes de mais nada, a uma preocupação de fidelidade kantiana ou simplesmente a uma atitude de prudência frente às primeiras tentativas que visavam ultrapassar o procedimento crítico; mas a seqüência da carta leva-nos muito além desse movimento de recuo, para introduzir uma crítica muito mais penetrante.

"Seu Eu absoluto (= substância de Espinosa), prossegue Hölderlin, contém toda realidade; ele é tudo e, fora dele, não há nada; não há, portanto, para esse Eu absoluto, nenhum objeto, pois do contrário toda realidade não estaria nele; mas uma consciência sem objeto não é concebível, e se eu mesmo sou esse objeto, sou, como tal, necessariamente limitado, ainda que apenas no tempo, portanto não sou absoluto; no Eu absoluto, não tenho consciência, e,

---

[50] *Versuch einer neuen Darstellung der WL.*, ed. P. Baumanns, Meiner, 1975, p. 76: "Das Ich ist ursprünglich nur ein Tun; denkt man es auch nur als Tätiges, so hat man schon einen empirischen, und also erst abzuleitenden Begriff desselben" [O Eu é originariamente apenas um agir; mas tão-somente para pensá-lo como ativo, já se tem de ter um conceito empírico e, portanto, um conceito dele que primeiro precisa ser deduzido]. *Cf.* também *ibidem*, p. 23.

[51] *Cf.*, por exemplo, o texto capital redigido por Fichte em suas reflexões preparatórias à *WL.*: "Das reine Ich ist schlechthin *selbständig*... Das Streben geht auf ein Wirken *ausser dem Ich*. — Gut: aber was will er wirken, nach welcher Form, welcher Regel? — Keine; es wirkt, *schlechthin um zu* wirken, ist thätig *schlechthin um* thätig zu sein" [O Eu puro é pura e simplesmente *autónomo*... O esforço vai até um agir *fora do Eu*. Certo: mas o que ele quer efetuar, segundo que forma, segundo que regra? — Segundo nenhuma; ele age *pura e simplesmente para* agir, é ativo *pura e simplesmente para* ser ativo] (*Praktische Philosophie, Nachgelassene Schriften*, 1793-1795; *GA*, II, 3, p. 187). Ou ainda: "Absolute Selbstthätigkeit hat keinen anderen Zweck *als* Selbstthätigkeit" [Absoluta auto-atividade não tem outro fim *que* auto-atividade] (*ibidem*, p. 188).

visto que não tenho consciência, não sou nada (para mim); por conseguinte, o Eu absoluto não é nada (para mim)."[52]

No que aqui ainda não passa de um esboço de seu debate com Fichte, Hölderlin põe de imediato ênfase no ponto decisivo, qual seja, a contradição que existe em pôr um Eu em sua absolutez, ou ainda em pensar o absoluto de acordo com a estrutura da egoidade, isto é, da reflexividade; em sua absolutez, com efeito, o Eu não poderia ser consciência-de-si, visto que a consciência está fundamentalmente ligada à presença de um ob-jeto, à oposição e à limitação no seio de um horizonte que o define. Na posição de si por si, na posição de si mesmo como se pondo, o Eu já abandonou sua pretensa absolutez, ainda que apenas para poder surgir e aparecer para si mesmo como objeto de uma reflexão sobre si. Em sua absolutez, o Eu deveria ser totalmente estranho a essa o-posição reflexiva, a essa determinação essencialmente relacional; mas, nesse sentido, ele não seria nada "para si", da mesma forma que não sou nada "para mim", se não tenho consciência, isto é, onde não encontro nenhum objeto diante de mim no horizonte da finitude. Dito de outro modo, é a pretensão do Eu de ser doravante a única garantia de toda realidade, de ser, não apenas isso, mas também pura e simplesmente identificado à *omnitudo realitatis* ou à base fundamental de toda realidade e de toda positividade,[53] que parece de antemão ruinosa aos olhos de Hölderlin; com efeito, a mais completa irrealidade, o "nada" puro e simples, ameaça de imediato o

---

[52] *G.St.A.*, VI, 1, p. 155. No que concerne ao fim da passagem citada e à repetição da expressão *für mich*, talvez convenha levar em conta a conjetura de W. Binder, que propõe que em vez de "o Eu absoluto não é nada 'para mim'" se leia um *für sich*: não é nada "para si". Cf. *G.St.A.*, VI, 2, pp. 216-7.

[53] *Cf.*, por exemplo, Fichte, *GA*, I, 2, p. 293: "Aller Realität Quelle ist das Ich. Erst durch und mit dem Ich ist der Begriff der Realität gegeben. Aber das Ich *ist*, weil es sich *setzt*, und *setzt sich*, weil es *ist*. Demnach sind *sich setzen* und *Seyn* Eins und dasselbe" [A fonte de toda a realidade é o Eu. Somente por meio do Eu e com o Eu está dado o conceito de realidade. Mas o Eu *é*, porque ele se *põe*, e *se põe*, porque *é*. Por conseguinte, *pôr-se* e *ser* são um só e o mesmo]. Ou ainda mais decididamente Schelling: "Das Ich ist als Substrat der Setzbarkeit aller Realität überhaupt bestimmt... Der Satz Ich = Ich ist also die Grundlage alles Setzens" [o Eu é determinado como substrato de toda "ponibilidade" da realidade em geral... A proposição Eu = Eu é, portanto, a fundação de toda posição] (*SW*, I, pp. 217-8).

Eu fixado em sua absolutez. A posição do Eu por si mesmo não pode advir senão no espaço previamente aberto de uma o-posição (aquela em que o *Gegenstand* [objeto] é antes de tudo *Widerstand* [resistência]),[54] na co-pertinência original e reciprocidade da presença do Eu e da presença do mundo.

Assim, a pretensa absolutez, o caráter incondicionado do Eu, repousa secretamente numa relação reflexiva intrínseca, numa reduplicação da posição de si por si, a qual já implica limitação e abertura para o objeto, tal como este se dá em presença e vem de encontro.

\* \* \*

Antes de introduzir o segundo texto de Hölderlin que gostaríamos de considerar, parece-nos esclarecedor opor desde já, à carta que acabamos de citar, uma outra enviada quase que no mesmo momento por Schelling a Hegel. Trata-se da carta de 4 de fevereiro de 1795, na qual Schelling expõe em traços gerais sua nova posição filosófica; Schelling de fato apresenta aí o primeiro esboço do projeto que conduzirá ao *Sobre o eu*. Mas o que é verdadeiramente notável é que Schelling, através dessa rápida apresentação, acentua nitidamente os traços fundamentais do idealismo fichtiano acerca dos quais Hölderlin

---

[54] *Cf.* a passagem significativa de Jacobi, extraída das *Cartas sobre a doutrina de Espinosa*, copiada por Hölderlin: "Denn der Wille und der Verstand findet ohne einen *Gegenstand* nicht statt. Und zufolge der tranzendentalen Einheit und absoluten Unendlichkeit der ersten Ursache findet kein Gegenstand statt" [Pois a vontade e o entendimento não ocorrem sem um *objeto*. E em virtude da unidade transcendental e da infinitude absoluta da causa primeira não ocorre objeto algum] (*G.St.A.*, IV, 1, p. 207); *cf.* também, e sobretudo, a seguinte passagem decisiva da *metrische Fassung*, à qual retornaremos: "Also da, als die schöne Welt für uns anfing, da wir *zum Bewusstsein kamen*, da wurden wir *endlich*. Nun fühlen wir tief die *Beschränkungen* unseres Wesens... und doch ist etwas in uns, das die Fessel gerne behält — denn würde das Göttliche in uns von keinem *Widerstand* beschränkt, so wüssten wir von nichts ausser uns, und so auch von uns selbst nichts, und von nichts zu wissen, sich nicht zu fühlen, und vernichtet sein, ist für uns Eines" (*G.St.A.*, III, pp. 192-4). Traduzamos: "Assim, onde o mundo em sua beleza começou para nós, onde chegamos à consciência, ali nos tornamos finitos. Agora sentimos profundamente a limitação de nossa essência... e contudo há algo em nós que nos prende de bom grado a essas correntes, pois, se o divino em nós não fosse limitado por nenhuma oposição, não saberíamos nada do que está fora de nós, e por isso mesmo nada de nós mesmos, ora, nada saber, não se sentir a si mesmo e ser aniquilado são para nós a mesma coisa".

já exprimia toda sua reserva; assim Schelling completa, a fundo e conscientemente, o movimento de pensamento cujo caráter unilateral e ruinoso Hölderlin buscava revelar. Schelling escreve:[55]

"Nesse meio tempo tornei-me espinosista... Para Espinosa, o mundo (*i.e.*, o objeto em sua oposição ao sujeito) era tudo, para mim, é o Eu. A verdadeira diferença entre a filosofia crítica e a filosofia dogmática parece-me residir no fato de que a primeira parte do Eu absoluto que ainda não está condicionado por nenhum objeto, e a segunda parte do objeto absoluto ou Não-Eu. Essa última, em sua derradeira conseqüência, conduz ao sistema de Espinosa, a primeira conduz ao sistema kantiano. A filosofia deve necessariamente partir do *Incondicionado*, e a única questão que se põe é então saber em que consiste esse incondicionado, se reside no Eu ou no Não-Eu. Quando essa questão está resolvida, tudo está decidido. Para mim, o princípio supremo de toda filosofia é o Eu puro e absoluto, *i.e.*, o Eu que é simplesmente Eu, que não está ainda condicionado por seus objetos, mas é posto por *liberdade*... O Eu absoluto compreende uma esfera infinita, a do ser absoluto; nessa esfera, formam-se as esferas finitas, que provêm de uma *limitação*, por um objeto, da esfera absoluta (esfera da existência — *Dasein*). Filosofia prática".

Partiremos aqui dessa oposição entre a esfera do ser absoluto e a esfera da existência ou do ser-aí; o Eu absoluto é o ser absoluto, ele encerra por conseguinte toda a realidade e constitui a única substância.[56] De tal maneira que mesmo o Não-Eu não se determina senão em sua oposição ao Eu, dito de outro modo, não existe senão relativamente, não existe senão como *objectum*.[57] É portanto o Eu abso-

---

[55] Schelling, *Briefe*, ed. Fuhrmans, II, pp. 63 ss.

[56] *Cf. SW*, I, p. 192; *Premiers écrits*, pp. 95-6.

[57] "Denn Nicht-Ich ist ursprünglich gar nichts als nur Gegensatz gegen das Ich bestimmbar..." [Pois o Não-Eu só é originariamente determinável como mera oposição ao Eu...] (*ibidem*).

luto que circunscreve a esfera infinita que compreende toda a realidade; diante desse ser puro e simples, a esfera do ser-aí não passa de uma esfera derivada e condicionada. E Schelling aqui se apóia na distinção lingüística entre *Sein* e *Dasein* para separar radicalmente o ser em sua "positividade" do ser-aí, cuja posição é sempre condicionada, sob a forma do haver-sido-posto, de tal modo que de direito é sempre possível "retomar" esse ser-posto, e que *do ponto de vista prático* é mesmo necessário dar-se por tarefa essa suspensão:

> "É surpreendente constatar que a maioria das línguas tem esse privilégio de poder distinguir entre o ser absoluto e o existir condicionado... mas é igualmente surpreendente ver que a maior parte dos filósofos ainda não soube tirar proveito dessa vantagem que a língua lhes oferecia. Quase todos eles utilizam os termos: *Seyn* (ser), *Daseyn* (ser-aí), *Existenz* (existência), *Wirklichkeit* (realidade efetiva), como se fossem mais ou menos sinônimos. Mas a palavra 'ser' exprime manifestamente o puro ser-posto absoluto, e em compensação 'ser-aí' designa, ainda que apenas por sua etimologia, um haver-sido-posto condicionado e delimitado".[58]

Nesse sentido, é permitido dizer que, quando Hölderlin revela a contradição existente em pôr um Eu absoluto ou identificar o Eu com o ser puro, ele está pensando tanto em preservar a absolutez do ser — *das Seyn schlechthin* — da mediação implícita decorrente de toda posição da egoidade, quanto em salvaguardar os direitos e a suficiência do *Daseyn* ou, de maneira mais geral, da finitude, entendida em sua originalidade e especificidade como *propriedade* do ser-aí humano ou ainda como manifestação do "Deus em nós".

---

[58] *SW*, I, p. 209; *Premiers écrits*, p. 114; *cf.* também, *ibidem*, I, 309, nota: "Auffallend genug ist es, dass die Sprache schon so genau zwischen dem *Wirklichen* (dem, das in der Empfindung vorhanden ist, was auf mich *wirkt*, und worauf ich zurückwirke), dem *Daseyenden* (das überhaupt *da*, d.h. in Raum und Zeit ist) und dem *Seyenden* (das schlechthin von aller Zeitbedingung unabhängig durch sich selbst ist), unterschieden hat"[É bastante surpreendente que a língua já tenha distinguido com bastante exatidão entre o *real-efetivo* (aquilo que existe na sensação, que *age* sobre mim e ao qual *reajo*), o sendo-aí (que está em geral *aí*, isto é, no espaço e no tempo) e o *ente* (aquele que é pura e simplesmente por si mesmo, independente de toda condição temporal].

Com efeito, a conseqüência imediata da tese schellinguiana da posição do Eu em sua esfera infinita é impor como tarefa prática a destruição ou ainda a resolução da esfera finita do *Daseyn* na esfera do ser puro.

E é bem nesse sentido que Schelling prossegue sua carta a Hegel: "... mas devemos (*sollen*) romper esses limites, o que significa dizer que devemos passar da esfera finita à esfera infinita". Essa passagem é, com efeito, o que se atribui como tarefa pela filosofia prática, sobre a qual desde logo recai a ênfase de Schelling, assim como o fizera Fichte. Nesse ponto, não há entre Fichte e Schelling a oposição declarada que certos comentadores querem ver, e aliás encontramos no *Sobre o eu* esse mesmo movimento de passagem, coincidindo com a progressão da parte teórica para a parte prática.

Schelling prossegue:

"Esta última [a filosofia prática] exige, pois, a destruição da finitude e nos conduz com isso ao mundo supra-sensível (o que era impossível à razão teórica, visto que ela era enfraquecida *pelo objeto*, a razão prática o realiza). Mas nesta última não podemos encontrar nada diferente de nosso Eu absoluto, pois só ele descreveu a esfera infinita".

A moralidade é, portanto, o que nos permite chegar ao "mundo supra-sensível", sua verdadeira tarefa é a de abrir essa passagem e não a de nos ensinar a permanecer no seio da finitude; nesse sentido, a destruição ou o aniquilamento do finito, da esfera do ser-aí, constitui sua preocupação fundamental; pode-se ainda formular de outro modo essa "destruição", dizendo que ela é uma "retomada" do *Daseyn*, a fim de conduzi-lo até o ser puro e simples. A partir de então, é preciso ir até o ponto de afirmar, segundo uma estrita terminologia schellinguiana, que a moralidade não visa a "realidade efetiva", a *Wirklichkeit*, mas a *Realität*: "Mesmo o esforço do Eu moral não pode ser representado como um esforço que tenderia à realidade efetiva, e isso porque ele tende a pôr *em si* toda a realidade. Ele, ao contrário, tende antes a suspender toda a realidade efetiva no *ser puro*, assim como tende a suspender-se a si mesmo, uma vez que, condicionado pelo Não-Eu, ele cai na esfera do ser-aí".[59] O termo último a

[59] *SW*, I, p. 209, nota; *Premiers écrits*, p. 114.

que tende a moralidade é portanto a coincidência do *Daseyn* finito e do ser absoluto; encontramos aqui, por um outro viés, o que Hölderlin havia percebido na carta que havíamos citado, a saber, que a idéia do Eu infinito ou do Eu absoluto como tarefa conduz a uma destruição da finitude, isto é, tanto da personalidade, quanto da consciência-de-si.

Ora, tal é precisamente o escopo que Schelling atribui à filosofia prática:

"A personalidade provém da unidade da consciência. Mas a consciência não é possível sem objeto... Ora, para o Eu absoluto, *não* há *objeto*, pois do contrário ele cessaria de ser absoluto. Por conseguinte, não há mais Deus pessoal e nossa mais alta aspiração é a destruição de nossa personalidade, a passagem para a esfera absoluta do ser; mas essa passagem não é possível na eternidade, daí não poder haver senão uma aproximação *prática* em vista do absoluto, e por conseguinte — da *imortalidade*".

No *Sobre o eu*, Schelling volta a esse ponto capital, insistindo ainda mais claramente naquilo que faz com que o Eu absoluto seja, como tal, estranho a toda possibilidade de consciência-de-si: "Mas o Eu absoluto não conhece nenhum objeto, não conhece por conseguinte nenhuma consciência, nenhuma unidade da consciência e nenhuma personalidade".[60] E o que orienta toda a aspiração do ser-aí finito que somos é ainda a "ampliação da personalidade em vista da infinitude", isto é, seu aniquilamento. Schelling, aqui, dá inclusive um passo a mais, já que atribui igualmente, como finalidade última, ao Não-Eu, ou ao mundo, seu próprio aniquilamento como mundo.

É preciso, contudo, notar que essa doutrina que vê na moralidade completa a destruição do Eu ou o aniquilamento da personalidade difere singularmente da posição de Fichte, para a qual "o acordo perfeito do homem consigo mesmo" constitui o fim último e supremo da moralidade;[61] mas também é verdade que esse acordo perfeito do Eu

---

[60] *SW*, I, p. 200, IV; *Premiers écrits*, p. 105.

[61] Fichte, *Preleções sobre a destinação do sábio*: "Die letzte Bestimmung aller

consigo mesmo não pode ele mesmo ocorrer senão com base num acordo de todas as coisas exteriores a ele com seus próprios conceitos práticos e com a necessidade destes,[62] acordo que de modo algum é dado, mas conquistado ao termo de uma luta incessante. Ao contrário, o aniquilamento do Eu, tal como Schelling o pensa, pode ser interpretado muito mais em termos de reconciliação que de oposição, de sujeição no seio de um conflito; é nesse sentido que desde as *Cartas sobre o dogmatismo e o criticismo* Schelling poderá propor um novo conceito positivo do dogmatismo, no qual o "abandono de si mesmo", a "derrota voluntariamente aceita", já aponta para um "abandono ao mundo" no seio da intuição intelectual, que prefigura esse combate no centro do qual, como dirá Höderlin, habita a reconciliação.[63]

Desde então, o *Moment der Vernichtung*[64] de que fala Schelling, como momento supremo do ser, reserva em si a possibilidade de uma verdadeira unidade que seja muito mais reunião (*Vereinigung*) do que escravização ou dominação,[65] mas essa mudança de sentido, na qual o aniquilamento de si vira aparecimento do mundo, está ela mesma estreitamente ligada à nova inflexão que o conceito de intuição intelectual conhece a partir das *Cartas*. Com isso, Schelling aproxima-se

---

endlichen vernünftigen Wesen ist demnach absolute Einigkeit, stete Identität, vollige Übereinstimmung mit selbst" [A destinação última de todo ser racional finito é, portanto, unidade absoluta, identidade constante, concordância completa consigo mesmo] (ed. R. Lauth, H. Jacob, p. 7).

[62] *Ibidem*, p. 8: "Die volkommene Übereinstimmung des Menschen mit sich selbst, und — damit er mit sich übereinstimmen könne — die Übereinstimmung aller Dinge ausser ihm mit seinem nothwendigen praktischen Begriffe von ihnen... ist das letzte höchste Ziel des Menschen" [A concordância plena do ser humano consigo mesmo e — para que ele possa concordar consigo — a concordância de todas as coisas fora dele com o conceito prático necessário que tem delas... é a meta última e suprema do ser humano].

[63] Schelling, *SW*, I, pp. 284-5; *Premiers écrits*, pp. 153-4; Hölderlin, *Hyperion*, *G.St.A*, III, p. 160.

[64] *SW*, I, pp. 324-325; *Premiers écrits*, p. 196.

[65] Fichte escreve o contrário, *Preleções sobre a destinação do sábio*: "Alles vernunftlose sich zu unterwerfen, frei und nach seinem eigenen Gesetze es zu beherrschen, ist letzter Endzweck des Menschen" [Submeter a si todo o irracional, dominá-lo livremente segundo sua própria lei é o derradeiro fim-último do ser humano] (*op. cit.*, p. 9).

---

A situação de Hölderlin no limiar do idealismo alemão

de Hölderlin, que propõe, contra a *Übereinstimmung* fichtiana, uma figura da *Einigkeit* cujo aprofundamento na obra ulterior levará ao conceito central de *Innigkeit*.[66]

\* \* \*

Vimos como o fato de estabelecer um paralelo entre essas duas cartas que Hölderlin e Schelling, respectivamente, enviam a Hegel, paralelo cujo intuito era apresentar evidências de suas primeiras reflexões sobre o empreendimento de Fichte, já permitia circunscrever com bastante precisão a divergência que começava a transparecer na trajetória dos dois pensadores.

Gostaríamos de introduzir agora a segunda evidência mais importante do debate de Hölderlin com o idealismo então nascente: o breve fragmento, publicado pela primeira vez por Beissner em 1961, sob o título *Urteil und Sein*.[67] Trata-se de um breve ensaio, composto de três partes concernindo respectivamente ao juízo (*Urteil*), às categorias da modalidade e ao ser. Lembremos que o texto de Hölderlin foi anotado na guarda de um livro, numa única folha, a frente trazendo o desenvolvimento consagrado ao juízo, e o verso o desenvolvimento consagrado ao ser; e nessa mesma página, um pouco à parte, encontra-se o breve desenvolvimento relativo à modalidade. Estamos, portanto, autorizados a ler o texto tanto a partir do *Sein*, quanto a partir do *Urteil*; e não resta dúvida que o movimento do pensamento surge

---

[66] A Fichte, que escreve na *Grundlage*: "Jene Forderung, dass alles mit dem Ich übereinstimme, alle Realität durch das Ich schlechthin gesetzt seyn solle..." [Aquela exigência de que tudo concorde com o Eu, que toda realidade deva ser pura e simplesmente posta pelo Eu...] (*GA*, I, 2, p. 399), Hölderlin responde a seu modo, na versão definitiva de *Hipérion*: "Wer mit dem Himmel und der Erde nicht in gleicher Lieb' und Gegenlieb lebt, wer nicht in diesem Sinne einig lebt mit dem Element worin er sich regt, ist von Natur auch in sich selbst so einig nicht..." [Aquele que não vive em igual e mútuo amor com o céu e a terra, aquele que não vive intimamente, nesse sentido, com o elemento em que se move, tampouco é por natureza assim unido em si mesmo...] (*G.St.A.*, III, p. 82; trad. francesa R. Rovini, Paris, 1968, p. 100).

[67] *G.St.A.*, IV, 1, pp. 216-7; cumpre indicar também o importante estudo consagrado a esse texto por D. Heinrich (Hölderlin-Jahrbuch, 1965-1966, pp. 73-96); *Hegel im Kontext*, Frankfurt, 1975[2]. Ver ainda H.J. Gawoll, "Nebenlinien-Variationen zu/von Hölderlins Urtheil un Seyn", *in Hölderlin Jahrbuch* 1988-1989, pp. 87-116.

com mais clareza se tomamos como ponto de partida o termo originário: *Sein*, aquele que é sempre já pressuposto pela auto-reflexão.

"*Sein* — o ser exprime a ligação (*Verbindung*) do sujeito e do objeto. Onde sujeito e objeto estão absolutamente unidos, e não apenas em parte, portanto unidos de tal forma que não se possa efetuar absolutamente nenhuma partição sem atingir a essência do que deve ser separado, é aí, e em nenhuma outra parte, que se pode falar de *ser pura e simplesmente*, como é o caso na intuição intelectual. Mas não se deve tomar esse ser pela identidade. Quando digo: Eu sou Eu, então o sujeito (Eu) e o objeto (Eu) não estão unidos tão intimamente a ponto de não podermos mais efetuar nenhuma cisão, nenhuma separação, sem atingir a essência do que deve ser separado; ao contrário, o Eu só é possível graças a esse separar o Eu do Eu. Como posso dizer: Eu! sem consciência-de-si? Mas como é possível a consciência-de-si? Pelo fato de que me oponho a mim mesmo, separo-me de mim mesmo, mas, a despeito dessa separação, reconheço-me como o mesmo no que me é o-posto. Mas até que ponto como o mesmo? Posso, e mesmo devo necessariamente, pôr essa questão; pois, sob uma outra perspectiva, [*o Eu*] é o-posto a si mesmo. A identidade não é, portanto, a reunião do sujeito e do objeto, que se produziria pura e simplesmente, a identidade não é, portanto, o ser absoluto."

Ao pôr o ser como ligação do sujeito e do objeto, Hölderlin parece aqui se apropriar da determinação fichtiana do ser como unidade da posição e do ser-posto; como vimos, é com efeito essa interpretação imediata do ser no horizonte da "ponibilidade" que funda o privilégio do Eu absoluto para Fichte. A egoidade define-se essencialmente por essa unidade do ser e da autoposição, do ser e do saber: "Pôr-se a si mesmo e ser, quando se trata do Eu, são expressões totalmente idênticas".[68] A isso vem naturalmente se juntar um terceiro termo, o saber-(de)-si-mesmo. O eu é o único sujeito suscetível de sa-

[68] *GA*, I, 2, p. 260.

A situação de Hölderlin no limiar do idealismo alemão 61

tisfazer essa singular equação: "*Sich selbst Wissen = Sich selbst Setzen = Seyn*". É portanto essa posição absoluta e originária de si por si, tal como determina a essência da egoidade, que propõe a figura doravante exemplar da unidade do sujeito e do objeto; o que o próprio Fichte precisa, acrescentando, a título de esclarecimento, por ocasião de uma reedição da *Fundação* em 1802, a seguinte observação: "O Eu é necessariamente identidade do sujeito e do objeto: sujeito-objeto; e ele é tal de maneira absoluta, sem outra mediação".[69]

Ora, o propósito de Hölderlin é precisamente distinguir de imediato, contra Fichte e contra Schelling, o ser no sentido próprio (*das Seyn schlechthin*) e a identidade pretensamente i-mediata tal como ela se revela na afirmação do próprio Eu.[70] Sem dúvida, para Fichte, o Eu é aquele que pode dizer de si mesmo indiferentemente: *Ich bin, Ich bin Ich, Ich = Ich*, mas essa passagem da egoidade ao ser, graças à identidade consigo mesmo, não dá acesso senão a um ser puramente relacional fundado bem mais na cisão ou na separação entre o Eu e si mesmo no seio da consciência-de-si, do que numa ligação que seja uma verdadeira unificação. Enfim, o ser absoluto tampouco é objeto, mas aquilo que precede toda possibilidade de relação de um sujeito com qualquer objeto que seja, assim como toda possibilidade de relação reflexiva do Eu consigo mesmo, esta última não sendo, com efeito, sob

---

[69] *Ibidem*, p. 261; *cf.* também *Vergleichung des vom Herrn Prof. Schmid aufgestellten Systems mit der WL.* (1795) (*SW*, II, p. 442): "O procedimento da WL é o seguinte: ele exige de cada pessoa que preste atenção ao que faz de maneira geral e necessariamente... quando diz: Eu. Ele estabelece que: aquele que se limita a efetuar realmente o ato (*Handlung*) que é exigido descobrirá *que ele se põe a si mesmo*, ou, o que para muitos é mais claro, *que ele é a um só tempo sujeito e objeto*. A egoidade consiste nessa identidade absoluta do sujeito e do objeto: *o Eu é aquilo que não pode ser sujeito, sem ser objeto no mesmo ato indivisível, e aquilo que não pode ser objeto, sem ser no mesmo ato indivisível sujeito*; e, inversamente, aquilo que assim é, é Eu; as duas expressões dizem exatamente a mesma coisa. É, portanto, a partir dessa identidade, e dela apenas, sem que seja necessário acrescentar o que quer que seja, que procede toda a filosofia; graças a ela, a questão do vínculo entre sujeito e objeto recebe sua resposta de uma vez por todas, já que parece que eles estão assim tão originalmente ligados na egoidade".

[70] Schelling, *SW*, I, p. 178: "Nur das, was durch sich selbst ist, gibt sich selbst die Form der Identität, d.h. durch sich selbst, bedingt." [Somente aquilo que é por si mesmo, dá a si mesmo a forma da identidade, isto é, é condicionado por si mesmo], trad. francesa, *Premiers écrits*, p. 80.

a figura da identidade, senão uma das modalidades da oposição, da posição de si contra aquilo que é diferente de si (*Entgegensetzung*), ainda que este seja o próprio Eu.

Nesse sentido, o ser em sua simplicidade anterior a toda posição, a toda oposição, bem como a toda síntese, não se pode tornar objeto de conhecimento no horizonte da subjetividade, assim como não pode ser deduzido ou fundado pela reflexividade do próprio Eu.

O ser em sua simplicidade é aquilo que abre o espaço de toda possibilidade de relação de um sujeito com um objeto, isto é, também toda possibilidade de autoposição da egoidade, essa última, por sua vez, não podendo advir senão no seio desse espaço e graças à mediação de um objeto que vem ao seu encontro. Sendo assim, a única possibilidade que resta de chegar a esse ser, como unidade trans-reflexiva, é a abertura correlata do espírito que responde à abertura do horizonte ontológico: Hölderlin dá a tal abertura o nome de *intuição intelectual*.[71] A unidade absoluta do ser, que é a única unidade não mediada, não poderia ser confundida com a unidade-identidade do Eu, que é definida essencialmente pela consciência-de-si; pois esta, mesmo em sua identidade e em sua coincidência consigo mesma, é sempre secretamente movida por uma cisão prévia, implicada de imediato por toda reflexividade; no seio da reflexividade, com efeito, o sujeito e o objeto permanecem fundamentalmente separados, mesmo que não se tra-

---

[71] Sabe-se que essa expressão aparece em Fichte já na resenha do *Enesidemo*, mas que ela não está presente na *Grundlage* de 1794, onde não desempenha nenhum papel. A intuição intelectual não vem para o centro do pensamento de Fichte senão com a *Segunda introdução à doutrina da ciência* de 1798 ("Die intellektuelle Anschauung ist der einzige feste Standpunkt für alle Philosophie" [A intuição intelectual é o único ponto de vista seguro para toda a filosofia], *op. cit.*, p. 47), mas trata-se aí de uma tentativa destinada a se reapropriar, dando-lhe todo um outro sentido, de um conceito tematicamente desenvolvido primeiro por Schelling, desde o *Vom Ich*, mas sobretudo nas *Cartas sobre o dogmatismo e o criticismo*. (Sobre esse ponto, *cf.* R. Lauth, *Die Entstehung von Schellings Identitätsphilosophie in der Auseinandersetzung mit Fichtes Wissenschaftslehre*. Freiburg/ Munique, 1975, pp. 35 ss.). Voltaremos mais precisamente a essa questão da intuição intelectual nos dois próximos capítulos, fixando-nos na relação Hölderlin-Schelling. Cabe todavia assinalar desde já que essa expressão é sem dúvida decisiva para a questão do estabelecimento da data do texto de Hölderlin que estudamos; oposição e proximidade quanto ao pensamento de Schelling são aí tamanhas que dificilmente se poderia imaginar a redação desse texto antes do *Vom Ich*, e mesmo do primeiro volume das *Cartas*.

A situação de Hölderlin no limiar do idealismo alemão          63

te ali senão do desdobramento do próprio eu num sujeito e num objeto. "O Eu não é possível senão graças a essa cisão do Eu em relação ao Eu"; tal é a *Ur-handlung* verdadeiramente originária e que está na raiz da *Thathandlung* fichtiana, aquela que pode fundar em última instância o ato autoposicional da reflexão. Esta última não é, portanto, originária, como pretendia Fichte, e não é possível pôr no fundo mesmo da subjetividade uma estrutura integralmente reflexiva que seria a do "para si",[72] ou dizer com Fichte: "Ao Eu nada mais pertence do que aquilo que ele põe em si".[73] Esse evento absolutamente originário da cisão constitui aquilo que, no seio mesmo do Eu, já sempre esteve lá para que até mesmo uma identidade do "para si" possa ser possível. Eis o verdadeiro "passado transcendental" da consciência, aquele em direção ao qual também Schelling apontará em sua filosofia da natureza,[74] passado que em todo caso escapa a uma "história pragmática do espírito humano" no sentido da *Fundação*.[75]

Na afirmação de sua igualdade consigo mesma (*Ich = Ich*), a consciência-de-si representa, sem dúvida, com todo o direito, a figura privilegiada da identidade, mas trata-se sempre da identidade mediata no seio da qual o Eu se re-conhece em sua distinção e oposição a si mesmo. Nesse sentido, a identidade da consciência-de-si funda de fato, como queria Fichte, o princípio lógico da identidade formal. Todavia,

[72] *Cf.* Fichte, *Zweite Einleitung in die WL.*, ed. cit., p. 18; p. 36.

[73] *Grundriss des Eigentümlichen der WL.*, *SW*, I, 133; ed. W.J. Jacobs, Meiner, 1975, p. 5. *Cf.* também, Schelling, *SW*, I, p. 117.

[74] *Cf.* p.ex., nas *Preleções* de Munique sobre *A história da filosofia moderna*, a interpretação retrospectiva que dá Schelling da *Naturphilosophie* como projeto de uma "história transcendental" do Eu, buscando revelar *die transcendentale Vergangenheit* [o passado transcendental] que está na raiz da consciência-de-si (*SW*, X, p. 92); trad. francesa de J.-F. Marquet, Paris, PUF, 1983, p. 108. É igualmente esse projeto que conduz Schelling a conceber de forma mais originária a consciência-de-si como "*ein zu-sich-selbst-Gekommen-sein*" [um ter-chegado-a-si-mesmo] (*Initia philosophiae universae*, ed. Fuhrmans, Bonn, 1969, p. 35). Lembremos enfim que essa perspectiva de uma história transcendental da consciência que comanda a estrutura do *Sistema* de 1800 (*SW*, III, p. 331) já se anuncia desde as *Abhandlungen* de 1796-1797: "Das Ziel aller dieser Handlungen ist das Selbstbewusstsein, und die Geschichte dieser Handlungen ist nichts anderes als die Geschichte des Selbstbewusstseins" [A meta de todas essas ações é a consciência-de-si, e a história dessas ações nada mais é que a história da consciência-de-si] (*SW*, I, p. 382).

[75] *GA*, I, 2, p. 365.

não é menos verdade que essa identidade ou essa unidade do Eu consigo mesmo no seio da oposição permanece absolutamente distinta da unidade que é a *Vereinigung*, a reunificação do objeto e do sujeito, essa unidade que se deve denominar mais precisamente *Einigkeit*: "unidade", no sentido daquilo que mantém junto o que está unido (*einig*).

\* \* \*

A redução fichtiana do ser ao *für-sich-sein* e à egoidade[76] repousa, portanto, numa identificação enganosa entre ser e identidade, tal qual a que caracteriza a consciência-de-si, quando na verdade ela é mais secretamente fundada numa cisão originária, conforme expõe a segunda parte do texto que aqui estudamos:

> "*Urteil*, o juízo [partilha originária] é em seu sentido mais elevado e mais rigoroso a separação originária de objeto e sujeito intimamente reunidos na intuição intelectual, separação unicamente graças à qual objeto e sujeito se tornam possíveis: a partição originária (*Ur-theilung*).
>
> No conceito de partição, já se encontra o conceito da relação recíproca de sujeito e objeto, assim como a pressuposição necessária de um todo, cujas partes (*Teile*) são o objeto e o sujeito. 'Eu sou Eu' é o exemplo mais pertinente desse conceito de partição originária enquanto partição *teórica*, pois, na partição originária prática, ele se o-põe ao Não-Eu, e não a si mesmo".

A identidade do "Eu sou Eu", longe de se fundar imediatamente na unidade trans-reflexiva do ser, implica fundamentalmente uma divisão, a do "juízo" (*Urteil*) que está na raiz da posição de si mesmo como si mesmo, do reconhecimento de si mesmo como idêntico a seu

[76] No sentido de que, como vimos, é rigorosamente indiferente para o Eu dizer: *Ich*; *Ich bin Ich*; *Ich bin*. Daí Schelling poder escrever no *Vom Ich*: "Denn was zu sich selbst: Ich! sagen kann, sagt auch: Ich bin!" [Pois aquilo que pode dizer para si mesmo: Eu!, também diz: Eu sou!] (*SW*, I, p. 168.) Dito de outro modo, o *proprium nomen* do ego é de fato *esse*, *sum*. "Ich bin! ist alles, was das Ich von sich sagen kann" [Eu sou! É tudo o que o Eu pode dizer de si], observa ainda Schelling (*SW*, I, 200). De tal modo que surgiu aí uma nova figura do argumento ontológico específica da metafísica da subjetividade. *Cf.*, abaixo, a crítica ao argumento ontológico na obra de Schelling, pp. 291 ss.

ser-oposto, a seu ser-refletido; ora, como é o foco de toda reflexividade e de toda consciência-de-si, esse juízo deve ser entendido literalmente como *Ur-teilung* = partilha ou partição originária.

É essa partilha que constitui a egoidade e que funda o Eu em sua identidade, como consciência-de-si; aqui, divisão precede a identidade, que não é ela mesma senão uma expressão privilegiada da cisão originária. Desde então o espaço no seio do qual se move o pensamento de Fichte, assim como o do primeiro Schelling, não é senão o espaço "parcial" da identidade, isto é, também o da reciprocidade de sujeito e objeto. Mas esse espaço não pode, ele mesmo, ser aberto senão com base numa primeira cisão irredutível a toda reduplicação simplesmente subjetiva, cisão que é a do próprio ser quando entra em presença, e que Hölderlin comentará no *Hipérion*, remetendo, através de Platão, a Heráclito: a cisão do *En diapheron heautoi.*[77]

[77] *G.St.A.*, III, p. 83.

66                                    A tragédia e o tempo da história

# 3.
# A ESTRÉIA FILOSÓFICA DE HÖLDERLIN EM IENA E SUA CRÍTICA A FICHTE

Já seria hora de avaliar verdadeiramente a amplitude da obra de pensamento tão rapidamente elaborada por Hölderlin nos últimos anos do século XVIII e continuada até a época das últimas traduções de Sófocles ou de Píndaro, imediatamente após o fracasso do projeto de escrever, com o *Empédocles*, uma verdadeira tragédia moderna.

Mas, para fazê-lo, seria sem dúvida conveniente abandonar primeiro a representação que faz de Hölderlin um poeta etéreo, seráfico, a quem ocorreu se perder por breve instante na abstração, antes de encontrar seu verdadeiro elemento: o elegíaco ou hínico.

Sem dúvida conviria também — pelo menos em se falando da França, já que a situação da Alemanha é sensivelmente diferente — que a leitura do poeta, de sua obra teórica e poetológica, saísse da sombra de Heidegger e escapasse à força de sua interpretação histórico-profética:[1] Hölderlin sendo aquele que teria de imediato atravessado o idealismo alemão para deixá-lo muito para trás (poeta ainda por vir, à espera de leitores que conviria somente preparar...).

Na Alemanha, pelo menos desde o ensaio de Cassirer[2] e do estudo, na verdade bastante decepcionante, de Johannes Hoffmeister,[3] Hölderlin também pertence de pleno direito à história da filosofia e ocupa mesmo uma situação de grande destaque no período imediatamente posterior a Kant: basta lembrar aqui os trabalhos de O. Pöggeler, de seu discípulo Christoph Jamme e sobretudo os de Dieter Henrich.[4]

---

[1] Já em 1955, Paul de Man dela havia oferecido uma preciosa caracterização: "Hölderlin et Heidegger", *in Critique*, n° 100-1.

[2] E. Cassirer, "Hölderlin und der deutsche Idealismus", *in Logos*, 1918-1919, reeditado em *Idee und Gestalt*, reedição Darmstadt, 1975.

[3] Johannes Hoffmeister, *Hölderlin und die Philosophie*, Leipzig, 1944.

[4] O. Pöggeler, "Sinclair — Hölderlin — Hegel", *in Der Idealismus und seine Gegenwart. Festschrift für Werner Marx*, Hamburgo, 1976, pp. 361-77. — Ch.

Essa história — Hölderlin e a filosofia — é cheia de diferentes capítulos, nos quais estão envolvidos, além de Fichte, Schelling e sobretudo Hegel, durante o período de Frankfurt-Homburg,[5] também Isaac von Sinclair,[6] para não falar dos antigos: Platão, Empédocles, Heráclito.[7]

Não levarei em conta aqui senão as primeiras páginas dessa história, aquelas que dizem respeito muito precisamente à *Fundação da doutrina-da-ciência* de 1794, de que Hölderlin logo se faz eco junto a seus antigos condiscípulos do *Stift* de Tübingen. Em 1794, Hölderlin é preceptor na casa dos Von Kalb, em Waltershausen; ali ele trabalha em seu romance *Hipérion* e, durante o verão, conclui a preparação de uma versão condensada em cinco cartas, que será publicada na revista de Schiller (*Thalia*) em novembro de 1794, versão essa conhecida sob o nome de *Fragmento de Hipérion* ou versão de Waltershausen. Numa carta a seu amigo Neuffer (n° 88), Hölderlin escreve nesse momento:

"Esse verão, consagrei quase todas as horas da manhã a meu romance... A grande transição da adolescência à idade adulta, da vida afetiva à razão, do reino da imaginação

Jamme, *"Ein ungelehrtes Buch"*. *Der philosophische Gemeinschaft zwischen Hölderlin und Hegel in Frankfurt 1797-1800*, Hegel-Studien, Beiheft 23, 1983. — D. Henrich, *Der Gang des Andenkens, Beobachtungen und Gedanken zu Hölderlins Gedicht*, Klett-Cotta, 1986; *Konstellationen, Problemen und Debatten am Ursprung der idealistichen Philosophie (1789-1795)*. Kett-Cotta, 1991; *Der Grund im Bewußtsein, Untersuchungen zu Hölderlins Denken (1794-1795)*, Kett-Cotta, 1992.

[5] Ver a obra coletiva *Homburg vor der. Höhe in der deutschen Geistesgeschichte, Studien zum Freundeskreis um Hegel und Hölderlin*, ed. Ch. Jamme e O. Pöggeler, Kett-Cotta, 1981.

[6] *Cf.*, em particular, o trabalho de Hannelore Hegel, *Isaak von Sinclair zwischen Fichte, Hölderlin und Hegel, Ein Beitrag zur Entstehungsgeschichte der idealistischen Philosophie*, Vittorio Klostermann, Frankfurt, 1971.

[7] *Cf.* U. Hölscher, *Empedokles und Hölderlin*, Frankfurt, 1965. — Klaus Düsing, "Ästhetischer Platonismus bei Hölderlin und Hegel", *in Homburg vor der Höhe...* (obra coletiva citada); Stephan Lampenscherf, "'Heiliger Plato, vergieb...'. Hölderlins Hyperion oder die neue Platonische Mythologie", *in Hölderlin-Jahrbuch*, 1992-1993, pp. 127-51.

ao da verdade e da liberdade parece-me sempre valer a pena ser tratada com uma semelhante lentidão".[8]

Desde abril de 1794, Hölderlin tomou conhecimento, com entusiasmo, do ensaio de Schiller, *Graça e dignidade*, e, no essencial, sua reflexão é, na época, filosófica ou, caso se prefira, filosófico-estética. Ele escreve nesse sentido a seu cunhado, no Pentecostes de 1794:

> "No que concerne à ciência, ocupo-me unicamente da filosofia kantiana e dos Gregos." (trad. francesa, *Pléiade*, p. 309, carta 81)

Ele volta a isso numa carta de 21 de maio de 94 (n° 80, Pléiade, p. 308):

> "Minha única leitura por ora é Kant. Esse espírito maravilhoso revela-se cada vez melhor para mim".

Mas é sobretudo a carta a Hegel de 10 de julho de 1794 que fornece a melhor manifestação de sua atividade intelectual do momento (n° 84, Pléiade, p. 316):

> "Minhas ocupações estão agora bastante concentradas. Kant e os Gregos são quase que minha única leitura. Tento, sobretudo, familiarizar-me com a parte estética da filosofia crítica".

Em meados de agosto de 1794, Charlotte von Kalb recebe em Waltershausen as primeiras páginas da *Fundação da doutrina-da-ciência*, que Fichte acaba de editar para seus estudantes de Iena. Hölderlin logo empreende sua leitura. É preciso lembrar, também, que Fichte fez com que fosse publicado por ocasião da *Jubilate-Messe* de 1794, a título de "Einladungschrift zu seinen Vorlesungen", o ensaio *Sobre o conceito da doutrina-da-ciência*, que é publlicado em maio em Weimar, e do qual também se sabe que Hölderlin igualmente logo tomou conhecimento. Numa carta a seu amigo Neuffer, em outubro de 1794,

---

[8] Trad. francesa de Denis Naville: Hölderlin, *Œuvres*, Bibliothèque de la Pléiade, sob a direção de Ph. Jaccottet, Paris, 1967, pp. 323-4.

isto é, pouco tempo antes de sua partida para Iena, Hölderlin expõe brevemente o projeto que confere todo o sentido a sua leitura dos Gregos e que esclarece sobretudo a articulação — que a princípio pode parecer problemática —: *Kant e os Gregos*.

"Talvez eu pudesse te enviar um estudo sobre as *Idéias estéticas*... ele pode passar por um comentário sobre o *Fedro* de Platão... No fundo, conterá uma análise do belo e do sublime que simplifica (*vereinfacht*) a de Kant, ao mesmo tempo em que acrescenta outros aspectos (*und von der andern Seite vielseitiger wird*). Foi o que Schiller já fez em parte em seu estudo sobre a *Graça e dignidade*, sem contudo, em minha opinião, transpor com suficiente audácia os limites kantianos (*der aber doch einen Schritt weniger über die Kantische Grenzlinie gewagt hat*)." (Pléiade, p. 324)

No início de novembro de 1794, Hölderlin põe-se a caminho de Iena com seu aluno Fritz von Kalb; aí permanecerá até sua partida precipitada, em fins de maio de 1795, que o leva de volta a sua região natal. Podemos deixar de lado aqui as razões, muito discutidas, desse brusco retorno. Em todo caso, é preciso levar a sério a observação de Dieter Henrich: a partida precipitada de Iena é tudo, menos um adeus à filosofia, uma "fuga" para longe da filosofia e da especulação. A partir de janeiro de 1795, separado da família von Kalb e liberado das tarefas, que lhe pesavam, de preceptor, ele está em Iena como escritor independente. Durante essa permanência de sete ou oito meses, Hölderlin, que é introduzido especialmente no círculo de Schiller, encontra Fichte diversas vezes e, sobretudo, segue-lhe as aulas: os cursos de Fichte, de outubro de 1794 a março de 1795, voltavam-se para a doutrina-da-ciência (*Sobre o específico da doutrina-da-ciência em relação à faculdade teórica*) e em particular para o que corresponde à terceira parte da *Fundação* (*Sobre a filosofia prática*). Durante esse mesmo período, Hölderlin pôde igualmente tomar conhecimento das lições *Sobre os deveres do sábio*, que Fichte havia começado a dar em maio de 1794, antes de sua chegada. A partir de março de 1795, Hölderlin trava amizade com Isaac von Sinclair, ele também ouvinte de Fichte.

Nesse curto intervalo de menos de dois anos, é difícil, para não dizer impossível, distinguir o que é "recepção" de Fichte, projeto "teorético-estético" e redação do romance, tanto "filosófico" quanto "lírico", *Hipérion*.[9] É assim que após o *Fragmento Thalia*, ele mesmo resultado de uma longa reelaboração, já que o primeiro projeto do romance remonta ao período de Tübingen (1792-1793),[10] Hölderlin se lança, durante o inverno de 1794-1795, quando segue os cursos de Fichte, num primeiro grande confronto com o nascente idealismo pós-kantiano — à custa, é claro, de simplificações ou contra-sensos, que, no entanto, serão produtivos e revelam, sobretudo, uma virada decisiva no pós-kantismo, virada que será também a de Schelling e do jovem Hegel. Esse primeiro confronto então assume de início a forma bastante inesperada de uma nova versão do romance, a dita *"metrische Fassung"*, que permanecerá inacabada, já que comporta apenas duzentos e cinqüenta versos, redigidos entre novembro de 94 e janeiro de 95, versão metrificada essa que é acompanhada de um primeiro esboço em prosa.

Essa versão evoca um jovem que a escola dos Sábios tornou "injusto e tirânico com a Natureza", sensível unicamente à embriaguez da luta. Tal jovem, no início dessa versão, encontra um velho que ensina o herói a receber as lições da Natureza.[11] Mas Hölderlin muito rápido abandona o projeto de uma versão metrificada e lança-se na redação — ela também em grande parte executada em Iena — de uma nova versão em prosa comportando seis capítulos, versão essa conhecida pelo nome de "Juventude de Hipérion" (elaborada durante os seis ou oito primeiros meses de 95).

Nos últimos meses de 1795, Hölderlin elabora a dita *"vorletzte Fassung"*, precedida de um longo e importante Prefácio que precisa a imagem da "orbe excêntrica" da vida humana, mas que, sobretudo, re-introduz o motivo da "beleza", cuja centralidade já havia sido destacada na carta a Neuffer sobre as idéias estéticas e o projeto de escrever um comentário sobre o *Fedro* de Platão; o Prefácio determina essa beleza como "presença" ou "apresentação" do ser, "no úni-

---

[9] *Cf.* Dominique Janicaud, "Hölderlin et la philosophie d'après Hypérion", *Critique*, n° 243-4, 1967.

[10] *Cf.* o excelente estudo de Lawrence Ryan, *Hölderlins "Hyperion"* — *Exzentrische Bahn und Dichterberuf*, Stuttgart, 1965.

[11] *Cf.* o comentário de Jacques Taminiaux, *in La nostalgie de la Grèce à l'aube de l'idéalisme allemand*, Haia, Nijhoff, 1967, pp. 137 ss.

A estréia filosófica de Hölderlin em Iena

co e verdadeiro sentido do termo". O Prefácio à penúltima versão de *Hipérion* reúne, num certo sentido, as aquisições teóricas do confronto, breve e intenso, baseado nas fontes mais diretas, com o idealismo fichtiano.

É assim também que, como veremos, ele pode ser aproximado do ensaio decididamente teórico e especulativo *Juízo e ser*, também redigido em Iena, provavelmente em abril de 1795.[12]

Pouco depois da partida precipitada de Iena, entre 21 de julho e 30 de agosto de 1795, Hölderlin visita em Tübingen seu antigo condiscípulo, cinco anos mais jovem do que ele, Schelling: começaria aí um outro capítulo do debate de Hölderlin com "os espíritos aéreos de asas metafísicas", segundo a fórmula de uma carta, um pouco posterior, endereçada a Hegel, novo capítulo esse que deixaremos inteiramente de lado.

Após essa rememoração da cronologia, passemos ao exame mais preciso da primeira reação de Hölderlin à leitura de Fichte. Uma primeira tomada de posição, ainda superficial e equivocada, todavia verdadeiramente significativa, de Hölderlin à leitura das primeiras páginas da *Fundação* de 1794, chega-nos ao conhecimento por uma carta enviada a Hegel em 26 de janeiro de 1795 (n° 94). Mas trata-se, infelizmente, de uma carta lacunar e cuja interpretação de conjunto permanece, por isso mesmo, bastante difícil. O ponto que nela nos interessa, antes de tudo, é o testemunho — retrospectivo, cumpre observar — que faz da leitura de Fichte, empreendida já em Waltershausen. O contexto ou o horizonte dessa leitura deve ainda ser lembrado: a reflexão sobre as idéias estéticas, o esforço de compreensão da terceira crítica de Kant e, ao mesmo tempo, o comentário sobre Platão (*Fedro* e *O banquete*), por fim, e talvez sobretudo, a releitura de Espinosa. Esse horizonte espinosista é também o da primeira apropriação/traição schellinguiana de Fichte.[13] Hölderlin lembra em seguida a seu antigo companheiro as condições excepcionalmente favoráveis de sua permanência em Iena, livre das obrigações de preceptor:

---

[12] Seguimos aqui Dieter Henrich, que acaba de consagrar a esse breve e enigmático fragmento uma obra, já citada, de mais de 850 páginas, *Der Grund im Bewußtsein*.

[13] *Cf.* especialmente J.-M. Vaysse, *Totalité et subjectivité. Spinoza dans l'idéalisme allemand*, Paris, Vrin, 1994.

"minha atividade produtiva é quase que inteiramente consagrada ao remanejamento do material do meu romance. O fragmento publicado na *Thalia* é uma parte desse material em estado bruto. Penso já haver acabado na Páscoa..."

antes de passar à leitura e às aulas de Fichte:

"As páginas especulativas de Fichte — fundação de toda a doutrina-da-ciência —, assim como seus cursos impressos sobre a destinação do sábio, muito te interessarão. No início, eu o suspeitava fortemente de dogmatismo; permito-me supor que ele se encontrava realmente, ou ainda se encontra, numa encruzilhada (*am Scheidewege*) —, ele gostaria de ultrapassar *teoricamente* o fato de consciência (*er möchte über das Faktum des Bewußtsein in der* Theorie *hinaus*), é o que revela um grande número de declarações suas, e isso é tão certamente e ainda mais manifestamente transcendente que quando os metafísicos anteriores queriam ultrapassar o ser-aí do mundo — seu Eu absoluto (= a substância de Espinosa) contém toda realidade; ele é tudo e, fora dele, não há nada; para esse Eu absoluto não há portanto objeto, pois de outro modo toda realidade não estaria contida nele; mas uma consciência sem objeto não é concebível, e, se eu mesmo sou esse objeto, sou, enquanto tal, necessariamente limitado, ainda que apenas no tempo, portanto, não sou absoluto; no Eu absoluto a consciência não é portanto concebível, enquanto Eu absoluto, não tenho consciência, e, uma vez que não tenho consciência, não sou nada (para mim), por conseguinte o Eu absoluto não é nada (para mim).

Eis minhas reflexões tal como eu as anotava, estando ainda em Waltershausen, à leitura dos primeiros cadernos, imediatamente após haver lido Espinosa. (aqui, uma lacuna!)".[14]

---

[14] "... Sein absolutes Ich (= Spinozas Substanz) enthält alle Realität; es ist alles, und außer ihm ist nichts; es gibt also für dieses absolut Ich kein Objekt, denn sonst wäre nicht alle Realität in ihm; ein Bewußtsein ohne Objekt ist aber nicht

Hölderlin sublinha nessa carta, como o fará também Schelling, a equivalência entre o Eu absoluto e a substância no sentido de Espinosa, fazendo surgir, como conseqüência inevitável dessa identificação, o desaparecimento da objetividade ou sua reabsorção no Eu absoluto. Mas Hölderlin evoca também a estrutura reflexiva da consciência, para mostrar que, se não há consciência sem objeto, tampouco há consciência-de-si sem objetivação, isto é, sem limitação. A partir de então, a idéia mesma de um Eu absoluto torna-se inconcebível, impensável, porque intrinsecamente contraditória. O Eu absoluto não poderia ser um Eu, caso por isso se entenda uma instância dotada de consciência e mesmo definida por esse ter-consciência. Se não tenho consciência, não sou nada para mim; o Eu absoluto é para mim = nada!

Análise hölderliniana que se pode, sem dúvida, aproximar da seguinte observação da *Fundação*:

"O Eu absoluto é absolutamente idêntico a si mesmo; nele tudo é um único e o mesmo Eu e pertence... ao Eu uno e idêntico... O Eu é tudo e não é nada, porque não é nada *por ele mesmo* e não pode distinguir em si nem ponente, nem posto".[15]

Mas esta não é, Hölderlin apressa-se em observar, senão uma primeira reação, ainda superficial, à leitura, sem dúvida insuficientemente instruída, das primeiras "páginas" da *Fundação*. Não é menos verdade que é também essa argumentação que programa a nota, ela mesma programático-elíptica, do "fragmento" *Juízo e ser*.

Sem dúvida é o plano de fundo espinosista, declarado dessa primeira leitura, que explica o contra-senso de princípio característico dessa interpretação hölderliniana de Fichte, a identificação do Eu (absoluto) com a substância espinosista, ela mesma compreendida como

---

denkbar, und wenn ich selbst dieses Objekt bin, so bin ich als solches notwendig beschränkt; also ist in dem absoluten Ich kein Bewußtsein denkbar, als absolutes Ich hab ich kein Bewußtsein, und insofern ich kein Bewußtsein habe, insofern bin ich (für mich) nichts, also das absolute Ich ist (für mich) Nichts." (Hölderlin, *Grosse Stuttgarter Ausgabe*, ed. Beißner, III, 155).

[15] Fichte, *Grundlage der gesammten Wissenschaftslehre*, GA., I, 2, 399. Trad. francesa de A. Philonenko, *OCPP*., 135.

"Deus". Nessa leitura que induz à suspeita de dogmatismo, Hölderlin haverá negligenciado inteiramente a crítica expressa de Fichte a Espinosa e ao dogmatismo:

"A essência da filosofia *crítica* consiste em pôr um Eu absoluto, incondicionado e não determinável por alguma coisa mais elevada, e, se essa filosofia procede de forma conseqüente a partir desse princípio, ela torna-se doutrinada-ciência. É *dogmática*, ao contrário, uma filosofia que identifique e oponha alguma coisa ao Eu em si; e isso se opera no seio do conceito de *coisa* (*Ding*) (*Ens*), que deveria ser o mais elevado... Se o dogmatismo pode ser conseqüente, o espinosismo é seu produto mais conseqüente.".[16]

Mas, inversamente, é necessário ainda precisar de imediato que o "contra-senso" hölderliniano pôde encontrar seu ponto de partida em enunciados autenticamente fichtianos do seguinte gênero:

"O Eu determina a realidade e por meio dessa última a si mesmo. Ele põe toda realidade como um *quantum* absoluto. Fora dessa realidade, não há nenhuma outra.".[17]

Dito de outro modo, Hölderlin interpreta ontologicamente o Eu fichtiano, sem levar em conta o fato de que a igualdade *Ich = Ich* é antes de tudo o resultado de uma *Thathandlung*, ou que o princípio da auto-posição do Eu (*Das Ich setzt ursprünglich schlechthin sein eignes Sein... Alles was ist, ist nur insofern, als es im Ich gesetzt ist* [O Eu põe originariamente, e pura e simplesmente, seu próprio ser... Tudo o que é, só é se está posto no Eu] resulta sempre em Fichte do primado da filosofia prática, que realiza seu objeto.

Todavia, depois da lacuna, já assinalada, da carta a Hegel, Hölderlin chama a atenção para o que sem dúvida constitui para ele — como ainda se dará com o Schiller de *A educação estética do homem*:

---

[16] *Grundlage*, GA., I, 2, 281 ss.; 119 ss.; 310 ss. Trad. francesa cit., 36.

[17] GA., I, 2, 288: "Das Ich bestimmt die Realität und vermittelst *derselben* sich selbst. Es setzt alle Realität als ein absolutes Quantum. Außer dieser Realität gibt es gar keine".

A estréia filosófica de Hölderlin em Iena                           75

*numa série de cartas*[18] e, mais tarde, com Schelling — um conceito central, uma aquisição essencial da *Fundação*:

A exposição dela sobre a determinação recíproca (*Wechselwirkung*) do Eu e do Não-Eu é certamente notável (*merkwürdig*), assim como a idéia de *Streben*, esforço, etc.

Citemos ainda uma linha dessa carta, pois ela contribui para "relativizar" bastante tudo aquilo que precede:

"É preciso que eu me detenha, considerando tudo isso, como se não o tivesse escrito".

Essa última precaução da carta a Hegel, essa reserva final que vem temperar a crítica, é tanto mais interessante quanto a argumentação dirigida contra Fichte, em nome da finitude e da estrutura reflexiva da consciência, retoma, sem que Hölderlin tenha sem dúvida ciência disso, os principais elementos de um acerto crítico de contas do próprio Fichte com toda má-interpretação de seu pensamento que o puxaria para o lado de Espinosa, ou da figura de Espinosa, tal qual ela se desenha ao final da *Aufklärung* e no limiar do idealismo alemão. Basta remeter aqui à seguinte passagem da *Fundação da doutrina-da-ciência*:

"E assim a essência do Eu é determinada tanto quanto o podia ser e as contradições dessa última resolvidas, tanto quanto o podiam ser. O Eu é infinito, mas apenas em seu esforço; ele tende a ser infinito (*es strebt unendlich zu sein*). Mas a finitude já é interior ao conceito mesmo de esforço (*im Strebens selbst aber liegt schon die Endlichkeit*). Com efeito, aquilo a que não se opõe nenhuma resistência não é esforço. E se o Eu fosse mais do que esforço, se ele possuísse uma causalidade infinita, não seria mais um Eu, não se poria a si mesmo e, por conseguinte, não seria nada. Se ele não fosse esse esforço infinito, tampouco poderia pôr-se, pois ele nada poderia opor a si; segue-se que ele não seria um Eu, mas um nada".[19]

---

[18] *Cf.* carta XIII, nota 1.

[19] GA., I, 2, 404: "Und so ist denn nunmehr das Wesen des Ich bestimmt,

Seria preciso completar a breve exposição que Hölderlin faz a seu antigo condiscípulo Hegel — mais uma vez, colocando-se retrospectivamente no ponto em que sua reflexão se situava no momento de permanência em Waltershausen e da descoberta de Fichte — pelo "resumo" muito mais completo, judicioso e menos "crítico" que Hölderlin destina a seu irmão em abril de 1795 (carta 97), destacando dessa vez o motivo fichtiano do *Streben* infinito como selo da finitude:

> "Eu gostaria de te comunicar em algumas palavras uma das particularidades essenciais (*eine Haupteigentümlichkeit*) da filosofia de Fichte: 'Há no homem uma aspiração (*Streben*) pelo infinito, uma atividade (*Tätigkeit*) que lhe torna todo limite, toda pausa (*Schranke, Stillstand*) propriamente impossível de forma permanente, uma atividade que tende, ao contrário, a se tornar cada vez mais livre, mais extensa, mais independente; essa atividade infinita por sua pulsão (*Trieb*) é contudo limitada; a atividade infinita, ilimitada segundo sua pulsão, existe necessariamente na natureza de um ser dotado de consciência (de um Eu, segundo a terminologia de Fichte), mas a limitação (*Beschränkung*) dessa atividade é, também ela, necessária em um ser consciente (*in einem Wesen, das Bewußtsein hat*); pois se essa atividade não fosse limitada, defeituosa (*mangelhaft*), então ela seria tudo e fora dela não haveria nada; se, portanto, nossa atividade não sofresse nenhuma resistência (*Widerstand*) exterior, não haveria nada fora de nós, não teríamos nenhuma consciência de nada, não teríamos consciência; se nada nos fosse contrário (*entgegen*), não haveria para nós nenhum objeto. Mas se a limitação, a resistência e o sofrimento que ela ocasiona são coisa necessária à consciência, o *Streben*, a aspiração ao infinito, a atividade ilimitada por sua pulsão

insoweit es bestimmt werden kann, und die Widersprüche in demselben gelös't werden können. Das Ich ist unendlich, aber bloß seinem Streben nach; es strebt unendlich zu seyn. Im Begriff des Strebens selbst aber liegt schon die Endlichkeit, denn dasjenige, dem nicht *widerstrebt* wird, ist kein Streben. Wäre das Ich mehr als strebend; hätte es eine unendliche Kausalität, so wäre es kein Ich, es setzte sich nicht sich selbst, und wäre demnach Nichts." — Trad. francesa cit. *OCPP.*, 139.

são necessários ao ser que tem consciência; pois se não aspirássemos a ser infinitos, livres de todo entrave (*Schranke*), tampouco sentiríamos que algo se opõe a essa aspiração (*diesem Streben entgegen*), não sentiríamos nada que fosse distinto de nós, não conheceríamos nada, não teríamos consciência".

Essa última análise manifesta ainda claramente que a consciência é essencialmente apreendida por Hölderlin como estrutura reflexiva, isto é, como veremos com o fragmento *Juízo e ser*, como separação inicial (*Trennung*). Mas, sobretudo, vemos aí aparecer, em destaque, o motivo da *Wechselwirkung*, que é também aquele que já havia sido proposto, com e contra Fichte, na "*metrische Fassung*" de *Hipérion*, centrada, como observava com razão J. Taminiaux, na questão da "finitude".

Essa versão metrificada buscava, com efeito, explorar uma via nova, diferente daquelas esboçadas no "Fragmento Thalia". Diante do desejo, pré-empedocliano, de se fundir no Todo,[20] bem como da vontade de dominar o Todo,[21] delineia-se a via da reconciliação dos extremos, ao preço de um esforço infinito, oposto à impaciência juvenil que ainda não sabe reconhecer, mesmo nas mínimas ou insignificantes realidades, a beleza, a natureza, a liberdade originária de nossa essência. Pode-se ver aí, a um só tempo, uma antecipação do *motto* que estará presente na versão definitiva do *Hipérion* de Frankfurt: *non coerceri maximo, contineri minimo, divinum est*,[22] e uma primeira formulação do tema central da reflexão poetológica ulterior: a significação do sacrifício trágico.

Esse elogio de um procedimento e de um pensamento mais pacientes, abertos à possível correlação entre a plenitude e a indigência,

[20] "Unirmo-nos à natureza num Todo infinito, tal é o objetivo de todas as nossas aspirações", como o enuncia ainda o Prefácio de *Hipérion*.

[21] *Cf.*, sobre esse ponto, a magnífica carta de 24 de dezembro de 1798 a I. Sinclair: "É uma boa coisa, aliás, e mesmo a condição primeira de toda vida e de toda organização, que não haja nenhuma força monárquica no céu nem sobre a terra. A monarquia absoluta anula-se, ela mesma, em toda parte, pois não tem objeto; ela, aliás, nunca existiu no sentido estrito do termo" (Pléiade, p. 686).

[22] Na *metrische Fassung*, já se podia ler (v. 94): "Im Kleinsten offenbart das Gröste sich".

corresponde também, no romance, à lição de Platão, ou melhor, da Diotima do *Banquete*, relatando o nascimento de Eros, filho de Poros e de Pênia. Por certo, na *metrische Fassung*, Hölderlin opõe-se àquilo que ele percebe, aliás antes de Schelling, vagamente como uma hostilidade fichtiana contra a natureza. O termo tão rico e difícil "Natureza" pode ser sinônimo para Hölderlin, veremos, daquilo que aliás ele chama enfaticamente, após Jacobi,[23] de ser-aí ou Ser no único sentido verdadeiro do termo; a Natureza é em todo caso a encarnação, a materialização dessa *absolute Vereinigung* que permanece, na época, o horizonte último da reflexão hölderliniana.

Do herói da versão metrificada, sabe-se inicialmente que ele foi "formado na escola do destino e dos sábios". Parece todavia difícil ver nessa observação, como sugeria então J. Taminiaux,[24] nada mais que uma alusão simples e direta ao ensino de Fichte. A primeira caracterização do personagem o ligaria antes à tradição da *Aufklärung*:

"A escola do destino e dos sábios havia-me ingenuamente tornado injusto e tirânico com a natureza. Como eu me recusava totalmente a confiar no que recebia de suas mãos, nenhum amor podia mais em mim se desenvolver. O espírito puro e livre, pensava eu, não poderia jamais se reconciliar com os sentidos e com o mundo destes, e não há outra alegria que não a da vitória. Impaciente, eu com freqüência implorava ao destino que fosse restaurada a liberdade original de nossa essência, com freqüência me regozijava com o combate que nossa razão trava com o irracional, pois secretamente me importava mais conquistar com árdua luta a sensação de supremacia do que comunicar um belo acordo às forças sem lei que animam o coração dos homens... Eu queria dominar a natureza... havia-me torna-

---

[23] Cf. *Zu Jacobis Briefen über die Lehre des Spinoza*, G.St.A., IV, 1, 209: "Das gröste Verdienst des Forschers ist, *Daseyn* zu enthüllen, und zu offenbaren. Erklärung ist ihm Mittel, Weg zum Ziele, nächster — niemals letzte Zweck. Sein letzter Zweck ist, was sich nicht erklären läßt: das Unauflösliche, Unmittelbare, Einfache" [O maior mérito do investigador é desvendar e revelar o ser-aí. A definição é para ele meio, caminho para a meta, fim próximo, jamais fim último. Seu fim último é aquilo que não se deixa definir: o insolúvel, imediato, simples].

[24] *Op. cit.*, p. 141.

A estréia filosófica de Hölderlin em Iena

do quase surdo às melodias calmas da vida humana... eu viajava e desejava viajar eternamente".

Independentemente desse ponto, o primeiro ensinamento dessa versão metrificada é que o combate pelo qual a razão se assegura de sua igualdade em relação a si mesma está, na realidade, bem longe de poder restaurar "a liberdade original da essência humana", pois o que o herói, fascinado pelo divino nele, assim desconhece é precisamente o lote dos mortais — a finitude — e o *Trieb, bestimmt zu werden*, ou melhor — de acordo com a lição do Velho Estrangeiro —, a proximidade entre a "verdadeira humanidade" e a "divindade". Mas é preciso ainda notar que a lição do Sábio não é, por outro lado, estranha a toda forma de idealismo, já que também ela tende a destacar a prioridade, senão a absolutez, do Eu, no momento em que a afinidade, o parentesco afirmados entre o espírito e a natureza não aparecem mais como um dado objetivo, mas antes como uma necessidade subjetiva:

"Não devemos renegar nossa nobreza... com freqüência, no que se manifesta para os nossos sentidos, tudo se passa como se o que há de mais divino em nós se tornasse visível, símbolo do sagrado e do imperecível em nós... Sei que só a necessidade nos leva a conferir à natureza um parentesco com o imortal em nós e a crer que há um espírito na matéria, mas sei que a necessidade nos dá o direito a isso. Sei que, onde as belas formas da natureza nos anunciam a divindade presente, somos nós mesmos que animamos o mundo de nossa alma, mas o que é então que por nosso intermédio não seria como é?".[25]

Se, portanto, a versão metrificada comporta realmente uma crítica direta a Fichte, essa última é também, ou sobretudo, antes de mais nada crítica ao "rigorismo" kantiano e à idéia de que as prescrições morais se fundam exclusivamente na legislação de uma razão pura que não pode ser senão contaminada pela sensibilidade.

---

[25] J. Taminiaux, *op. cit.*, 139; R. Rovini, *Hölderlin: Hypérion ou l'ermite en Grèce*, Bibliothèque 10/18, Paris, 1968, p. 237.

É assim, observa com ênfase Hölderlin, que o mundo se torna "deserto":

"*So wird die Welt um uns zu einer Wüste*" (v. 79)

Se Hölderlin — ao esboçar um pensamento da conciliação ou do acordo entre pulsões antagônicas, acordo suscetível de transpor o abismo cavado por Kant entre natureza e liberdade — opõe-se a tudo o que em Fichte conduz à absolutização do princípio da subjetividade autônoma e incondicionada, segundo a identidade intransponível, a igualdade: Eu sou Eu, Eu = Eu, ele pode ainda, nessa crítica, recorrer Schiller. Mas o que Hölderlin reafirma em seguida — e havíamos visto que, num certo sentido, ele podia apoiar-se em Fichte nesse elogio da "limitação" e nessa reabilitação da finitude — é o fato de que a consciência é estruturalmente impensável sem separação prévia e, finalmente, sem a pressuposição de um "ser" para além da *Ur-theilung*:

"Por agora sentimos profundamente a limitação de nosso ser e a força travada ergue-se contra suas correntes, e contudo há alguma coisa em nós que conserva de bom grado essas correntes — pois se o divino em nós não fosse limitado por nenhuma resistência, nada saberíamos do que está fora de nós, e com isso nada saberíamos de nós mesmos; não sentir e estar aniquilado é para nós a mesma coisa.

Não podemos renegar a força que nos leva a nos libertar, a nos enobrecer, a progredir *ad infinitum*. Seria bestial. Mas tampouco podemos negar a força que nos leva a aceitar uma determinação, a receber, isso não seria humano. Deveríamos perecer no conflito dessas pulsões antagônicas. Mas o amor as reúne. Ele tende infinitamente ao que há de mais elevado e melhor, pois seu pai é a plenitude, mas ele não renega sua mãe, a indigência; ele espera ajuda. Amar assim é humano".[26]

---

[26] *G.St.Aug.*, III, 194: "Nun fühlen wir tief die Beschränkung unseres Wesens, und die gehemmte Kraft sträub sich gegen ihre Fesseln, und doch ist etwas in uns, das die Fesseln gern behält — denn würde das Göttliche in uns von keinen Widerstand beschränkt, so wüßten wir von nichts außer, und so auch von uns selbst nichts,

Como indica W. Janke em seu último grande livro,[27] na versão metrificada, assim como no conjunto dos trabalhos contemporâneos à permanência em Iena, é sempre com Fichte que Hölderlin se insurge contra Fichte. E pode-se mesmo perguntar, seguindo antes as indicações mais nuançadas de W. Janke do que as de D. Henrich, se Hölderlin, no momento mesmo em que redige a nota programática e inaugural (*Juízo e ser*), apresenta de fato um ataque conscientemente dirigido a Fichte e à primeira exposição da *Fundação*, ataque que seria preciso então situar no interior da orientação da crítica esboçada na época de Waltershausen, quando Hölderlin acreditava poder aproximar Fichte e Espinosa. Seguindo Janke, em compensação, do primeiro contato com as páginas da *Doutrina-da-ciência*, em Waltershausen, até a exposição tão sintética e elíptica de *Juízo e ser*, na realidade antes se delinearia uma virada, uma transformação profunda na apreciação hölderliniana de Fichte, que nos levaria para bem longe da idéia, diretora na carta a Hegel, de uma aproximação ou de uma identificação legítima entre o Eu fichtiano e a substância de Espinosa. A nova questão que então desponta é apenas a de saber se a limitação transcendental do juízo de identidade (Eu = Eu) não obriga a dar mais um passo, aquele que conduz a se elevar até o próprio ser, no sentido da "Vereinigungsphilosophie" [filosofia da unificação], esse ser que, "na única verdadeira acepção do termo", torna-se assim, paradoxalmente, o pressuposto incontornável do idealismo absoluto.

O fragmento *Juízo e ser*[28] pode ser considerado o ponto culminante da "Auseinandersetzung" [debate] de Hölderlin com o idealismo fichtiano. Um estudo completo do fragmento e do debate que ele

und von sich selbst nicht zu wissen, sich nicht zu fühlen und vernichtet zu sein, ist für uns Eins. — Wir können den Trieb, uns zu befreien, zu veredlen, fortzuschreiten ins Unendlichen, nicht verläugnen. Das wäre tierisch, wir können aber auch den Trieb, bestimmt zu werden, zu empfangen, nicht verläugnen, das wäre nicht menschlich. Wir müßten untergehen im Kampfe dieser wiederstreitenden Triebe. Aber die Liebe vereiniget sie. Sie strebt unendlich nach dem Höchsten und Besten, denn ihr Vater ist der Überfluß, sie verläugnet aber auch ihre Mutter die Dürftigkeit nicht; sie hoft auf Beistand. So zu lieben ist menschlich".

[27] W. Janke, *Vom Bilde des Absoluten, Grundzüge der Phänomenologie Fichtes*, Berlim, de Gruyter, 1993.

[28] Texto bastante fascinante, surgido em 1930 por ocasião de um leilão, publicado pela primeira vez por Beißner, na Stuttgarter Ausage, em 1961, provavelmente redigido, segundo a hipótese de Dieter Henrich, em abril de 1795. Uma das

envolve deveria também levar em conta os fragmentos contemporâneos: *Carta de Hermócrates para Céfalos*, *A lei da liberdade*, *Sobre o conceito de castigo*. Impossível fazê-lo aqui.[29] Limitemo-nos a lembrar as grandes linhas do texto, seguindo no essencial a interpretação de Dieter Henrich, da qual se encontra uma versão condensada na coletânea *Konstellationen* (pp. 56 ss.)

O juízo é separação (*Trennung*), o ser é ligação (*Verbindung*) do sujeito e do objeto. É esse ponto de partida que permite compreender a interpretação do termo *Urteil* (juízo) como *Ursprüngliche Teilung*, partição originária entre esses dois momentos que são o sujeito e o objeto. É igualmente esse ponto de partida que leva a distinguir entre o objeto do conhecimento e o que se pode chamar de "ser":

> "O juízo é, no sentido mais estrito e mais elevado, a separação originária do sujeito e do objeto, reunidos da maneira mais estreita na intuição intelectual, essa separação graças à qual tornam-se primeiro possíveis objeto e sujeito, — a arqui-partição."

> [*Urtheil ist im höchsten und strengsten Sinne die ursprüngliche Trennung des in der intellectualen Anschauung innigst vereinigten Objects und Subjects, diejenige Trennung, wodurch erst Object und Subject möglich wird, die Ur-Theilung.*]

Na raiz de todo juízo está, portanto, a separação que mantém afastados um do outro o sujeito da proposição e seu predicado, pelo menos se o juízo deve poder reconduzir um ao outro os elementos assim primitivamente dissociados. O juízo, segundo uma terminologia

melhores análises desse texto é fornecida por Helmut Bachmaier, "Theoretische Aporie und tragische Negativität. Zur Genesis der tragischen Reflexion bei Hölderlin", *in* Helmut Bachmaier, Thomas Horst, Peter Reisinger, *Hölderlin, Tranzendentale Reflexion der Poesie*, Klett-Cotta, 1979, pp. 83-145. *Cf.* também, além da obra de W. Janke já citada, do mesmo autor, "Hölderlin und Fichte. Ein Bivium zum unbekannten Gott (1794-1805)", *in Tranzendentalphilosophie als System. Die Auseinandersetzung zwischen 1794 und 1806*, Meiner, Hamburgo, 1989, pp. 294-312.

[29] Pode-se remeter ao trabalho muito completo de Friedrich Strack, *Ästhetik und Freiheit. Hölderlins Idee von Schönheit, Sittlichkeit und Geschichte in der Frühzeit*, Niemeyer, 1976.

tomada de empréstimo a Aristóteles, é unitariamente "diaíresis" e "synthesis". É sempre de maneira "dierético-sintética" que se exerce o juízo, precisamente graças à exposição ou apresentação de alguma coisa como alguma coisa; o juízo não pode ligar ou unir senão dissociando. Essa observação vale também, ou sobretudo, para a "cópula", a pequena palavra de ligação: "é". O ato de julgar opera, ele mesmo, de uma só vez, essa disjunção e essa conjunção do sujeito e do objeto. Mas o que pode assim ser estabelecido no plano da proposição ou do enunciado proposicional (S é p) vale *a fortiori* no plano transcendental, quando o sujeito a partir de então é entendido como o agente do ato de conhecer, como a instância do juízo, ao passo que o objeto é assim entendido no sentido do objeto conhecido ou do "conhecimento dado".

Nessa nova perspectiva, o que Fichte tomava por um princípio fundamental, o *Grundsatz* ou a proposição-de-fundo: "*Ich bin Ich*", constitui em seu sentido mais estrito o "juízo" (*Urtheil*). É ele, com efeito, que torna inicialmente possíveis todas as relações secundárias, constitutivas do juízo no sentido da proposição, porque põe juntos sujeito e objeto; ele os reúne de tal maneira que os separa um do outro e os põe como idênticos naquilo mesmo pelo que estão separados e dissociados.

À questão inteiramente "clássica" de saber em que consiste prioritariamente o ato de julgar: "separar", "dissociar" ou, ao contrário, "reunir", "sintetizar", Hölderlin responde revelando no "juízo", entendido literalmente como *Ur-teil*, o primado da "*Theilung*", da divisão disjuntiva.

Se é claro que o juízo relaciona sujeito e objeto ao estabelecer sua unidade, não é menos verdade que esta última, como Hölderlin indica aqui, sempre pressupõe uma separação, uma disjunção inicial:

"No conceito de partição já está implicado o conceito de relação recíproca do sujeito e do objeto."

[*Im Begriffe der Theilung liegt schon der Begriff der gegenseitigen Beziehung des Objects und des Subjects aufeinander.*]

Aí ainda a fórmula fichtiana segundo a qual "*das Ich setzt sich schlechthin selbst*" [o Eu põe pura e simplesmente a si mesmo] fornece o paradigma indiscutível desse ato unitário de disjunção-unificação:

arquidivisão e arqui-relação trabalham logo de saída como dissociação e reunião do Eu puro de si/consigo mesmo.

O juízo *Eu = Eu* realiza essa dissociação, essa divisão-em-dois e esse desdobramento, mediante os quais o Eu é previamente dissociado em uma posição "sujeito" e em uma posição "objeto". Mas, por meio do "Eu sou Eu", "Eu = Eu", represento-me sempre, também, já como *ente*.* A protodivisão funda a ligação e a unificação em que se afirma uma identidade, isto é, a unidade e a mesmidade do que foi previamente dividido e distinguido, e com isso ela pressupõe uma instância ontológica mais original. Se no fragmento o *Urteil* é interpretado como *Ur-theilung*, essa arquidivisão, que tem por paradigma a proposição fundamental: Eu sou Eu, é portanto, ela mesma, partição originária do que se dá como intuição intelectual e se consagra a uma intuição intelectual (*intellectuale Anschauung*).

Na segunda metade do texto (frente ou verso), Hölderlin estabelece, com efeito, que o que é prévio a todo juízo como arquidivisão não poderia ser caracterizado adequadamente nem como Identidade nem como Eu. Um tal "princípio" deve ser denominado "ser", e ele não é acessível senão à intuição intelectual.

A conclusão do Fragmento *Juízo e ser*, bem longe, portanto, de identificar o Eu como absoluto e Deus, estabelece uma cisão clara e definitiva entre o "juízo" (*Urteil*): "*Ich bin Ich*", "Eu sou Eu", e o *Ser* no sentido absoluto.

Com efeito, só o ser escapa a essa arquidivisão, ao menos, precisa Hölderlin, o ser "em sua acepção mais elevada e mais rigorosa". Enquanto o juízo, como dissociação original, consiste na composição do que foi dividido, o ser permanece intacto em uma unidade que é anterior a toda separação e está na raiz dela:

"Ser exprime a ligação do sujeito e do objeto."

[*Seyn — drückt die Verbindung des Subjects und Objects aus.*]

Diga-se ainda que o ser, tomado de maneira absoluta, "schlechthin", forma uma unidade tão simples que ela escapa, como uni-totalidade, a toda divisão e arquidivisão (*Ur-theilung*).

---

* Sobre o "ente", ver nota à tradução no ensaio anterior, p. 51.

A estréia filosófica de Hölderlin em Iena

"Onde sujeito e objeto estão pura e simplesmente unidos, e não apenas unidos em parte, a tal ponto unidos que nenhuma partição pode ser pressuposta sem afetar a essência do que deve ser separado, aí, e em nenhum outro lugar, é possível falar de um ser pura e simplesmente."

[*Wo Subject und Object schlechthin, nicht nur zum Theil vereiniget ist, mithin so vereiniget, daß gar keine Theilung vorgenommen werden kann, ohne das Wesen desjenigen, was getrennt werden soll, zu verletzen, da und sonst nirgends kann von einem Seyn schlechthin die Rede seyn.*]

O "ser" é entendido então, de modo absoluto, como aquilo que é anterior e subjacente a toda relação de um sujeito com não importa que objeto, e como aquilo que por isso mesmo não pode jamais se tornar, ele mesmo, um objeto do conhecimento, um objeto que simplesmente se daria a conhecer. Porque é unidade originária do sujeito e do objeto, ele não pode ser caracterizado senão com o auxílio desse conceito-limite de todo conhecimento, no pós-kantismo, o conceito de intuição intelectual. Uma tal intuição é, com efeito, radicalmente diferente dessa forma de saber que pertence à consciência-de-si. Pois com a consciência-de-si (*Selbstbewußtsein*), e nela, sujeito e objeto são de imediato distintos um do outro, no momento mesmo em que é uma única realidade que aparece na condição de sujeito e na condição de objeto. Mas não se poderia tampouco distinguir a consciência-de-si de um Eu mais original, como se esse último fosse intuição intelectual e ser. Pois não haveria sentido algum em falar de um Eu, onde o Eu não se apreende como Eu e não é consciência-de-si. O princípio, a proposição (*Satz*) de identidade, é assim tirado da consciência-de-si, conquistado a partir da consciência-de-si. É por isso que, mediante o princípio ou a proposição-de-fundo (A = A, Eu = Eu), a união, a "Vereinigung", do sujeito e do objeto não poderia jamais ser pensada como tal e de modo absoluto. É por isso, enfim, que o ser não deve ser definido como identidade. Enquanto *Vereinigung*, o ser está portanto, ousamos dizer, para além da identidade.[30]

---

[30] *Cf.* Michael Franz, "Hölderlins Logik: Zum Grundriß von Seyn Urtheil Möglichkeit", *in Hölderlin-Jahrbuch 25* (1986-1987), pp. 93-124.

Assim, nesse fragmento tão enigmático, o principal ponto de aplicação da crítica de Hölderlin concerne antes de mais nada, ao que parece, à forma que tem Fichte de tomar como primeira certeza auto-suficiente, e como ponto de partida com vistas à edificação da doutrina-da-ciência, o saber que está envolvido no conceito do "Eu" ou, mais precisamente, na proposição *"Ich bin Ich"*. O que Hölderlin recusa é a idéia de que é legítimo considerar como um princípio ou um fundamento (*Grund*) primeiro e auto-suficiente o que se exprime pelo termo "Eu". Mas ainda aqui convém notar que o próprio Fichte havia distinguido dois tipos diferentes de unidade, um deles sendo a unidade da consciência-de-si, na qual um Eu, que é essencialmente limitado, reporta-se a si mesmo como a um semi-objeto, ao qual se sabe imediatamente idêntico e que desde sempre diferenciou do que é objeto.[31] Há contudo ainda, para Fichte, um outro gênero de saber que é saber de si: aquele expresso pela proposição nuclear: *Ich bin, Eu sou*, graças à certeza que lhe é própria e à consciência que está em sua raiz. Ora, uma tal consciência primordial é de uma certa forma acessível a todo homem, pelo menos depois que ela foi exposta em toda sua pureza pela filosofia. Nos primeiros parágrafos da *Doutrina-da-ciência*, Fichte pretende justamente mostrar que essa unidade não é do tipo daquela que reúne judicativamente sujeito e objeto; ela é, antes, a unidade irredutível de um ser (*Sein*) que não pode mais ser deduzido, de um ser que é sempre meu, e de uma atividade sem objeto, e nesse sentido absoluta, atividade que se reporta imediatamente a si mesma, e se conhece se se reporta a si mesma e se apreende a si mesma como ser. Uma tal unidade, diferentemente da unidade da consciência-de-si, não é mais suscetível de cisão, de separação em elementos constituintes. Ora, é nessa unidade que o Eu-sujeito, que está além de toda relação objetal ou de toda relação com objetos, se torna consciência-de-si. E foi assim que ele pôde ser denominado "Eu absoluto". Ora, para caracterizar esse saber de si que é próprio ao sujeito absoluto, Fichte havia, também ele, e em primeiro lugar, utilizado a expressão "intuição intelectual", expressão por certo ausente da *Fundação* de 1794, mas introduzida em 1793 na recensão do *Enesidemo*, e central desde as *Meditações próprias sobre a filosofia elementar*.[32]

[31] *GA.*, I, 2, 382 ss.; 409 ss.

[32] *Cf.* a excelente monografia de Jürgen Stolzenberg, Fichtes Begriff der

A estréia filosófica de Hölderlin em Iena                87

É, portanto, ainda com e contra Fichte que Hölderlin, nesse Fragmento programático, recorre à noção de intuição intelectual. Mas tão logo esboçada essa aproximação, é preciso ainda, para encerrar, marcar a diferença considerável que separa os dois pensadores em suas respectivas orientações. Para Hölderlin, como será também o caso de Schelling, a *intellectuale Anschauung* remete ao *Sein*, tomado em sua acepção mais rigorosa, ou de modo absoluto (*schlechthin*). E se o outro nome do ser é beleza, a intuição intelectual tende igualmente a se transformar em intuição estética. Na carta que dirige a Schiller em 4 de setembro de 1795, e na qual lhe fala de suas reflexões filosóficas, Hölderlin o indica claramente:

> "Tento desenvolver para meu uso a idéia de um progresso infinito da filosofia, tento provar que aquilo que se deve incessantemente exigir de todo sistema, a união do sujeito e do objeto em um Eu absoluto (ou qualquer que seja o nome que se lhe dê) é sem dúvida possível *no plano estético*, na intuição intelectual; mas não o é no plano teórico senão por meio de uma aproximação infinita". (Pléiade 364, carta nº 104)

Dessa carta a Schiller, pode-se igualmente aproximar a carta, um pouco mais tardia, enviada a Niethammer em 24 de fevereiro de 1796, na qual Hölderlin expõe de novo um projeto filosófico centrado na noção de intuição intelectual em sua dimensão estética, mesmo que a partição teórico — prático — estético aí se encontre um pouco confusa em relação à indicação que antes havia sido dada a Schiller. Mas de qualquer modo a intuição intelectual opõe-se tanto à idéia de um acabamento teórico do sistema da ciência, quanto à idéia de aproximação infinita de um ideal determinado unicamente no horizonte da razão prática:

> "Nas cartas filosóficas, eu gostaria de encontrar o princípio que me explique as divisões nas quais pensamos e existimos, mas que possua também o poder de fazer desa-

intellektuellen Anschauung. Die Entwicklung in den Wissenschaftslehren von 1793/94 bis 1801/1802, Stuttgart, Klett, 1986.

parecer o conflito (*Widerstreit*), o conflito entre sujeito e objeto, entre nossa ipseidade (*unseres Selbst*) e o mundo, e mesmo entre razão e revelação —, *no plano teórico, pela intuição intelectual, sem que seja preciso recorrer à razão prática. Para isso temos necessidade de sentido estético*, e chamarei minhas cartas filosóficas de *Novas cartas sobre a educação estética do homem*".

A intuição intelectual é, portanto, exatamente aquilo que deve permitir ultrapassar a unidade sempre relativa ou relacional da consciência. E se a constituição da consciência-de-si deve ser apreendida a partir de uma unidade que transcende à consciência e ao Eu, é preciso ir até o ponto de pensar, para além da consciência, aquilo que está na raiz da consciência-de-si e é capaz de satisfazer a idéia de uma unidade sem distância — o mesmo que Hölderlin chama de "*Sein*" ou ser absoluto.

O que é o ser no sentido absoluto? o ser no horizonte hölderliniano do que podemos chamar com Dieter Henrich de *Vereinigungsphilosophie*? Diante dessa questão capital, devemos nos limitar aqui à seguinte observação: esse ser por certo não deve ser hipostasiado, constituído em arquiprincípio metafísico, mesmo que ele tenda a se identificar com a natureza; seu outro verdadeiro nome, platônico, é beleza: *to ekphanestaton*, a manifestação ou visibilidade por excelência, segundo a expressão do *Fedro* que lembra o Prefácio à *Vorletzte Fassung* de *Hipérion*, esse Prefácio que, de certo modo, recapitula as principais aquisições do debate hölderliniano, bastante complexo, com Fichte:

"Todos percorremos uma órbita excêntrica, e não há outro caminho possível da infância à realização. — A unidade da alma (*die seelige Einheit*), o ser no único sentido da palavra, está perdida para nós, e se era para desejá-la, conquistá-la, tínhamos de perdê-la. Subtraímo-nos ao pacífico *Hen kai Pan* do mundo para restabelecê-lo por nós mesmos. Rompemos com a Natureza, e o que era há pouco, ao que se pode crer, Uno, agora se fez contradição; soberania e servidão alternam-se de ambos os lados. Com freqüência, parece-nos que o mundo é tudo e que não somos nada, mas com freqüência também que somos tudo, e o mundo nada... Pôr fim a esse combate entre nós e o mundo, restabelecer a mais pura paz, que ultrapassa toda razão, unirmo-nos à Natureza em um Todo infinito, tal é a meta de todas as nossas aspirações, quer nos entendamos ou não sobre isso. — Mas nem nosso saber nem nossa ação alcançarão em qualquer período da existência esse ponto em que é abolida toda contradição, em que tudo é uno: a linha definida não se confunde com a linha indefinida senão numa infinita aproximação. — Não teríamos nenhuma idéia dessa paz infinita, desse ser no único sentido da palavra, não aspiraríamos de modo algum a nos unirmos à natureza, não pensaríamos nem agiríamos, não haveria absolutamente nada (para nós), não seríamos nós mesmos nada (para nós), se essa união infinita, se esse ser no único sentido da palavra, não existisse. Ele existe — como Beleza; para falar com Hipérion, um novo reino nos espera, no qual a Beleza será rainha. — Creio que no fim exclamaremos todos: Santo Platão, perdoa-nos! pecamos gravemente contra ti!".[33]

Se fizemos questão, para concluir, de citar longamente esse texto magnífico e bastante conhecido, foi para deixar claro que Hölderlin não desloca apenas o centro de gravidade da reflexão (evidentemente não ousamos dizer do "sistema"), da ética para a estética, já que também o ser no sentido estrito — a mais pura paz, figurada como Beleza (*"to phanerôtaton"*, *"to ekphanestaton"*, *"erasmiôtaton"*, *Fedro*, 250 d) — é igualmente aquilo por meio do que *sentimos*, *pensamos*, *agimos*: não haveria nada para nós se essa união infinita, à qual aspiramos, não existisse: ela existe (para nós ainda, hoje), precisamente sob as espécies da "beleza".

[33] *G.St.A.*, III, pp. 256-7, Pléiade, trad. Jacottet, p. 1150.

# 4.
## QUEM É O EMPÉDOCLES DE HÖLDERLIN?

A bem da verdade, não poderíamos pretender dar uma resposta a essa questão "Quem?" aqui formulada. A própria questão poderia muito bem ser daquelas para as quais não há resposta unívoca ou definitiva. Interrogar a figura de Empédocles na trajetória poética de Hölderlin não é, portanto, para nós agora, abrir novamente o dossiê das "fontes"[1] ou mesmo esclarecer a questão *histórica* das relações — por certo múltiplas — entre o pensador pré-socrático, e sua doutrina, e o personagem central do drama a cuja elaboração o poeta consagrou longos anos. É num outro sentido que propomos entender aqui a questão: *Quem é* Empédocles? No sentido de que as diferentes versões, planos e esboços surgem como tentativas renovadas de aprofundar o que na questão da "identidade" ou da "identificação" é propriamente questionável, em se tratando precisamente de um Grego, caracterizado de imediato por inúmeros traços que destacam o aspecto altamente enigmático dessa figura (Empédocles taumaturgo, poeta, profeta, filósofo, legislador).

É a meditação persistente sobre essa figura de Empédocles, durante os anos de Frankfurt e da primeira permanência em Bad-Homburg, que levará Hölderlin, do *Hipérion* e da Grécia ainda elegíaca que dele constitui o fundo nostálgico — mediante uma tentativa de imitação cuja impossibilidade de princípio se revelará cada vez mais claramente (escrever uma tragédia moderna, "hespéria", a partir de um material tradicional e segundo regras estabelecidas, sob a lei do poema dramático trágico)[2] — a essa nova apropriação desapropriante que

---

[1] Baste-nos, aqui, remeter ao precioso estudo de U. Hölscher, *Empedokles und Hölderlin*, Frankfurt, 1965; *cf.* também as indicações de Beissner, *G.St.A.*, IV, 1, pp. 329 ss.

[2] *Cf.* carta a Neuffer de 3 de julho de 1799 e carta a Christian Gottfried Schüz, n° 203.

é a experiência da tradução. Tradução de Píndaro, iniciada em Bad-Homburg no começo de 1800, no momento mesmo em que a redação da terceira versão muda de curso, depois da tradução de Sófocles e retomada das traduções de Píndaro, por ocasião da segunda estadia em Bad-Homburg.

Mas esse longo trabalho — trabalho verdadeiramente interminável e que se encaminha rigorosamente para um fracasso cheio de ensinamentos — para expor de maneira dramático-trágica a vida e a morte do filósofo de Agrigento, trabalho ele mesmo escandido por uma forte reflexão que se costuma caracterizar, de maneira certamente restritiva, como poetológica (o *Fundamento para Empédocles*, o *Devir no declínio*), esse trabalho, em suas diferentes etapas, e em razão mesmo dos impasses diante dos quais o poeta deve voltar atrás e recomeçar de novo, é também a ocasião decisiva da primeira elaboração do conceito propriamente hölderliniano de tragédia e do trágico, em sua forma mais pura e mais necessária. A tragédia já não é o conflito entre a necessidade e a liberdade, o antagonismo irredutível do herói que afirma na luta sua autonomia, sua potência própria, contra a "super-potência" do destino,[3] mas um fenômeno muito mais inquietante e decisivo, através do qual se revela a historicidade como tal, a *viragem do tempo*. Longe de pôr em cena um conflito — ainda que sublime —, a tragédia constitui propriamente o encontro, "o acasalamento" do Deus em sua imediatez e do homem, quando o deus imediato é apreendido de maneira demasiadamente infinita pelo espírito (*die unendliche Begeisterung*): "A apresentação do trágico repousa principalmente nisto, que o insustentável, como o Deus-e-homem se acasala, e como, abolido todo limite, a potência pânica da natureza e o mais íntimo do homem tornam-se Um no furor, pode ser concebido por isto, que o devir-um ilimitado se purifica mediante uma separação ilimitada".[4]

---

[3] *Cf.* a interpretação schellinguiana da tragédia grega nas *Cartas sobre o dogmatismo e o criticismo*, cartas I e X. Ver também J.-F. Courtine, "Tragédia e sublimidade: A interpretação especulativa do Édipo-Rei no limiar do idealismo alemão" [ensaio traduzido neste volume] e F. W. J. Schelling, *Premiers écrits (1794-1795)*, Paris, PUF, 1987.

[4] *Remarques sur Œdipe, Remarques sur Antigone*, ed., trad. E. Fédier, UGE, 1965, p. 63.

Essa última formulação, tirada das *Observações*, traduz, sem dúvida, um prodigioso avanço em relação à meditação indissociavelmente poetológica e histórico-filosófica do Empédocles; todavia, desde o plano de Frankfurt (verão de 1797), a questão diretora — aquela que comanda as sucessivas retomadas da redação do drama — já é a do significado propriamente trágico da morte de Empédocles: em que condições o suicídio de Empédocles, precipitando-se no Etna, sela um destino? Quais são as motivações essenciais desse suicídio? Em que medida foi ele verdadeiramente *Freitod*: "morte livre", livre e necessária?[5] Como é que um tal ato — ato "espiritual" por excelência — se inscreve no tempo? Temporalidade do herói, em quem a decisão deve amadurecer, temporalidade histórica da Cidade e de suas incertezas políticas, temporalidade teológico-cósmica, enfim, na qual se encena o drama mais interior da alma do herói, nas fronteiras entre o divino e o humano.[6]

Todas essas questões, estreitamente imbricadas, desembocam quase necessariamente na problemática que está no centro da terceira versão (em sua parte redigida): a da necessidade e da legitimidade da morte do herói, a de seu *direito*, de seu bom direito proclamado em alto e bom som, contra o "adversário" e contra a figura enigmática de Manes, o egípcio. Saber o que justifica a decisão de Empédocles, no que se funda sua resolução,[7] de onde ele tira seu conhecimento do tempo (do porvir e do que deve advir) é também, enfim, saber quem é Empédocles, ser capaz de reconhecê-lo e de identificá-lo. Ou, melhor ainda, é seguir o processo de sua auto-identificação, acompanhar sua conduta, quase edipiana, em busca da plena consciência-de-si.

A figura de Empédocles — sabe-se — acompanha há muito a reflexão hölderliniana, cada vez mais decididamente consagrada à Grécia, ao que lhe é "próprio" e, correlativamente, a nossa partilha

[5] *G.St.A.*, IV, 1, 148, 6-9; IV, 2, 504, 4-9.

[6] Cf. R. Guardini, *Hölderlin, Weltbild und Frömmigkeit*, Munique, 1952, p. 425; cf. também o estudo de Manfred Kerkhoff, "Empédocle et Zarathrousta, sept versions de la mort libre", a ser publicado em *Cahiers de l'Herne Hölderlin*.

[7] *Der Tod des Empedokles*, ed. por M. B. Benn, Oxford University Press, 1968, pp. 146-7, vv. 59 ss.; Pléiade, pp. 564-5: "— pois é morrer que quero. É meu direito/ ... E não há mais o que hesitar aqui. O chamado/ vem do Deus...".

Quem é o Empédocles de Hölderlin?

hespéria. Hipérion, dirigindo-se a Belarmino, já se interrogava sobre a natureza e o sentido do suicídio do grande Siciliano: "Estive ontem no alto do Etna. Lá me lembrei do grande Siciliano que outrora, cansado de contar as horas, próximo da alma do mundo, a despeito de seu temerário gosto pela vida, lançou-se nas admiráveis chamas. Esse frio poeta tinha, portanto, necessidade de se aquecer, comentou mais tarde um gracejador. Como eu gostaria de haver merecido semelhante gracejo! Mas é preciso ter por si mesmo mais estima do que tenho eu, para assim voar, sem ser chamado, aos braços da Natureza, ou como queiras qualificar esse ato, pois verdadeiramente, no ponto em que estou, não tenho mais palavras para nada, e todas as coisas me são incertas".[8]

Não é certamente por acaso que a figura de Empédocles surge assim no horizonte do *Hipérion*: o destino do pensador de Agrigento parece, com efeito, antes responder imediata e exemplarmente ao que constitui, sem dúvida alguma, a inspiração fundamental do romance: a nostalgia da unidade perdida, o esforço para restabelecer o *Hen kai Pan* — o que Beda Allemann caracterizou, com razão, em seu livro de 1954 como o "espírito do rio".[9]

É nessa perspectiva, no clima de *Hipérion*, que ganha corpo o primeiro projeto de uma tragédia consagrada a Empédocles (*cf.* carta nº 142 a seu irmão Karl, verão de 1797). De acordo com o plano de Frankfurt, o motivo profundo do suicídio do Siciliano é o horror à temporalidade, à limitação, à positividade no sentido de Hegel. É o que se depreende claramente da primeira caracterização do herói já no início do *Plano de Frankfurt*:

"Empédocles, por sua sensibilidade e sua filosofia já há muito propenso ao ódio à civilização, ao desprezo por toda ocupação muito definida, por todo interesse dirigido a objetos diversos, inimigo mortal de toda existência limitada e, por conseguinte, insatisfeito, instável, sofrendo mesmo em condições de vida realmente belas, simplesmente porque não pode, com um coração onipresente, nelas viver e amar com o profundo fervor de um deus, e livre e larga-

[8] *Hipérion*, vol. II, livro 2, carta 28 (*G.St.A.*, III, pp. 151-2; Pl., p. 265).

[9] B. Alleman, *Hölderlin et Heidegger*, Paris, 1959, trad. F. Fédier, pp. 19 ss.

mente como um deus, simplesmente porque está ligado à lei de sucessão, desde o momento em que seu coração e seu pensamento cingem o dado...".[10]

Certo, já na primeira versão, redigida no outono de 1798, Hölderlin modifica consideravelmente o esquema do Plano de Frankfurt e deixa de lado, em particular, todos os episódios "domésticos", provavelmente destinados a retardar a decisão da morte voluntária para aprofundar seus motivos. O próprio Hölderlin tematizou, sob o título de "recusa do acidental", essa mudança em relação ao plano inicial. Numa carta a Neuffer (n° 183, 3 de julho de 1799), após haver caracterizado a tragédia como "a mais rigorosa de todas as formas poéticas", indica que ela deve ser "inteiramente feita para que, na ausência de toda ornamentação, por meio de tons quase que unicamente graves, dos quais cada um constitui por si só uma unidade, ela progrida por alternâncias harmônicas, e para que, nessa orgulhosa recusa de tudo o que é acidental, ela exponha o ideal de um todo vivo de uma maneira a um só tempo concisa e tão completa e substancial quanto possível, portanto, de modo mais explícito, mas também mais sério do que qualquer outra forma poética conhecida... Os temas trágicos são feitos, então, para progredir unicamente por alternância harmônica de tons grandiosos e autônomos, a fim de expor um todo constituído de partes vigorosas e significativas, evitando ao máximo aquilo que é acidental". É claro que as redações sucessivas do *Empédocles* respondem a essa injunção formal e demonstram uma preocupação permanente de despojar a ação dramática de todo motivo acidental. Não reside aí, contudo, o essencial da evolução das diferentes versões: o ponto decisivo, aquele que comanda secretamente todos os remanejamentos, prende-se antes, como bem o observou B. Allemann, às diferentes maneiras de motivar a morte do herói, à insistência da questão da *legitimação*, do *direito* do herói de se oferecer em sacrifício.

Renunciando, aqui, a seguir em detalhe esse fio condutor da motivação fundamental da morte livre e a examinar as diferentes reviravoltas que a afetam de uma versão a outra, ater-nos-emos à terceira versão e aos materiais que a preparam (o *Fundamento para Empé-*

[10] *G.St.A.*, IV, 1, p. 145; Pl., p. 583; ed. Benn, p. 113, vv. 1747 ss.; Pl., p. 528.

*docles*, o *Devir no declínio*) ou a prolongam (plano da terceira versão, esboço de continuação da terceira versão).

O que de imediato caracteriza formalmente essa terceira versão é — parece — seu despojamento: a ação, totalmente interior, estreita-se e concentra-se em torno da alma do herói em busca de conquistar uma justa e plena consciência de si mesmo e de seu destino: de que modo Empédocles, "filho de seu céu, de sua época, de sua pátria, filho dos poderosos antagonismos entre a natureza e a arte, sob os quais o mundo surgiu diante de seus olhos", torna-se (e devia necessariamente tornar-se) "vítima de sua época", "filho do destino"?[11] A peça se inicia no Etna, após Empédocles já haver sido banido por seu adversário real (o "Rei", depois Strato, no Esboço), e quando a decisão de morrer se apoderou firmemente do espírito do herói. Ao nascer do dia, no limiar da primeira cena da primeira versão, Empédocles não apenas está pronto para morrer, mas a ponto de se despedir de seu discípulo Pausânias: a "ação" está toda atrás dele, no máximo ela pode tornar-se objeto de "narrativa",[12] o destino, de um certo modo, já se cumpriu. Daí se poder evocar, com Maria Cornellisen,[13] a atmosfera de *Édipo em Colônia*: apaziguamento, rememoração e sobretudo — veremos — autojustificação, identificação.

Essa identificação implica, no herói, uma consciência cada vez mais aguda da necessidade de sua morte, como morte livre que sobrevém a tempo, a seu tempo. Já no *Plano de Frankfurt*, Hölderlin observava, no argumento do quarto ato, em seguida ao movimento popular que conduz os agrigentinos a derrubar a estátua que acabara de ser erigida em honra de Empédocles: "Então amadurece sua decisão, que já há muito nele despontava, de pela morte voluntária unir-se à Natureza infinita", mas para logo em seguida precisar (argumento do quinto ato): "Empédocles prepara-se para a morte. Os motivos contingentes de sua decisão apagam-se por completo para ele agora, e

---

[11] *G.St.A.*, IV, 1, pp. 154, 25-6; 155, 31-2; 157, 14-5.

[12] *Cf.* o plano da terceira versão: "3) Empédocles, o Velho, narrativa de sua história" (G.St.A., IV, 1, 163). Essa indicação é tanto mais importante quanto Hölderlin, em seus primeiros esboços, caracterizava aquele que viria a se tornar Manes como "der Greis" [o Velho] (*cf. G.St.A.*, IV, 2, 674).

[13] "Die Manes-Szene in Hölderlins Trauerspiel 'Der Tod des Empedokles'", *Hölderlin Jahrbuch*, XIV, 1965/66, pp. 97-109.

Empédocles a considera como uma necessidade decorrente de seu ser mais profundo". O que certamente encontra eco nessa nota marginal referente aos versos 1087 ss. da primeira versão: "Aqui as penas e os ultrajes sofridos devem ser apresentados de tal forma que para ele se torne impossível em qualquer momento voltar à vida e que sua decisão de partir ao encontro dos Deuses pareça mais forçada do que livre. De forma, também, que sua reconciliação com os agrigentinos se apresente como o cúmulo da generosidade". Se, portanto, a necessidade da morte permanece afirmada através das sucessivas versões, a natureza e o sentido dessa necessidade modificam-se radicalmente, ao mesmo tempo em que a motivação da morte ganha em determinação. A princípio demonstração de pura impaciência na primeira versão, expressão do "entusiasmo excêntrico" que leva o herói para fora da esfera finita das positividades, a morte livremente escolhida torna-se, na terceira versão, sacrifício de uma vítima[14] oferecida ao destino em expiação, a fim de satisfazer as exigências do tempo. O tema da falta — ainda que apenas (?) *Wortschuld* [culpa de palavra] —, presente e determinante nas duas primeiras versões,[15] desaparece completamente ou, antes, transforma-se radicalmente na última versão: a autodeificação pré-reflexiva daquele a quem Pantéa de início denominava *der Göttliche* (v. 29), *der Vertraute der Natur* (v. 46):

.............................................Não!
Eu não o devia dizer, sagrada Natureza!
Virgem a quem o pensamento grosseiro afugenta!
Desprezei-te, e só a mim
Erigi em mestre, presunçoso
Bárbaro! Por vossa simplicidade eu vos tomava,

[14] *G.St.A.*, IV, 1, 156, 25; 157, 14, 26 etc. *Cf.* também nas sucessivas versões, ed. Benn, 70, v. 549; 113, vv. 1742-43; 119, v. 1921; 156, v. 362.

[15] Benn, p. 67, vv. 482-484; Pl. p. 484. *Cf.* também a observação marginal de Hölderlin ao verso 185 (*G.St.A.*, IV, 2, 446; Pl. 1172-73): "Para nós, esse gênero de coisa é mais uma falta contra o entendimento, para os antigos, era, sob esse aspecto, mais perdoável, porque mais compreensível para eles. Era-lhes, não um absurdo, um crime (*Verbrechen*). Mas eles não o perdoam, pois seu sentido de liberdade não admitia tolerar semelhantes palavras. Pelo fato mesmo de respeitarem-na mais e compreenderem-na melhor, eles temiam mais a presunção de um gênio. Para nós não é um perigo, porque não podemos ser atingidos por ela".

Quem é o Empédocles de Hölderlin?

Ó potências puras, para sempre jovens! vós
Que na alegria me educastes, de delícias me nutristes.
E como, sempre, íeis iguais,
Ó tão generosas, não mais venerava vossas almas!
A vida da Natureza, para mim
Tão una, eu bem a conhecia, como podia ela,
Como um dia, ser-me ainda sagrada!
Os deuses estavam então a meu serviço, só eu
Era Deus, e disse-o em temerário orgulho.
(1ª versão, vv. 466 ss.)

... por mim unidos,
Trocam força e alma
Os mortais e os deuses.
... Reúno
Todas as coisas estranhas,
Desconhecidas, minha palavra as nomeia,
E o amor dos vivos sustento,
Com seus altos e baixos.
(2ª versão, vv. 125 ss.)

Que aja o homem na quietude
Do pensamento, que em expansão
A vida a seu redor promova e ilumine.
Pois cheia de sentido sublime,
Plena de silenciosa força, estreita-o,
A ele que pressente,
Para que ao mundo ele dê forma,
A grande Natureza.
De invocar seu Espírito, traz
O homem no peito o cuidado
E a esperança. Deitando profundas raízes,
Ergue-se nele a poderosa aspiração.
E muito ele pode; e esplêndida é
Sua palavra, ele muda o mundo
E entre suas mãos...
(2ª versão, vv. 521 ss.)[16]

[16] Ed. Benn, p. 137; Pl. p. 556.

essa autodeificação, que o próprio Hölderlin, em nota marginal ao v. 188, caracteriza como "falta" e mesmo como "crime" (*Verbrechen*), cede lugar a uma autêntica, mas insuportável, função de mediação, de que ainda as duas primeiras versões dão mostras:

... Deve
Ir-se a tempo aquele por meio de quem o espírito falou.
É de homens que, com freqüência, a divina Natureza
Se serve para se revelar divina, e assim a reconhece
A raça em sôfrega busca.
Mas uma vez que o mortal, cujo coração
Com suas delícias ela encheu, a anuncie,
Ó! Deixai-a então quebrar o vaso,
Para que ele a outros fins não sirva,
E o divino em obra do homem não se torne.
Deixai então morrerem esses felizes, deixai-os,
Antes que por capricho, ignomínia e vaidade
Eles se percam, em bom tempo, livres,
Por amor aos deuses se imolarem. Eis o que me cabe.*
(1ª versão, vv. 1730 ss.)

Se a questão de saber quem é Empédocles se impõe através das três versões sucessivas do drama como pergunta recorrente e diretora,[17] para além das múltiplas qualificações e determinações que contraditoriamente a ele se aplicam,[18] não é antes de tudo e simplesmente porque o filósofo de Agrigento apresentasse um personagem controvertido, complexo e enigmático, mas de maneira muito mais radical porque o próprio Empédocles não sabe ou já não sabe quem é e o que se tornou: a questão da identidade não põe em jogo apenas a "natu-

---

* No original alemão, *Mein ist dies*; na tradução francesa usada por J.-F. Courtine, *Telle est ma part*. (N. da T.)

[17] *Cf.* a pergunta de Crítias a Hermócrates: "Wofür erkennst du ihn?" [Por quem te tomas?] (Benn, 458, v. 205); a pergunta de um cidadão a Empédocles: "Wer bist du man?" [Quem és, homem?] (Benn, 103, v. 1439).

[18] "Der trunke Mann" [O homem ébrio] (Benn, 57, v. 184); "der Zauberer" [o mágico] (Benn, 58, v. 195); "der Übermütige" [o arrogante] (Benn, 126, v. 134); "Sohn Uraniens" [filho de Urano] (Benn, 135, v. 424); "Sohn des Himmels" [filho do céu] (116, v. 1828).

Quem é o Empédocles de Hölderlin?

reza" de Empédocles, seu caráter, mas também o conjunto das relações que o ligam a seu povo, aos deuses, à natureza, ao destino e aos problemas de seu tempo. Descobrindo-se tal como é em si mesmo, Empédocles revela ao mesmo tempo, no "momento" (*G.St.A.*, IV, 1, pp. 153-154 e p. 282), seu "período" e a lei que o preside, o "mundo de todos os mundos" (IV, 1, 282). À exclamação de Pausânias:

Tu que és feliz!

Empédocles responde na 1ª versão:

Eu o fui! Oh, pudesse eu dizer,
Nomear — o movimento e a atividade do teu gênio,
Das forças soberanas de que eu era par, ó Natureza!
...
Sou ainda? ó Vida! e soavam em mim
Tuas melodias aladas, todas, e ouvi,
Teu antigo uníssono, grande Natureza?
...
Agora choro, como um banido,
E em parte alguma posso ficar, ai! e foste-me
Também tirada — não digas nada!
O amor perece, tão logo os deuses fogem,
Bem o sabes, deixa-me agora, nunca mais
O serei e não me és mais nada"
(Benn, 65, vv. 407 ss.; Pl., pp. 480-481)

Ao que faz eco, na 2ª versão, o diálogo:

*Pausânias*:
"Ó filho do Céu!"

*Empédocles*:
"Eu o fui, sim! e gostaria agora de contar
Pobre de mim! gostaria de ainda uma vez
Chamar-me à alma
A ação do teu gênio,
Das forças soberanas de que eu era par, ó Natureza!
...

Sou ainda? ó Vida! e soavam em mim
Tuas melodias aladas, todas, e ouvi
Teu antigo uníssono, grande Natureza?
(Benn, 135, vv. 423 ss.; Pl., 553 — cf. também Benn,
152, v. 254: *Ich bin nicht, der ich bin* [Não sou aquele que
sou])

Pausânias, o discípulo, distinguindo-se precisamente de Manes,
é aquele que de pronto não tem capacidade de acompanhar Empédocles por esse processo de identificação; ele pode apenas lembrar os dias
longínquos, remeter ao que Empédocles foi. Às reiteradas perguntas
do herói, o discípulo não pode responder: "Sê aquele que és; ainda és
aquele que foste" (*Du bist es noch, so wahr du es gewesen* (Benn, 66,
v. 427); *Sei, der du bist* [Sê aquele que és] (Benn, 113, v. 158)). O que
escapa a Pausânias — e é o que explica também o fato de Empédocles,
despedindo-o, convidá-lo a partir, para além das terras romanas e da
Grécia, até o Egito — é o entendimento do "devir" e do "declinar".
*Nun! sage, wer bin ich!* — "Dize, agora, quem sou!", solicita
Empédocles (Benn, 137, v. 508). À questão assim formulada, não há
resposta. Ou, antes, só Empédocles (ele "mesmo"?) dela detém a chave, desde que consiga ouvir o apelo que lhe é dirigido, de tomar consciência de sua missão e tornar-se assim aquele em quem se individualiza o destino de seu tempo. É antes de tudo em termos de *sacrifício*
que pode ser definida a missão de Empédocles.[19] No "Fundamento
para Empédocles", Hölderlin é particularmente explícito quanto a esse
ponto: "A época exigia um *sacrifício* (*Opfer*), no qual o ser inteiro
reveste a forma real e visível daquilo em que o destino de sua época
parece se desfazer, no qual os extremos parecem se reunir de modo
real e visível numa unidade; é precisamente porque estão reunidos de
maneira excessivamente íntima, porque o indivíduo perece e deve perecer... Empédocles devia, assim, ser uma vítima de seu tempo. *Os
problemas do destino entre os quais cresceu nele encontraram uma
solução aparente, solução que se revelaria ilusória, temporária, como
é freqüente num personagem trágico...* De maneira que aquele que
aparentemente soluciona com mais perfeição o problema posto pelo
destino, se apresenta ao mesmo tempo, em sua inteira precariedade e

[19] "Opfertier" [vítima de sacrifício] (Benn, 113, vv. 1742-43; 119, v. 1921;
156, v. 362, 70, v. 549).

no progresso de suas tentativas, do modo mais evidente como vítima"
(*G.St.A.*, IV, 1, 157, Pl. pp. 663-664).

Antes de perecer a título de vítima do destino nesse "ato ideal"
que é eminentemente o suicídio, Empédocles é antes de tudo aquele
que é chamado, o "eleito" (*der Berufene*), como sublinha Manes
(*G.St.A.*, IV, 1, 168), aquele cuja tarefa primordial consiste em *nomear*, levar à *palavra*:

> ... todas as coisas estranhas,
> Desconhecidas minha palavra nomeia
> (Benn, 125, vv. 126-1270)[20]
> ...
> E muito ele pode; e esplêndido
> É seu verbo mudando o mundo.
> (Benn, 138, vv. 531-532)

Mas nomear, levar à palavra *das Sprachlose* (*G.St.A.*, IV, 1, 155),
não basta; para cumprir plenamente essa função mediadora, Empédocles deve ser também aquele que aconselha, que emite propriamente
uma "lição" ou uma "mensagem".

Aos cidadãos de Agrigento enfim reconciliados e que vieram
propor-lhe o retorno a sua pátria na qualidade de rei, Empédocles
responde:

> Oferecíeis-me,
> Cidadãos, uma coroa! em troca recebeis
> De mim meu tesouro sagrado. Conservei-o por muito
> tempo.
> Em noites serenas, quando sobre minha cabeça
> A beleza do mundo se abria...
> Ao romper do dia pensava eu que vos diria
> A grave palavra por tanto tempo guardada...
> (Benn, 105, vv. 1488 ss.; Pl., 521)

Cedendo ao pedido dos agrigentinos ("Não, não vos deixo sem
conselho"), Empédocles pode agora, chegada a sua hora, ensinar a
renovação:

---

[20] *Cf. GStA.*, IV, 1, 154, 25 ss. — 155, 15.

... Aos homens, o grande prazer
É dado, de eles mesmos se rejuvenescerem.
E da morte purificadora, que
Na hora certa, eles mesmos escolheram
Renascem, como do Estige, os povos.
...
Assim, ousai! o que herdastes, o que ganhastes,
O que da boca de vossos pais ouvistes, aprendestes,
Leis e costumes, dos Deuses antigos os nomes,
Esquecei com ousadia e elevai, como recém-nascidos,
Para a Natureza divina os olhos.
(Benn, 106, vv. 1518 ss.; Pl., 522)

Ensinamento que, na terceira versão, encontra eco no último conselho ao muito fiel discípulo:

*Pausânias*:
.................... oh! pensa em ti,
Sê aquele que és, e olha-me e dá-me
Aquilo de que agora, ainda menos, me posso privar
Uma palavra boa de teu coração generoso.
Aconselha-me, Pai.
(Benn, 149, vv. 158 ss.; 153, v. 296)

*Empédocles*:
Agora vai, tem coragem, meu filho, recebe
Minhas promessas em tua fronte que beijo,
Lá despontam os montes de Itália
As terras romanas, ricas em proezas, te acenam,
Lá terás bons frutos, lá onde alegres
Os homens na arena se enfrentam,
Ó, cidade de heróis, lá! e tu, Tarento!
Pórticos fraternos, aonde outrora
Embriagado de luz, entretido com meu Platão, eu tanto ia
E sempre novos, a nós, jovens, cada ano
E cada dia na escola sagrada nos pareciam.
Vai vê-lo também, filho, e por mim saúda-o,
O velho amigo nas margens natais de seu rio
Nas bordas floridas do Ilisso, onde ele mora.

E se a alma não te quiser dar repouso, então vai
E interroga meus irmãos do Egito.
Lá ouvirás soar a lira grave
De Urânia e suas notas passarem e mudarem.
Lá abrirão para ti o Livro do Destino.
Vai! parte sem temor! tudo tem seu retorno.
E o que deve advir, cumprido já está.
(Benn, 154, vv. 310 ss.; Pl. 573-74)

O caráter decisivo desse último convite à viagem iniciática surge de modo tanto mais claro quanto à partida de Pausânias segue-se
imediatamente a cena capital a respeito da questão da identidade, na
qual se opõem Empédocles e Manes. Quem é Manes? Aí ainda a questão não pede resposta simples e unívoca. O velho sábio egípcio, antigo mestre de Empédocles, surge de parte alguma, aparece para pôr à
prova a decisão já assentada (Benn, 146, 59) do herói. Às interroga-
ções instantes de Empédocles: "O quê? de onde vens? Homem, quem
és tu?", Manes responde apresentando-se, também ele, como mensageiro do Deus, portador de uma grave palavra:

Um infeliz, também eu
Dessa raça, um mortal como tu.
No tempo certo, a ti enviado, a ti que
Do Céu te imaginas o favorito, para dizer-te do Céu,
Do Deus, que não conhece ócio, a ira.
(Benn, 355, vv. 334 ss.; Pl. 574)

"Infeliz", "mortal", Manes é igualmente caracterizado como
"ancião" (*G.St.A.*, IV, 2, 672-274),[21] "Alter" (Benn, 159, 499), "sábio" (*G.St.A.*, IV, 2, 672, 32), "homem cheio de experiência" (*G.St.A.*,
IV, 1, 168, 4), "onisciente" (*G.St.A.*, IV, 2, 684, 5), "aquele que tudo
vê" (Benn, 159, v. 495), "vidente" (*G.St.A.*, IV, 1, 168, 14),[22] "adivinho", "profeta" (Benn, 155, vv. 352-3530).

[21] "Wohin noch heute? Empedokles?" [Emp.] — "Wer bist du?" [Greis] —
"Kennst du mich nicht?" [Aonde ainda hoje? Empédolces? — Quem sou eu? —
Não me conheces?]

[22] "... du Blinder!" [Cego!] retorquirá inicialmente Empédocles (Benn, 156,
v. 357).

A tragédia e o tempo da história

O que de imediato advém entre Empédocles e Manes é uma troca de palavras e de *signos*, destinada a provocar um duplo reconhecimento: do outro e de si mesmo.

*Empédocles*:
Desde que para os vivos
Estou morto, vejo os mortos se levantarem.

*Manes*:
Os mortos não falam, quando tu os interrogas.
Mas se há palavra de que precisas, ouve.

*Empédocles*:
A voz que me chama, já a ouço.

*Manes*:
Fala-se então contigo?
(Benn, 155, vv. 341 ss.; Pl. 575)

O que Manes (*der böse Geist, der alte Zweifel*)[23] vem recolocar em questão é a legitimidade do sacrífico para o qual se prepara Empédocles. "Tenho uma palavra para ti, pensa bem nela em tua embriaguez". Essa palavra destina-se a dissipar a ilusão (*Trugbild*) (v. 333) da reconciliação pretendida por Empédocles.[24] E é precisamente porque a dúvida suscitada por Manes toca no mais íntimo da problemática central da justificação, que Empédocles imediatamente se insurge:

... Por que retardar esse curso? por que
Me ameaçar com a flama desse Deus
Que conheço, a quem sirvo de dócil joguete,
E me julgar, ó Cego! em meu direito sagrado?
(vv. 353 ss.)

Na realidade, o antagonismo do egípcio e do siciliano não tem

---

[23] Respectivamente, Benn, 157, v. 404; *G.St.A.*, IV, 2, 672, 33.

[24] Cf. *Fundamento para Empédocles, G.St.A.*, IV, 1, 154, 10; Pl. 659.

Quem é o Empédocles de Hölderlin?

simplesmente como conseqüência imediata e quase obrigatória fortalecer ainda mais Empédocles em seu objetivo, tornar mais firme sua resolução: a cena entre os dois homens, longe de constituir simplesmente uma cena de reconhecimento, no sentido clássico do termo (*anagnôrisis*, Aristóteles, *Poética*, 1452 a 29-31), marca antes uma verdadeira "peripécia" no drama, uma virada (*metabolé*) ao término da qual Empédocles se reconhece através de uma figura tipológica do Cristo e se identifica enquanto *mediador, reconciliador*. Tal é, com efeito, a "palavra" que Manes guarda para ele:

> ... A *um só* cabe o direito, nesses tempos,
> A *um só* enobrece teu negro pecado.
> Alguém maior do que eu! pois como a vinha
> A Terra e o Céu atesta, quando, saciada
> De Sol sublime, surge do solo escuro,
> Assim ele cresce, da luz e da noite nascido.
> O mundo ao seu redor fervilha, tudo o que,
> No seio dos mortais, se move
> E deteriora é perturbado desde a raiz.
> O senhor do tempo teme por seu domínio,
> E reina, o olhar sombrio, sobre a revolta.
> Seu dia extingue-se, seus raios brilham,
> Mas o que do alto flameja, o que de baixo se lança
> Só inflama a feroz discórdia.
> O único, contudo, o novo salvador, acolhe
> Os raios do céu, tranqüilo, e com amor
> Toma o que é mortal em seu coração
> E nele abranda-se o conflito do mundo.
> Os homens e os deuses ele reconcilia
> E próximos eles tornam a viver, como outrora.
> E para não ser, quando se manifestou, o filho
> Maior do que os pais, e para que o Espírito
> Sagrado da vida não permaneça acorrentado,
> Esquecido por causa dele, o único,
> Ele se põe, ídolo de seu tempo, de lado,
> Quebra, ele mesmo, a fim de que por mão pura
> Ao puro o necessário aconteça,
> Sua própria felicidade, seu excesso de felicidade,
> E ao elemento que o glorificava devolve,

Purificado, aquilo que possuiu.
(Benn, 156-157, vv. 369 ss.; Pl. 576-577)

Havendo assim pintado a imagem do novo salvador, o Único, conciliador e reconciliador, Manes interroga, levando Empédocles a se elevar heroicamente até a figura da semidivindade salvadora:

És tu o homem? És tu?

Através do longo "relato de sua história",[25] pelo qual responde a Manes, Empédocles mostra precisamente a clara consciência que a partir de agora tem de seu destino, do que foi realizado e do que ainda deve advir. Empédocles, caso assim se queira, aceita de pronto o que propõe Manes, toma-o ao pé da letra: tendo se reconhecido como o eleito, o único, pode reafirmar a necessidade e a legitimidade de seu suicídio. Dirigindo-se aos "Gênios":

... Pai de meus projetos longínquos! a vós agradeço
Me haveres concedido, liberado de outros deveres,
A longa soma dos meus sofrimentos aqui concluir
Por uma morte livre e na lei divina!

Mas enquanto, durante sua juventude, o grande siciliano ainda não podia "resolver o enigma da vida" senão em palavras, em imagem (*im Wort, im Bilde*), agora ele vai encontrar o espírito na morte:

*Hier bin ich, ruhig, denn es wartet mein*
*Die längstbereitete, die neue Stunde.*
*Nun nicht im Bilde mehr, und nicht, wie sonst,*
*Bei Sterblichen, im kurzen Glück, ich find,*
*Im Tode find ich den Lebendigen.* (vv. 460-465)

[Cá estou, tranqüilo, pois me espera
De há tanto tempo a hora preparada, nova,
Não mais em imagem, nem, como aliás,

[25] *G.St.A.*, IV, 1, 163, 10.

Entre mortais, em breve ventura, eu encontro,
Na morte eu encontro o que vive.]

Caberá a Manes dizer *quem era* Empédocles: "Manes... diz que ele é aquele que foi chamado e que traz a morte e a vida, no qual e pelo qual um mundo se desfaz e ao mesmo tempo se renova. Que o homem que sentiu tão mortalmente a ruína de sua terra podia igualmente pressentir sua vida nova. No dia seguinte... ele vai anunciar [ao povo] qual era a última vontade de Empédocles".[26]

Se essa missão de porta-voz recai precisamente sobre Manes é porque ele, o egípcio, é detentor de uma antiga sabedoria a salvo das catástrofes cósmicas que atingem regularmente todos os povos,[27] perito na interpretação dos signos e das imagens. Os "irmãos do Egito", aqueles que conhecem o livro do destino, junto aos quais Empédocles convida Pausânias a ir indagar, são também aqueles que sabem que "os mortais, assim como eles se apresentam a nossos olhos, são apenas signos e imagens" (*G.St.A.*, IV, 2, 671, 26-34).

Também Empédocles, em seu tempo, tomou conhecimento junto aos egípcios do "livro do destino"; dirigindo-se a Pausânias, dele resume o ensinamento:

... *es kehret alles wieder;*
*Und was geschehen soll, ist schon vollendet*
(Benn, 154, vv. 329-330)

[... tudo retorna;
E o que deve acontecer, já está feito e acabado]

Mas se no momento ele supera Manes, a ponto de inverter a antiga relação de mestre e discípulo,[28] é porque o destino, a partilha,

---

[26] *G.St.A.*, IV, 1, 168; Pl. 590.

[27] *Cf.* Platão, *Timeu*, 21 ss. A alusão ao sacerdote do Timeu perante Sólon é transparente (Benn, 155, v. 347 ss.; Pl. 575): "Sim! Sou estrangeiro aqui, e entre crianças./ É o que sois todos vós, os gregos. Eu o disse/ Muitas vezes no passado. Mas não gostaria de dizer/ Em que te tornaste junto a teu povo?". *Cf.*, já no *Hipérion*, o "Fragmento Thalia" (*G.St.A.*, III, Pléiade, p. 119).

[28] Benn, 159, vv. 496 ss.; Pléiade, p. 579: Manes: "É preciso permanecer-

encontrou nele um signo irrecusável, como Empédocles o proclama em alto e bom som dirigindo-se a Manes:

E se, como dizes, do Deus trovejante
És íntimo, se, aceito entre os pensamentos dele,
Teu espírito pelos caminhos dele conhecidos caminha,
Então vem comigo, agora que, de solidão,
O coração da Terra geme, e à lembrança
Da sua união de outrora a tenebrosa Mãe
Em direção ao Éter ergue estendidos seus braços de fogo,
E agora que o Dominador vem em seu raio,
Sigamos, como sinal de nossa
Afinidade com ele, até em baixo nas chamas sagradas
[*Dann folgen wir, zum Zeichen, dass wir ihm*
*Verwandte sind, hinab in heilge Flammen*].
Mas se preferes, quanto a ti, permanecer distante,
Por que me invejar esse destino? se ele não é a parte
Que te cabe, não te pertence, por que a mim tomá-lo...?
[*Was gönnst du mir es nicht? wenn dir es nicht*
*Beschieden ist zum Eigentum.................*]
(Benn, 159, 474 ss.; Pl. 579)

Cabe sem dúvida aos egípcios conhecer em geral o curso do destino, a lei que preside o retorno de todas as coisas e o devir periódico, mas um tal saber permanece abstrato e sem comum medida com a consciência em relação à qual Empédocles soube elevar-se: consciência da individuação — no "momento" — do destino nele.

No "Fundamento para Empédocles", Hölderlin sublinhava com ênfase essa unidade de destino da época, em seus antagonismos, e do indivíduo: "Quanto mais fortes eram o destino e a oposição entre arte e natureza, mais eles eram chamados a se individualizar, a adquirir um ponto fixo, uma base. Semelhante época mobiliza todos os indivíduos, exigindo deles uma solução, até o momento em que ela descobre aquele que responde de modo claro e consumado a sua necessidade desconhecida, a sua tendência secreta e a partir do qual a solução encon-

mos calmos, filho, e aprender sempre". Empédocles: "Tu me ensinaste, aprende hoje comigo".

Quem é o Empédocles de Hölderlin?

trada deve transmitir-se então, e somente então, ao universal. É assim que a época se individualiza em Empédocles. E quanto mais ela se individualiza nele, mais o problema (*Rätsel*) parece resolvido nele de maneira evidente, real, visível, e mais sua perda (*Untergang*) é fatal..." (*G.St.A.*, IV, 1, 157-158; Pl. 664).

Dizer que a época se individualiza em Empédocles é dizer também que esse último se torna ainda mais evidentemente *signo* (*Zeichen*); mas cabe a um tal signo, conforme a lei paradoxal da tragédia, aparecer como tal, francamente a descoberto, no lugar mesmo de sua anulação.[29]

Empédocles, desde o momento em que se identifica pela "palavra" (*das Wort*) que Manes vem enigmaticamente transmitir-lhe, reconhece-se também em seu ser-signo: nada mais que um signo, destinado precisamente — tal é a lei do trágico — a desaparecer como tal. É justamente assim que ele é *herói trágico*, isto é, ainda mediador, mensageiro,[30] mesmo que ele próprio requeira um porta-voz. De que o signo é aqui signo? O que se mostra, "se apresenta" no signo, ou melhor, diretamente em sua anulação? Quando, no trágico, "o signo é por si mesmo insignificante", quando "o signo = 0", é então — como nos ensina o ensaio *Sobre a significação das tragédias* — que o "original", a "natureza", surge e se expõe em toda a sua "força". O original é aqui o outro nome do "mundo de todos os mundos, de que falava o ensaio contemporâneo aos últimos esboços de *Empédocles*: O devir no declínio: "O mundo de todos os mundos, o Todo em todos, que é sempre, *apresenta-se* (*darstellt*) somente o tempo todo ou no declínio, no momento".

O inacabamento do *Empédocles* deve, sem dúvida, ser interpretado em termos de fracasso (impossibilidade de escrever uma tragédia *moderna* a partir de um material antigo), mas esse fracasso marca também uma virada decisiva na trajetória poética de Hölderlin. Não apenas, como o sugeria B. Allemann, porque Hölderlin, aprofundando a idéia central do drama — a livre morte do herói no momento oportuno —, houvesse sido levado a lhe opor um verdadeiro

---

[29] *Cf.* o ensaio "O significado da tragédia", *G.St.A.*, IV, 1, 274.

[30] B. Alleman insiste justamente no acabamento da idéia de mediação poética mediante a figura de Empédocles redentor, mas também em seu necessário abandono (*op. cit.*, pp. 35 ss.).

adversário sob os traços do "princípio régio", ao qual cabe doravante, segundo a fórmula do *Fundamento para Empédocles*, ter, ou melhor, ser "a própria partilha", já que ela responde à injunção do que se anuncia como "retorno natal";[31] mas sobretudo porque o projeto do *Empédocles* vai dar diretamente no trabalho de tradução de Sófocles, através do qual se elabora a distinção em quiasmo entre a arte e a natureza, entre o hespério e o oriental. O que, na língua do *Fundamento* ou do esboço sobre o paradoxo trágico, denominava-se signo (*Zeichen*), será caracterizado nas *Observações* como *Vorstellung* e analisado como tal a partir do conceito de cesura que Hölderlin toma de empréstimo à métrica para aplicar ao "cálculo" do "transporte trágico". Em *Édipo*, assim como em *Antígona*, são as palavras do adivinho que marcam a "cesura": "[Tirésias] faz sua entrada no curso do destino, visando à potência da natureza que extrai tragicamente o homem de sua esfera de vida, do ponto mediano de sua vida interior, para arrebatá-lo a um outro mundo, a esfera excêntrica dos mortos".[32] Em que medida é legítimo ver em Manes uma prefiguração do vidente Tirésias? No "momento" ou no "signo" o anúncio da pura "representação" que aparece?

Por isso, na consecução rítmica das representações em que o *transporte* se expõe, *o que se denomina, na medida das sílabas, cesura*, a pura palavra, a suspensão anti-rímica, torna-se necessário para encontrar como extração a mudança e a troca das representações, a um tal ponto que então não seja mais a mudança das representações, mas a própria representação que aparece.[33]

A cena com Manes constituiria assim, na última versão de *Empédocles*, o análogo da "cesura ou suspensão anti-rítmica", cuja função é restabelecer o equilíbrio no "ritmo das representações". Só essa "suspensão" trazida pela "palavra" de Manes é capaz de nos revelar *quem* é *Empédocles*, ao mesmo tempo em que determina a tragédia em seu "estatuto calculável". Assim, ao termo das diferentes versões e esboços, o inacabamento do último esboço terá levado ao cerne mesmo do transporte trágico, ao lugar onde ele se manifesta propriamente: "vazio e o menos provido de ligação".

[31] *Op. cit.*, pp. 39-40.

[32] *Observações sobre Edipo e Antígona*, ed. trad. F. Fédier, p. 51.

[33] *Observações*, p. 40.

Quem é o Empédocles de Hölderlin?

# 5.
# O CRISTO DE HÖLDERLIN

*... Schön*
*Und lieblich ist es zu vergleichen...*[1]

Enfrentar a questão da "cristologia" hölderliniana permanece hoje, como outrora, tarefa difícil, malgrado as indicações convergentes, e cada vez mais precisas, de Xavier Tilliette na *Christologie idéaliste*, no *Christ de la philosophie* e, bem recentemente, em *La Semaine Sainte des Philosophes*.[2]

Se é verdade que os grandes editores "autorizados" de Hölderlin, de Beißner a Sattler, bem como os comentadores que estão ligados em maior ou menor grau à leitura heideggeriana, tenderam geralmente a ocultar ou em todo caso a minimizar a dimensão cristológica dos grandes poemas, quer se trate da elegia "Pão e vinho", quer dos últimos hinos, notáveis foram contudo as resistências a essa leitura, se não neopagã, pelo menos decididamente grega e sincrética. Basta-nos mencionar aqui Erich Przywara, Romano Guardini, Eduard Lachmann ou Heinrich Buhr, sem mencionar as discussões suscitadas pela interpretação do hino "Friedensfeier", depois que foi descoberto e publicado por Beißner em 1954.[3]

Não é nossa intenção aqui refazer a história desse ocultamento ou, ao contrário, dessa tímida inflexão cristológica na recepção de Hölderlin, ambos envolvendo a interpretação do famoso "vaterländische Umkehr".[4] Esse "retorno natal", que marca uma ruptura de-

---

[1] "Der Einzige", *dritte Fassung, SA* 2; 1: 164. "Belo,/ Sim, e bom, é comparar". "O Único", terceira versão, trad. francesa André du Bouchet, *Cahiers de l'Herne*, ed. Jean-François Courtine (1989), p. 57.

[2] Paris, Desclée, 1986; Paris, Cerf, 1990; Paris, Desclée, 1992.

[3] Cf. particularmente *Der Streit um de Frieden. Beiträge zur Auseinandersetzung um Hölderlins "Friedensfeier"*, edição de Eduard Lachmann, Nurembergue, 1957, com contribuições de E. Lachmann, Erich Przywara, Walter Bröcker, Heinrich Buhr, Ludwig von Pigenot e Alois Winkhofer. Cf. também *Zur Theologie des Geistes*, de Heinrich Buhr e Walter Bröcker. Pfüllingen, Neske, 1960.

[4] *Anmerkungen zur "Antigona", FA* 16: 419. "Remarques sur 'L'Antigo-

cisiva com o entusiasmo da juventude, com a nostalgia da Grécia e de seus deuses fugidos, é propriamente uma virada ocidental e, por isso mesmo, regresso de uma figura cristológica? A questão foi debatida com freqüência depois do ensaio de Wilhelm Michel, que associava, bem curiosamente, o "sírio" ao "princípio nórdico", "germânico".[5]

O que importa destacar, antes de tudo, quando se pretende identificar os traços fundamentais da interpretação hölderliniana da figura do Cristo na obra tardia, até o limiar da loucura, é que se a "jóia da casa" se opõe ao princípio empedocliano não é apenas para substituir os deuses ou semideuses antigos, empurrando-os para o reino encantado da Fábula. Se para Hölderlin, como aliás para Hegel e Schelling, o Cristo marca mesmo um fim ou um acabamento do Dia dos deuses, é também porque ele modifica o curso do tempo, abrindo-o para uma outra escansão, porque ele reúne em torno de si e mesmo em si, apesar de sua passagem precipitada, pelas dádivas que deixa atrás de si, o coro dos deuses. O luto que caracteriza o tempo dos deuses em fuga é cheio de renúncia, mas também abriga em si, sem negação, o pressentimento de uma reconciliação por vir ou de uma Festa da Paz, pelo menos se a "lenda" (*Sage*) ou o testemunho plurívoco da "Santa Escritura" forem guardados e cultivados com cuidado.

A abertura do hino "Germânia", com o seu *nicht* inicial, para o qual Heidegger chamava atenção,[6] longe de marcar o abandono de um passado que caducou por completo, indica igualmente a espera ou o pressentimento do retorno:

> *Nicht sie, die Seeligen, die erschienen sind,*
> *Die Götterbilder in dem alten Lande,*
> *Sie darf ich ja nicht rufen mehr, wenn aber*
> *Ihr heimatlichen Wasser! jetzt mit euch*
> *Des Herzens Liebe klagt, was will er anders,*
> *Das Heiligtrauerne?*

ne'", trad. francesa François Fédier, *in* Friedrich Hölderlin, *Œuvres*, ed. Philippe Jacottet (Paris: Gallimard [Pléiade], 1988), pp. 951-66.

[5] *Cf. Hölderlins abendländische Wendung*. Weimar, Feuer, 1922, retomado em *Hölderlins Wiederkunft*. Viena, Gallus, 1943, pp. 57-109.

[6] *Cf.* M. Heidegger, *Gesamtausgabe*, vol. 39, pp. 78-82. *Les Hymnes de Hölderlin: La Germanie et le Rhin*, trad. francesa J. Hervier — F. Fédier (Paris: Gallimard, 1988), 82 ss.

[Não a eles, os bem-aventurados,
Imagens divinas que apareceram no país antigo,
A eles por certo não mais devo invocar, mas se,
Ondas da pátria! agora convosco
O amor do coração se queixa, que mais quer ele,
Em seu luto sagrado?][7]

E:

*Entflohene Götter! auch ihr, ihr gegenwärtigen, damals*
*Wahrhafiger, ihr hattet eure Zeiten!*
*Nichts läugnen will ich hier und nichts erbitten.*
*Denn wenn es aus ist, und der Tag erloschen...*

[Ó deuses fugidos! também vós, ó deuses presentes,
Então mais verídicos, tivestes vosso tempo!
Nada negar quero, nem nada implorar.
Pois quando tudo acabou, e o dia se apagou...][8]

Se, portanto, nunca há negação, renegação ou mesmo renúncia,
senão pela memória singular do luto, é também porque o "retorno"
esperado é o do Mesmo, desse Sagrado para o qual sempre faltam os
nomes:

*Die Alten, so die Erde neubesuchen*
*Denn die da kommen sollen drängen uns,*
*Und länger säumt von Göttermenschen*
*Die heilige Schaar nicht mehr im blauen Himmel.*

[Os antigos deuses que assim de novo a terra visitam.
Pois aqueles que virão nos pressionam,
E mais não se atarda no céu azul
Dos homens-deuses o bando sagrado.][9]

---

[7] *SA* 2; 1: 149. Friedrich Hölderlin, "Germanie", trad. francesa François
Fédier, p. 82, *in* Heidegger, *Les Hymnes de Hölderlin*, op. cit., p. 82.

[8] *Ibidem.*

[9] *Ibidem*, p. 150.

O Cristo de Hölderlin

O segundo ponto capital a merecer destaque imediato é que essa virada da Grécia à Hespéria advém paradoxalmente no fio condutor de uma meditação aprofundada sobre a tragédia grega, através da tradução de Sófocles e da elaboração das *Observações* sobre o *Édipo* e a *Antígona*.

A determinação rigorosa do trágico grego, à qual Hölderlin se consagra a partir do *Empédocles* e dos ensaios "poetológicos" que o acompanham, dentre os quais o *Fundamento para Empédocles* ocupa o primeiro lugar, constitui mais do que o pano de fundo, o horizonte no interior do qual se esboça a singularidade da epifania cristológica: a do Deus ligado ao mundo (*weltlich*), que toma forma humana, por certo, e assume mesmo a condição do "cotidiano" (*en morphé doulou*), mas sobretudo a do Conciliador, cujo chamado prematuro[10] atesta também a preocupação com a medida que os mortais podem suportar, e cuja partida é prova de presença da Eucaristia e/ou da Escritura.[11] A essa figura do amigo presente-ausente opõe-se, na tragé-

---

[10] *Cf.* "Versöhnender der du nimmergeglaubt...": "Sei gegenwärtig Jüngling, jetzt erst, denn noch ehe du ausgeredet/ Rief es herab..." (*SA* 2; 1, p. 131). "Sê, jovem, para nós aqui, pois antes que tenhas dito/ Do alto chamado foi pronunciado.". Friedrich Hölderlin, *Poèmes*, trad. francesa André du Bouchet (Paris: Mercure de France, 1986), pp. 58-9 — *Cf.* também *Friedensfeier*, ed. Beda Alleman (Pfullingen, Neske, 1955). "Ah! mas de negra sombra, em plena Palavra,/ Te encobriu, terrível, decisivo, um destino mortífero", trad. du Bouchet, *op. cit.*, p. 11.

[11] *Cf.* "Patmos": "... sie/ Zusammensaßen, zu der Stunde des Gastmals/ Und in der großen Seele, ruhigahnend den Tod/ Aussprach der Herr, und die letzte Liebe, denn nie genug/ Hatt'er, von Güte, zu sagen/ Der Worte, damals, und zu schweigen, da/ Ers sahe, das Zürnen der Welt./ Denn alles ist gut. Drauf starb er. Vieles wäre liebes/ Zu sagen..." (*SA* 2; 1: p. 175). "Sentavam-se juntos à hora da Ceia/ E na grandeza da alma, em calmo augúrio anunciou/ O Senhor sua própria morte e o amor supremo, pois/ Palavras misericordiosas nunca se cansara de dizer, e de calar [*schweigen*; na trad. de J. P. Paes, 'dissipar', partindo do alemão *erheitern*, em vez de *schweigen* — N. da T.], onde/ O via, o furor do mundo./ Porque tudo é bom. E assim ele morreu. Muito haveria/ Que dizer..." [*Vieles wäre/ Zu sagen davon*, e não *Vieles wäre liebes/ Zu sagen...*, como no trecho do poema em alemão aqui apresentado por Courtine — N. da T.]. *Patmos*, trad. francesa Gutave Roud, *in Œuvres*, p. 869. [Trad. brasileira de José Paulo Paes, substancialmente modificada entre os versos 4 e 6, *in* Friedrich Hölderlin, *Poemas*, São Paulo, Companhia das Letras, 1991, p. 186.] Mais do que, com Binder, ver nesse relato extraordinário reservado a prova patente de um "Cristo sem Paixão

---

116          A tragédia e o tempo da história

dia, o encontro, a colisão insuportável do homem e do Deus. Assim como a Escritura — sempre por interpretar, uma vez que importa sobretudo a atenção à letra —, o véu ou as vestes usados por Deus[12] contribuem para a retração ou para a "mediatidade" unicamente pelos quais o homem pode resistir à potência de extirpação do divino, à violenta pulsão em direção ao aórgico que caracterizava as primeiras versões do *Empédocles*. Seria preciso, dentro desse quadro, poder acompanhar em detalhe os remanejamentos do *Trauerspiel* e, em particular, os traços cristológicos do último *Empédocles*, no debate com Manes.[13]

Nas *Observações*, Hölderlin notava, a propósito de Tirésias, cuja intervenção marca a "cesura":

"Ele entra em cena no curso do destino, os olhos voltados para a potência da natureza que arranca o homem tragicamente de sua esfera de vida, do ponto mediano de sua vida interior, para arrebatá-lo a um outro mundo, a esfera excêntrica dos mortos".[14]

Mesmo a determinação hölderliniana do trágico — ou melhor, de sua apresentação (*Darstellung*), para além da referência óbvia à

e sem reconciliação", pode-se aí ler também a expressão desse "pudor" — disposição afetiva que para Hölderlin responde estritamente à necessária "infidelidade" divina. Hölderlin-Aufsätze (Frankfurt am Main: Insel, 1970), pp. 363-4.

[12] Ver *Griechenland*: "Alltag aber wunderbar zu lieb den Menschen/ Gott an hat ein Gewand./ Und Erkentnissen verberget sich sein Gesicht..." (SA 2; 1: p. 257). "Mas Deus a cada dia.../ Oh surpresa, uma veste traja/ E ao conhecimento sua face oculta..." "Grèce", trad. Gustave Roud, *Poèmes*, p. 917.

[13] Evitaremos, portanto, opor simplesmente um princípio empedocliano, caracterizado pela aspiração à unidade e ao retorno imediato à Natureza, em sua superpotência divina, a um princípio hespério, atento à mediação e ao "estatuto". Com efeito, o trabalho de Hölderlin sobre a tragédia "moderna" que é o Empédocles leva-o a superpor, de maneira cada vez mais clara, os traços "cristológicos" à figura real do soberano de Agrigento. Remetemos aqui, para adiantar, às indicações que demos em nosso estudo "Quem é o Empédocles de Hölderlin?", Paris, Les Belles Lettres, 1988, pp. 19-32 [ensaio incluído neste livro — N. da T.].

[14] *Anmerkungen zum "Ödipus"*, p. 251. *Remarques sur Œdipe*, trad. francesa François Fédier, *Œuvres*, p. 953.

O Cristo de Hölderlin

*Poética* de Aristóteles e à doutrina da *katharsis* como obra própria do Drama — implica uma referência ao Cristo, Deus feito homem. Mas nesse caso único da Encarnação, se o acasalamento ou a "copulação" Deus-Homem permanecem *ungeheuer*, inauditos, monstruosos (*deinon*), eles são precisamente "suportáveis" e salutares não apenas porque o Deus está aqui presente sob a figura da Vida ou do Amor, mas antes de tudo porque ele está presente precisamente *em figura*, sob o véu ou a inaparência do "Cotidiano":

> "A apresentação do trágico repousa principalmente no fato de que o insuportável [*das Ungeheure*], como o Deus-e-homem se acasala, e como, abolido todo limite, a potência pânica da natureza e o recôndito do homem tornam-se Um no furor, pode ser concebido pelo fato de o devir-um ilimitado se purificar através de uma separação ilimitada."[15]

A segunda "definição" da *tragische Darstellung*, tal como ela se configura nas *Observações sobre Antígona*, confirma, a nossos olhos, a legitimidade dessa aproximação, ou melhor, dessa rigorosa diferenciação entre a epifania do Deus grego no centro da tragédia e a manifestação carnal do Deus como Filho do Homem, uma vez que o próprio Hölderlin também evoca, nessa passagem-chave das *Observações*, o Deus do apóstolo, sendo aqui relativamente secundário quanto ao princípio mesmo da contra-posição o fato de se tratar da figura cenótica paulina ou da apocalíptica joanina:

> "A apresentação do trágico repousa, como foi indicado a propósito do Édipo, no fato de que o Deus imediato, inteiramente unido ao homem (pois o Deus de um Apóstolo é mais mediato), é o mais elevado entendimento no seio do espírito mais elevado [*ist höchster Verstand in höchsten Geist*], de que o entusiasmo *infinito* do espírito, ao se separar de modo salutar [*heilig sich scheidend*] apreende-se por si mesmo *infinitamente* [*unendlich*]".[16]

[15] *Anmerkungen zum "Ödipus"*, p. 257/957.

[16] "Anmerkungen zur 'Antigona'", p. 417/963.

Essa afirmação da "mediatidade" como característica essencial e diferencial da figura do Cristo[17] bastaria por si só para mostrar ser insustentável a oposição nítida que Alleman crê poder generalizar entre o princípio régio e empedocliano, por um lado, que tende a se unir à natureza, ao Todo infinito, ainda que à custa da morte, desejada e assumida, e, por outro lado, o princípio hespério[18] da diferenciação, da distinção e do "estatuto". Mas, sobretudo, parece-nos que essa oposição excessivamente sistematizada perde toda a firmeza quando Alleman, a partir do hino tardio "Der Einzige" ("O Único"), interpreta o Cristo como "semideus que desenraíza e consome",[19] como aquele que retorna bruscamente ao Pai por uma via curta vedada aos hespérios, pois estes devem antes, colocando-se sob a autoridade do Zeus mais próprio,[20] realizar o retorno em direção a este mundo de cá, longe da esfera excêntrica dos mortos.

Daí não podermos mais acompanhar Alleman quando ele interpreta os versos 49-51 e 83-86 do hino —

> *Ich weiß es aber, eigene Schuld*
> *Ists! Denn zu sehr*
> *O Christus! häng'ich an dir*

[Sei, contudo, minha
É a culpa! Pois em excesso
Ó Cristo! a ti estou ligado]

e

---

[17] A *Mittelbarkeit* é também, como se sabe, o termo-chave do comenário feito por Hölderlin ao fragmento 7 (Hellingrath) de Píndaro. *Cf. SA* 5: p. 265. Na obra de Gerhard Kurz, *Mittelbarkeit und Vereinigung: Zum Verhältnis von Poesie, Reflexion und Revolution bei Hölderlin* (Stuttgart: Metzler, 1975) se encontrará um bom estudo desse tema, do qual, contudo, está ausente a dimensão "teológica".

[18] "A sobriedade ocidental e júnica" evocada por Hölderlin na primeira carta a Böhlendorff. *SA* 6: p. 425.

[19] *Cf.* Beda Alleman, *Hölderlin und Heidegger*, ed. rev. (Zurique: Atlantis, 1954), 50. *Hölderlin et Heidegger*, trad. francesa por François Fédier (Paris, PUF, 1972), p. 63.

[20] *Cf.* "Anmerkungen zur 'Antigona'", p. 415/963.

O Cristo de Hölderlin

*Es hänget aber an Einem*
*Die Liebe. Diesesmal*
*Ist nemlich vom eigenen Herzen*
*Zu sehr gegangen der Gesang.*

[Ao Uno, contudo, está ligado
O amor. Excessivo, sim,
O canto, do próprio coração,
Saiu desta vez.][21]

— quase como um alerta contra toda *imitatio Christi*, como se só ao Cristo fosse permitido servir-se da via mais curta para retornar ao Um-Todo; para Allemann, o Cristo, no prolongamento direto de Empédocles (ou, mais exatamente, de *Empédocles* I), representaria o "Deus da partida de todos os deuses que abandonam o mundo", ao passo que aos mortais caberia, caso queiram resistir como convém ao chamado funesto em direção ao Um-Todo, "a infidelidade".[22] Se Cristo é apreendido como semideus arrebatador e devorador, o que caduca é a possibilidade mesma da comparação — "Belo,/ Sim, e bom, é comparar" — entre Cristo e "os homens deste mundo" que foram Heracles e Evier, torna-se também incompreensível a injunção dirigida aos poetas que "também, devem/ Eles do espírito, ser do mundo".[23] A tais dificuldades, que seríamos tentados a dizer "literais", acrescenta-se o imenso problema da distinção e da complementaridade entre mediatidade e retração, problema que, por isso mesmo, desaparece inteiramente do comentário unilateral de Allemann.

Não poderíamos tratar, em toda sua complexidade diferenciada, da imagem do Cristo na obra de Hölderlin, e limitaremos nosso estudo, ou melhor, nossas aproximações, aos três grandes hinos que é permitido considerar, de maneira relativamente óbvia, como "cristológicos": as três versões de *"O Único"*, o hino "Friedensfeier" e sua versão preparatória "Versöhnender der du nimmergeglaubt..." e, por

---

[21] *Der Einzige*, pp. 153 e 155/52 e 52. *L'Unique*, trad. francesa André du Bouchet, *Poèmes*, pp. 47-8.

[22] *Hölderlin und Heidegger*, p. 51/66-7.

[23] *SA* 2; 1; trad. du Bouchet, p. 44.

fim, "Patmos",[24] deixando de lado os fragmentos tardios ("À Madona", "O que Deus...?" e "O Vaticano").[25]

Longe de ser um semideus desenraizante, que ignoraria a medida ou a necessária distinção das esferas,[26] Cristo aí aparece muito mais como o Conciliador, Reconciliador, que ultrapassa os outros Deuses ou semideuses — e aqueles mesmos de quem ele é próximo como um "irmão" — precisamente porque lhes deixa um direito relativo e cumpre até o fim a obra do Pai.

A elegia "Brod und Wein" ("Pão e vinho") já acentuava a proximidade entre Cristo e Dioniso no ponto em que as duas figuras, iguais, se superpunham. Cristo aí aparece primeiro como esse "gênio silencioso" (*stiller Genius*) que anuncia o fim do dia, essa noite do mundo que só a "memória santa" pode suportar (*Heilig Gedächtnis*);[27] mas a noite é também o fim do mundo dos deuses gregos, o fim do mundo da presença e da proximidade dos deuses visíveis. Fim é aqui cumprimento,[28] que marca o termo, o encerramento da festa do céu e o acabamento do tempo.[29]

---

[24] *Der Einzige* (SA 2; 1: pp. 153-6, 157-60 e 161-4); "Versöhnender der du nimmergeglaubt..." (*SA* 2; 1: 130-7); e *Patmos* (SA 2; 1: pp. 165-72). No caso de "Friedensfeier", ver Beda Allemann: "O poema 'Patmos' — observa Allemann — não pode ser chamado, propriamente, de um 'Hino a Cristo'. Ao contrário, esse hino canta João, o Evangelista, herói que protege do desenraizamento". *Hölderlin und Heidegger*, 52/68. Para um estudo de conjunto dos hinos cristológicos no horizonte do idealismo alemão, remetemos à obra, extremamente rica, de Jochen Schmidt, *Hölderlins Geschichtsphilosophische Hymnen: "Friedensfeier", "Der Einzige", "Patmos"* (Darmstadt: Wissenschaftliche Buchgesellschaft, 1990).

[25] "An die Madonna" (SA 2; 1: 211-6); "Was ist Gott...?" (SA 2; 1: 210); e ... "Der Vatikan..." (SA 2; 1: 252-3).

[26] *Cf.* "Der Vatikan": "Gott rein und mit Unterscheidung/ Bewahren, das ist uns vertrauet" ("Guardar a Deus com pureza e diferenciação/ Isso nos é confiado"). SA 2; 1: pp. 252.

[27] "Brod und Wein", 94 e 91. "Pão e vinho", trad. francesa Jean-Pierre Faye, *Cahiers de l'Herne*, pp. 24 e 22.

[28] *Cf. Brod und Wein*: "Oder er kam auch selbst und nahm des Menschen Gestalt an/ Und vollendet' und schloß tröstend das himmlische Fest" ("Vinha ele às vezes em pessoa, assumindo forma humana,/ Trazer o seu consolo e rematar a festa divina.") (p. 95/24) [Trad. brasileira de José Paulo Paes, *op. cit.*, p. 168.]

[29] Luc 24, 29: "Fica conosco, pois a noite cai e o dia já chega ao fim..."

O Cristo de Hölderlin

Por certo, a morte e o desaparecimento do Cristo constituem a abertura da longa noite, desse tempo de indigência em harmonia com a melancolia e o luto, "quando o Pai apartou seu semblante do mundo dos homens":

*Aber Freund! wir kommen zu spät. Zwar leben die Götter,*
*Aber über dem Haupt droben in anderer Welt.*

[Mas, amigo, chegamos muito tarde. Os deuses, de fato, Vivem ainda, mas lá nas alturas, em outro mundo.][30]

Entretanto nem a nostalgia nem o luto são oportunos, pois na solidão da Tarde ficou um "signo", o anúncio do grande retorno por vir dos deuses que se foram, o sacramento da Eucaristia: "Por isso pensamos nos Celestes...".[31]

Cristo nos deixou dons como garantia de seu retorno: Pão e Vinho, que materializam o acordo da terra e do céu e sublinham a proximidade de Cristo e Dioniso, Deus da terra.

À memória do Cristo, Hölderlin associa imediatamente a dos outros "Celestes". O pão é o fruto da terra, abençoado pelo Éter ("Vater Æter"). O vinho procede, também ele, de Zeus, o Deus trovejante, e é próprio de Dioniso. Com isso, o Cristo reencontra seu lugar no "coro celeste", e à sua comemoração já são associados os outros semideuses:

*Als der Vater gewandt sein Gesicht von den Menschen,*
*Und das Trauern mit Recht über der Erde begann,*
*Als erschienen zu letzt ein stiller Genius, himmlisch*
*Tröstend, welcher des Tags Ende verkündet' und schwand,*

---

[30] "Brod und Wein", 93/24. [Trad. brasileira. cit. de José Paulo Paes, p. 168.]

[31] *Cf.* também *Patmos*: "Doch trauerten sie, da nun/ Es Abend worden, erstaunt,/ Denn Großentschiedenes hatten in der Seele/ Die Männer, aber sie liebten unter der Sonne/ Das Leben und lassen wollten sie nicht/ Vom Angesichte des Herrn/ Unter der Heimath" (*SA* 2; 1: 167-68). "Porém se entristeceram/ Ao cair da tarde, pasmos,/ Esses homens que graves decisões/ Traziam na alma, mas que sob o sol/ Amavam viver e não queriam se afastar/ Do semblante do Senhor/ Nem da pátria." Trad. francesa Gustave Roud, *Œuvres*, pp. 869-70. Trad. brasileira José Paulo Paes, *Poemas*, p. 186.]

*Ließ zum Zeichen, daß einst er da gewesen und wieder*
*Käme, der himmlische Chor einige Gaaben zurük,*
*Derer menschlich, wie sonst, wir uns zu freuen vermöchten,*
*Denn zur Freude, mit Geist, wurde das Größre zu groß*
*Unter den Menschen und noch, noch fehlen die Starken zu*
*höchsten*
*Freuden, aber es lebt stille noch einiger Dank.*
*Brod ist der Erde Frucht, doch ists vom Lichte geseegnet,*
*Und vom donnernden Gott kommet die Freude des Weins.*
*Darum denken wir auch dabei der Himmlischen, die sonst*
*Da gewesen und die kehren in richtiger Zeit,*

[Quando o Pai apartou do mundo dos homens seu
semblante
E com fundadas razões o luto começou na terra;
Quando, celestial consolo, apareceu enfim um gênio,
Que tranqüilo proclamou o término do dia e se foi —
Deixou o coro celeste atrás de si, como sinal
De que estivera entre nós e voltaria, certos dons
Para que os pudéssemos gozar humanamente como antes;
Pois o maior, a alegria de espírito, era demais
Para os homens: se só aos fortes, que ainda, ainda faltam,
cabe
A alegria mais alta, resta ao menos silenciosa, certa gratidão.
O pão é fruto da terra, porém a luz o abençoa
E do deus trovejante provém a alegria do vinho.
Por isso pensamos nos Celestes, que outrora estiveram
Na terra e para cá voltarão quando chegar o tempo.][32]

Na elegia "Pão e vinho", de onde convém sempre partir para apreciar a novidade relativa dos Hinos "cristológicos", a última estrofe evoca Dioniso em sua proximidade com o Crucificado, de quem ele é como que uma prefiguração tipológica: Dioniso tem, também ele, uma figura e uma função de conciliador: ele restabelece a unidade daquilo que foi separado, dilacerado, a fim de que "o *Weltgang* — o

---

[32] "Brod und Wein", p. 94/24-5. [Trad. brasileira cit., levemente modificada, p. 171.]

O Cristo de Hölderlin

curso do mundo — não tenha lacuna", e de que Terra e Céu permaneçam solidamente encadeados em sua unidade diferenciada: Dioniso é já aquele que estabelece o acordo entre Dia e Noite, Trevas e Claridade.[33] Por meio dessa obra de conciliação, dessa "descida" ao obscuro, às trevas, pode ele ser legitimamente aproximado do Filho do Altíssimo, aquele que vem depois do fim do dia grego como portador da tocha, em meio às sombras:

> ... *wir sind herzlos, Schatten, bis unser*
> *Vater Æter erkannt jeden und allen gehört.*
> *Aber indessen kommt als Fakelschwinger des Höchsten*
> *Sohn, der Syrie, unter die Schatten herab.*

> [... sombras sem coração, que somos,
> Até nosso Pai Éter, reconhecido, a cada um e a todos
> pertencer.
> Mas entrementes vem como portador da tocha o Filho
> Do Altíssimo, o Sírio, por entre as sombras cá de baixo.][34]

"Portador da tocha" — *Fackelschwinger*; trata-se aí de um epíteto clássico de Dioniso, atestado tanto por Sófocles (*Édipo Rei*, vv. 215-219), quanto por Eurípides (*Bacantes*, vv. 145-146),[35] mas que se aplica aqui também ao "Sírio", isto é, ao Cristo, sem que seja necessariamente preciso decidir entre uma ou outra identificação, confor-

---

[33] *Cf.* o início da 9ª estrofe: "Ja! sie sagen mit Recht, er söhne den Tag mit der Nacht aus,/ Führe des Himmels Gestirn ewig hinunter, hinauf,/ Allzeit froh, wie das Laub der immergrünenden Fichte,/ Das er liebt, und der Kraz, den er von Epheu gewählt,/ Weil er bleibet und selbst die Spur der entflohenen Götter/ Götterlosen hinab unter das Finstere bringt" ("... ele concilia o dia e a noite,/ Move os astros céu acima céu abaixo eternamente,/ Alegre o tempo todo, como a folhagem sempre verde/ Dos pinhais que ama tanto, e a coroa de hera que escolheu./ Pois é o que permanece, o que traz o rastro dos deuses/ Que se foram às trevas ínferas dos sem-deuses") (p. 94/25) [Trad. brasileira cit., levemente modificada no último verso, p. 173].

[34] *Ibidem*, p. 95/25. [Trad. brasileira cit. (substancialmente modificada), p. 173].

[35] *Cf.* Bernhard Böschenstein, "Frucht des Gewitters". *Zu Hölderlins Dionysos als Gott der Revolution* (Frankfurt am Main: Insel, 1989), pp. 88-90.

me a lógica geral da elegia — inicialmente intitulada "Der Weingott" —, cuja economia tende toda ela a sublinhar justamente a proximidade fraternal entre o Cristo e Dioniso,[36] até na já observada superposição da eucaristia e dos frutos da terra e do céu: pão e vinho. Desde a segunda versão do fragmento *Versöhnender der du nimmergeglaubt*..., Cristo aparecia ligado ao Oriente, especialmente pela evocação de sua passagem perto de Sicar, onde encontra a Samaritana (*João*, 4, 5-9):

> *Und manchen möcht'ich laden, aber o du,*
> *Der freundlich ernst den Menschen zugethan*
> *Dort unter syrischer Palme*
> *Wo nahe lag die Stadt am Brunnen gerne weiltest,*
> *Das Kornfeld rauschte rings still athmete die Kühlung*
> *Vom Dunkel des geweheten Gebirgs*

> [E muitos gostaria eu de convidar, ó, sobretudo a ti,
> Que em fervorosa amizade aos homens te votaste
> Lá sob a palma síria
> De que era próxima a cidade, na fonte gostavas de ficar,
> O trigal em torno murmurava, tranqüilo exalava o frescor
> Da sombra do monte sagrado][37]

"O Único" (outono de 1801-1803) tem início com uma oposição nítida entre a Grécia e a pátria ou Hespéria.[38] Por seu amor excessivamente exclusivo pelos deuses antigos, o poeta permanece cativo de sua nostalgia da Grécia:

> *Was ist es, das*
> *An die alten seeligen Küsten*

---

[36] *Cf.* também Jochen Schmidt, *Hölderlins Elegie "Brot und Wein". Die Entwicklung der hymnischen Stils in der elegischen Dichtung* (Berlim: de Gruyter, 1968), pp. 160-72.

[37] *SA* 2; 1: p. 134; trad. francesa André du Bouchet, *Poèmes*, p. 11.

[38] De um lado, *sichtbare, bildhaft erscheinende Religion*, de outro, o cristianismo, religião espiritual ou "pneumática" do cristianismo, *cf.* Schmidt, *Hölderlins geschichtsphilosophische Hymnen*, p. 197.

O Cristo de Hölderlin

*Mich fesselt, daß ich mehr noch*
*Sie liebe, als mein Vaterland?*

[O que,
Nas velhas margens ditosas,
Me cativa, que ainda mais
As amo do que à minha pátria?][39]

Mas se a religião da beleza, do deus que aparece e se deixa ver em imagem, responde como deve ao esplendor do mundo em sua luz,[40] ela corre o risco também de mascarar (*verbergen*) Cristo, caracterizado não apenas como Mestre e Senhor, mas ainda como a "jóia da casa", esse "último de vossa raça", aquela mesma de que vieram os deuses gregos. O Pai é, com efeito, aquele que engendrou e enviou tanto os deuses, os heróis — "Os pensamentos elevados/ São mesmo inúmeros/ Brotados da cabeça do Pai" — quanto o Filho, o Único. Assim, Cristo é a um só tempo o último dos deuses antigos, aquele que põe fim à epifania dos deuses gregos, mas também aquele que se mantém afastado e como que retraído:

*Mein Meister und Herr*
*O du, mein Lehrer!*
*Was bist du ferne*
*Geblieben? und da*
*Ich sahe, mitten, unter den Geistern, den Alten*
*Die Helden und*
*Die Götter, warum bleibst*
*Du aus?...*

[Meu mestre e senhor!
Tu, ó meu mentor!
Por que te mantiveste
Distante? e ali onde

[39] *Der Einzige*, p. 153/45.

[40] Cf. *Der Einzige*: "Viel hab'ich schönes gesehn,/ Und gesungen Gottes Bild,/ Hab'ich, das lebet unter/ Den Menschen..." ("Muito vi a beleza/ E a imagem de Deus/ Cantei, viva,/ Entre os homens...") (pp. 153-4/51).

Eu espreitava, entre, em meio aos espíritos, aos antigos,
Os heróis e
Os deuses, por que te mantinhas
De fora?...][41]

Mas — tal é a economia do hino — esse reconhecimento de Cristo, para além da dissimulação dos deuses mundanos ou que aparecem, corre por sua vez o risco de excluir, por um amor excessivo, todos os outros do canto e do serviço divino do poeta. A questão central do hino e em geral da cristologia hölderliniana poderia, então, ser assim formulada: como o Cristo pode ser *der Einzige*, sem com isso pronunciar contra os outros semideuses qualquer exclusão? Como conceber semelhante unicidade não-exclusiva?

*... Und jetzt ist voll*
*Von Trauern meine Seele*
*Als eifertet, ihr Himmlischen, selbst,*
*Daß dien ich einem, mir*
*Das andere fehlet.*

[... E agora de tristeza
Está cheia minha alma
Como zelásseis, Celestes, vós mesmos,
Para que servindo a um
O outro me faltasse.][42]

Mas trata-se aí, na realidade, de uma falsa alternativa. Caracterizar o Cristo como único não significa excluir, no sentido do dogma cristão rigorosamente interpretado, os deuses gregos. Sua unicidade na verdade aparece quando o Cristo surge, ele mesmo, do meio dos Deuses Gregos, último dos deuses antigos — "da mesma raça" que

---

[41] *Ibidem*, 162/53. *Cf.* "Patmos": "Drum, da gehäuft sind rings/ Die Gipfel der Zeit, und die Liebsten/ Nah wohnen, ermattend auf/ Getrenntesten Bergen..." ("Por isso, já que se amontoam/ À volta os cimos do Tempo,/ E os que amamos estão perto, enlanguescendo/ Nos montes mais díspares...") (p. 165/867). [Trad. brasileira José Paulo Paes, *Poemas*, p. 181.]

[42] *Ibidem*.

O Cristo de Hölderlin

eles.[43] A unicidade caracteriza-o pelo fato de ele ter um significação *única* para esse tempo entre os tempos (*dürftige Zeit*) que é o tempo dos deuses que se foram, e durante o qual a tarefa principal do poeta é justamente encontrar a medida.[44] Essa medida que funda e autoriza a comparação entre Cristo, o Único e os outros deuses ou semideuses. Que "pudor" é esse que de início impede o poeta de aproximar, a fim de compará-los, Cristo em sua unicidade e os deuses gregos,[45] Dioniso e Heracles, caracterizados como *weltliche Männer*, "homens desse mundo"? Em que consiste ao certo a "ousadia", a "temeridade"[46] da profissão de fé, da "confissão" que declara:

> ... *So sind jene gleich. Voll Freuden, reichlich. Herrlich grünet Ein Kleeblatt.*

> [... Assim são eles um ao outro semelhantes. Plena alegria,
>                                           riqueza. Esplêndido verdeja
> Um trevo.][47]

Onde está aqui a culpa? Em que consiste ela?[48]

---

[43] *Cf. ibidem*: "... Und freilich weiß/ Ich der dich zeugte, dein Vater ist/ Derselbe..." ("... E com clareza sei/ Aquele que a ti mesmo engendrou, teu Pai é/ O mesmo...) (p. 163/52).

[44] *Der Einzige*: "Nie treff ich, wie ich wünsche,/ Das Maas" ("Nunca acerto, como desejo,/ A medida") (p. 155/44).

[45] "Es hindert aber eine Schaam/ Mich dir zu vergleichen/ Die weltliche Männer" ("Impede-me como que uma vergonha/ A ti comparar/ Os homens desse mundo") (*ibidem*).

[46] "Und kühn bekenn'ich, du/ Bist Bruder auch des Eviers, der/ An den Wagen spannte/ Die Tyger und hinab/ Bis an den Indus/ Gebietend freudigen Dienst/ Den Weinberg stiftet und/ Den Grimm bezähmte der Völker" ("Sei, contudo, minha/ É a culpa! Pois em excesso/ Ó Cristo! A ti estou ligado/ Ainda que irmão de Heracles/ E temerário confesso, és/ Irmão também de Evier, que/ A seu carro atrelou/ Os tigres e mais para baixo/ Até o Indo/ Prescrevendo alegre ofício / A vinha plantou e/ A ira dos povos conteve...").

[47] *Der Einzige*, p. 163/53.

[48] "Ich weiß es aber, eigener Schuld/ Ists!..." ("Sei, contudo, minha é a culpa!...") (p. 154/47).

Será preciso concluir do fato de Dioniso e Heracles serem caracterizados como *weltliche Männer* — homens desse mundo — que o Cristo seria por sua vez determinado como mais celeste, como o homem de um outro mundo? A imagem do trevo e de suas três folhas: Heracles, Dioniso, Cristo, impede de imediato semelhante oposição. Se a imagem do trevo de três folhas é ousada, não é tanto porque assimilaria aos homens desse mundo, aos "terrestres", Cristo mais celeste, pois pertencente a um outro mundo ou a um além-mundo ou a uma economia diferente, a do espírito, mas antes porque corre o risco de "dissimular" o caráter radicalmente "cenótica" do acontecimento crístico, a humanidade de sua tarefa (o *Tageswerk*).

A verdadeira ousadia do saber do poeta está ligada aqui a ele reconhecer, através da unidade dos modos de aparição do divino, todos referidos ao Pai ou ao Altíssimo, a unicidade da reconciliação operada pelo Cristo. A comparação mostra a preocupação do poeta, consciente de sua missão, de nada deixar escapar da teofania cósmica para saudar a revelação crística.

Se o poeta evoca, com o pudor a que permanece presa toda decisão de dizer e sobretudo de nomear,[49] uma possível culpa, uma possível falta (*Schuld, Fehl*), esta não está ligada a uma aproximação indevida, temerária ou sacrílega, mas a um excesso de amor ou de apego ao Uno, que não seria reconhecido então como unidade mediata e mediadora, a qual só surge como tal a partir da comparação-distinção.[50] A culpa aqui é o excesso de amor:

[49] *Cf. Brod und Wein*: "Unempfunden kommen sie erst, es streben entgegen/ Ihnen die Kinder, zu hell kommet, zu blendend das Glük,/ Und es scheut sie der Mensch, kaum weiß zu sagen ein Halbgott,/ Wer mit Nahmen sie sind, die mit den Gaaben ihm nahn" ("Chegam a princípio despercebidos; contra eles se erguem/ Os filhos, a quem cega, por viva demais, a ventura./ O homem os teme; mesmo um semideus mal sabe dizer/ Os nomes dos que dele se aproximam com dádivas.) (p. 92/23). [Trad. brasileira José Paulo Paes, *Poemas*, p. 167.] A propósito desse "pudor" hölderliniano, Tilliette observava, com toda a razão: "Certamente a presença de Cristo na poesia hölderliniana é uma presença velada, a contra-luz, não imediatamente reconhecível... Ele se esconde na companhia dos deuses, seus meios-irmãos..., mas não é amálgama, nem mesmo ambigüidade". *La Semaine des Philosophes*, 29.

[50] "Gott rein und mit Unterscheidung/ Bewahren, das ist uns vertraut" ("Guardar a Deus com pureza e diferenciação/ Isso nos é confiado"), escreverá Hölderlin no hino em esboço "... der Vatikan...".

O Cristo de Hölderlin

*Gut machen will ich den Fehl,*
*Wenn ich noch andere singe.*

[Essa falta quero reparar
Caso outra vez ainda cante.][51]

A falta é o apego exclusivo, precisamente porque ele não reconhece a unicidade do Cristo.

*Es hänget aber an Einem*
*Die Liebe. Diesesmal*
*Ist nemlich vom eigenen Herzen*
*Zu sehr gegangen der Gesang...*

[Ao Uno, contudo, está ligado
O amor. Excessivo, sim,
O canto, do próprio coração,
Saiu desta vez.][52]

Em "Patmos", Hölderlin voltará à culpa que é o excesso de apego: ao se aproximar de Cristo, os discípulos devem cuidar para não parar no primeiro momento, epifânico, de sua economia de presença:

*Zu meiden aber ist viel. Zu viel aber*
*Der Liebe, wo Anbetung ist,*
*Ist gefahrreich, triffet am meisten. Jene wollten aber*
*Vom Angesichte des Herrn*
*Nicht lassen und der Heimath. Eingeboren*
*Wie Feuer war in dem Eisen das, und ihnen*
*Zur Seite gieng, wie eine Seuche, der Schatte des Lieben.*

[Muito há, porém, o que evitar. Mas em excesso
O amor, onde há adoração,
É rico em riscos, com freqüência fere. Mas
Do semblante do Senhor

---

[51] *Der Einzige*, p. 155/52.

[52] *Ibidem.*

Não queriam esses homens afastar-se, nem da pátria.
Coisa inata,
Como fogo em ferro, esse amor,
E ao lado deles, como peste, ia a sombra do Amado.][53]

A verdadeira culpa a que pode induzir a comparação, o paralelo a estabelecer entre o Cristo e os outros semideuses não reside em alguma falta com respeito a Cristo: ele permanece o Mestre, o Senhor, o Mentor, aquele que, ofuscado pela imediatidade dos semideuses visíveis, por muito tempo foi buscado em vão, mas se há falta no canto é em relação à economia divina em geral, é em relação ao Pai. Todavia, é apenas correndo o risco dessa falta, ao termo de uma luta no espírito do poeta, que pode ser conquistada essa nova perspectiva decisiva, segundo a qual a unicidade do Cristo não resulta, precisamente, senão de sua comparação com os outros semideuses. O amor a Cristo não deve acarretar afastamento em relação aos outros semideuses, como se eles tivessem ciúme um do outro, uma vez que o Cristo é, por excelência, o Conciliador.[54]

Amar talvez implique sempre amar em excesso (*zu sehr*), mas esse excesso, ainda que estivesse inscrito na essência mesma do cristianismo como religião do amor, não deve contudo nem excluir nem desconhecer a unidade da e na diferenciação.

[53] "Patmos", p. 182/875.

[54] Parece-nos que Alleman se equivoca ao interpretar aqui a culpa como esquecimento da diferença mortais-imortais: "Não é a vergonha de ofender Cristo por uma comparação profana. Trata-se de um pudor mais elevado... A vergonha refere-se a algo que ultrapassa Cristo. É a única e suprema vergonha que cabe aos poetas — a vergonha que impede de esquecer a diferença entre os homens e os deuses". *Hölderlin und Heidegger*, p. 54/72. É, na verdade, toda a interpretação que faz Allemann da figura do Cristo que está aqui em jogo: "Cristo aspira a retornar ao Império dos deuses pela via mais curta. Daí o poeta sentir a vergonha que se liga à pureza da diferenciação no momento em que vai comparar os semideuses régios, Heracles e Dionísio, a Cristo, semideus empedocliano. A preocupação com essa vergonha diz respeito aos homens desse mundo, não a Cristo" (*ibidem*). *Cf.* também: "... a singularidade de Cristo está ligada a seu direito empedocliano de ir, em caráter demonstrativo, em direção à morte... e de retornar sem demora à comunidade dos deuses [Cristo] é o semideus que escapa dessa terra com alegria..." (*ibidem*). A oposição sistemática entre o Régio e o Empedocliano é aqui, ao que nos parece, inteiramente infundada.

Como encontrar a "medida" do amor?

*Nie treff ich, wie ich wünsche,*
*Das Maas. Ein Gott weiß aber*
*Wenn kommet, was ich wünsche das Beste.*

[Nunca acerto, como desejo,
A medida. Um Deus todavia sabe
Quando chega o que desejo, o Melhor.][55]

Tal é a questão que permite imediatamente a resolução: "Essa falta quero reparar/ Caso outra vez ainda cante."

Encontrar a medida é antes de mais nada reconhecer que ela é medida do amor e que a lei é *das schönausgleichende Gesetz der Liebe*; a *Eifersucht* não poderia então encontrar lugar na esfera do divino, que é caracterizada muito antes pela Conciliação, de que o Cristo é a figura exemplar:

*Und schöner, wie sonst, o sei*
*Versöhnender nun versöhnt daß wir des Abends*
*Mit den Freunden dich nennen, und singen*
*Von den Hohen, und neben dir noch andere sein.*

[Ó sê,
Conciliador ora conciliado, para que à tarde
Com os amigos te nomeemos, e os Altíssimos
Cantemos, e que a teu lado outros ainda haja.][56]

---

[55] *Der Einzige*, p. 155/52. *Cf.* também *Friedensfeier*: "Wo aber wirkt der Geist, so sind wir mit, und streiten/ Was wohl das Beste sei. So dunkt mir jetzt das Beste,/ Wenn... nur der Liebe Gesetz,/ Das schönausgleichende gilt von hier an bis zum Himmel" ("Mas, onde age o Espírito, estamos nós também, e em busca/ Do bem maior. Assim me parece esse bem de agora/ Quando, sua imagem concluída, o Mestre, para encerrar,/ De seu canteiro ele mesmo, por ela iluminado, se afasta,/... e quando só a lei do amor,/ Esplêndida igualmente, daqui até o céu impera") (13/861).

[56] "Versöhnender, der du nimmergeglaubt...", p. 131/59. *Cf.* também o final de *Hipérion*: "Versöhnung ist mitten im Streit, und alles Getrennte findet sich wieder" (*SA* 3: p. 160).

É a unicidade mesma do Cristo, o mais amado, enviado no fim pelo Pai, que lhe confere uma função eminente de consolação e, mais ainda, de reconciliação. O Pai aqui não deve ser entendido no âmbito da dogmática trinitária como Deus Pai, aquele que enviou seu filho único, *unigenitus*. O Pai (Pai-Éter, "o Zeus mais próprio") designa essa instância suprema, mal conhecida e sem dúvida essencialmente anônima, sem nome,[57] aquela que enviou, que concedeu todo o divino que sobreveio no Ocidente.

Esse Pai, uno e o mesmo, "todo conhecido"-desconhecido, é também aquele cujo reino é sempre essencialmente diferenciado: "Denn nimmer herrscht er allein".[58] A diferença, ainda não dita na primeira versão lacunar de "O Único", receberá sua determinação mais completa na terceira versão: ela é mediatidade, escritura:

*... erscheint Gott...*
*... Mittelbar*
*In heiligen Schriften.*

[... Deus aparece...
... Mediato
Na santa escritura.][59]

Por certo que também Dioniso — e é assim que ele pode aparecer como figura ou antecipação do Crucificado — é aquele que reconcilia: ele é *Gemeingeist*, como o indica uma célebre variante tardia de "O Único".[60] "Espírito comum", ele opõe-se contudo a toda embriaguez, a toda vertigem; ele é aquele que sabe domar o "desejo de morte dos povos" (*Todeslust der Völker*).[61] Deus da instituição, da orien-

---

[57] Cf. "Was ist Gott...": "Was ist Gott? unbekannt, dennoch/ Voll Eigenschaften ist das Angesicht/ Des Himmels von ihm" (*SA* 2; 1: p. 210) [Que é Deus? desconhecido, no entanto / Cheio de qualidades dele é o semblante do céu].

[58] *Der Einzige*, p. 155/51.

[59] *Der Einzige*, p. 163/56.

[60] *Der Einzige*, SA 2; 1: p. 751. Cf. Böschenstein, "Frucht des Gewitters", p. 17.

[61] Cf. *Stimme des Volks*: "ins All zurück die kürzeste Bahn"; "das wun-

O Cristo de Hölderlin                                                                    133

tação, ele indica os caminhos seguros (*die rechte Wege*), lembra, enfim, aos povos *das Maas, daß einer Etwas für sich ist* ("a medida, que cada um é Algo para si"). Com isso, Dioniso é já aquele que ensina a *unterschiedene Einheit* [unidade diferenciada].

Mas muito longe de se opor, como semideus mundano (*weltich*) — aquele que institui e permanece —, a Cristo, deus "desenraizante", Dioniso fornece por isso mesmo o fundamento da comparação, do análogo que o aproxima de Cristo. O Cristo hölderliniano é, com efeito, aquele que assume totalmente a humanidade e a angústia da finitude. Cristo recusa-se, até no deserto,[62] a usar de seu poder divino e assume toda a indigência humana, até na fome, na dor e na morte ignominiosa na cruz dos ladrões. Mas antes da verdadeira e última tentação, a da oração de Jesus, no monte das Oliveiras, dirigindo-se a seu Pai para que este dele desvie o cálice da infâmia, o deserto, onde o fogo divino está próximo e é devorador, é por excelência o lugar da tentação: a do *Hinwegjauchzen von dieser Erde* ("Sim, sempre com um grito de júbilo o mundo escapa dessa terra"), a tentação de abandonar precipitadamente a terra. Resistindo à tentação da onipotência, Cristo ultrapassa o *Todeslust* [desejo de morte] ao qual Empédocles sucumbia, ele assumiu plenamente a condição terrestre. Separou-se, distinguido da onipotência divina, mas ao mesmo tempo revelou sua secreta unidade com o Pai, pois é assim que pode assumir sua tarefa, sua derradeira missão de Conciliação nessa terra, tomando a peito a unidade diferenciada, e assim se junta a Heracles e Dioniso.

*So sind jene gleich. Voll Freuden, reichlich. Herrlich grünet*
*Ein Kleeblatt.*

[Assim são eles um ao outro semelhantes. Plena alegria,
riqueza. Esplêndido verdeja
Um trevo.]

derbare Sehnen dem Abgrund zu" (*SA* 2; 1: 51) [via mais curta para o regresso ao todo; o maravilhoso anelo para o abismo].

[62] *Cf.* a evocação da tentação no deserto (Mateus 4, 1-4), onde é ainda ao vestígio de uma palavra (*Spur des Wortes*) que se recorre. "... Es bleibet aber ein Spur/ Doch eines Wortes; die ein Mann erhascht. Der Ort war aber/ Die Wüste" ("... Resta contudo um vestígio/ De uma palavra; a ele um homem apreende. O

A comparação dos três semideuses revela o que eles têm em comum e também o que o Cristo guarda de Único! Os três deuses são irmãos: são *Feldherrn, Heroen* ("senhores-do-campo", "heróis"). E se, portanto, os mortais deles precisam é porque "ohne Halt verstandlos Gott ist" (Isso aos mortais é necessário, pois/ Sem cessar incompreensível é Deus).[63]

Será preciso escolher entre a imagem de um Cristo profundamente "cenótica" e aquela, sugerida por Wolfgang Binder, de um Cristo sem paixão e sem reconciliação (*Versöhnung*)?[64] Se de fato Hölderlin nunca evoca diretamente o Gólgota, será preciso daí concluir que ele pretende dar ênfase à Parousia, muito mais do que ao sacrifício expiatório, o *Opfertod*? Concordaremos com Binder que, especialmente em "Patmos", Hölderlin reflete a princípio e sobretudo acerca da "manifestação" divina, acerca da medida da aparição do divino, de sua epifania em Cristo.[65] Mas será que essa perspectiva histórica faz de Cristo a última teofania a ocupar um lugar na série das "divindades cósmicas"? Em que medida o Cristo forma uma série com os outros semideuses?

Qualquer resposta a essa questão que não levasse em conta o extraordinário pudor do poeta, fazendo eco a *João* 16, 12, correria o risco de amputar da cristologia hölderliniana uma de suas dimensões essenciais. Se é preciso evitar sobre-interpretar o motivo recorrente — "Vieles wäre/ Zu sagen davon" — também se erraria, contudo, ao não ver aí senão alguma estratégia de esquiva, como atesta suficientemente, parece-nos, o movimento da sexta estrofe de *Patmos*, que põe diante de João o discípulo bem-amado e o Cristo, num extraordinário resumo da Ceia e do Gólgota:

---

lugar era contudo/ O deserto") (*SA* 2; 1: p. 163). Sobre essa passagem difícil da terceira versão de "O Único", remetemos ao estudo de Beda Alleman, "'Der Ort war aber die Wüste'", *Martin Heidegger zum siebzigsten Geburtstag* (Pfulling: Neske, 1959), pp. 204-16.

[63] *Der Einzige*, p. 163/53.

[64] *Cf.* "Hölderlins Patmos-Hymne", *Hölderlin-Aufsätze*, pp. 346-402, em particular p. 363.

[65] *Cf. op. cit.*, p. 70: "Pois atento toca, da medida sempre conhecedor,/ Por breve instante as moradas dos homens/ Um Deus, de improviso; quando? ninguém sabe", *Friedensfeier*, trad. francesa du Bouchet, 11.

*... und es sahe der achtsame Mann*
*Das Angesicht des Gottes genau,*
*Da, beim Geheimnisse des Weinstoks, sie*
*Zusammensaßen, zu der Stunde des Gastmals,*
*Und in der großen Seele, ruhigahnend den Tod*
*Aussprach der Herr, und die letzte Liebe, denn nie genug*
*Hatt'er, von Güte zu sagen*
*Der Worte, damals, und zu erheitern,\* da*
*Ers sahe, das Zürnen der Welt.*
*Denn alles ist gut. Drauf starb er. Vieles wäre*
*Zu sagen davon...*

[... e o homem atento examinara
O semblante de Deus
Quando, no mistério da vinha, os dois
Sentavam-se juntos à hora da Ceia
E, na grandeza da alma, em calmo augúrio anunciou
O Senhor sua própria morte e o amor supremo, pois
Palavras misericordiosas nunca se cansara ele,
Então, de dizer, e de dissipar, onde
O via, o furor do mundo.
Porque tudo é bom. E assim ele morreu. Sobre isso
Muito haveria a dizer...][66]

Os discípulos haviam acreditado encontrar na imediatidade do divino, no semblante de Cristo, o objeto mesmo de seu desejo e como que sua verdadeira pátria. Mas aí, precisamente, residia o perigo da excessiva proximidade e da desmedida. Cristo salva por sua cenose, por sua partida, que é também o dom do espírito:

---

\* Esse trecho de "Patmos" em alemão aqui apresentado por J.-F. Courtine é igual ao utilizado para a tradução de José Paulo Paes (*Cf.* J. P. Paes, *op. cit.*, pp. 184-5). Ao contrário do que aconteceu na referência anterior a esta estrofe (nota 11), aqui se lê *erheitern*, e não *schweigen*, e nos dois últimos versos, onde se lia *Vieles wäre liebes/ Zu sagen...*, agora se lê *Vieles wäre/ Zu sagen davon...* (N. da T.)

[66] *SA* 2; 1: p. 167. "Patmos", trad. francesa John E. Jackson, *Cahiers de l'Herne*, ed. Jean-François Courtine 52 (1989), p. 59. [Trad. brasileira José Paulo Paes, p. 186 (os versos 7, 8 e 9 foram retraduzidos e os dois últimos modificados — N. da T.).]

*... Drauf starb er.*
*Es sahen aber, gebükt, deß ungeachtet, vor Gott die Gestalt*
*Des Verläugnenden...*

[... E assim ele morreu.
Seus amigos puderam ainda uma vez contemplar a figura
        inclinada, não obstante a morte, diante de Deus
Daquele que a si renunciava.][67]

Rebaixamento, condescendência, e até estranhamento mesmo, exinanição poderiam ser ouvidos na inaparência da expressão *sich bescheiden*, usada por Hölderlin numa versão tardia do hino "O Único". O que encontra eco na versão tardia de "O Único", que retoma, a partir daí, a comparação com os semideuses:

*Christus aber*
*Bescheidet sich selbst.*
*Wie Fursten ist Herkules. Gemeingeist Bacchus. Christus*
                                                        *aber ist*
*Das Ende. Wohl ist er noch andrer Natur; erfüllet aber*
*Was noch an Gegenwart*
*Den Himmlischen gefehlet an den anderen...*

[Cristo, contudo,
Resigna-se ele próprio.
Tal como os príncipes é Hércules. Espírito comunitário
                                        Baco. Cristo contudo é
O fim. Bem de outra natureza é ainda ele; preenche
                                                        contudo
O que ainda em presença
Aos Celestes faltava, aos outros...][68]

A imagem do trevo aqui se esclarece singularmente com a assimilação de Heracles ao caçador, de Dioniso, como deus da Terra, ao lavrador, e do Cristo ao mendigo (*"en morphé doulou"*):

---

[67] *Ibidem*, p. 182/874.

[68] SA 2; 2: pp. 752-3. Trad. francesa Gustave Roud, *Poésie*, p. 102.

*... Jene drei sind aber*
*Das, daß sie unter der Sonne*
*Wie Jäger der Jagd sind, oder*
*Ein Akersmann, der athmend von der Arbeit*
*Sein Haupt entblößt, oder Bettler.*
*Nicht so sind andere Helden. Der Streit ist aber, der mich*
*Versuchet dieser, daß aus Noth als Söhne Gottes*
*Die Zeichen jene an sich haben. Denn es hat noch anders,*
*räthlich,*
*Gesorgt der Donnerer. Christus aber bescheidet sich selbst.*

[... esses três são contudo
Aquilo que, sob o sol,
Como caçadores da caça são, ou
Um lavrador que interrompe o trabalho e, tomando fôlego,
Descobre a cabeça, ou mendigo.
Não são assim os outros heróis. O debate, contudo, aquele
que me
Atrai, é que como filhos de Deus cada um, necessariamente,
Traz em si os sinais. Pois de outra maneira ainda, oportuna,
Providenciou o Senhor dos trovões. Cristo contudo
resigna-se.][69]

Seguindo aqui as preciosas indicações de Detlev Lüders,[70] compreendemos essa resignação, esse rebaixamento como a decisão de Cristo de tomar para si e assumir voluntariamente e até o fim a figura humana e sua limitação própria, diferentemente dos "homens desse mundo", Hércules ou Baco, caçador ou lavrador, que tiveram que revestir, conforme a vontade do Senhor dos trovões, os sinais exteriores da condição terrestre, mas tencionando permanecer "celestes". Se, portanto, Cristo é "de outra natureza", não é, como pretende Allemann, porque pertenceria ainda ao além, mas precisamente porque se despoja de todos os "sinais" divinos e permanece como um homem que reside no mundo. Longe de ser aquilo pelo qual Cristo

---

[69] *Ibidem*, pp. 752-3/867.

[70] *Die Welt im verringerten Maß. Hölderlin-Studien* (Tübingen: Niemeyer, 1968), p. 49.

"pode ser comparado aos dois outros semideuses",[71] o fato de "resignar-se ele próprio" demonstra ao contrário sua "outra natureza" ou sua "unicidade": a mesma que lhe permite realizar até o fim a missão atribuída pelo Pai. Como o escreve de maneira excelente Lüders, "com Cristo não se acaba simplesmente, de um ponto de vista histórico, a antiga era dos deuses; nele encontra termo também, em linha vertical, a medida atingível da incorporação, da encarnação do divino no humano. Ele foi um homem, mais resoluta e incondicionalmente do que os outros deuses ou semideuses. Mas é assim que ele pode, mais do que os outros, manter juntos, vincular terra e céu. Com ele, o Pai realiza sua última, sua extrema operação".[72] Não se poderia dizer melhor.

Cristo realiza assim o que ainda faltava a seus predecessores que desse modo o anunciam:

*Dieweil sein Äußerstes that*
*Der Vater und sein Bestes unter*
*Den Menschen wirkete wirklich...*

[Enquanto em seu limite laborava

[71] *Hölderlin und Heidegger*, p. 55/77.

[72] *Die Welt im verringerten Maß*, p. 49. *Cf.* a difícil variante tardia de "Patmos" (SA 2; 1: p. 176): "... lassen wollten sie nicht/ Vom Angesichte des Herrn/ Und der Heimath. Eingeboren war,/ Wie Feuer im Eisen, das, und ihnen gieng/ Zur Seite der Schatten des Lieben./ Darum auch sandt' er ihnen/ Den Geist, und freilich bebte/ Das Haus und die Wetter Gottes rollten/ Ferndonnernd über/ Die ahnenden Häupter..." ("... e não queriam se afastar/ Do semblante do Senhor/ *Nem da pátria que haviam gravado* ['Eingetrieben']/ *Em si, como fogo em ferro: ao lado deles / Ia a sombra do Amado.*/ Por isso Ele enviou-lhes/ O Espírito, e eis que tremeu deveras/ A casa, e a tormenta de Deus rolou,/ Com seus trovões distantes, *sobre/ As áugures cabeças* [N. da T.: Nos trechos grifados, a tradução aqui utilizada por J.-F. Courtine difere radicalmente daquela de J. P. Paes (*op. cit.*, p. 186), embora no trecho em alemão de que parte cada uma haja diferença em apenas duas palavras: no livro traduzido por JPP, onde aqui se lê *Eingeboren* (verso 3), lê-se *Eingetrieben* e, no verso 6, não há a palavra *auch*). Seguem-se as retraduções dos versos em questão segundo a interpretação do tradutor francês: "... *Nem da pátria. Esse amor, como fogo em ferro, era-lhes/ Coisa inata* ('Eingeboren'), *e como uma peste realmente, a sombra/ Do Bem-Amado, o semblante nocivo do Deus, caminhava a seu lado/* Por isso... trovões distantes, *criando homens*"].

O Pai e o melhor que podia entre
Os homens de fato produziu...][73]

A obra do Cristo terá sido bem "real", "efetiva" e não apenas espiritual.[74]

Certamente, para Hölderlin, a morte do Cristo coincide com o dom do espírito:

*... Drauf starb er. Vieles wäre*
*Zu sagen davon. Und es sahn ihn, wie er siegend blikte*
*Den Freudigsten die Freunde noch zulezt,*
*Doch trauerten sie, da nun*
*Es Abend worden, erstaunt...*
*... und lassen wollten sie nicht*
*Vom Angesichte des Herrn*
*Und der Heimath...*
*Drum sandt' er ihnen*
*Den Geist...*

[... E assim ele morreu. Muito haveria
Que dizer disso. E os amigos lhe viram o vitorioso
Olhar, o mais alegre, no fim ainda,
Porém se entristeceram
Ao cair da tarde, pasmos...
... e não queriam se afastar
Do semblante do Senhor...
Nem da pátria...
Por isso Ele enviou-lhes
O Espírito...][75]

Mas o Espírito é também aquilo que torna o homem capaz de

---

[73] *Der Einzige*, p. 156/44.

[74] *Cf.* Ruth-Eva Schultz, "Herakles, Dionysos, Christus. Interpretationen zu Hölderlins Hymne *Der Einzige*", *in Die Gegenwart der Griechen im neueren Denken*. Festschrift für Hans-Georg Gadamer zum 60. Geburtstag, ed. Dieter Henrich, Walter Schulz, Karl-Heinz Volkmann-Schluck (Tübingen: Niemeyer, 1960), 233-60; em particular, aqui, p. 241.

[75] "Patmos", pp. 167-68/868-9. [Trad. brasileira J. P. Paes., p. 186.]

"permanecer", aquilo que lhe dá um coração suscetível de suportar o desvio categórico do Deus, tal como ele se realiza na cenose e na retirada, na retração do Cristo.

Cristo não é o *único* mediador, mas é aquele que realiza, em seu limite extremo, a mediação. Ele é, portanto, o último, pois não apresenta simplesmente um *Bild Gottes*, mas porque num certo sentido com ele Deus veio a essa terra: é o Cristo que é o sinal da unidade inteira, ultimada, porque ele traz para a terra a unidade de céu e terra, de homem e deus. Assim Cristo é o último herói, último deus depois do qual nenhum outro pode sobrevir. Como igualmente nos ensina o hino "Patmos": o Deus (Pai?) não pode ser captado, apreendido ("... perto/ E difícil de alcançar, o Deus") senão quando é garantida a ligação interna entre todos os cimos do tempo, ainda que os mais separados. O Cristo é *um* desses cimos do tempo, mas também aquele que permite reunir harmoniosamente todos os outros, daí, na 5ª tríade do hino *Losungszeichen*, ele poder ser denominado "senha", "chave do enigma". Se portanto "noch lebt Christus", como o diz "Patmos", se o Cristo vive ainda, é essencialmente como mediador, presente nas Santas Escrituras, cuja letra cabe aos poetas — os "espirituais" que são também "do mundo" — guardar com atenção.

Essa atenção à letra como serviço divino à espera do que vem através do Dia feriado, quando se recolhe em sua unidade cristológica a dispersão do divino, é também o que se enuncia de forma magnífica no seguinte esboço em prosa de "Friedensfeier":

*Ein Chor nun sind wir. Drum soll alles*
*Himmlische was gennant war, eine Zahl*
*Geschlossen, heilig, ausgehen rein aus unserem Munde.*

*Denn sieh! es ist der Abend der Zeit, die Stunde*
*Wo die Wanderer lenken zu der Ruhstatt. Es kehrt bald*
*Ein Gott um den anderen ein, daß aber*
*Ihr geliebtestes auch, an dem sie alle hängen, nicht*
*Fehle, Und Eines all in dir sie all, sein,*
*Und alle Sterblichen seien, die wir kennen bis hierher.*

*Darum sei gegenwärtig, Jüngling. Keiner, wie*
*Du, gilt statt der übringen alle. Darum haben*
*Die denen du es gegeben, die Sprache alle geredet, und du*

O Cristo de Hölderlin

*Selber hast es gesagt, daß in Wahrheit wir auf*
*Höhen und geistig auch anbeten werden in Tem-*
*Peln. Seelig warst du damals aber seeliger*
*Jetzt, wenn wir des Abends mit den Freunden*
*Dich nennen und singen von den Hohen und rings*
*Um dich die Deinigen all sind. Abgelegt*
*Nun ist die Hülle. Bald wird auch noch anderes klar*
*Seyn, und wir fürchten es nicht.*

[Um coro agora somos. Por isso todo
O divino que foi nomeado, um número
Agora fechado, deve, sagrado, sair puro de nossa boca.

Pois vê! é a tarde dos tempos, a hora
Em que os viajantes se dirigem ao lugar de repouso. Breve
                                                      entra
Um deus atrás do outro, mas para que
Seu Mais-amado, a quem estão todos eles ligados, não
Falte, e todos em ti sejam Um,
E o sejam todos os mortais que até aqui conhecemos.

Por isso esteja presente, Jovem. Ninguém, como
Tu, vale para todos os outros. Por isso
Aqueles a quem concedeste falaram todas as línguas e tu
Mesmo disseste que na verdade adoraremos
Nas alturas e espiritualmente também nos templos.
Bem-aventurado eras tu então, mais ainda
O és agora, quando à tarde com os amigos
Te nomeamos e cantamos os das alturas e à tua volta
Estão todos os teus. Está ora
Despida a veste. Breve ainda outra coisa se tornará clara
E não o tememos.][76]

---

[76] *SA* 2; 2: 699. Citamos a bela tradução feita por J.-F. Marquet em seu estudo clássico consagrado à "Structure de la mythologie hölderlinienne", *Cahiers
de l'Herne*, ed. Jean-François Courtine, 57 (1989), pp. 352-69.

# 6.
# DA METÁFORA TRÁGICA

*O transporte trágico é na verdade propriamente*
*vazio e o mais desprovido de ligação.*

A questão — e seus contornos — no interior da qual se situa a
presente exposição já está claramente delimitada e é, por assim dizer,
clássica, em todo caso conhecida e em geral aceita: é, para ir direto
ao ponto, a questão da relação de Hölderlin com o chamado "idealismo alemão" ou de sua inclusão nele e, mais precisamente ainda, a
questão da situação "historial" dos *Aufsätze*, dos *Ensaios* poetológicos do período de Homburg. Aceitemos aqui, ao menos provisoriamente, a problemática global, com o único senão de lhe acrescentar
um traço suplementar suscetível de complicá-la depois. Como se sabe,
foi sobretudo Heidegger quem nos fez perceber a distância, o afastamento de Hölderlin da metafísica acabada ou absoluta, ainda que suas
indicações sobre os "Fragmentos filosóficos" do poeta permaneçam
amplamente programáticas.[1] Basta-nos lembrar aqui uma única dessas observações, cuja formulação, é verdade, permanece particularmente abrupta e enigmática: durante um seminário consagrado a
Hegel e ao *Escrito sobre a diferença*, no qual evocava a proximidade
— pelo menos geográfica (Frankfurt-Bad Homburg) — de Hegel e
Hölderlin nos anos de 1798-1800, Heidegger logo acrescentava: "Essa
proximidade é, todavia, questionável. Pois, desde essa época, e apesar de todas as aparências de dialética que os *Ensaios* podem apresentar, o poeta já atravessou e rompeu o idealismo especulativo, ao passo que Hegel o está constituindo".[2]

O que dizer ao certo dessa travessia hölderliniana do idealismo?
Em que consiste a ruptura? O que é uma dialética aparente? E o que

---

[1] Ainda é assim hoje, mesmo após a publicação do t. 39 da *Gesamtausgabe*
(*Hölderlins Hymnen "Germanien" und "Der Rhein"*). *Cf.* também *Erläuterungen*
*zu Hölderlins Dichtung*, 1971, p. 163; trad. francesa, p. 211.

[2] *Questions IV*, Paris, 1976, p. 214. *Cf.* também Beda Alleman, *Hölderlin*
*et Heidegger*, trad. francesa, Paris, 1959, p. 212.

Da metáfora trágica                                                              143

se dissimula sob suas aparências? Questões destinadas a permanecer necessariamente no horizonte da presente exposição, e cujo estudo eu gostaria apenas de iniciar pelo viés bem delimitado da meditação hölderliniana sobre a tragédia, sua essência e sua historicidade.

As razões que incitam a destacar, do conjunto da reflexão poetológica de Hölderlin, a questão da tragédia são numerosas e fortes, caso se queira pôr à prova, sobre um ponto preciso e de maneira concreta, o que é *distância* e *proximidade* em relação às determinações dialético-especulativas do idealismo. Data, com efeito, de 1797 o primeiro plano de tragédia que Hölderlin redige, e não é exagero dizer que o projeto que então se delineia de "escrever uma verdadeira tragédia moderna" lhe servirá de diretriz até 1804, isto é, até o momento da publicação da tradução de *Édipo* e de *Antígona*, bem como das *Observações* que a acompanham. Não nos interessa seguir as metamorfoses desse projeto, esclarecer que necessidade leva Hölderlin a travar um diálogo decisivo com Sófocles a fim de traçar os limites que separam respectivamente — e como destino — o grego ou oriental do moderno ou hespério, retirando deles o que é "próprio" ou "nacional";[3] o que devemos reter é somente essa singular obstinação, tanto mais significativa para nós quanto o conflito ou a contradição (*Widerspruch*) trágicos e sua solução orientam de maneira mais ou menos explícita a meditação do idealismo alemão em vias de se constituir como idealismo especulativo ou dialético, ou pelo menos orientam o pensamento do jovem Schelling, que, já nas *Cartas sobre o dogmatismo e o criticismo* de 1795-1796, vê na tragédia, exemplificada por *Édipo Rei*, a figura heróica de um equilíbrio em que se mantêm em pé de igualdade a potência ou a "superpotência" (*Uebermacht*) do mundo objetivo e a auto-afirmação do Eu em sua absoluta liberdade (*Selbstmacht*).[4] Em suas *Preleções sobre a filosofia da arte* (Iena, 1802-1803; Würzburg, 1804-1805), Schelling ainda considerará a tragédia grega como a forma suprema da arte (*Die höchste Erschei-*

---

[3] Consultar-se-á em particular ao prefácio de Jean Beaufret, "Hölderlin et Sophocle", que abre a tradução francesa das *Observações* (Paris, 1965).

[4] Ver sobre esse ponto P. Szondi, "Le concept du tragique chez Schelling, Hölderlin et Hegel", em sua coletânea traduzida para o francês sob o título *Poésie et poétique de l'idéalisme allemand*, Paris, 1975, e sobretudo o capítulo consagrado à poética dos gêneros em Schelling na edição das *Lições* aos cuidados de Jean Bollack, *Poetik und Geschichtsphilosophie II*, Frankfurt, 1974.

*nung der Kunst*)[5] e verá no "herói da tragédia... aquele que representa em sua pessoa o incondicionado, o absoluto..., o símbolo do infinito, do que está além de todo sofrimento (*Leiden*)". "E é somente" — acrescenta Schelling — "no máximo do sofrimento que pode se revelar o princípio em que não há sofrimento algum, assim como nada se torna objetivo senão em seu oposto."[6] É por isso que a tragédia ("o essencial da tragédia") pode legitimamente receber uma função central na filosofia dita da "Identidade" — figurar concretamente a absolutização última da liberdade, em sua identidade com a necessidade[7] — e reivindicar plenamente seu efeito catártico de "reconciliação e de harmonia".[8]

Gostaria de fazer agora o confronto dessa interpretação propriamente especulativa da tragédia, que não poderia ser aqui senão muito grosseiramente esboçada,[9] com a análise hölderliniana, limitando-me precisamente a dois *Ensaios* em que a aparência de dialética salta mais imediatamente à vista: o fragmento *Sobre a diferença dos modos poéticos* e o brevíssimo esboço sobre *A significação das tragédias.* E uma vez que se trata de mostrar como Hölderlin, num único e mesmo gesto, "colabora para a edificação da dialética especulativa" e "desfaz a matriz especulativo-trágica"[10] para a qual a tragédia fornecia precisamente um modelo privilegiado, resignar-nos-emos aqui a seguir passo a passo o percurso do principal texto considerado.

[5] *SW*, V, p. 690.

[6] *SW*, V, p. 467.

[7] *SW*, V, pp. 690-1: "É apenas na natureza humana que se encontram as condições de possibilidade de uma vitória da necessidade, sem que por isso a liberdade sucumba, e, inversamente, de um triunfo da liberdade, sem que seja interrompido o curso da necessidade. Pois a mesma pessoa que sucumbe à necessidade pode, em compensação, alçar-se acima dela graças à reflexão (*Gesinnung*), de tal forma que uma e outra, ao mesmo tempo vencida e vitoriosa, aparecem em sua suprema indiferença".

[8] *SW*, V, p. 697.

[9] *Cf.* ainda P. Szondi (*op. cit.*), que destaca os traços "dialéticos" da interpretação schellinguiana, mas também hölderliniana; e sobretudo Ph. Lacoue-Labarthe, "La césure du spéculatif", publicado como posfácio a sua tradução francesa da *Antígona* na "tradução" de Hölderlin. *Cf.* também, do mesmo autor, *L'imitation des modernes-Typographies II*, Galilée, Paris, 1986.

[10] Ph. Lacoue-Labarthe, *op. cit.*, pp. 188-91.

Da metáfora trágica

\* \* \*

Caso se pretenda efetivamente abordar a primeira interpretação hölderliniana da tragédia (aquela que — repitamos — é mais abertamente elaborada no horizonte do idealismo absoluto), convém partir da definição provisória que abre praticamente o estudo do poema trágico (dramático-trágico) no ensaio de Homburg *Sobre a diferença dos modos poéticos* ou dos *gêneros de poemas*".[11] Sem poder considerar aqui o conjunto do texto (aliás inacabado e altamente programático),[12] nem situar precisamente o estudo do poema trágico, que nele ocupa a parte central — de longe a mais desenvolvida —, basta-nos aqui lembrar brevemente que ali Hölderlin visa diferencialmente os três gêneros ou modos maiores seguintes: lírico-épico-trágico (cada gênero subdividindo-se por sua vez em subgêneros, aos quais voltaremos em função de seu tom inicial). Hölderlin distingue, para cada gênero ou modo, a aparência (*Schein*) ou o "caráter artístico", ou ainda a "direção", a "tendência" (*Richtung-Tendenz*) e a significação (*Bedeutung*) ou a tonalidade fundamental, ou ainda o tom principal (*Hauptton*), ou ainda: a fundação (*Begründung*), a ênfase (*Nachdruck*) e enfim o espírito ("o espírito do poema"), a atitude (*Haltung*) ou o "porte", a "suspensão" ou o "suspense" e a demora (*Verweilen*). Esses diferentes traços — que podem ser considerados estruturais — variam eles mesmos em função dos três *tons* propriamente ditos, tomados em parte de empréstimo a Schiller: o ingênuo, o ideal e o heróico.[13]

A definição do poema trágico que figura portanto no início do *Ensaio* — volto a ela — é a princípio assim enunciada: "O poema trágico, heróico segundo a aparência, é ideal em sua significação. É a

[11] *Cf.* a carta de 1799 a Chr. Gottfried Schütz (n. 203): "Como sabeis, com freqüência desconheceu-se totalmente o rigor com que nossos caros Antigos distinguiam os diferentes gêneros de sua poesia".

[12] *G.St.A.*, IV, 1, pp. 266-72. No vol. 14 da *Frankfurter Ausgabe*, pode-se ler um texto diferente sobretudo por seu recorte (pp. 343-72). É ao texto "curto", estabelecido por W. Groddek e D. E. Sattler, que doravante nos referiremos. Encontrar-se-á em apêndice ao presente estudo uma tentativa de retradução dessas páginas difíceis.

[13] Sobre todas essas categorias poetológicas, remetemos uma vez mais aos diferentes estudos de P. Szondi e sobretudo a R. Ryan, *Hölderlins Lehre vom Wechsel der Töne*, Stuttgart, 1960.

metáfora de uma única intuição intelectual". Como compreendê-la? O conceito de "metáfora" que aqui intervém figura igualmente — é preciso lembrar — em cada uma das definições prévias dos dois outros gêneros ("o poema lírico... é uma metáfora contínua de um sentimento único. O poema épico... é a metáfora de grandes aspirações."). O termo não parece assim reservado exclusivamente ao poema trágico e a sua especificação (veremos que tal é contudo o caso, e em que sentido), e pode-se tentar esclarecer o uso hölderliniano com auxílio das duas primeiras predefinições. Constata-se então que a metáfora deve ser entendida, se é permitido dizer assim, ao pé da letra, como designando o trans-porte, a transposição, a transferência ou a tradução (com aquilo que toda tradução induz necessariamente de desvio, de substituição mais ou menos regrada, de impropriedade, de forçação e de violência na explicitação de um não-dito essencial à "língua-fonte"); mas a transferência aqui não afeta apenas um nome, conforme a estrita problemática aristotélica da *lexis*, mas de modo mais geral um elemento, uma tonalidade ou um tom, uma esfera, que são deportados* naquilo que lhes é sempre relativamente "impróprio" ou "estrangeiro". Pensemos aqui no que Hölderlin escreverá mais tarde a Böhlendorff, a propósito precisamente de Homero, dito de outro modo, do poema épico como metáfora de grandes aspirações. Nessa célebre carta, Hölderlin distingue, em relação a tudo o que é "mundo", o *Bildungstrieb*, a tendência ou o gênio formador, e o fundo original, a "natureza": tratando-se mais particularmente do poema homérico, as grandes aspirações (heróicas) que correspondem ao "nacional" ou ao "natal" — o *pathos* sagrado, o fogo do céu, numa palavra, o apolíneo — são traduzidas ou transpostas para o tom ingênuo (ingênuo define aqui o caráter artístico), a sobriedade júnica, a clareza de exposição, o elemento estrangeiro. O que Hölderlin escreve a Böhlendorff em 1801, numa meditação que, para além de todas as categorias "estéticas", vai dar na rigorosa delimitação da partilha grega e hespérica, encontra aqui sua primeira formulação poetológica:

"O poema épico, ingênuo segundo a aparência exterior, é mais patético, mais heróico, mais aórgico, em sua to-

---

* Em francês, o verbo *déporter*, além do sentido de "deportar" (banir, exilar) pode significar "desviar de sua direção". (N. da T.)

Da metáfora trágica

nalidade fundamental; é por isso que em sua execução, em seu caráter artístico, ele não aspira tanto à energia, ao movimento, à vida, quanto à precisão, ao repouso, à figurabilidade. A oposição entre seu tom fundamental e seu caráter artístico, entre seu tom próprio e seu tom impróprio, metafórico, resolve-se no ideal...".

No caso do poema trágico, o que é, do mesmo modo, trans-posto, traduzido? Em que espaço a oposição entre o próprio e o impróprio encontra um meio de se desenvolver? Em que consiste, dito de outra maneira, o transporte trágico? O poema trágico é a "metáfora de uma única [de uma só e única] intuição intelectual"; ele dá passagem ou saída (saída sensível), ele apresenta, expõe — rigorosamente, ele encena — a intuição intelectual, ela mesma única neste aspecto, que ela é, antes de tudo e essencialmente, intuição da unidade, do originalmente uno. O poema trágico é o que "dá ocasião" à intuição intelectual; ele permite que ela ocorra, oferecendo-lhe o teatro de uma possível "propriação", ainda que *paradoxalmente* essa unidade (a unidade do "originalmente uno", do "original") nunca se exponha senão de maneira imprópria, nunca venha "francamente às claras" senão anulando o "signo" propriamente destinado a manifestá-la.

> "... é necessário — *prossegue Hölderlin* — que todas as obras desse gênero [dramático-trágico] tenham por fundamento uma intuição intelectual que não pode ser outra coisa senão essa unidade com tudo o que vive."

A unidade com tudo o que vive deve ser entendida aqui como a uni-dade (*Einigkeit*) de tudo o que vive, de tudo o que é, como a versão doravante dramático-trágica do *En panta* [Um-todo] e não como sinônimo da pura e simples *Einheit* — a unidade daquilo que não constitui senão um em sua identidade e sua particularidade, a unidade daquilo que é precisamente *vereinzelt* — isolado, individuado, parte por si mesmo e para si mesmo. A uni-dade (aqui o mais próximo possível da *Innigkeit*, intimidade e intensidade)[14] é o que reúne tudo o que

---

[14] Sobre esse termo que por si só mereceria um estudo detalhado, que nos seja permitido aqui simplesmente remeter a Heidegger, *GA.*, 39, pp. 249-50; *cf.*

vive, dando-lhe unidade, o que mantém junto, re-tém e reconcilia tudo com tudo ("a fim de que tudo se reúna a tudo"). A uni-dade, enquanto *Einigkeit* — reconciliação, mediação, mediatidade —, é propriamente o fato, ou melhor, a obra do espírito. O que de maneira geral, como escreve Hölderlin a propósito do poema épico, "reúne e mediatiza o tom fundamental e o caráter artístico de um poema é o espírito do poema", mas no caso do poema trágico o "espírito do poema" não é outro senão o próprio *Geist* cuja tarefa mais elevada é precisamente a *Vermittlung*. No poema trágico, o espírito já está fundamentalmente presente na tonalidade, na fundação (*Begründung*) ideal do poema; ele opera de ponta a ponta.

Daí já ser possível formular a nova determinação hölderliniana do efeito trágico (*to tes tragodias ergon*): Um-todo! Fazer sentir, sobressair, expor a uni-dade do todo. O poema trágico-dramático — ele mesmo determinado como "o que há de mais elevado na arte" — pode ser definido rigorosamente como *poema total*. É nesse sentido que Hölderlin escreve a Neuffer em julho de 1799:

> "A tragédia é a mais rigorosa de todas as formas poéticas, inteiramente feita para que na ausência de toda ornamentação, por meio de tons quase unicamente graves, dos quais cada um constitui por si só um todo próprio, ela progrida numa troca harmônica, e para que, nessa orgulhosa recusa de tudo o que é acidental, ela exponha o ideal de um todo vivo (*das Ideal eines lebendigen Ganzen*) de uma maneira tão concisa e ao mesmo tempo tão completa e rica em teor quanto possível, portanto de modo mais explícito, mas também mais sério, do que qualquer outra forma poética conhecida".[15]

Dar ao poema o fundamento da intuição intelectual, fundar as partes na uni-dade do todo, implica ao mesmo tempo sensibilizar a intuição intelectual e fazer a prova — por certo patética — de sua unidade até o limite, para as partes, do desenraizamento.

---

também *Erläuterungen* (ed. cit.), p. 36 e a nota de F. Fédier (*Approche...*, 1973, pp. 211-2).

[15] Carta nº 183 (*G.St.A.*, VI, 1, pp. 338-9).

Da metáfora trágica

Detenhamo-nos ainda um pouco na função aqui atribuída à intuição intelectual, que mantém o todo em suas partes, na uni-dade de sua partição. Por certo, a uni-dade infinita implica necessariamente a relação infinita de pertinência ("a pertinência mais infinita" — *unendlicheres Verhältnis*)[16] em que todo e partes se ligam. A intuição intelectual sempre visa à totalidade originária, mas para reconhecer em tudo aquilo que é separado, partido (parte), um "estado do originalmente uno/unido"; a intuição intelectual mantém o todo em suas partes, na uni-dade de sua partição. Por certo, a uni-dade infinita implica necessariamente a impossibilidade, para as partes, de uma separação e isolamento absolutos; tudo o que é parte, separado por exemplo em um sujeito e um objeto, deve poder ser *compreendido* no originalmente uno. A intuição intelectual tem por tarefa reconduzir as partes à arqui-unidade, mas também reconhecer em cada parte o "separável" e na unidade do todo "o supremamente separável", a "arqui-partição" (*Urtheilung*).

Muito mais do que a Fichte, que como se sabe não emprega a expressão senão muito tardiamente (na *Segunda introdução à doutrina da ciência*) e para responder expressamente ao Schelling das *Cartas sobre o dogmatismo e o criticismo*, a intuição intelectual de que aqui fala Hölderlin remete-nos ao uso schellinguiano do termo, mas sobretudo, e para além de Schelling, ao curto fragmento verossimilmente redigido já no início de 1795 e intitulado por seu primeiro editor *Urtheil und Seyn* (Juízo, separação originária, arquipartição e Ser). Destaco simplesmente duas breves passagens que interessam diretamente a nossa presente exposição:

"*Seyn* — o ser exprime a ligação (*Verbindung*) do sujeito e do objeto. Onde sujeito e objeto estão absolutamente unidos, de tal maneira que não se possa efetuar absolutamente nenhuma partição sem atingir a essência do que deve ser separado, é aí, e em nenhuma outra parte, que se pode falar de ser pura e simplesmente (*Seyn schlechthin*), como é o caso na intuição intelectual...".

---

[16] *Über Religion. G.St.A.*, IV, 1, p. 277; FHA., 14, pp. 22-49, em particular p. 41 para a correção *unendlichere Verhältnisse, zärtere Verhältnisse.* — *Cf.* também J. Colette, "L'Église esthétique", *in Cahier de l'Herne. Hölderlin*, Paris, 1990, pp. 399-410.

Essa unidade do ser puro e simples, unidade que liga de modo absoluto, que é propriamente unificadora, é oposta por Hölderlin à identidade ou à auto-identificação do Eu, primeiro princípio de Fichte e de Schelling no *Sobre o eu*:

"Mas não se deve tomar esse ser pela identidade. Quando digo: Eu sou Eu, então o sujeito (Eu) e o objeto (Eu) não estão tão intimamente unidos a ponto de não podermos mais efetuar nenhuma cisão, sem atingir a essência do que deve ser separado; ao contrário, o Eu só é possível graças a essa separação entre o Eu e o Eu... A identidade não é, portanto, a reunião do sujeito e do objeto, que se produziria pura e simplesmente, a identidade não é, portanto, o ser absoluto".

Contra Fichte e contra Schelling, Hölderlin busca distinguir aqui entre o ser no sentido próprio, tal como se oferece à intuição intelectual, e a identidade pretensamente imediata que se revela na afirmação de Eu por si mesmo, em sua autoposição absoluta. Para Fichte, não é propriamente Eu senão aquilo que pode dizer de si mesmo indiferentemente: *Ich = Ich, Ich bin Ich, Ich bin* [eu = eu, eu sou eu, eu sou]. "O Eu — escreve ele em 1794 — põe originariamente seu ser. O que significa, para me servir dos termos que utilizo doravante: o Eu é necessariamente unidade do sujeito e do objeto: sujeito-objeto, e é tal sem nenhuma mediação."[17] Ora, precisamente, essa passagem da egoidade ao ser, graças à identidade consigo mesmo — à autoposição —, não poderia, aos olhos de Hölderlin, dar acesso senão a um ser puramente relativo, relacional de um extremo a outro, fundado ele mesmo muito mais na cisão ou separação radical entre Eu e si mesmo, no seio da consciência-de-si, do que numa ligação que seja uma verdadeira unificação portadora de uni-dade. Para que a unidade seja uni-dade do ser, é preciso sempre e necessariamente recorrer a uma mediação, a mediatidade mesma, se é permitido assim dizer. Num certo sentido, é seguramente com razão que a consciência-de-si, na afirmação de sua identidade consigo mesma, no *juízo*: Eu = Eu, faz-se passar pela figura privilegiada da identidade (para dizer a verdade, não há mesmo identidade senão do Eu, do sujeito da afirmação, da

[17] Fichte, *Gesamtausgabe*, I, 2, p. 261.

Da metáfora trágica

auto-representação de si); mas não se trata aí senão de uma identidade sempre mediata, no seio da qual só é dado ao Eu reconhecer-se em sua distinção e sua oposição a si. A identidade da consciência-de-si, longe de ser originária, repousa sempre sobre uma mediatidade absolutamente fundadora, a do ser puro e simples desde o momento em que se lançou em sua partição originária, o *Urtheil*:

> "*Ur-theil* — o juízo [a arquipartição] é em seu sentido mais elevado e mais rigoroso a separação originária do objeto e do sujeito unidos na intuição intelectual, separação graças à qual objeto e sujeito se tornam possíveis: a partição originária (*Ur-theilung*).
>
> No conceito de partição, já se encontra o conceito da relação recíproca entre sujeito e objeto, assim como a pressuposição necessária de um todo, cujas partes (*Theile*) são o objeto e o sujeito. 'Eu sou Eu' é o exemplo mais pertinente desse conceito de partição originária como partição teórica...".

É o ser ele mesmo (impossível, por conseguinte, de identificar com o Eu absoluto)[18] que, em sua unidade, e a fim precisamente de que haja uni-dade infinita (mais infinita), cinde-se de si mesmo, põe-se em sua diferença, difere absoluta e originariamente de si mesmo. O ser puro (*das reine Seyn*) não é identidade no sentido de Fichte, e tampouco "indiferença" no sentido de Schelling: ele só se atesta em sua pureza e sua originariedade se a diferenciação for "suficientemente" (*hinlänglich*)[19] perseguida. Distinguir a fundo, perseguir até o fim a diferenciação é para o jovem Hölderlin do fragmento *Juízo e ser* uma tarefa tanto quanto uma aporia — a da afirmação do *Seyn schlechthin*, proporcionada pela intuição intelectual centrada na unidade, e da arquipartição que está na raiz de toda oposição, bem como de toda identificação —, à qual a teoria da tragédia reserva uma primeira resposta (dialética?).

---

[18] *Cf.* a carta a Hegel de 26 de janeiro de 1795 (n° 94) e a carta a seu irmão de 1801 (n° 231): "O que juntos pensávamos outrora, ainda o penso, simplesmente com mais aplicação! Tudo é uni-dade infinita, mas nesse tudo há um *unido* e um unificante *eminente* que, *em si*, não é *um Eu*; que tal seja, entre nós, Deus!".

[19] *Die Weisen aber...* (*G.St.A.*, IV, 1, p. 237; *FHA.*, 14, p. 74).

Voltemos agora ao ensaio *Sobre a diferença dos modos poéticos*:

"... e todas as obras desse gênero devem necessariamente ter por fundamento uma intuição intelectual que não pode ser outra coisa senão a uni-dade com tudo o que vive, unidade que, na verdade, de modo algum pode ser sentida pelo coração (*Gemüth*) mais limitado, que em suas mais elevadas aspirações só pode ser pressentida, mas que pode ser reconhecida pelo espírito e resulta da impossibilidade de uma separação e isolamento absolutos...".

A uni-dade com tudo o que vive, a uni-dade de tudo o que vive, a unidade da única intuição intelectual, tal como se deixa reconhecer pelo espírito (visto que, uma vez mais, ele é propriamente aquilo que re-úne, aquilo que faz a mediação [*vermitteln*], aquilo que assegura a comunicação [*Mitteilung*] de tudo com tudo), "resulta da impossibilidade de uma separação e isolamento [ou solidão] absolutos". É no auge da diferenciação das partes, em sua extrema dissociação, quando as partes nada mais são do que partes, que paradoxalmente a unidade se revela de maneira mais determinada. Ou ainda: a uni-dade, "o originalmente unido", não aparece, não se revela francamente, não se descobre senão no extremo limite da partição, quando as partes experimentam a fundo sua cisão, sua secessão, sua desolação, sua dissidência, sua solidão.[20]

Hölderlin prossegue:

"A melhor maneira de exprimi-la [i.e., a essa unidade da intuição intelectual que está na raiz do poema dramático-trágico] consiste em dizer que a separação efetiva — e com ela tudo o que é efetivamente material, perecível —, assim como a ligação — e tudo o que com ela é efetivamente espiritual, permanente — (o objetivo como tal e o subjetivo como tal), não são senão um estado do originalmente unido, esse estado no qual ele se encontra porque precisa

---

[20] Todos esses termos foram tomados de empréstimo ao *Sophokles*, de K. Reinhardt, ou, antes, à tradução francesa de E. Martineau, Paris, 1971. Ver também o prefácio do tradutor, p. 20.

necessariamente sair de si mesmo, e a imobilidade nele não pode ter lugar...".

Nessa necessidade em que se encontra o originalmente unido, a uni-dade, o espírito, de sair de si mesmo caso queira conhecer-se ou reconhecer-se, cedo se detectou, é certo, um motivo diretor que constitui como que um bem comum de todo o idealismo alemão e que o próprio Hölderlin desenvolve com predileção:

> ... é que ele não está em casa, o espírito,
> Nem no começo nem na fonte. Ele está atormentado
> pela pátria.

Do mesmo modo, no ensaio sem dúvida mais importante do período de Homburg, *A maneira de proceder do espírito poético*, a questão diretora do "curso e da destinação do homem em geral" culmina, dir-se-á, na determinação do modo segundo o qual o espírito pode se conhecer como tal, estar inteira e propriamente presente para si; para "alcançar sua destinação", para aceder à "verdadeira liberdade de sua essência", o espírito do homem deve "sair de si mesmo", refletir-se, "diferenciando-se de si mesmo nela", na esfera exterior do harmonicamente-oposto. Tal é o "momento divino" em que o espírito "está totalmente presente para si na unidade infinita que, ora é ponto de cisão do unido enquanto unido", mas em seguida igualmente ponto de união do unido como oposto e, finalmente, também os dois de uma só vez", dito de outro modo, o ponto em que "o espírito é sensível em sua infinidade.[21] Todavia, mais do que em Hegel ou em Schelling (inclusive o Schelling das *Preleções de Erlangen*, atento à dimensão ekstática do absoluto como "eterna liberdade"),[22] pode-se pensar aqui em Heráclito, cuja palavra fundadora Hölderlin já havia lembrado em seu *Hipérion*: *En diapheron heauton — das Eine in sich selber unterschiedne* [O um diferenciado em si mesmo].

O que quer que se possa dizer sobre essa proximidade de Hölderlin e Heráclito, retenhamos apenas a tese de que o originalmente

---

[21] *Über die Verfahrungsweise des poetischen Geistes*, G.St.A., IV, pp. 250-1, 257. Trad. francesa de E. Martineau, *in Poésie* 4.

[22] *SW*, IX, p. 230; trad. francesa *in* Schelling, *Œuvres métaphysiques*, Paris, 1980, p. 290.

unido não pode permanecer tal senão através da mobilidade e do antagonismo, nele, da separação e da diferenciação. A unidade original, para ser unidade, jamais deve ser igual, idêntica a si; ela deve sempre se tornar outra que ela mesma, diferir de si mesma:

"... o originalmente unido... deve necessariamente sair de si mesmo e... a imobilidade não pode ter lugar nele, visto que precisamente o modo de reunião não deve, nele, permanecer sempre o mesmo...".

A imobilidade não poderia encontrar lugar na arqui-unidade, que não é uni-dade senão pela *Vereinigung* nela, pela modalidade sempre outra da uni-ficação, pelo modo de ligação (*Verbindung*) sempre especificado. A ligação do único não pode ser senão uma ligação infinita ("mais infinita"), que não se limita a relacionar umas às outras as diferentes partes em relação (*Beziehung*) simples, de maneira simplesmente mais frouxa ou mais estrita; a ligação, a reunião, não se torna verdadeiramente mediadora senão des-ligando, desfazendo a simples relação unilateral; é somente assim que pode advir uma autêntica "conduta" (*Verhältnis*), a da ligação des-ligante (*entbindender\* Band*), a qual, liberando as partes, faz nascer o mais livre relacionamento (*freiere Verhältnisse*), aquele a que Hölderlin também chama de "religioso".[23]

A arqui-unidade nunca se revela senão através de *uma* modalidade, a nenhuma outra semelhante, da reunião, da ligação infinita; ela nunca aparece, como escreve Hölderlin no ensaio *Devir no declínio*, senão em um *mundo* e não vem de todo à luz senão na *passagem*, no *declínio*, no *momento*, na metáfora de um mundo para um outro mundo. Como ligação mais in-finita, uni-dade da intuição intelectual, ela é "mundo de todos os mundos".[24]

---

\* Em alemão, *entbinden* significa "desligar", "desatar", mas também "dar à luz", o que condiz com o *donne naissance* ("faz nascer") que se segue na frase de J.-F. Courtine. Aliás, em francês, *délivrance* (o autor traduz *entbindender* por *déliant*, mas logo em seguida usa o verbo *délivrer* — "liberar") pode também significar "parto". (N. da T.)

[23] *Über Religion*, G.St.A., IV, 1, p. 277.

[24] *Das Werden im Vergehen*, G.St.A., IV, 1, p. 282.

Da metáfora trágica

Essa modalização da uni-dade, eis o que é comandado pela lei de justiça (*Gerechtigkeit*),[25] que quer que a cada parte caiba todo seu direito, isto é, também sua plena medida; mas essa última sempre pode transformar-se em excesso, receber em superabundância, para além de sua parte, e tornar-se desmedida (*Uebermass*).

Retomo aqui o fio do texto de Hölderlin:

"... a imobilidade não pode ter lugar nele, visto que precisamente o modo de reunião não deve nele permanecer sempre o mesmo, quanto à matéria, pois as partes do único não devem permanecer sempre na mesma relação — mais próximas ou mais afastadas —, a fim de que assim tudo se encontre com tudo, cada parte tenha todo seu direito e sua plena medida de vida, e cada parte, em sua progressão, iguale-se ao todo em perfeição, e o todo, em compensação, na progressão, torne-se igual às partes em determinidade, de sorte que aquele ganhe em conteúdo, estas em intimidade, que o primeiro ganhe em vida, as segundas em vivacidade, que o primeiro, na progressão, sinta-se mais, que as segundas, na progressão, cheguem a mais plenitude...".

A parte igualar-se ao todo, tal não é ainda propriamente o excesso evocado aqui por Hölderlin. É preciso, com efeito, que a parte encontre, também ela, seu acabamento, sua perfeição (*Vollständigkeit*), que ela chegue a seu completo preenchimento (*sich erfüllen*), ao auge de sua partição, de sua individuação. Igualando-se ao todo, todas as partes participam assim verdadeiramente da unidade do todo, tornam-se *innig*, tão intensa ou intimamente unidas quanto o todo em sua arqui-unidade (*alles ist innig*). A vivacidade (*Lebhaftigkeit*) das partes assegura a vida do todo, o preenchimento e a completude delas, a determinidade dele. Assim "tudo encontra tudo", o todo se reparte em conformidade com a mais alta justiça. Mas esse encontro, essa troca não se dá senão no decorrer de um processo em que entram todo e partes (a uni-totalidade), com o risco, para as partes, em sua

---

[25] *Cf. G.St.A.*, IV, 1, p. 274: "... pois todo poder (*Vermögen*) é justa e igualmente repartido..."; *cf.* também a carta a Sinclair (n° 171) de dezembro de 1798: "Ele também é bom, e é mesmo condição primeira de toda vida e de toda organização, que não haja nenhuma força monárquica no céu ou na terra."

completude e em sua concentração sobre si, de se isolarem e se desta-carem do todo, de decidirem passar, em sua vivacidade excessiva, da autonomia à dissidência (*Abseitigkeit*). O processo é, portanto, a um só tempo, condição de possibilidade do acabamento e da perfeição das partes em sua partição mesma e de sua intensificação (a vivacidade — a *Innigkeit*), e também do desdobramento, da auto-explicitação do todo em sua unidade determinada. O todo não é um todo vivo, de-terminado, rico em teor, em conteúdo, senão em razão da vivacidade das partes, de sua intensidade, isto é, da eventualidade sempre presente de uma "sobre-medida da intensidade" (*Uebermass der Innigkeit*), segundo a formulação do *Fundamento para Empédocles*. O que, para a parte, se apresenta como um limite, uma passagem cuja travessia deve permanecer iminente, é, para o todo, algo necessário: é preciso que as partes em sua vitalidade excessiva cheguem à dor para que a junção do todo ("mundo de todos os mundos") apareça na secessão do uno contra todos, contra Tudo. A junção não se revela totalmente senão através do dilaceramento absoluto da tragédia:

> "... pois uma lei eterna quer que o todo, rico em teor, não se sinta, em sua uni-dade, com a determinidade e a vi-vacidade, não se sinta nessa unidade sensível em que se sen-tem suas partes, as quais, também elas, formam um todo, salvo que elas são ligadas de modo mais leve; poder-se-ia, portanto, dizer que se a vivacidade, a determinidade, a uni-dade das partes — ali onde se sente sua inteireza —, se por-tanto essa vivacidade transgride o limite *a elas atribuído* e torna-se dor e, *se este for o caso*, secessão e isolamento ab-solutos, então o todo se sente enfim *nessas partes* de ma-neira tão vivaz e determinada quanto as partes se sentem num estado mais tranqüilo, mas também animado, em sua totalidade mais limitada".

Dessa lei eterna (a lei de justiça), Hölderlin não nos ensina aqui nada mais do que o que ela decreta: o todo não pode sentir-se em sua integralidade, em sua "inteireza", não pode sentir-se como se sentem as partes, no mesmo grau que elas — quando elas se sentem num es-tado relativamente tranqüilo, ainda que movimentado, como o da tonalidade lírica —, a não ser que essas mesmas partes se sintam ex-cessivamente, dolorosamente, quando o sentir-se em sua vivacidade, quando o ser-parte em sua unidade (sensível) fraquear a passagem que leva à *Vereinzelung*, ao isolamento, à solidão. O todo precisa da parte; ele não se sente senão à custa da dor do sentimento das partes, isto é, quando tal parte tornou-se *abseitig*, de-cididamente afastada, desligada (*ungebunden*), em estado de secessão em relação ao todo, quando sua intensidade se tornou sobre-medida da intensidade.

As partes se sentem primeiro: cisão e partição (segundo a completude e a vivacidade) conduzem as partes ao espaço da objetivação, do sentir-se (*sich füllen*); o sentimento de si é então levado ao seu auge, em face do todo, contra ele, adverso ao todo, tal como Empédocles. O todo não pode se sentir senão em suas partes e quando essas se tornam "totais". A separação não poderia então atingir o todo, deslocá-lo, já que é somente graças a ela que o todo pode voltar a si mesmo, aceder a sua uni-totalidade mais alta, mais abrangente, dar lugar à "mais infinita coesão" (*unendlicher Zusammenhang*).[26] Cabe à parte sofrer, padecer a uni-dade; o *pathos* propriamente trágico é aquele da *Vereinzelung*, da concentração sobre si até a completa dissidência.

A lei eterna que encontra um meio de se ilustrar no poema dramático-trágico é a da justiça ou da partilha que precisamente comunica, assegura partição *e* coesão, mediação entre todo e partes; *a lei de justiça é mediatidade*. É o que Hölderlin exporá com a maior força no comentário que acompanha sua tradução do fragmento 7 de Píndaro (*das Höchste*):

> "O imediato, tomado com rigor, é para os mortais impossível, assim como para os imortais; o deus deve distinguir mundos diferentes... O homem, como aquele que conhece, deve também distinguir mundos diferentes, pois o conhecimento não é possível senão por oposição. Eis porque o imediato, tomado com rigor, é impossível para os mortais, assim como para os imortais.
> Mas a mediatidade mais rigorosa é a lei".[27]

Volto agora ao ensaio que nos serve de fio condutor, em seu movimento, deixando aqui de lado o parêntese que se segue imedia-

[26] *G.St.A.*, IV, 1, p. 278.
[27] *G.St.A.*, V, p. 285.

tamente à passagem citada mais acima e que concerne à tonalidade lírica e seu "mundo individual":

"A possibilidade para o todo de ser sentido progride, pois, no mesmo grau e na mesma relação em que progride a separação em suas partes e no centro, onde as partes e o todo são mais sensíveis. A uni-dade presente na intuição intelectual sensibiliza-se na exata medida em que sai de si mesma, em que se cumpre a separação das partes, as quais, portanto, não se separam senão porque estão demasiado unidas, porque no todo elas estão demasiado próximas do ponto central, ou ainda porque elas não se sentem bastante unidas, quer segundo a completude, quando são partes anexas, mais afastadas do ponto central, quer segundo a vivacidade, quando não são nem partes anexas, no sentido que foi dito, nem partes essenciais, no sentido que foi dito, mas, ao contrário, porque são partes que ainda não se tornaram partes, porque não são senão partes partíveis (*teilbare Theile*)".

A possibilidade para o todo de ser sentido (a *Fühlbarkeit des Ganzen*), tal é a questão sub-jacente ao ensaio e que já comandava, conforme observamos, o fragmento *Juízo e ser*. Como pensar a partição necessária do ser puro e simples, de modo que em sua absolutez ele não permaneça inteiramente desconhecido para si mesmo e incognoscível, irrepresentável, inapresentável? Como pensar a possibilidade de uma *Darstellung* — de uma exposição ou de uma encenação — do inobjetivo? Como a intuição intelectual pode se tornar sensível, dito de outro modo, ficar sensível a si mesma, tornar-se *intuição estética*? A resposta de 1795, ainda abrupta, se enunciava: *Urtheil, Ur-theilung*. Através de sua meditação persistente sobre a tragédia grega, Hölderlin vai aprofundar essa primeira resposta e explicitar concretamente o sentido dessa arquipartição. A partição originária ocorre num processo, no seio de um mundo que não se expõe em sua totalidade senão *en passant*, senão se renovando à custa de uma "vítima oferecida em sacrifício" (*Opfer*) ao "destino do tempo" (*Empédocles*): o processo [*procès*] que marca a sucessão ou a substituição dos mundos ocorre temporalmente através da cisão, da de-posição das partes. Visto que as partes separadas não são senão

Da metáfora trágica

funções de um todo ele mesmo essencial e necessariamente divisível em partes, o sentir-se das partes (na dor e na desmedida da solidão) assegura a *Fühlbarkeit*, a sensibilidade do todo. É assim que a partição já é tornar-se-todo do todo. O todo não chega a sua uni-dade senão em suas partes, graças à adversidade, à aversão, ao desamparo delas.

A separação das partes (entre si e em relação a seu centro: a unitotalidade, a uni-dade do todo) pode produzir-se de maneiras diferentes, correspondendo a subgêneros da tragédia: as partes podem separar-se porque estão demasiado unidas, demasiado próximas do ponto mediano da unidade (*Übermass der Einigkeit*). Elas podem igualmente se dissociar quando não se sentem unidas o bastante, ligadas intensamente o bastante. Ainda aí Hölderlin distingue duas possibilidades: *a)* segundo a completude e o acabamento, quando se trata de partes anexas ou acessórias, demasiado afastadas do foco central; *b)* segundo a vivacidade, quando se trata de partes ainda não inteiramente partes (departidas), suscetíveis de um excedente de partição.

Eis, sem dúvida, aos olhos de Hölderlin, uma análise inteiramente concreta, à qual deveria corresponder uma determinação rigorosa dos diferentes tipos de tragédia que historicamente conhecemos, ou então de diferentes "cenas" no interior de uma única e mesma tragédia. Mas não é nossa intenção empreender aqui esse difícil exercício de ilustração ou de exemplificação; lembraremos apenas, com Hölderlin, a figura mais geral da cisão, aquela que em todo caso constitui o seu ponto de partida "ideal" e que é aqui enigmaticamente nomeada: o *necessário arbitrário de Zeus*.

"E é aqui, na sobre-medida do espírito na uni-dade, e em seu esforço rumo à materialidade, no esforço do partível mais infinito, mais aórgico, no qual deve estar contido tudo o que é mais orgânico, porque tudo o que está presente de modo mais determinado e mais necessário torna necessário um presente mais indeterminado com menos necessidade, é nesse esforço do partível mais infinito rumo à separação, esforço que se comunica no estado da mais alta uni-dade de todo o orgânico com todas as partes nele contidas, é nesse necessário *arbitrário* de Zeus que reside propriamente o começo ideal da separação efetiva."

É do arbitrário de Zeus — Zeus caracterizado não menos enigmaticamente como o "supremamente separável" — que procede a partição: Zeus dá o pontapé inicial (começo *ideal*, possibilidade de um começo, no sentido do *Devir no declínio*) de uma separação destinada a se comunicar a todas as partes. Pode-se pensar aqui, como aliás Hölderlin nos convida expressamente a fazer, em *Édipo*, e mais precisamente na palavra do oráculo de Delfos, mesmo que tudo só comece *efetivamente* com a interpretação *demasiado infinita* que lhe confere Édipo. O começo ideal (*das Mögliche*) — ainda que desse o pontapé inicial — de início não aparece; o que a nós se apresenta imediatamente é o antagonismo das partes em sua determinidade, é a efetividade de sua separação. Qualquer que seja a situação respectiva das partes ("demasiado unidas", "não unidas o bastante", "ainda não totalmente partes"), elas devem necessariamente tender a mais particularidade e concentração, já que é através dessa separação que elas comunicam e atestam a uni-dade. Mas a necessidade da determinidade, da completude, da "organicidade" das partes implica, por sua vez, e não menos *necessariamente*, a indeterminação de um partível, de um aórgico que também pode ser designado como "a sobre-medida originária da intimidade" (*das Uebermass der Innigkeit*),[28] ou ainda a sobre-medida do espírito em sua unificação, e que é aqui nomeado pelo oxímoro: necessário arbitrário de Zeus.

Retomo mais uma vez o movimento de pensamento em seu conjunto:

O todo — a uni-totalidade — não se sente senão em suas partes; o todo só se sente porque as partes se sentem excessivamente, pateticamente, isto é, decidem sair de sua unidade parcial ligada a todas as outras partes e ao centro, e isso até se exporem à *Vereinzelung*, à desolação, à solidão absolutas. Nessa parte, o todo vem a aparecer; o todo (partível) encena-se à custa da substituição da parte como esta parte, parte que fica no lugar do todo (no momento, na passagem), em lugar do todo: partição das partes, separação do separável na qual se anuncia o necessário arbitrário de Zeus.

Qual é a estranha figura do deus que se delineia ao cabo dessa análise do poema trágico? Como interpretar de forma mais precisa

---

[28] "Grund zum Empedokles", *G.St.A.*, IV, 1, p. 157.

Da metáfora trágica

esse "necessário arbitrário"? Antes de entrarmos nessa última questão, releiamos a oitava estrofe do "Reno":

> Estão contudo de sua própria
> Imortalidade os deuses fartos, e se carecem
> Os celestes de algo
> É de heróis e homens
> E mortais, aliás. Pois já que
> Os mais Bem-Aventurados nada sentem por si mesmos,
> É preciso, se é permitido dizer,
> Que em nome dos deuses,
> Compassivo [*Teilnehmend*: tomando parte], um outro
> sinta,
> É dele que se utilizam; todavia o veredicto deles
> É que a própria casa
> Ele destrua, e o que mais ama
> Como inimigo injurie, e pai e filho
> Enterre sob as ruínas,
> Quando um homem quer, como eles, ser e não
> O desigual suportar; o quimérico...[29]

Por si mesmos os deuses nada sentem enquanto sua unidade permanece indiferenciada, indivisa; os deuses só se tornam a si mesmos sensíveis quando se fazem sentir dolorosamente aos homens "compassivos", e por excelência àquele que, tragicamente, tomando parte, tende a assumir a partição para além mesmo da estrita divisão.

Voltemos ao ensaio:

Como compreender essa necessidade que, ao que parece, pesa sobre o próprio Zeus? Tratar-se-á de um novo e derradeiro princípio que decide soberanamente acerca da partição e do separável, que rege o conjunto do processo: saída e retorno a si mesmo? *Ananké* ou *Nêmesis*? Que dizer enfim do arbitrário (*Willkür*)? Sobre esse último ponto, o *fragmento 37* fornece-nos, talvez, uma indicação decisiva, quando explicita que o "livre-arbítrio" dado ao ser humano é o "mais alto

---

[29] Citamos a tradução de F. Fédier, *in Les Fleuves*, suplemento da revista *Hautefeuille*, Paris, 1973. *Cf.* também F. Hölderlin, *Douze Poèmes*, Orphée, La Différence, 1989.

poder (*Macht*) de falhar ou realizar".[30] Mas falhar *e* realizar (*fehlen und vollbringen*) são coisas que se digam daquele que passa pelo primeiro dos deuses? As coisas começam, talvez, a se esclarecer, caso já se pressinta nessa insólita figura de Zeus como o "supremamente separável" o anúncio daquele que Hölderlin mais tarde denominará, nas *Observações*, "o mais propriamente Zeus", Zeus como "pai do tempo": aquele que não dispõe do tempo e não o dispensa senão permanecendo, Crônida, "como nós, filho do tempo" (*Natur und Kunst oder Saturn und Jupiter* [Natureza e arte ou Saturno e Júpiter]).[31] Júpiter não pode estabelecer seu "reino" ou instituir suas "leis" senão recebendo secretamente do "Pai antigo" (Cronos-Chronos) a herança:

> Pois, como da nuvem teu raio, vem
> Dele o que é teu...,

a herança, isto é, a tarefa de dar prosseguimento à obra do tempo, em sua realização, como em sua falta.[32]

O que a partir daí se revela através da nomeação do arbitrário de Zeus não seria nada menos que o primeiro abalo da meditação decisiva sobre o tempo em seu dilaceramento (*die reissende Zeit*), tal como ela vai ocupar o centro vivo das *Observações*. O *Ur-theil*, já observamos, explicita-se concretamente na tragédia como processo temporal que culmina no *momento*; a arquipartição é, ela mesma, inteiramente regida pelo tempo em seu espaçamento, ou melhor, em seu esquartejamento. Mas esse último não se revela como tal senão na passagem, na transição de um mundo a outro, de uma figura a outra, no instante ou no breve fulgor da virada: revolta, expulsão da parte, reunificação, surgimento renovado da uni-totalidade.

---

[30] *G.St.A.*, II, 1, p. 325.

[31] *G.St.A.*, II, 1, pp. 37-8.

[32] Seguimos aqui a interpretação sugerida por W. Binder em sua dissertação infelizmente inédita *Dichtung und Zeit in Hölderlins Werk*, Tübingen, 1955. As objeções que lhe são dirigidas por L. Ryan (*op. cit.*, pp. 25-6, nota) não nos convenceram, sobretudo por acabarem fazendo do supremamente separável não o pai do tempo (Zeus), mas o "fundamento" a partir do qual deve "surgir o tempo". Isso é combater uma interpretação, substituindo-a por outra absolutamente idêntica!

Da metáfora trágica

Certamente é permitido dizer que, num dado sentido, Zeus, pai do tempo, expõe-se continuamente e em todos os tempos, como "mundo de todos os mundos" através igualmente de todos eles, mas, muito longe de se oferecer em sua eternidade a qualquer intuição intelectual essencialmente atemporal[33] que seja, não aparece *propriamente* senão no *momento*, na metáfora que a tragédia é, ela mesma, em seu todo. É assim também (própria *e* metaforicamente) que ele se deixa capturar (sentir) em sua in-finitude, precisamente pela impossibilidade que há de apreendê-lo em sua permanência ou mesmo em qualquer estado estável que seja, já que ele não se descobre *francamente* senão através do *Übergang*, da travessia, da passagem, da viragem, da "catástrofe" da tragédia.

\* \* \*

Sem insistir por mais tempo nesse reflexo — difícil de determinar e de fixar com segurança —, no *ensaio*, do tempo como horizonte da tragédia apreendida em sua essência, voltemos ao que constitui para nós a tese central de nosso texto diretor: a tragédia é metáfora do absoluto ou originalmente unido, mas, nesse transporte da unidade às partes, através da dissolução da uni-dade e da resolução do antagonismo de todas as partes (todos contra todos), através do súbito desvelamento de uma coesão "mais infinita", de uma ligação "religiosa" do todo provisoriamente (temporalmente) re-unido, é com toda "propriedade", da maneira mais imediata, que o deus se descobre. Pode-se ainda aqui falar de dialética? Hölderlin não faz antes com que repensemos, como ele próprio nos convida expressamente a fazer, a categoria do "paradoxo" e sua pertinência no estudo da essência da tragédia?

"A significação das tragédias é mais facilmente concebida a partir do paradoxo. Pois tudo o que é original, pelo fato de todo poder ser justa e igualmente repartido, por certo não aparece em sua força original, mas propriamente em sua fraqueza, tanto que, de maneira de todo própria, a luz da vida e o aparecimento concernem à fraqueza de cada todo. Ora, no trágico, o signo é em si mesmo insignifican-

---

[33] Pensamos aqui em particular em Schelling, *SW*, I, pp. 202, 206, 318.

te, sem efeito, mas o original está francamente a descoberto. É que propriamente o original não pode aparecer senão em sua fraqueza, mas, se o signo é posto em si mesmo como insignificante = 0, então o original, o fundo oculto de toda natureza, pode, também ele, expor-se. A natureza expõe-se propriamente em seu dom mais fraco, então o signo, quando ela se apresenta em seu dom mais forte, = 0."[34]

E a seu irmão, em 28 de novembro de 1798, Hölderlin escrevia (carta n° 169): "O divino, quando surge, não pode vir sem um certo luto (*Trauer*), uma certa humildade (*Demuth*). Por certo, no momento do combate decisivo, é um pouco diferente!" O luto aqui não é precisamente o da tragédia (*Trauerspiel*); é antes aquele que encontra sua derradeira manifestação na agonia do Gólgota. Com a tragédia — no momento trágico, que é também o da de-cisão, o divino, o original, mostra-se francamente a descoberto; o deus aí se mostra a nu, aí se revela em sua imediatez insustentável, e sem nos poupar ocultando-se em uma figura de empréstimo. "O deus de um apóstolo é mais mediato", acrescentará Hölderlin nas *Observações sobre a Antígona*. Em regra geral, "tudo o que é original... não aparece em sua força..., mas propriamente (*eigentlich*) em sua fraqueza"; é o que é eminentemente confirmado pelo *deus absconditus* que só se manifesta vestido, supremamente escondido sob a humilde figura do escravo (*Phil.*, 2, 7), através da qual ele contudo aparece "propriamente": "É que propriamente o original não pode aparecer senão em sua fraqueza".

> Todos os dias, contudo, maravilhosamente para o amor dos
> homens,
> Deus traja uma veste
> E dos conhecidos afasta sua face...[35]

Mas se propriamente o original não pode aparecer senão em sua fraqueza, o que ocorre com a tragédia, o que verdadeiramente aí se manifesta? A tragédia é precisamente o lugar, a cena, do combate de-

---

[34] *G.St.A.*, IV, 1. p. 274; *FHA*, 14, pp. 379-83.
[35] *G.St.A.*, II, 1., p. 256.

Da metáfora trágica

cisivo que é o encontro (o "acasalamento", dirão ousadamente as *Observações*) do homem e do deus, no qual o divino se comunica a descoberto, fazendo assim tudo se comunicar com tudo, deixando aparecer a mediatez mesma, em sua absoluta soberania. Mas essa apresentação imediata, essa irrupção no tempo (do tempo), acaba e interrompe ao mesmo tempo a partição: o signo (*pars pro toto*) é dolorosamente quebrado, torna-se de todo insignificante = 0. O divino, o original, o originalmente unido, não se manifesta (propriamente, impropriamente?) senão para aniquilar o signo destinado, contudo, a representá-lo "de maneira de todo própria" (*recht eigentlich*). O momento essencialmente trágico é aquele em que o deus se apresenta "em pessoa", deus mesmo — *deus ipse* —, o que ele não pode fazer, para além de toda propriedade-impropriedade, senão apropriando-se de um signo logo tornado insignificante, anulando o signo mesmo da apresentação, passando sem mais à metáfora trágica.

Assim, a tragédia é metáfora num sentido totalmente específico, no sentido de que ela coloca propriamente em cena a passagem do deus, o transporte no qual o deus se mostra, ele mesmo, mas como *nada*. O transporte é aí essencialmente "vazio" — nada mais que tempo, dilaceramento e extirpação do tempo.

> *Denn nirgends, bleibt er*
> *Es fesselt*
> *Kein Zeichen*
> *Nicht immer*
> *Ein Gefäss ihn zu fassen*

> [Pois em parte alguma ele fica.
> Signo algum
> O encerra.
> Nem sempre
> Um vaso para contê-lo.]
> (Fragmento 38)

*Friedrich Hölderlin*
SOBRE A DIFERENÇA DOS MODOS POÉTICOS
(*G.St.A.*, t. IV, 1, pp. 266-72)
(*FHA.*, t. 14, pp. 369-72)*

O poema lírico, ideal segundo a aparência, é ingênuo por sua significação. É uma metáfora contínua de um sentimento único.

O poema épico, ingênuo segundo a aparência, é heróico por sua significação. É a metáfora de grandes aspirações.

O poema trágico, heróico segundo a aparência, é ideal por sua significação. É a metáfora de uma única intuição intelectual.

O poema lírico é o *mais sensível* em sua *tonalidade fundamental*, uma vez que essa tonalidade comporta uma uni-dade que se oferece mais facilmente; por isso mesmo, em sua aparência exterior, ele não aspira tanto à realidade efetiva, à serenidade e à graça, ele evita a tal ponto o encadeamento e a exposição sensíveis (precisamente porque seu tom fundamental poderia a isso incliná-lo) que, em suas formações e na conexão destas, ele é de bom grado maravilhoso e supra-sensível; e que as dissonâncias heróicas enérgicas, onde ele não perde nem sua realidade efetiva, nem sua vivacidade — como na imagem ideal —, nem sua tendência à elevação — como na expressão mais imediata —, essas dissonâncias heróicas enérgicas, que reúnem a elevação e a vida, constituem a resolução da contradição em que ele vai dar, visto que, por um lado, ele não pode nem quer cair no sensível e que, por outro lado, não pode nem quer renegar seu tom fundamental — a vida íntima. Mas quando seu tom fundamental é mais heróico, mais rico em teor, como, por exemplo, no hino de Píndaro ao gladiador Diágoras, quando assim tem menos a perder em interioridade, ele começa então de modo ingênuo; quando é mais ideal, tendo mais afinidade com o caráter artístico, com o tom não próprio, e tem portanto menos a perder em vida, ele começa então de modo heróico; quando está no auge da interioridade, tendo mais a perder em teor e mais ainda em elevação, em pureza de conteúdo, ele começa então de modo ideal.

Nos poemas líricos, a ênfase recai sobre a língua mais imediata da sensação, sobre a maior interioridade; a permanência, a conduta, sobre o heróico; a orientação, sobre o ideal.

* Seguimos aqui a divisão do texto estabelecida por W. Groddek e D. D. Sattler (*cf.* acima nota 12).

Da metáfora trágica

O *poema* épico, *ingênuo* segundo a aparência exterior, é *mais patético*, mais heróico, mais aórgico, em sua *tonalidade fundamental*; ele aspira por isso, em sua execução, em seu caráter artístico, não tanto à energia, ao movimento e à vida, quanto à precisão, ao repouso e à figurabilidade. A oposição entre seu tom fundamental e seu caráter artístico, entre seu tom próprio e seu tom impróprio, metafórico, resolve-se no ideal, onde, por um lado, ele não perde tanto em vida quanto em seu caráter artístico estritamente delimitante, nem em moderação quanto na expressão mais imediata de seu tom fundamental. Quando esse tom fundamental, que também pode comportar tonalidades diferentes, é mais ideal, quanto menos tem a perder em vida e possui, em compensação, uma disposição mais forte para a organização, para a totalidade, então o poema pode começar com seu tom fundamental, o tom heróico — menin aeide thea —, e ser heróico-épico. Quando o tom fundamental enérgico tem menos disposição para o ideal, mas, em compensação, mais afinidade com o caráter artístico — que é ingênuo —, então ele começa sob o modo ideal. Quando o tom fundamental tem seu próprio caráter de maneira tão acentuada que precisa perder em disposição para o ideal e ainda mais para a ingenuidade, então ele começa em modo ingênuo. Se o que reúne o tom fundamental e o caráter artístico de um poema e faz a mediação entre eles é o espírito do poema, e se esse espírito é principalmente o que é preciso manter — no poema épico esse espírito é o ideal —, então é preciso que no poema épico se demore sobretudo nele, enquanto, ao contrário, a ênfase recairá no tom fundamental, que aqui é o enérgico, e a orientação sobre o ingênuo, como caráter artístico, tudo devendo concentrar-se, assinalar-se e individualizar-se no espírito do poema.

O *poema* trágico, *heróico* em sua *aparência exterior*, é ideal segundo seu *tom fundamental*, e é necessário que todas as obras desse gênero tenham por fundamento uma intuição intelectual que não pode ser outra coisa senão essa uni-dade com tudo o que vive, unidade que na verdade não pode ser sentida pelo coração mais limitado, não pode senão ser pressentida em suas mais altas aspirações, mas pode ser reconhecida pelo espírito e resulta da impossibilidade de uma separação e de um isolamento absolutos; a melhor maneira de exprimi-la consiste em dizer que a separação efetiva — e com ela tudo o que é efetivamente material, perecível —, assim como a ligação — e com ela tudo o que é efetivamente espiritual, permanente — (o objetivo como tal, assim como o subjetivo como tal) não são senão um estado do originalmente unido, esse estado no qual ele se encontra porque lhe é preciso necessariamente sair de si mesmo e porque a imobilidade não pode ter lugar nele, visto que precisamente o modo de reunião não deve nele permanecer sempre o mesmo, quanto à matéria, porque as partes do único não devem permanecer sempre na mesma relação — mais próximas ou mais afastadas —, a fim de que assim tudo encontre tudo, cada parte tenha todo seu direito e sua plena medida de vida, e cada parte, em sua progressão, iguale-se ao todo em perfeição, e que o todo, em compensação, na progressão, torne-se igual às partes em determinação, de sorte que aquele ganhe em conteúdo, essas em intimidade, que o primeiro ganhe em vida, as segundas em vivacidade, que o primeiro, em sua progressão, sinta-se mais, que as segundas, em sua progressão, cheguem a mais plenitude; pois uma lei eterna quer que o todo, rico em teor, não se sinta, em sua uni-dade, com determinidade e vivacidade, não se sinta nessa unidade sensível na qual se sentem as partes, as quais, também elas, formam um todo, só que elas são ligadas de maneira mais leve; poder-se-ia portanto dizer que se a vivacidade, a determinidade, a unidade das partes — aí onde se sente sua inteireza —, se portanto essa vivacidade transgride o limite *a elas atribuído* e torna-se dor e, *se for o caso*, secessão e isolamento absolutos, então o todo se sente enfim *nessas partes* de maneira tão vivaz e determinada quanto as partes se sentem num estado mais tranqüilo, mas também animado, em sua totalidade mais limitada. (Assim se dá, por exemplo, com a tonalidade lírica (mais individual), na qual o mundo individual tende a se desfazer em sua vida mais consumada e em sua unidade mais pura e parece perecer no sentimento mais íntimo precisamente no ponto em que ele se individualiza, na parte para onde vêm convergir suas partes; é somente onde o mundo individual se sente em sua totalidade, onde o que sente e o que é sentido querem cindir-se, que a unidade mais individual está presente em seu mais alto grau de vivacidade e de determinação, e que por sua vez ela ressoa.) A possibilidade para o todo de ser sentido progride então no mesmo grau e na mesma relação em que progride a separação nas partes e em seu centro, ali onde as partes e o todo são mais sensíveis. A uni-dade presente na intuição intelectual sensibiliza-se na exata medida em que sai de si mesma, em que se consuma a separação de suas partes, que então não se separam senão porque se sentem demasiado unidas, por-

Da metáfora trágica

que, no todo, estão demasiado próximas do ponto central, ou ainda porque não se sentem unidas o bastante, quer segundo a completude, quando são partes anexas, mais afastadas do ponto central, quer segundo a vivacidade, quando não são nem partes anexas, no sentido que foi dito, nem partes essenciais, no sentido que foi dito, mas, ao contrário, porque são partes que ainda não se tornaram partes, porque elas não são senão partes partíveis. E é aqui, na sobremedida do espírito na uni-dade, e em seu esforço rumo à materialidade, no esforço do partível mais infinito, mais aórgico, no qual tudo o que é mais orgânico deve estar contido, porque tudo o que está presente de modo mais determinado e mais necessário torna necessário um mais indeterminado presente com menos necessidade, é nesse esforço do partível mais infinito rumo à separação, esforço que se comunica no estado da mais alta uni-dade de todo o orgânico com todas as partes nele contidas, é nesse necessário *arbitrário de Zeus* que reside propriamente o começo ideal da separação efetiva.

A partir daí, a separação progride em seguida até o ponto em que as partes se apresentam em sua extrema tensão, em que se opõem em sua mais viva repugnância. Depois, a partir desse antagonismo, ela retorna a si mesma, até o ponto, precisamente, em que as partes, pelo menos aquelas que são originalmente as mais íntimas, suprimem-se nesse lugar do todo, em sua particularidade, como *essas* partes, e em que surge uma nova unidade. A passagem da primeira à segunda representa precisamente essa extrema tensão do antagonismo. E o movimento de saída até esse antagonismo distingue-se do retorno nisto, que o primeiro é mais ideal, o segundo mais real, no primeiro o motivo é mais idealmente determinante, refletido, e procede mais do todo do que é individual etc., ao passo que no segundo o motivo procede da paixão e dos indivíduos.

Quando a intuição intelectual é mais subjetiva e a separação procede principalmente das partes concêntricas, como em *Antígona*, o estilo é lírico; quando a separação procede antes das partes acessórias, e a intuição intelectual é mais objetiva, o estilo é épico; quando ela procede do supremamente separável, de Zeus, como em *Édipo*, ele é trágico.

Em cada modo poético, épico, trágico e lírico, se exprimirá um tom fundamental, se é *mais rico em matéria*, num estilo ingênuo, se é *mais intenso, mais sensível*, num estilo ideal, e se é antes o *espírito que nele domina*, num estilo enérgico; pois se, no tom fundamental em que o espírito domina, a separação procede do infinito, então é preciso que ela faça primeiro sentir seu efeito sobre as partes concêntricas ou sobre o centro delas, que ela se comunique, mas, uma vez que a separação é uma separação recebida, não pode se exprimir de maneira formadora, reproduzindo sua própria totalidade, não pode senão reagir, e tal é o começo enérgico. É somente em resposta a essa separação que reage a parte principal oposta, que foi, também ela, tocada pela separação original, mas que, sendo mais receptiva, não a reproduz tão rapidamente e não reage senão nesse momento; é em resposta à ação e à reação das partes principais que as partes anexas, que haviam sido igualmente apreendidas pela separação original, mas somente até tenderem à mudança, são agora conduzidas à expressão efetiva; é em resposta a essa expressão que as partes principais etc., até que o originalmente separante tenha chegado a sua completa expressão. Quando a separação procede do centro, ela ocorre, quer através da parte principal mais receptiva; pois então essa se reproduz na formação ideal, e a separação divide...

[Fim do fragmento]

# 7.
## TRAGÉDIA E SUBLIMIDADE.
## A INTERPRETAÇÃO ESPECULATIVA DO *ÉDIPO REI* NO LIMIAR DO IDEALISMO ALEMÃO

Como caracterizar brevemente a perspectiva geral das *Cartas sobre o dogmatismo e o criticismo*? Em que o empreendimento das *Cartas* prolonga o do ensaio *Sobre o eu*? Em que dele decididamente se distingue?

Schelling, no *Sobre o eu* — como ele enfatiza expressamente no Prefácio (*Ak. Ausg.*, I, 2, 70-1) —, propõe-se a "expor os resultados da filosofia crítica, reconduzindo-a aos princípios últimos de todo saber. A única questão que os leitores da presente obra devem buscar responder é portanto a seguinte: são esses princípios verdadeiros ou falsos, e (sejam verdadeiros ou falsos) estão eles em condições de fundar os resultados da filosofia crítica?".

Trata-se então a princípio — bem se vê — de um empreendimento de re-fundação, ou ainda de radicalização, destinado simultaneamente a revelar por completo o que constitui aos olhos do autor a aquisição definitiva, a conquista de Kant e a assegurar-lhe sua mais rigorosa coerência, ao mesmo tempo que sua completude, ou melhor, sua sistematicidade definitiva. Para realizar esse projeto, importa primeiro e antes de tudo elucidar o princípio — ou os princípios —, desvelando os pressupostos últimos da crítica e das deduções kantianas, estabelecendo firmemente a base do sistema, seu alicerce fundamental (*Grundlage*).

Esse procedimento de re-fundação passa, como se sabe, pela revelação do absoluto ou do incondicionado, tal como é requerido pelo e *no* saber. Ou ainda pela afirmação do primado incondicionado da liberdade concebida como pura atividade, ou, se é permitido tomar a Heidegger uma de suas formulações mais fortes, com o risco de desviá-la largamente de seu sentido, pela exigência de libertar a liberdade no homem. Dizemos: *libertar a liberdade no homem*, em vez de dar destaque à liberdade *humana* enquanto tal, uma vez que é somente em 1809 que Schelling, graças a uma vasta meditação antropo-teológica

Tragédia e sublimidade                                                                 173 sobre o mal, reconhecerá a necessidade — e a dificuldade — de uma tal tarefa.[1]

No *Sobre o eu* — o ponto deve ser sublinhado —, a libertação em questão é a um só tempo teórica e prática: indissociavelmente teorético-prática. Schelling aliás o indica formalmente no mesmo Prefácio programático e ressoante: "É para a filosofia um empreendimento audacioso libertar a humanidade e subtraí-la aos terrores do mundo objetivo; todavia, um tal empreendimento não poderia fracassar, se o homem se torna maior ao aprender a conhecer-se a si mesmo e a conhecer sua força. Dê-se ao homem a consciência de si mesmo e daquilo que ele *é*, e em breve ele aprenderá a tornar-se aquilo que ele deve ser. Dê-se ao homem o respeito teórico por si mesmo e o respeito prático virá logo atrás" (*Ak. Ausg.*, I, 2, 77-8).

Uma tal observação, por si só, autoriza a falar de perspectiva antropológica? Em que medida se pode afirmar que Schelling retoma por conta própria e repete a pergunta central kantiana: O que é o homem?[2] A resposta aqui deve seguramente ser prudente: seria evidentemente absurdo falar de um antropocentrismo qualquer, ou mesmo de "humanismo", tratando-se de uma doutrina que conduz — ainda que no limite, em termos de fim-último ou derradeiro (*Endzweck*) — à idéia do aniquilamento do Eu (finito), da anulação do mundo.[3] É preciso, contudo, sublinhar também o fato de que a radicalização schellinguiana da filosofia crítica pretende fundar-se, em última instância, sobre a "essência do próprio homem",[4] a descoberta perturbadora da liberdade nele: "O início e o fim de toda filosofia são — liberdade".[5]

Pode-se responder também observando que a questão diretora, aquela que sustenta tanto o *Sobre o eu* quanto as *Cartas*, é a da destinação (*Bestimmung*) do homem. O que é o homem? O que constitui propriamente sua essência? Formular tais questões significa de pronto interrogar-se sobre sua vocação, seu fim, sua "determinação"

---

[1] *Cf.* Heidegger, *Schelling. Le traité de 1809 sur l'essence de la liberté humaine*, trad. francesa, Paris, 1977, pp. 159 ss.

[2] Kant, *Logique*, trad. francesa L. Guillermit, p. 25.

[3] *Ak. Ausg.*, I, 2, pp. 124-8.

[4] *Ak. Ausg.*, I, 2, pp. 77-8.

[5] *Ak. Ausg.*, I, 2, 101. *Cf.* também I, 3, p. 84.

última. Com isso abandonamos decididamente toda perspectiva estreitamente antropológica.

Todavia, e apesar de certas declarações formais do próprio Schelling,[6] gosta-se geralmente de assinalar tudo o que separa o primeiro ensaio de 1795, não apenas de Kant, mas também de Fichte, mostrando como a preocupação schellinguiana de erradicar o princípio do espinosismo, apreendido como único dogmatismo conseqüente, ao qual importa reconhecer um direito relativo, acaba na realidade, não obstante a mudança ocorrida nesse meio tempo, por reiterar de certo modo os principais temas espinosistas, às custas seguramente de uma inversão efetiva da perspectiva geral da *Ética*[7] e talvez em razão mesmo dessa inversão pura e simples.[8] Isso pode ser visto claramente, em particular, pelo modo como Schelling explicita, com o auxílio das categorias espinosistas, o conceito de Eu absoluto, afirmando (*Sobre o eu*, § XI-XV) sua unidade, sua realidade ("O Eu encerra todo ser, toda realidade"), sua infinitude, sua substancialidade ("Se é verdade que o incondicionado é substância, então o Eu é causa imanente de tudo o que é"), sua causalidade ("o Eu é causa imanente de tudo o que é"), sua potência absoluta, seu ser ("sua forma originária é aquela do ser puro, eterno") e com isso sua eternidade.[9]

Se nas *Cartas*, como no primeiro escrito de 1795, a questão diretora permanece a do incondicionado, não se trata mais somente, como no *Sobre o eu*, de atribuir ao saber humano seu último ponto fixo, de lançar a pedra angular do edifício, garantindo ao saber uma sustentação firme (*Haltung*): "O todo de nosso saber não tem suporte algum caso não seja suportado por algo que se sustenta por sua própria força, e isso nada mais é do que aquilo que é efetivo por li-

---

[6] *Cf.* a carta a Hegel da Epifania 1795 — *Cf.* acima, cap. I, pp. 32 ss.

[7] § IV, *Ak. Ausg.*, I, 2, pp. 93-4.

[8] *Cf.* na carta a Hegel já citada: "Para Espinosa, o mundo, o objeto em oposição ao sujeito, era tudo; para mim, é o Eu. A diferença essencial entre a filosofia crítica e a filosofia dogmática parece-me residir no fato de que aquela parte do Eu absoluto (que ainda não está determinado por nenhum objeto), ao passo que esta parte do objeto absoluto ou Não-Eu...".

[9] O próprio Fichte, em sua célebre resposta a Reinhold de 2 de julho de 1795 (*GA.*, III, n° 294, pp. 347-8), parecia aprovar essa luz inesperada sobre seu próprio pensamento a partir de Espinosa.

Tragédia e sublimidade

berdade".[10] Esse ponto de fixidez, o verdadeiro centro de gravidade do saber, havia sido reconhecido como Eu absoluto, ou melhor, como essa eterna liberdade que ele pressupõe e que ele é. Mas a título de posição incondicionada (auto-posição), o Eu absoluto, como que por definição, nunca podia entrar na consciência, de que constituía precisamente a condição primeira. A arquiposição, não dando nenhuma margem ao conceito, não podia portanto ser apreendida senão pela intuição intelectual, que Schelling, desafiando o interdito kantiano, tematiza aqui pela primeira vez, apoiando-se sem dúvida na observação, para dizer a verdade bem fugaz, de Fichte na *Resenha do Enesidemo*.[11]

No *Sobre o eu*, todavia, o Eu absoluto, aquele que por definição não pode jamais se tornar objeto nem entrar na esfera do cognoscível — em modo necessariamente finito —, se é bem apreendido inicialmente em sua "incompreensibilidade" (*Unfasslichkeit*) essencial, recebe contudo um certo número de determinações positivas (as mesmas que Schelling toma de Espinosa a propósito da substância), e antes de tudo a da própria *positividade*: o Eu absoluto é a instância absolutamente autotética, aquilo que se põe por si e a que todo o resto está necessariamente ligado ou suspenso. Através dessa determinação/indeterminação positiva, o Eu absoluto anuncia-se como liberdade:

> "A essência do Eu é liberdade. Noutros termos, o Eu só é pensável se se põe por sua absoluta auto-potência (*Selbstmacht*) não como algo de indeterminado, mas como simples Eu. Uma tal liberdade pode ser determinada positivamente... A liberdade do Eu também pode, portanto, ser determinada positivamente. No que concerne ao Eu, ela é nada mais, nada menos do que a posição incondicionada de toda realidade em si mesma e por sua auto-potência absoluta".[12]

[10] *Ak. Ausg.*, I, 2, p. 101.

[11] Fichte, *SW*, I, p. 16. Sobre a hipótese de um ensino oral de Fichte, do qual Schelling haveria podido beneficiar-se direta ou indiretamente, *vid.* X. Tilliette, "Vision plotinienne et intuition schellingienne", *in L'Absolu et la philosophie*, Paris, PUF, 1987; e "Novalis et l'intuition intellectuelle", *in Mélanges Gandillac*, Paris, 1985, pp. 644-5.

[12] *Ak. Ausg.*, I, 2, p. 104. *Cf.* também X. Tilliette, *Schelling, une philosophie*

Tendo em vista essa definição onicompreensiva da liberdade absoluta do Eu, a verdadeira dificuldade que imediatamente surge, sem que o *Sobre o eu* ainda possa abordá-la de frente, nem *a fortiori* tratá-la a fundo, é a da determinação do estatuto da consciência finita ou, de modo mais geral, do destino do pensamento e do Eu empíricos. Diante do que o padre Xavier Tilliette denominava, com felicidade, "a estranha paixão negativa do objeto"[13] que percorre toda a obra, e em presença da evidência primeira e irrecusável do Eu absoluto, a existência do Eu finito aparece, com efeito, precária e duplamente ameaçada.

A negação da objeti(vi)dade não caracteriza simplesmente a liberdade absoluta, aquela que só é atribuída ao Eu (infinito) se "ele é pura e simplesmente um Eu que exclui todo Não-Eu", mas também a "liberdade transcendental", aquela cuja atividade implica justamente referência a objetos. Se o Eu finito se distingue do Eu puro, autotético, em função dos limites contra os quais ele constantemente se choca, nem por isso sua tarefa é menos a de tender a coincidir assimptoticamente com a liberdade absolutamente imanente, e isso precisamente através da "negação dos objetos". A liberdade infinitiza-se ao mesmo tempo em que cresce seu poder de aniquilamento. Sob o signo da *Vernichtung* [aniquilação], a destinação do homem seria então passar da negação condicionada à negação-exclusão absoluta. A aniquilação assim operada deve ser aqui entendida tanto no sentido da *produção*, quanto no da *apresentação*. A tarefa infinita que se impõe ao Eu — sua "vocação suprema" — é, com efeito, a de "produzir uma realidade absoluta", a de "produzir no mundo o que é efetivo no seio do infinito" (I, 2, 175); ora, é precisamente através dessa produção, a

*en devenir*, Paris, 1977, t. I, p. 77: "Os dois momentos da *Gleichsetzung* e da *Selbstsetzung* superpõem-se, já que o Eu põe toda realidade igual a si mesmo — iguala a si mesmo toda realidade — pondo-se a si mesmo como realidade absoluta. Mas a autoposição corre o risco de se diluir na oniposição, o Si puro de esvaecer-se no Absoluto sem margens". *Cf.* também, no *Antikritik* (*SW*, I, p. 234; *Schellingiana rariora*, ed. L. Pareyson, Turim, 1977, p. 58): [O autor aprendeu igualmente com Kant] "que as Idéias não são absolutamente objetos (*Gegenstände*) de uma especulação vã, mas que devem tornar-se objetos da ação livre, que todo o reino das Idéias não tem realidade senão pela atividade moral do homem e que este não tem mais que *encontrar* nenhum *objeto* (*Objekt*), desde que ele comece, ele mesmo, a criar, a realizar".

[13] *Op. cit.*, p. 76.

Tragédia e sublimidade

qual constitui como que um *analogon* da causalidade absoluta, que a liberdade transcendental, em seu ofício de destruição, contribui para a *exposição* do infinito ou do absoluto: "É preciso que seres finitos existam, a fim de que o infinito apresente sua realidade na efetividade. Toda atividade finita tende, com efeito, a apresentar a realidade na efetividade" (*ibidem*, 172). O que naturalmente não significa que a realidade efetiva possa jamais refletir verdadeiramente o absoluto onicompreensivo cuja auto-posição é sempre, e por si, exclusão de toda alteridade. Alargando ao infinito seus limites, o Eu finito participa realmente da auto-afirmação da realidade absoluta, mas com isso tende também necessariamente a suprimir-se a si mesmo, e todo o resto consigo, deixando espaço livre para uma pura negatividade, que não tem nada mais a que se aplicar.

A essa ameaça de aniquilamento pelo alto, quando a liberdade transcendental torna-se liberdade extática, junta-se uma segunda, não menos temível: A consciência-de-si, com efeito, o "Eu penso", que sempre pressupõe a posição absoluta do "Eu sou", que pode ser alcançada unicamente pela intuição intelectual,[14] só subsiste como tal em oposição à limitação objetiva que obriga a subjetividade a voltar-se para si, a manter-se em sua unidade lógica, já que também a reflexão sempre pressupõe uma limitação, devida à interposição dos objetos que é radicalmente excluída pelo Eu absoluto. "A consciência-de-si, observa Schelling, implica de pronto o risco de perder o Eu. Ela não é um ato livre do Eu imutável, mas um esforço obrigado do Eu instável que, condicionado pelo Não-Eu, busca salvar sua identidade e recobrar-se na torrente da mudança que o arrasta..."[15] Esse primeiro perigo que obriga o Eu finito a se "produzir" a si mesmo continuamente para restabelecer sua identidade lógica contra o que, de fora, a ele se opõe, será de novo explicitado, na primeira das *Cartas*, como a ameaça e a sedução da intuição do mundo, da contemplação sensível ou estética, na qual o Eu submergido por objetos corre o ris-

---

[14] *Ak. Ausg.*, I, 2, p. 104. Citemos ainda as formulações impecáveis de P. Tillette, *op. cit.*, p. 78: "A intuição intelectual do 'Eu sou' precede e acompanha todo pensamento e toda representação, o Eu idêntico e inacessível é o suporte de existência pura e de liberdade, sem o qual nenhum pensamento ou representação é possível. O *Ich bin* está contido no *Cogito* como seu centro, ele é indedutível. O *Cogito* pertence à esfera do finito, o pensamento é objetivante e finito".

[15] *Ak. Ausg.*, I, 2, pp. 104-5.

co de se perder. Mas a consciência finita é também — e mais diretamente, se não habitualmente — ameaçada de ceder à vertigem da perda de si na experiência aniquilante da intuição intelectual. Pois se, por definição, não podemos ter saber teórico e positivo da liberdade (absoluta), devemos contudo dela ter uma *experiência* e como que um sentimento, se é verdade que a liberdade é a condição última não somente da ação, mas ainda da representação (através da oposição finita do sujeito e do objeto) e portanto da consciência-de-si.[16] A intuição intelectual, quando aparece no *Sobre o eu*, é de pronto associada à doutrina espinosista,[17] interpretada como uma experiência-limite: a intuição pela qual o absoluto se determina por si mesmo em sua incondicionalidade. A título de intuição *do* absoluto (nas duas acepções do genitivo, subjetivo e objetivo), ela deve seguramente estar pressuposta, no sentido de que a liberdade absoluta o deve estar, como raiz de toda consciência, mas o Eu finito não poderia abandonar-se a essa intuição que surge sempre como um raio e permanece vertiginosa.[18] Nas *Cartas*, Schelling retornará a essa ambigüidade essencial da intuição intelectual.

Nas *Cartas* de 1795-96, ainda se trata naturalmente — e o título completo da obra bem o indica — de confrontar, considerando seus respectivos princípios, dogmatismo e criticismo (podemos deixar de lado aqui a distinção secundária para nosso presente propósito entre o dogmatismo e o dogmaticismo), mas a perspectiva de conjunto, assim como as questões anexas (das quais algumas por muito tempo ainda magnetizarão a reflexão de Schelling), modificaram-se profundamente. Não mais se trata de reconstruir, no terreno do espinosismo, por assim dizer, e tomando-lhe os conceitos diretores e as categorias, uma réplica crítico-idealista, partindo imediatamente do incondicionado autêntico: o Eu absoluto ou a liberdade autotética nele. Aprofundando o antagonismo de princípio entre o dogmatismo e o criticismo, e reconduzindo-o a um conflito mais originário, que não somente atra-

---

[16] *Ak. Ausg.*, I, 2, pp. 104-5.

[17] *Ak. Ausg.*, I, 2, pp. 94-5. E *ibidem*, p. 91, a propósito da incondicionalidade do "Eu sou!".

[18] *Cf.* a experiência aniquilante da eternidade evocada por Jacobi em apêndice a suas *Cartas sobre a doutrina de Espinosa*, *Werke*, IV, 2, pp. 67 ss.; trad. francesa J.-J. Anstett, pp. 245 ss.

Tragédia e sublimidade

vessa a história da filosofia, mas está como que inscrito desde sempre no cerne do espírito humano — conflito que, aliás, põe em cena o próprio absoluto, apreendido doravante sob a figura clássica e indeterminada do ser (to on)[19] —, Schelling pretende encontrar a inspiração fundamentalmente ética da filosofia kantiana. Pondo, por assim dizer, "contra a parede" os adeptos dos dois sistemas diametralmente opostos, Schelling interroga-se sobre o sentido último daquilo que constitui, respectivamente, os seus postulados práticos, a fim de chamar de certo modo à responsabilidade filosófica, mas também ética e, de modo mais geral, humana, seríamos tentados a dizer "existencial", os diferentes protagonistas. Que tipo de homem és? Do que és capaz? Qual a medida da tua coragem?

Basta dizer que não se trata mais, no momento, de "refutação", no sentido óbvio do termo, mas de uma tentativa mais original de elucidação e de confronto de posições contrárias, de escolhas éticas incompatíveis e quase que sem medida comum.[20]

Essa vontade de elucidação, essa preocupação com a explicitação completa, tanto do criticismo (como método, *organon*), quanto do idealismo e do dogmatismo, permite, com efeito, compreender, parece-nos, o sentido e o alcance da re-interpretação da intuição intelectual proposta por Schelling nas *Cartas* e, em particular, na oitava; é igualmente em função dessa mesma preocupação de elucidação que é preciso interpretar, se não a hesitação, pelo menos o equilíbrio com freqüência instável entre as diferentes orientações chamadas a fazerem valer seus respectivos direitos ou pretensões.

O que nos reterá aqui não é o antagonismo maior, cardeal, poder-se-ia dizer, entre dogmatismo e criticismo, mas a oposição, sob

---

[19] *Ak. Ausg.*, I, 3, p. 78. J.-F. Marquet falava com muito acerto de uma "neutralização do absoluto" (*Liberté et existence. Étude sur la formation de la philosophie de Schelling*. Paris, 1973, p. 59).

[20] *Cf.* o final da *Carta X* (I, 3, p. 109): "O dogmatismo [...] é *teoricamente* irrefutável, porque ele mesmo abandona o terreno teórico, para acabar *praticamente* o seu sistema. Pode então *ser refutado* no plano prático, desde o momento em que se realiza *em si* um sistema a ele diametralmente oposto. Mas permanece irrefutável para aquele que é capaz de realizá-lo *praticamente*, para aquele que pode suportar a idéia de trabalhar pelo seu próprio aniquilamento, de suprimir em si toda causalidade livre e de ser a modificação de um objeto, em cuja infinitude encontrará, cedo ou tarde, sua perda (moral)".

muitos aspectos mais surda, que divide de dentro o próprio dogmatismo. As presentes observações não visam, portanto, a estabelecer algo como uma decisão schellinguiana última a respeito desse conflito permanente e dessa série de contraposições subsidiárias. A questão de saber qual seria a última palavra das *Cartas* fica então (e para nós pode ficar) largamente em aberto. O ponto que aqui nos reterá é muito diferente, mas talvez igualmente importante para quem quiser compreender a lógica do desenvolvimento do pensamento schellinguiano, com seus súbitos avanços, mas também com seus recuos e ressurgimentos inesperados.

Trata-se, portanto, de examinar o papel e a função da orientação estética na economia de conjunto das *Cartas* e, em particular, de suas conseqüências quanto ao conflito central do dogmatismo e do criticismo.

A orientação estética (o termo tomado de modo geral, e abstraindo-se da questão de saber como o próprio Schelling entende, em tal ou qual contexto, o adjetivo "ästhetisch") revela-se desde a primeira *Carta*, onde são esboçadas algumas indicações capitais para a interpretação da tragédia grega que será exposta pela *Carta X*. Tentemos — muito esquematicamente — reconstituir o movimento de pensamento dessa primeira *Carta*, isto é, também a argumentação de seu correspondente, à qual responde o autor.

O dogmatismo é aparentemente suscetível de satisfazer muito melhor do que o criticismo a orientação estética do homem, visto que somente ele atribui à natureza uma realidade própria e, assim, torna possível uma autêntica *Weltanschauung*: contemplação do mundo. Diante da realidade e da potência (eventualmente onipotência) do mundo objetivo, duas atitudes são esteticamente possíveis, e elas já são suscetíveis de delimitar o domínio e os recursos tanto do dogmatismo, quanto do criticismo: *a*) O abandono, a submissão, que pode conduzir à perda de si, de sua identidade ou ipseidade, e ao repouso nos braços do mundo. Esse abandono, esse quase-sacrifício da identidade pessoal na abertura extática para o mundo e para sua beleza, pode aparecer como uma afirmação da vida — "o momento supremo da vida" —, embriagada de existência e gozando plenamente de si. *b*) A resistência, o combate, ainda que perdido de antemão, ao mundo objetivo. Na verdade, essa segunda possibilidade choca-se imediatamente com uma dificuldade maior na perspectiva dogmático-es-

Tragédia e sublimidade

181

tética. Como dar conta, com efeito, em função dos princípios mesmos do dogmatismo, que prega a absoluta passividade, desse outro termo, diametralmente oposto ao primeiro, no seio mesmo daquilo que a princípio apareceria unitariamente como uma única e mesma esfera estética; como explicar a decisão de lutar contra essa potência estrangeira, com o risco de sucumbir num combate excessivamente desigual, apenas com a condição de que, através dessa derrota, a liberdade encontre um meio de se afirmar, comprovando assim sua essencial invencibilidade?

Se o criticismo (ou ao menos, como Schelling se esforçará longamente em mostrar na continuação das *Cartas*, o falso criticismo dos teólogos de Tübingen, que não é mais do que um dogmatismo envergonhado) destrói de pronto toda possibilidade de confronto trágico da liberdade humana com a superpotência do destino, introduzindo um Deus moral encarregado, em última instância, de eliminar todo conflito, todo combate entre o Eu e o mundo, e prometendo uma derradeira reconciliação entre as exigências do Eu, as injunções nele da lei e a ordem do mundo,[21] essa idéia de um Deus moral que se interpõe entre Mim e o mundo é igualmente desastrosa para a possibilidade de uma intuição do mundo, e mesmo de uma "intuição intelectual do mundo", que implica sempre a aproximação e a união dos termos opostos.[22]

A objeção aqui levantada contra a idéia de um Deus moral, tão logo essa idéia é confrontada à "arte verdadeira" ou ao *theion* na arte,[23] que abrange tanto o princípio da beleza quanto o da sublimidade, vale *a fortiori* contra o dogmatismo, incapaz de fundar, e mesmo de pensar, a possibilidade dessa suprema expressão artística que é a tragédia.

---

[21] *Ak. Ausg.*, I, 3, p. 51: "A perspectiva de me o-pôr ao mundo não comporta mais para mim nenhuma *grandeza* se interponho um ser superior entre o mundo e mim, se para o mundo é preciso um guardião que o mantenha em seus limites".

[22] *Ibidem*: "Quanto mais afastado de mim está o mundo, quanto mais interponho intermediários entre ele e mim, e quanto mais limitada se tornar minha *intuição* desse mundo, mais esse abandono ao mundo, essa aproximação mútua, essa derrota recíproca no combate (o verdadeiro princípio da beleza) se tornarão impossíveis".

[23] *Ibidem*.

Pois ao admitir se submeter — ainda que o resultado do combate seja sem esperanças —, abandonando-se às seduções da beleza do mundo, permanece sem resposta a questão de saber como conceber, no seio do dogmatismo, o princípio mesmo de uma tal oposição: a resolução de resistir até o fim à superpotência do mundo objetivo. O fundamento da insurreição da liberdade, no princípio da tragédia, deve então vir de outra parte; sua proveniência é outra, estranha a todo dogmatismo. Este último, com efeito, quando prega a submissão ou a derrota, é sempre de derrota voluntária que se trata ou de abandono sem combate. O que repugna definitivamente ao dogmatismo é, na verdade, a idéia de uma *Selbstmacht*, de uma potência-do-si, de uma autonomia subjetiva, cuja liberdade viria a se levantar contra a potência absoluta — a superpotência do destino ou do mundo, tal como ele caminha. Aquilo a que o dogmatismo visa, no plano estético, é antes de mais nada o repouso. A arte recebe como função principal apresentar um tal repouso, antes reencontrado do que reconquistado, nos braços do mundo.

No plano estético, a tragédia constitui, então, o outro extremo, o termo absolutamente oposto àquele que o dogmatismo está em condições de fundar. Entre esses dois extremos, no ponto mediano, situar-se-ia o repouso estóico que espera o combate ou que conseguiu pôr-lhe fim.

O autor das *Cartas* concorda, sem reservas, com seu correspondente, que a visão trágica do mundo implica a idéia do destino, e não a de um Deus moral, que seria ruinosa para a possibilidade mesma de um conflito trágico. Em compensação, recusa-se a admitir que uma tal idéia pertença de pleno direito ao criticismo. É preciso ir tão longe nisso, a ponto de sustentar que é uma questão estética que serve de saída como pedra de toque para apreciar o respectivo valor de cada um dos dois sistemas antagônicos? Certamente seria dizer demais: o que está propriamente em questão no início das *Cartas* é a idéia de um Deus moral destinado a pôr fim a toda contrariedade entre o Eu e o mundo. O exame dessa idéia (no plano estético, mas também no plano filosófico) destina-se, sobretudo, a desmascarar as interpretações pusilânimes do pensamento kantiano, ou ainda a detectar o verdadeiro alcance da crítica, apreendida em seu espírito, mais do que em sua letra.

É impressionante notar, contudo, que a questão da tragédia ressurge na última carta e que ela se apresenta, antes de tudo, como uma

Tragédia e sublimidade

tentativa visando a escapar à alternativa criticismo-dogmatismo, elaborada na *Carta IX*.

Antes de voltar a esse ponto, é preciso notar, ainda que de passagem, que a questão central das *Cartas* não diz respeito, nem única, nem prioritariamente, ao conflito entre o dogmatismo e o criticismo, e tampouco se resume à posição da alternativa simples, diante dos postulados práticos subjacentes: a questão que é expressamente tematizada por Schelling se põe, com efeito, tanto para o dogmatismo, quanto para o criticismo, é a questão do "enigma do mundo" (*Rätsel der Welt*), da origem da finitude, da saída do absoluto ou para fora do absoluto: "Como da unicidade do absoluto resulta a vida em oposições finitas?". Ou ainda, numa formulação mais próxima da própria filosofia crítica: "Por que há em geral um domínio da experiência?".

Mesmo após haver posto em evidência essa questão comum a todos os sistemas, e unicamente a partir da qual as divergências podem aparecer, não é contudo legítimo falar de *equilíbrio*, mesmo instável, entre o dogmatismo e o criticismo nas *Cartas*. Com efeito, e em particular a partir da *Carta V*, a ênfase é posta cada vez mais decididamente sobre o criticismo, que, se não sucumbe à tentação de considerar realizável o fim em direção ao qual tende, mas consegue tê-lo sempre em vista apenas como ideal (idéia reguladora),[24] vence inequivocamente o dogmatismo, vítima de uma "ilusão" quase invencível.[25]

Concedido esse ponto, importa contudo sublinhar, com não menor firmeza, tudo o que separa a análise do dogmatismo nas *Cartas* da crítica formulada a Espinosa no *Sobre o eu*. Nesse último ensaio, Schelling dedicava-se antes de tudo a mostrar o caráter intrinsecamente contraditório do espinosismo, como figura exemplar do dogmatismo acabado;[26] a abordagem das *Cartas* é totalmente diferente: Schelling agora se esforça para compreender, através dos postulados práticos do espinosismo, como o dogmatismo acabado é possível. Quais são suas condições de possibilidade, dito de outro modo, sobre que ilusão ele se funda?

\* \* \*

[24] *Ak. Aug.*, I, 3, pp. 102-3.

[25] *Ak. Aug.*, I, 3, pp. 86-8.

[26] *Ak. Aug.*, I, 2, p. 94.

Se quisermos compreender o sentido e o alcance da breve análise da tragédia grega que abre a *Carta X*, importa antes de tudo situá-la, com tanta precisão quanto possível, na economia geral (acidentada e sinuosa) das *Briefe*. Nas *Cartas* — e o modo de exposição, o gênero epistolar, adapta-se particularmente bem a seu desígnio —, Schelling persegue diversos objetivos: trata-se antes de tudo, e simultaneamente, de marcar bem a separação nítida entre dogmaticismo e dogmatismo (ou melhor, dogmatismo acabado, conseqüente — entenda-se: espinosismo) e lutar contra o risco de dogmatização a que o criticismo se encontra presentemente exposto;[27] trata-se também, e sobretudo, de revelar o problema comum com o qual dogmatismo e criticismo têm necessariamente de se confrontar — o do "enigma do mundo" (*das Rätsel der Welt*),[28] como diz Schelling, ou ainda o da justificação do "domínio da experiência",[29] isto é, do finito e de sua autonomia relativa. O ponto espinhoso da questão está então, se aceitamos isso, na difícil determinação do Eu finito e de seu frágil estatuto. Trata-se também, e por fim, de mostrar por que o profundo antagonismo entre os dois tipos de sistema possíveis é irredutível, de identificar os postulados práticos subjacentes a cada uma das teses contrapostas e, após ter assim "mudado de terreno", escolhido um novo campo de manobra — o da realização prática —, de colocar o correspondente imaginário, o destinatário fictício das *Cartas*, diante da verdadeira e última alternativa: saber *quem* ele é ou *quem* ele quer ser — *pelo quê* (*por quem*) ele se dá *praticamente* — e decidir-se, por conseguinte,[30] seja pela atividade ilimitada, seja pela passividade absoluta — abandono, repouso nos braços do mundo.

[27] São os professores do *Stift* que são aqui diretamente visados: J. Fr. Flatt, Fr. G. Süskind, G. Ch. Storr e G. Ch. Rapp. Ver também a carta de Schelling a Hegel *in Schelling, Briefe und Dokumente*, ed. H. Fuhrmans, t. I, p. 56. Sobre a situação intelectual em Tübingen, reportar-nos-emos igualmente a Fuhrmans, *B.u.D.*, I, pp. 9-54.

[28] *Werke*, I, 3, p. 78.

[29] *Werke*, I, 3, p. 79.

[30] *Cf.* também o Prefácio do *Vom Ich* (*Werke*, I, 2, pp. 77-8): "Dê-se ao homem a consciência do que ele *é*, e ele logo aprenderá a se tornar aquilo que ele deve ser. Dê-se a ele o respeito *teórico* por si mesmo e o respeito *prático* se seguirá logo após".

Tragédia e sublimidade

Pode-se, contudo, perguntar se a alternativa entre dogmatismo e criticismo, apresentada nesses termos, permite ainda fazer justiça à potência do objetivo (do mundo objetivo); se o esforço para realizar em si mesmo o absoluto, através de uma atividade ilimitada, não leva a despojar o objeto de toda a *consistência*, a fazer com que ele perca seu estatuto essencial de *Widerstand*; e se, inversamente, o abandono de si ao mundo, a aspiração empedocliana de se lançar "nos braços do infinito" e de se perder no "mundo juvenil"[31] não representa, para a potência objetiva, um triunfo simplesmente ilusório, já que, se o objetivo vence graças à passividade sem medida do sujeito, ele não deve menos a realidade de sua vitória ao próprio sujeito, uma vez que este último, desapropriando-se de si, abandona-se e renuncia a si. Poder-se-ia mostrá-lo em detalhes, cremos, seguindo as análises da *Carta VIII* relativas à intuição intelectual e à ilusão (quase que necessária) de Espinosa e de todos os autênticos *Schwärmer* [visionários exaltados]. Daí o destinatário fictício das *Cartas* poder legitimamente e dever — parece — introduzir *in fine* uma terceira possibilidade, que aliás se impõe necessariamente ao exame, tão logo já não se considere mais simplesmente o par sujeito/objeto, ou o antagonismo de princípio liberdade do Eu/potência do objetivo, e que essa última se apresente, ainda que apenas graças a uma historicização dos termos em conflito, como superpotência (*Übermacht*).

A alternativa em que a *Carta IX* desembocava é, se não enganosa, ao menos incompleta. Importa, por certo, *decidir-se*, isto é, fixar o tipo de *destinação* que cada um está a cada vez em condições de fazer seu, em conformidade com a oposição fundamental do dogmatismo e do criticismo:

> "No dogmatismo, minha *destinação* é aniquilar toda
> livre causalidade em mim, não agir eu mesmo, mas deixar
> agir em mim a causalidade absoluta, restringir cada vez mais
> os limites de minha liberdade, a fim de ampliar cada vez

---

[31] *Cf.* Hölderlin, carta (nº 112) a seu irmão, em 2 de junho de 1796: "É verdade que aspiramos com freqüência a passar desse estado intermediário entre a vida e a morte ao ser infinito do mundo, a nos lançar nos braços da natureza eternamente jovem de que procedemos". *Cf.* também o poema "An die Natur".

mais os do mundo objetivo — em suma, a passividade absolutamente ilimitada.

Para o criticismo, minha *destinação* é a seguinte: *o esforço pela ipseidade imutável, pela liberdade incondicionada, pela atividade sem limites.* Sê! Tal é a exigência suprema do criticismo".[32]

Mas é preciso igualmente levarmos em conta um terceiro elemento; ainda nos resta, com efeito, algo a aprender: a saber, "que existe uma potência objetiva que ameaça aniquilar nossa liberdade e que, com essa firme convicção, é preciso lutar contra ela e *assim* sucumbir".[33] Essa última possibilidade não apenas não deve ser excluída em seu princípio; mas, muito mais, deve-se, de certo modo, tê-la sempre em vista ou sempre presente no espírito. Certamente não como uma possibilidade "real", mas, pelo menos, como uma possibilidade *imaginária* e que, como tal, deve ser pois confiada à arte (à representação artística) — e mesmo ao que há de mais elevado na arte: a tragédia.

Por que uma tal possibilidade desapareceu como "possibilidade real", se é que ela já teve outra realidade que não precisamente a da *Darstellung*, da representação, do espetáculo? A eventualidade do conflito frontal entre o Eu em sua livre-afirmação (*Selbstmacht*) e uma potência qualquer definida prioritariamente por seu excesso ou sua sobre-medida (*Übermass*) há muito se dissipou diante da luz da razão, limita-se a dizer laconicamente Schelling, que, no Prefácio do *Sobre o eu*, já evocava a necessidade de livrar definitivamente o homem "dos terrores do mundo objetivo".[34] A possibilidade concreta de pensar num combate travado com muita luta contra a superpotência (*Übermacht*) desapareceu ao mesmo tempo que a idéia do destino, e todo conteúdo verdadeiro de sua força superior se esvaziou para nós. Uma tal idéia pertence doravante a uma outra era, ela caracteriza um período encerrado da história, concebida em seu conjunto como "revelação contínua, que se desvela progressivamente, do absoluto": o *pe-*

---

[32] *Werke*, I, 3, p. 104, 106.

[33] *Werke*, I, 3, p. 106.

[34] *Werke*, I, 3, p. 107. *Cf.* também o Prefácio do *Vom Ich* (*Werke*, I, 2, p. 77). A *Carta IX* já evocava, por seu lado, os *Schrecknisse der Schwärmerei* [horrores da exaltação visionária].

Tragédia e sublimidade

187

*ríodo trágico*, evocado como que de passagem no fim do *Sistema do idealismo transcendental*.

Importa, contudo, manter na esfera da arte a representação viva dessa possibilidade ou, mais concretamente, desse combate da liberdade contra a potência objetiva. Por que razão? O que justifica a necessidade dessa lembrança? Em que se funda o valor permanente de uma tal representação?

\* \* \*

Antes de fazer justiça — indiretamente — a essas questões, e no limiar de sua primeira interpretação do processo trágico, Schelling começa por recusar de imediato a problemática subjacente à exegese clássica, assim como à da *Aufklärung*,[35] e que pode ser formulada nos seguintes termos: "Como a razão grega pôde suportar as contradições de sua tragédia?". Ou ainda: "O que tornava a contradição suportável aos olhos dos gregos?". A figura heróica que ilustra da maneira mais clara uma tal contradição, no que ela tem de inadmissível, é naturalmente a de Édipo-Rei, que Schelling apresenta nesses termos: "Um mortal, destinado pelo *fatum (Verhängniss)* a se tornar um criminoso, lutando, ele mesmo, *contra* esse *fatum* e, contudo, terrivelmente punido por um crime que era obra do destino!".[36]

O gesto de Schelling, que consiste em se interrogar sobre uma questão aceita ("Como a razão grega... etc.?") para recolocá-la radicalmente em causa, interessa-nos muito particularmente aqui porque repete num certo sentido — voltaremos a isso — o gesto já realizado na *Carta VIII* a propósito de Espinosa. "Pergunto-me — objetava o destinatário fictício — como um espírito tão límpido quanto o seu, um espírito cuja suave claridade ilumina toda sua vida e toda sua obra, pôde suportar um princípio tão destrutivo, um princípio de aniquilamento?"[37] Trata-se do princípio de toda *Schwärmerei* [exaltação visionária] que formula assim sua impiedosa exigência: "Retorno ao

---

[35] *Cf.*, em particular, Lessing, *Hamburgische Dramartugie*, e a obra indispensável de M. Kommerell, *Lessing und Aristoteles. Untersuchung über die Theorie der Tragödie*, Frankfurt, 1960. *Cf.* também W. Schadewaldt, "Furcht und Mitleid?", *in Hellas und Hesperien*, Zurique-Stuttgart, 1960, pp. 346-88.

[36] *Werke*, I, 3, p. 106.

[37] *Werke*, I, 3, p. 86.

divino, fonte originária de toda existência, união com o absoluto, aniquilamento de si".

Mas voltemos à tragédia. A resposta de Schelling, diante da questão aceita e quase obrigatória da contradição insustentável, consiste em mostrar que a razão última ou o fundamento da antinomia reside, para além da simples "razão", na afirmação decidida daquilo mesmo que podia a princípio passar por puro escândalo ou suprema injustiça. A transmutação da contradição em razão superior, do dilaceramento em reconciliação, passava precisamente pela luta mortal da liberdade humana com a potência do mundo objetivo; considerando-se que essa potência era uma superpotência (um *fatum*), a liberdade devia certamente sucumbir e, contudo, como não sucumbia *sem luta*, ser punida com e por sua própria derrota. Punir o "criminoso", ainda que ele não sucumbisse senão diante da superpotência do destino, era ainda um modo — paradoxal, se se quiser[38] — de reconhecer a intangibilidade da liberdade humana e de lhe prestar uma suprema homenagem. Era então precisamente mostrando, em toda sua dureza, a formidável e rigorosa lógica do combate da liberdade contra o destino e sua superpotência implacável que a tragédia grega sabia magnificar a liberdade de seus heróis, ainda que estivessem de antemão condenados. "Foi uma grande idéia — observa Schelling — admitir que o homem aceita voluntariamente o castigo, mesmo por um crime inevitável, e manifesta assim sua liberdade pela própria perda de sua liberdade, que ele sucumba declarando ao mesmo tempo os direitos de sua livre vontade".[39]

Manifestar sua liberdade inclusive mediante a perda de sua própria liberdade, sacrificar-se à liberdade, aceitando voluntariamente o castigo por um crime do qual se permanece inocente, ou que se teve necessariamente que cometer à sua revelia, para não reconhecê-lo senão *après coup* — em todos os sentidos do termo —, eis, aos olhos de Schelling, a grandiosa concepção em que repousa a tragédia grega em seu auge e graças à qual liberdade e necessidade podem ser enfim conjugadas e reconciliadas — *ao menos nos limites da arte.*

---

[38] *Cf.* Hölderlin, "Die Bedeutung der Tragödien", *G.St.A.*, IV, 1, p. 274: "Die Bedeutung der Tragödien ist am leichtesten aus dem Paradoxon zu begreifen" [A significação da tragédia pode ser mais facilmente concebida a partir do paradoxo].

[39] *Werke*, I, 3, p. 107.

O que vale, com efeito, para o espaço mimético da representação — o espaço cênico propriamente dito —, a luta inexpiável da liberdade humana, afirmando a autonomia irredutível de sua potência própria (sua *Selbstmacht*) exposta à superpotência do destino, não poderia ser aplicado na esfera ética (a mesma que, lembremos, está no cerne das *Cartas* de 1794-1795), nem *a fortiori* servir de regra para um "sistema do agir". Um tal sistema, com efeito — o da luta mortal, da afirmação incondicional dos direitos imprescritíveis da liberdade diante do absoluto fantasmaticamente realizado ou objetivado fora de mim —, pressuporia nada menos que uma "raça de Titãs".

Traçadas assim em grandes linhas as perspectivas gerais da interpretação schellinguiana, a ruptura com a tradição aristotélica parece realmente bem consumada: a análise na verdade não se centra mais no "efeito trágico", na função catártica da representação e da identificação que ela necessariamente pressupõe, por parte dos espectadores, com o herói.[40] Os conceitos-chave da construção aristotélica da definição da tragédia como figura específica da *mímesis* (*eleos kai phobos*, mas também *hamartia*) aparentemente não desempenham mais nenhum papel. Por certo, a tragédia permanece, para Schelling, apresentação ou representação: ela expõe ou dá a ver, ela põe propriamente em cena (*Darstellung*) o processo [*procès*] trágico, isto é, o processo [*processus*]* conflituoso, no seio do qual — ao termo do qual — liberdade e necessidade identificam-se, num relâmpago, sob nossos olhos, como o são de imediato no absoluto. A *Carta IX* havia, aliás, reafirmado essa identidade de direito:

> "Quem houver refletido sobre a liberdade e a necessidade, haverá descoberto por si mesmo que esses princípios devem necessariamente ser *reunidos* no absoluto: — a *liberdade*, porque o absoluto age em função de sua autopotência incondicionada; — a *necessidade*, porque ele não o pode fazer senão em conformidade com as leis de sua essência. Nele, não há lugar para nenhuma vontade suscetível de se

[40] Aristóteles, *Poética*, cap. 13. Remetemos especialmente à nota 2, pp. 238 ss., da edição estabelecida e anotada por R. Dupont-Roc e J. Lallot, Paris, 1980.

* Em português, a mesma palavra "processo" tem o sentido de sucessão de estados ou de mudanças, evolução (em francês, *processus*) e o sentido jurídico de pleito judicial, litígio (em francês, *procès*). (N. da T.)

afastar de uma lei, mas tampouco para nenhuma lei que ele não houvesse primeiro dado a si mesmo por seus atos, a nenhuma lei que conservaria realidade independentemente de seus atos. Liberdade absoluta e necessidade absoluta são idênticas".[41]

Mas, não obstante essa identidade de princípio, o que justifica a permanência da representação trágica é ainda a *obra* (*ergon*) própria que esta última realiza: tornar manifesto, no seio mesmo do mais extremo dilaceramento, e quando tudo parece definitivamente perdido, a possibilidade de uma *identificação* superior. O que tornava suportáveis aos olhos dos gregos as contradições que compõem a trama de suas tragédias não era prioritariamente algum "efeito" de harmonização restaurada ou a purificação de certos afetos, permitindo substituir as emoções penosas pelo prazer, mas mais fundamentalmente o fato de que a *katharsis* que se opera no espectador remete a essa conciliação que está em ação na própria tragédia e da qual ela constitui, se se quiser, o *evento* sem igual. Compreende-se então melhor por que uma tal interpretação, centrada de imediato na *ação* trágica (o *drama*), deve necessariamente, e pelo mesmo gesto, sublinhar os limites intransponíveis de toda apresentação desse gênero: estes são *os limites da arte*. Pois o espetáculo da tragédia é sempre *ilusório*: ele antecipa, com efeito, a reunificação absoluta — e assimptótica — dos termos antagônicos, como quer que se queira chamá-los: liberdade-necessidade, finito-infinito, Eu-objeto absoluto.

Pode-se, por isso, perguntar se, na economia complexa das *Cartas*, a interpretação da tragédia grega não representaria o reverso ou a vertente estético-positiva da ilusão espinosana; se, noutros termos, tomados agora de Hölderlin, a tragédia não deveria ser considerada como "a metáfora de uma intuição intelectual"?[42] Mas voltemos um instante a Espinosa, herói epônimo do dogmatismo consumado e plenamente coerente. Espinosa partiu de uma experiência, cuja imediatez ou originalidade não poderiam ser recolocadas em questão, a da intuição de si, da auto-intuição (*Selbstanschauung*). É nessa intuição de si

[41] *Werke*, I, 3, p. 107.

[42] Hölderlin, *Sobre a diferença dos modos poéticos. G.St.A.*, IV, pp. 266-7. *Cf.* também acima, o ensaio "Da metáfora trágica".

por si — a qual, por definição, não pode ser senão uma intuição intelectual[43] — que o Eu *se identifica*, se assegura de sua ipseidade própria. "Essa intuição intelectual se produz, escreve Schelling, quando cessamos de ser objeto para nós mesmos, todas as vezes que, retornando a si mesmo, o Si que intui se torna idêntico àquilo que ele intui."[44] Essa intuição intelectual, que não pode ser produzida senão por liberdade, permite-nos aceder àquilo que *é* "no sentido próprio do termo", e em relação a que "todo o resto não passa de *aparência*". O erro de Espinosa consistiu, como se sabe, em objetivar essa intuição do absoluto nele. Ele não reconheceu que através dessa intuição, que é como que o ponto tangencial do Eu finito e do Eu absoluto, o absoluto se tornava idêntico a ele. Acreditou, a contrapelo, que era ele que se tornava idêntico ao absoluto, e então aceitou, em conformidade com essa pressuposição, a idéia de autodestruição. Nisso era vítima de uma ilusão geral, comum, em todo caso, a todos os *Schwärmer*, e quase inextirpável: a ilusão que consiste em pôr sub-repticiamente seu Eu no lugar do absoluto, a fim de tornar precisamente aceitável para si a idéia de seu próprio desaparecimento, de seu aniquilamento no objeto absoluto.

Pode-se perguntar, voltando agora à tragédia, se o herói trágico não procede a uma substituição da mesma ordem, quando aceita voluntariamente assumir, sem reservas, crimes atribuídos pelo destino, e, ainda que lutando contra o inexorável, ser horrivelmente punido por algo que depende propriamente do *fatum*. Identificando-se, assim, com o destino, recusando-se a deixar certos de seus atos se dissociarem dele, até mesmo reivindicando abertamente as conseqüências últimas e imprevisíveis, o herói trágico, por pretender responder sempre por si, perde e ganha ao mesmo tempo a absolutez de sua liberdade.

Assim como um *Schwärmer* dificilmente teria podido ficar satisfeito com a idéia de seu próprio desaparecimento no abismo do divino, se não houvesse colocado sempre seu próprio Eu no lugar do Deus, o herói trágico não pôde sofrer o castigo senão condenando-se a si mesmo e infligindo-se a si mesmo, como Édipo, a mais terrível das punições (cegueira, exílio, errância sob o impensável).

---

[43] Trata-se, aqui, não do *intuitus originarius* rejeitado por Kant, mas do requisito de toda determinação do Eu puro que Schelling, seguindo uma indicação fugaz de Fichte na *Resenha do Enesidemo*, explicita desde o *Sobre o eu* (*Werke*, I, 2, pp. 106-7).

[44] *Werke*, I, 3, p. 88.

Por certo, como frisa enfaticamente Schelling, "nesse estado intelectual que Espinosa descreveu segundo o testemunho de sua auto-intuição, todo dilaceramento em nós deve desaparecer, toda luta, mesmo a mais nobre, a da moralidade, deve ter fim, e todas as contradições que sentidos e razão criam inevitavelmente entre moralidade e felicidade devem ser resolvidas".[45]

Naturalmente, o mesmo não se dá no caso da experiência do drama trágico; a situação, se se quiser, é mesmo exatamente inversa: é no dilaceramento absoluto, no seio da mais insuportável dissimetria entre felicidade e mérito, que o herói, sem dúvida pateticamente exposto aos golpes da sorte, mas não recusando senão de maneira mais resoluta toda passividade, deve reencontrar, isto é, reconquistar, ainda que mais freqüentemente à custa de sua perda ou de sua decadência, a *harmonia aphanes* evocada pelo fragmento 54 de Heráclito. Quase na mesma época, em seus ensaios de Homburg, e em particular em seu estudo *Sobre a diferença dos modos poéticos*, Hölderlin buscará conjugar, sob o título do "harmonicamente oposto", *Fühlbarkeit des Ganzen* (a possibilidade para o todo de ser sentido, a sensibilidade do todo) e secessão de uma "parte" que, tomada pela "desmedida da intensidade", pela "desmedida da uni-cidade" (*Uebermass der Innigkeit, Uebermass der Einigkeit*), individualiza-se em excesso. Uma tal separação não poderia, contudo, atingir a integridade harmônica do todo, deslocá-lo, já que é apenas graças a uma separação desse gênero — o dilaceramento absoluto, cujo herói é a vítima — que o todo pode voltar a si mesmo, aceder a sua uni-totalidade mais elevada e mais abrangente, dar lugar à "mais infinita coesão" (*unendlicher Zusammenhang*), na qual partes e todo se sentem com uma igual vivacidade. Mas, para isso, a parte tem primeiro de sofrer, padecer a uni-dade (*Einigkeit*); o *pathos* propriamente trágico é sempre aquele da *Vereinzelung*, do isolamento, da solidão, da concentração em si, até o extremo da dissidência.[46]

Poder-se-ia então arriscar dizer que, para Schelling, a ilusão trágica — pois também aí é de ilusão mesmo que se trata —, seria o inverso, o simétrico negativo da ilusão espinosista: a tragédia consistiria, também ela, em objetivar uma intuição intelectual.

---

[45] *Werke*, I, 3, p. 91.

[46] Hölderlin, *Sobre a diferença dos modos poéticos*, *G.St.A*, IV, I, pp. 268-9.

Seguramente, é preciso esperar o *Sistema do idealismo transcendental* para ver Schelling definir — sem referência expressa à tragédia — a obra de arte e a intuição específica que lhe corresponde nestes termos: "Essa objetividade universalmente aceita e absolutamente inegável da intuição intelectual é a própria arte. A intuição estética, com efeito, é precisamente a intuição intelectual tornada objetiva".[47] Nada impede, contudo, de pensar que através da análise da tragédia grega, no final das *Cartas* de 1795, já se revele essa idéia que, no contexto das *Briefe*, não podia ser lembrada, a saber, que a tragédia, para além da alternativa intransponível do dogmatismo e do criticismo, podia ou teria podido representar — e precisamente apenas no espaço da re-presentação — uma tentativa de conciliação estética dos dois imperativos diametralmente opostos, o do dogmatismo: "Anula-te a ti mesmo! Comporta-te de maneira pura e simplesmente passiva diante da causalidade absoluta!", e o do criticismo: "Sê!".[48]

\* \* \*

[47] *SW*, III, p. 625: "Essa objetividade universalmente aceita e absolutamente inegável da intuição intelectual é a própria arte. A intuição estética, com efeito, é precisamente a intuição intelectual tornada objetiva. Só a obra de arte reflete para mim o que por nada mais é refletido, a saber, esse absolutamente idêntico que, ele mesmo, já se cindiu no Eu. Aquilo que o filósofo deixou cindir-se desde o primeiro ato da consciência e que é inacessível a qualquer outra intuição, a arte opera o milagre de reverberar por seus produtos" (trad. cit., p. 257).

[48] Talvez fosse uma hipótese desse gênero que permitiria compreender a observação de Hölderlin, numa carta a Niethammer (nº 17, de 24 de fevereiro de 1796): "Schelling, que encontrei antes de minha partida, está contente de colaborar com o teu *Jornal* e de ser introduzido por ti no mundo dos sábios. Não estávamos sempre de acordo, mas o estávamos quanto a pensar que é sob a forma de cartas que as idéias novas são expostas com maior clareza. Deves saber que suas novas convicções o fizeram tomar uma via melhor, antes que a menos boa houvesse trilhado até o final". Nas "Novas cartas sobre a educação estética do homem", anunciadas na mesma correspondência, Hölderlin pretendia opor-se à ênfase *prática* de Schelling: "... Eu gostaria de encontrar o princípio que me explique as divisões em que pensamos e existimos, mas que também possua o poder de fazer desaparecer a oposição entre o sujeito e o objeto, entre nosso eu e o mundo, entre razão e revelação — no plano teórico, pela intuição intelectual, sem recorrer a nossa razão prática. Para isso, precisamos de sentido estético..." (trad. francesa, Pléiade, p. 381). *Cf.* também a carta a Schiller (nº 104) de 4 de setembro de 1795: "Tento provar que... a união do sujeito e do objeto em um Eu absoluto... é sem dúvida possível no plano estético, na intuição intelectual, mas não o é no plano teórico senão através de aproximação infinita...".

Assim, essa primeira interpretação do fenômeno trágico já sinalizaria — precisamente através da esfera estética e graças a uma versão estética da intuição intelectual — em direção à filosofia da identidade. Um marco, uma primeira pedra, haveria sido assim colocado, à espera de uma retrospecção ou de uma reconstrução por vir.

E de fato, em suas *Preleções sobre a filosofia da arte*, Schelling retomará alguns anos mais tarde, quase literalmente, sua interpretação anterior. Naturalmente, é nesse "quase" que precisaremos ater-nos.

Nas *Preleções* de Iena e de Würzburg, Schelling introduz sua interpretação da tragédia e do trágico, no quadro de uma analítica do sublime. O ponto merece destaque, pois aqui Schelling — certamente depois de Schiller — afasta-se de Kant,[49] que não havia ilustrado sua definição do sublime (matemático e dinâmico) senão através de exemplos tomados da esfera da natureza, enquanto Schiller, a quem Schelling segue de perto, busca descobrir o fundamento último do sublime da natureza, mas também o que o aproxima ou distingue do sublime da história.

A análise schellinguiana do sublime pressupõe a determinação de pelo menos dois conceitos que precisamos apresentar de maneira muito breve: o de gênio (já no centro do estudo da arte e de seu produzir no *Sistema do idealismo transcendental*) e o de poesia.

Pode-se chamar de gênio, ensina-nos Schelling no parágrafo 63, "o conceito eterno do homem em Deus", desde que seja permitido considerá-lo como "a causa imediata de suas produções". O que produz efetivamente é, por certo, o homem, mas o homem apreendido naquilo que nele é mais do que ele mesmo, apreendido em seu conceito tal como ele está presente em Deus mesmo. O que, em outros termos, significa também dizer que o gênio pode ser encarado como "o divino imanente ao homem" — aquele que lhe é inerente ou que o habita[50] — e que constitui como que "um fragmento tirado da absolutez de Deus".

O conceito seguinte — o segundo conceito prévio à analítica do sublime — é mais difícil e surpreendente sob muitos pontos de vista. Schelling, com efeito, distingue a "poesia" no sentido estrito e a *arte* (ou melhor, o que ele chama de *die Kunst in der Kunst*, a essência da

---

[49] *Cf.* também Hölderlin, carta a Neuffer de 10 de outubro de 1794.

[50] *Cf.* também o tema do *Gott in uns*, largamente orquestrado por Hölderlin.

Tragédia e sublimidade

arte, o que na arte é propriamente arte ou artístico). Quanto à poesia, ela representa "o lado real do gênio"; é ela que está no princípio da "informação" ou da "uniformação" — da "esemplasia", caso aceitemos seguir a indicação de Coleridge[51] — do infinito no finito. A esse pôr-o-infinito-em-cena ou em-imagem responde, pelo lado ideal, a uniformação do finito no infinito, cujo princípio é a arte.

Observar-se-á que na definição desses dois últimos conceitos — mais complementares do que antagônicos —, parece não sobrar mais lugar algum para o esquema da *mímesis*. Schelling toma igualmente o cuidado de acabar com toda interpretação, em termos de alegoria, das relações finito-infinito: o finito, desde que o infinito nele se incorporou a ponto de com ele se confundir (*Ineinsbildung*), torna-se verdadeiramente independente, "consistente" (*etwas für sich Bestehendes*): ele acede ao estatuto de ser-essência (*Wesen*) em si mesmo. E, como tal, é aquilo que "não significa mais simplesmente algo de diferente", aquilo que não remete mais, por assim dizer, a nada que lhe seja exterior. No plano de fundo dessa absolutização da obra, apreendida em sua essencialidade, seria preciso lembrar as belas análises de K. Ph. Moritz, em seu ensaio verdadeiramente inaugural *Sobre a imitação formadora do belo*.[52] "É o próprio absoluto — conclui Schelling — que dá, assim, às idéias das coisas nele presentes uma vida independente, informando-as, de maneira eterna, no finito [a finitude — *Endlichkeit*]."

É em função desses dois tipos diferentes de unidade possível: o infinito incorporado ao finito, ou o finito incorporado ao infinito, que Schelling distingue *sublimidade* de *beleza*: "A primeira unidade, aquela que consiste na uniformação do *infinito no finito*, encontra sua expressão privilegiada na obra de arte como *sublimidade*; a segunda, aquela que consiste na *uniformação do finito no infinito*, como *beleza*". Um objeto ou uma ação serão, portanto, qualificados de sublimes quando, a título precisamente de seres finitos, forem suscetíveis de receber o infinito; quando são propriamente, e apesar de sua

[51] *Biographia Literaria*, cap. X.

[52] K. Ph. Moritz, *Schriften zur Aesthetik und Poetik*, ed. H. J. Schrimpf. Tübingen, 1962. Sobre Moritz, ver Szondi, *Poetik und Geschichtsphilosophie I* (*Studienausgabe der Vorlesungen*, t. 2), ed. S. Metz e H. H. Hildebrand, Frankfurt, 1974, pp. 82 ss., e T. Todorov, *Théories du symbole*, Paris, 1977, pp. 179 ss.

finitude, *capazes de infinitude*, e isso de tal maneira que o infinito resulte do e no finito, que ele aí se apresente em sua diferença (ou diferenciação), em sua alteridade pura.

Após haver lembrado essas primeiras distinções, podemos deixar de lado os detalhes da analítica do belo, para acompanhar Schelling em seu estudo do sublime, que começa, por sua vez, por uma divisão preliminar: o sublime concerne, quer à natureza, quer à *Gesinnung* — traduzamos: ao *ethos*, ao caráter.

Em sua análise do sublime — já o assinalamos —, Schelling com freqüência depende muito estreitamente de Schiller, e em particular do ensaio de 1793 *Sobre o sublime*, publicado apenas em 1801. Não seria demais insistir, contudo, na importância capital da conexão entre a problemática do sublime e a questão da *destinação do homem*. "O sentimento do sublime na natureza — observava Kant[53] — consiste em um respeito por nossa própria destinação, respeito que, por uma certa *sub-repção* (*substituição* do respeito pela idéia de humanidade presente no sujeito que somos por um respeito pelo objeto), testemunhamos a um objeto da natureza que de alguma forma torna para nós manifesto a superioridade de nossa destinação racional, de nossa faculdade de conhecer, em relação à mais elevada faculdade da sensibilidade."

De Schiller, Schelling toma o que se pode chamar de sua predeterminação do sublime. O sublime da natureza aparece-nos primeiro — indica Schelling, parafraseando livremente Schiller[54] — ali onde nos é oferecido (*dargeboten*) um objeto sensível que excede nosso poder de apreensão (*Fassungskraft*) porque lhe é incomensurável. Em outros termos, experimentamos a sublimidade quando "nossa força (*Kraft*), na mesma medida que somos seres vivos (*Lebenskräfte*), vê-se confrontada a uma potência (*Macht*) da natureza que a reduz a nada". Aquilo que, na natureza, aparece como o "incomensurável" (*Übermacht*, dizia Schelling nas *Cartas*), não somente põe em xeque nossa capacidade de apreensão, mas ainda manifesta, em comparação, a inanidade de nossa potência, na medida mesma que somos apenas, e antes de tudo, seres vivos. Mas este ainda não é senão o primeiro

---

[53] *Kritik der Urteilkraft*, § 27 (trad. francesa *in Œuvres philosophiques*, Pléiade, t. II, p. 1026. *Cf.* também § 28, trad. cit., pp. 1031-2).

[54] Schiller, *Ueber das Erhabene, Säkular-Ausgabe*, t. XII, p. 269.

Tragédia e sublimidade

aspecto — digamos, negativo — do sublime ou do sentimento do sublime em nós despertado pelos fenômenos naturais. "A intuição do sublime não aparece verdadeiramente — Schelling logo precisa — senão quando a intuição sensível se mostra inadequada à grandeza do objeto sensível, é então [como numa segunda fase que distinguimos abstratamente] que surge (*hervortritt*) o verdadeiro infinito, em relação ao qual esse infinito simplesmente sensível se torna símbolo... O sublime... é uma sujeição que trai [dito de outro modo, deixa aparecer, dá a ver — se fosse aqui questão de vista ou de visão] o infinito, pelo verdadeiro infinito." O infinito sensível — aquele que se revela primeiro a nós como o incomensurável — não é, então, na realidade, senão a máscara do verdadeiro infinito que, como tal, permanece incapturável. Mediante o sublime, o infinito se revela em sua dupla face. Trata-se aqui, na realidade, mais de transfiguração ou de transverberação do que de disfarce ou de dissimulação. Com efeito, o infinito sensível não esconde nada, ele antes traduz ou trai aquilo mesmo que sempre importa decifrar obliquamente. Pois "não pode haver — prossegue Schelling — intuição mais completa do infinito do que ali onde o símbolo, no qual ele é intuído, dissimula (*heuchelt*) em sua finitude a infinitude". Ou ainda, para formular de outro modo essa tese central: não há, a bem dizer, intuição absoluta, intuição do absoluto. Esse último certamente se dá ou se oferece a nós — sua essência se reúne nessa doação mesma —, mas sempre à sombra ou no espelho do sensível e, na realidade, do finito. O espectador que contempla "o que, fora dele, é sempre relativamente grande", aí descobre, graças ao sentimento do sublime, "o espelho em que percebe (*erblickt*) o absolutamente grande, o infinito em e para si mesmo".[55] Schelling cita aqui, ainda livremente, Schiller, modificando, todavia, o texto desse último, de maneira totalmente significativa, como destacava com muita perspicácia Dieter Jähnig.[56] Enquanto Schiller, com efeito, indicava que, por meio da experiência do sublime, o relativamente grande se torna o espelho no qual o espectador "percebe o absolutamente grande nele mesmo" (*in ihm selbst*), Schelling risca essa referência ao sujeito que, desde Kant, estava inscrita na definição mesma do sublime: é o infi-

[55] *SW*, V, p. 463. *Cf.* também Schiller, *op. cit.*, p. 274.

[56] D. Jähnig, *Schelling, Die Kunst in der Philosophie*, Pfullingen, 1969, t. II, p. 239.

nito em e para si (*an und für sich*) que aparece mediante a contemplação do sublime, que Schiller já chamava, mas sem tirar todas as conseqüências, de *absolute Contemplation* [contemplação absoluta].

Uma tal contemplação induz a uma "elevação da liberdade" (*Erhebung der Freiheit*) que, liberta de qualquer interesse, positivo ou negativo, diante do objeto (temor, angústia, desejo, vontade de apropriação), acede à "intuição superior" do inobjetivo/ inobjetivável e alcança assim, de um só golpe, um olhar sobre o advir do absoluto. Schelling também chamará essa "intuição superior" (*höhere Anschauung*) de "intuição estética".[57]

Pode-se então, ao que parece, seguir D. Jähnig, quando ele observa que o que separa radicalmente a análise schellinguiana de seu ponto de partida kantiano-schilleriano liga-se principalmente ao fato de que, para Schelling, a intuição do sublime não relativiza simplesmente a objetividade (a grandeza que se revela apenas relativa, ainda que se apresentasse de imediato como incomensurável), mas também a subjetividade daquele mesmo que a intui, já que este considera o absoluto *em e para si*. Em todo caso, é sempre a liberdade que sai vitoriosa da experiência do sublime, mas, na perspectiva schellinguiana, a liberdade humana assim exaltada oferece como que primícias da liberdade absoluta.

Vê-se também, nesse exemplo, a importância do que se pode chamar de função de objetivação, ou melhor, de função veritativa, "epifânica" da obra de arte, desde o momento em que o sublime parou de pertencer, no essencial e no principal, ao domínio da natureza e das grandes manifestações naturais: céu estrelado, tempestade, oceano revolto — são exemplos privilegiados em que se apoiava a interpretação kantiana. O estudo do sublime — em oposição ao da beleza — não marca, para Schelling, nenhum retorno ao sujeito, à subjetividade do sujeito que julga esteticamente, mesmo quando a análise se dirige expressamente ao efeito produzido sobre o espectador.[58] Se, de fato, como nos ensina o sistema de 1800, beleza e sublimidade repousam ambas sobre a mesma contradição inicial (*Widerspruch*) que de súbito se transforma numa "harmonia inesperada", o que carac-

[57] *SW*, V, p. 463.

[58] Cf. *Système de l'idéalisme transcendental*, *SW*, III, pp. 620-1 (trad. francesa cit., p. 253).

Tragédia e sublimidade

teriza propriamente o sublime é unicamente o *sítio* ou o *lugar* no interior do qual advém esse processo de reconciliação, de resolução harmônica da contradição, a saber, o próprio "sujeito intuinte". O ponto ganha particular importância, quando se pensa especialmente na obra trágica como exemplificação da sublimidade. Com efeito, o espectador — o "sujeito intuinte"[59] —, isto é, aqui concretamente o "público", encontra-se imediatamente implicado na obra, ela mesma, ou em seu acabamento. O público participa (*i.e.*, efetivamente toma parte) da "representação" ou da "execução" da obra, que não existe plenamente senão por um processo complexo, no qual intervêm necessariamente encenação, efetuação, atuação etc.

\* \* \*

Mas é também porque, como acabamos de ver, o absolutamente infinito — em e para si — nunca se entrega diretamente, não se oferece senão por meio do símbolo ou do espelho do sensível (do relativamente grande), que a intuição do sublime permanece necessariamente "intuição estética", isto é, sensível. "Essa intuição do sublime — reconhece claramente Schelling — é, não obstante seu parentesco e sua afinidade com o ideal e a ética, uma intuição estética, para utilizar aqui, uma vez mais, esse termo."[60] Sem dúvida seria preciso nos demorarmos aqui nesta última expressão, estranhamente concessiva, e perguntar se essa observação é a simples retomada da tese do *Sistema do idealismo transcendental*, que estabelecia que "a intuição estética não é senão a intuição transcendental [intelectual]". Mas deixemos a pergunta em aberto e prossigamos em nosso exame da análise schellinguiana tal como se desenvolve no horizonte da identidade. Por certo, o infinito domina incondicionalmente, ele reina soberanamente, mas não pode "desenvolver seu reino senão intuído num infinito sensível que, a esse título, é sempre também um finito.[61] Schelling pode então concluir, recorrendo ao conceito de *poesia* anteriormente elaborado[62]

[59] *Ibidem.*

[60] *SW*, V. p. 463.

[61] *Ibidem.*

[62] *Cf.* também Fr. Schlegel, *Entretien sur la poésie*, *in* Ph. Lacoue-Labarthe-J. L. Nancy, *L'absolu littéraire. Théorie de la littérature du romantisme allemand*, Paris, 1978, pp. 289 ss.

e tendo sempre em vista a idéia de destinação do homem: "Intuir o verdadeiro infinito no infinito da natureza, eis a *poesia* que o homem está em condições de exercer universalmente. A grandeza relativa da natureza não se torna, com efeito, sublime senão para aquele que intui por si mesmo e se, mediante essa intuição, ele a transforma em símbolo do absolutamente grande". Podemos negligenciar aqui a análise que Schelling propõe da relação e, por fim, da identidade de beleza e sublimidade (§ 66), pois também sua oposição é simplesmente quantitativa, e não qualitativa, uma vez que tanto o belo quanto o sublime constituem, cada um por sua vez, "uma unificação diferenciada do infinito com o finito". O que, em compensação, importa destacar é a continuidade dessa determinação com a do *Sistema* de 1800, onde a beleza já era definida como "apresentação (*Darstellung*) finita do infinito".[63] Ora, era exatamente essa função dêitica (exposição e mostração) que, no *Sistema*, justificava o papel privilegiado da arte para todo empreendimento filosófico. Se a filosofia teve e tem de se voltar resolutamente para a obra de arte e para aquilo que ela encerra, é porque nela vem à luz a consciência do absoluto, ou melhor, porque nela *advém* o absoluto. A obra é, em seu fundo, *evento*, evento *absoluto*.

Nas *Preleções* sobre a filosofia da arte, onde paradoxalmente Schelling não se prende exclusivamente, como no final do *Sistema* de 1800, ao "produto da arte" (*Kunstprodukt*) como "produto", para definir-lhe a essência e o caráter, é à idéia de caos[64] que recorre para passar do sublime da natureza ao sublime da arte e do que há de mais elevado na arte: a tragédia. "A natureza — observa Schelling — é sublime não somente ao se considerar sua grandeza, inacessível a nossa faculdade de apreensão, ou sua potência, invencível para nossa força física, mas o é também de maneira geral no *caos* ou, para falar como Schiller, na desordem (*Verwirrung*) de seus fenômenos em geral." Schelling, que remete aqui expressamente a Schiller,[65] também

---

[63] *SW*, V, p. 463.

[64] Sobre o conceito proteiforme de *caos* em Fr. Schlegel, consultar-se-á a nota ricamente documentada de X. Tilliette, *Schelling, une philosophie en devenir*, t. I, pp. 430-2, n. 51; *cf.* também Franz Norbert Mennemeier, *Friedrich Schlegels Poesiebegriff*. Munique, 1971, pp. 25 ss.

[65] *SW*, V, p. 463.

poderia haver citado Kant, que, na terceira crítica, evocava, também ele, a natureza caótica como aquilo que suscita eminentemente em nós a idéia do sublime: "Mas, no que temos o hábito de chamar de sublime na natureza, não há absolutamente nada que conduza a princípios objetivos particulares e a formas da natureza conformes a esses princípios, de modo que se esta última suscita a idéia do sublime é mais freqüentemente *diante da visão de seu caos* ou de sua *desordem* e de sua *desolação* mais selvagens, mais descomedidas, aí onde não reinam senão grandeza e potência".[66] Schelling colocará então a intuição do próprio caos — a título de *Grundanschauung* — no fundamento da intuição do absoluto: o absoluto não se oferece a nós intuitivamente, *tanto na natureza quanto na história*, senão sob a figura insólita do caótico. Com efeito, chegará ele a escrever, "a essência íntima do absoluto, na qual tudo repousa a título de unidade e onde a unidade é tudo, é o próprio caos originário". O que para nós se apresenta, antes de tudo, como pura desordem ou confusão inextricável nos revela, na realidade, quando se trata do próprio absoluto em sua inobjetividade irredutível, a identidade da forma e do informe (*Formlosigkeit*).

A importância decisiva dessa explicação da idéia do sublime, graças à intuição fundamental do próprio caos, deve-se principalmente, porém, ao fato de que ela nos permite compreender a natureza e a especificidade dessa segunda figura do sublime — sem dúvida a mais elevada —, o sublime da *Gesinnung*. Schelling, ainda aí, prolonga uma indicação de Schiller, que observava em seu ensaio *Sobre o sublime*: aquele que, diante do mundo, tal como ele caminha, gostaria que tudo fosse ordenado segundo uma sensata economia [uma economia doméstica, por assim dizer], não pode esperar ver sua espera satisfeita senão numa outra existência; mas, inversamente, "se ele renuncia de bom grado (*gutwillig*) à pretensão de reconduzir esse caos dos fenômenos, rebelde a toda lei, à unidade do conhecimento, ganha assim, por outro lado, largamente tudo o que perdeu anteriormente".[67] A intuição do sublime no cerne mesmo do mais caótico depende, então, de uma economia mais complexa do que aquela a que nos habituaram o entendimento e o conhecimento vulgares. Nova economia, na

---

[66] *Kritik der Urteilskraft*, § 23 (trad. cit., p. 1012).

[67] *Über das Erhabene*, ed. cit., p. 276.

A tragédia e o tempo da história

qual o ganho não contrabalança simplesmente a perda, mas se revela sem medida comum com essa última. É essa perspectiva econômica — e apenas ela — que nos dá acesso à história universal no que ela pode ter de mais sublime. "Considerada sob esse ângulo, e apenas sob esse ângulo, a história universal é para mim um objeto sublime", observava Schiller.[68]

Mas o que a consideração da história universal (*Weltgeschichte*) nos traz de novo, tendo em vista a problemática geral do sublime? Nada menos que o seguinte: o surgimento ou ainda a insurreição da liberdade em sua luta contra as forças da natureza. Natureza e História, rigorosamente articuladas, desenham assim o teatro onde a liberdade pode entrar em cena e inaugurar seu desenvolvimento. "O mundo, a título de objeto histórico — precisa Schiller —, não é, no fundo, nada mais do que o conflito das forças naturais (*Naturkräfte*) entre si e com a liberdade humana; cabe à história instruir-nos sobre o resultado desse combate." Mas desde o momento em que a liberdade entra assim em cena diretamente, o espetáculo que a nós se oferece é incomparavelmente mais interessante — e é naturalmente do interesse da razão que aqui se trata — do que tudo o que o sublime natural nos podia apresentar, ainda que a título de símbolo do infinito. Num certo sentido, a liberdade, em sua historicidade radical, constitui um fator permanente de desordem e de desequilíbrio; ela engendra contradições, fomenta conflitos, pode mesmo desembocar em infortúnios, cuja tradução não é senão demasiado real (dolorosamente tangível), e contudo "ela nos propicia" — pelo menos se a encararmos com um "nobre coração" — "um espetáculo infinitamente mais interessante do que aquele da tranqüilidade e da ordenação privadas de liberdade".[69]

Schiller abre mesmo mais uma passagem, ao atribuir à história ou, caso se prefira, à consideração filosófica da *Weltgeschichte*, um modo de inteligibilidade totalmente específico, que deveria mesmo pôr fim às pretensões ilusórias da razão, quando ela quer fazer coincidirem o curso do mundo e os imperativos práticos: "A que decepção não se expõe alguém que só se aproxima da história à espera da luz e do conhecimento que ela deve trazer? Todas as tentativas bem-intencio-

---

[68] *Ibidem.*

[69] *Ibidem.*

nadas da filosofia de harmonizar o que o mundo moral *exige* com o que o mundo efetivo produz na realidade são refutadas pelos ensinamentos da experiência... Mas que diferença, desde que se renuncie a explicá-los e que se paute seu juízo por essa incompreensibilidade (*Unbegreiflichkeit*) que lhes é própria!" Encontra-se aqui formulada com toda a clareza desejável, na perspectiva de uma consideração "filosófica" da história, algo como a matriz da nova interpretação da tragédia, tal como é exposta por Schelling: em se tratando da história universal, renunciar à explicação ou ao ensinamento ético não significa, naturalmente, renunciar à razão. Tomar, com efeito, o *caráter inconcebível* como ponto de vista do juízo é, muito pelo contrário, destacar a *identidade* entre a confusão fenomênica, a desordem do mundo, tal como ele caminha e uma racionalidade de uma outra ordem que revela àquele que sabe se alçar até essa *höhere Anschauung* já evocada a secreta identidade do absoluto e do caos.

Schelling, por conseguinte, não terá nenhuma dificuldade em transpor a lição de Schiller do plano da história para o da tragédia (*mythos* — "história", narrativa, intriga). É, com efeito, ele nos diz, "a intuição do caos que induz à passagem ao conhecimento do absoluto". O entendimento pode decidir *tomar como princípio o inconcebível*, isto é — e nos próprios termos de Schiller — "adotar o inconcebível como ponto de vista para o juízo". Reside aí, precisa ainda Schelling, "o primeiro passo que conduz à filosofia, ou pelo menos à *intuição estética do mundo*". E, nessa última fórmula, é preciso entender por mundo tanto a natureza quanto a *Weltgeschichte* ou, em geral, o *drama* no qual a liberdade entra em cena. Para chegar a essa intuição intelectual do mundo, tomado em sua acepção mais geral, o senso comum ou o entendimento deve proceder a uma reviravolta radical de suas perspectivas habituais: a conduta do entendimento, sempre em busca de uma nova "condição", tem como desígnio último a dedução dos fenômenos uns em relação aos outros. Ora, aqui, cada fenômeno ou fenômeno natural (*Naturerscheinung*) afirma-se em sua inteira autonomia, independentemente de todos os outros. O fenômeno para o qual se abre a intuição estética está de imediato livre de todo entrave, como que estrangeiro a toda lei, e caracteriza-se antes de mais nada por sua absolutez. *Ungebundenheit, Gesetzlosigkeit, Unabhängigkeit, Absolutheit* [dissolução, ausência de lei, independência, absolutez] — tais são as características que põem definitivamente em xeque o entendimento vulgar, que não tem outra saída senão "reconhecer o mundo como o verdadeiro símbolo (*Sinnbild*) da razão — na qual tudo é incondicionado — e do absoluto — no qual tudo é livre e sem qualquer constrangimento".[70]

Do sublime segundo a perspectiva da história, ou da história universal, ao sublime da *Gesinnung*, que nos reconduzirá à tragédia, a conseqüência é boa, já que — e Schelling o destaca com ênfase — "aquele no qual o sublime da *Gesinnung* se mostra pode servir ao mesmo tempo de símbolo para a história inteira". Se, com efeito, a natureza, considerada como um todo, e portanto em sua figura já caótica, obedece a regras e a uma legalidade suficientemente frouxas para nelas preservar nem que seja uma "aparência" (*Schein*) de anarquia ou de independência em relação às leis gerais, abrindo com isso uma primeira visão sobre a intuição estética, o mundo da história parece, em compensação, desligado de uma vez por todas de qualquer conformidade à lei (*Gesetzmässigkeit*).

Como é que o caos, assim levado ao seu auge, poderia revelar-se em sua identidade primordial com a pura e serena racionalidade absoluta — aquela mesma que, longe de absorver todas as coisas numa indiferenciação sem vida, confere a todo esse ser-aí singular seu desligamento e sua divindade própria[71] — a não ser, exemplarmente, por meio da tragédia, onde se reconciliam os termos extremos mais opostos e conflitantes: liberdade *e* necessidade? É à tragédia que cabe, com efeito, manifestar em grandes dimensões o sublime "histórico" do caráter, do *ethos*, mostrando a vitória definitiva da *moralische Gesinnung*.

\* \* \*

Na tentativa de dedução *a priori* dos gêneros poéticos que é exposta pela *Filosofia da arte*, em sua parte especial, Schelling reafirma o privilégio, essencialmente ligado a sua sublimidade, do poema trágico sobre os outros gêneros: o *epos* ou a lírica. O poema trágico, à

---

[70] *SW*, V, 466.

[71] *Cf.*, por exemplo, nos *Aforismos introdutórios à filosofia da natureza* (*SW*, VII, pp. 143-4), essa magnífica declaração: "Algo de que posso me vangloriar? — Da única dádiva que me foi concedida: haver proclamado também a divindade do singular, a possível igualdade de todos os conhecimentos sem diferença de objeto, e assim a infinitude da filosofia" (trad. francesa J.-F. Courtine-E. Martineau, *in* Schelling, *Œuvres métaphysiques, 1806-1821*, Paris, 1980, p. 26).

medida que é um drama (*Drama*), não representa simplesmente a síntese da épica ou da lírica, mas constitui "a mais elevada manifestação da arte". É isso mesmo que se acaba de ler: o drama é o *fenômeno* da arte, seu fenômeno essencial, aquele em que ele encontra sua essentificação última.[72] Por quê? Porque só a síntese dramática pode evidenciar plenamente e elevar a sua mais alta potência o conflito ou o antagonismo fundamental entre o infinito e o finito. Esse antagonismo exprime-se no plano da arte — como já lembramos — a título de oposição irredutível entre a necessidade e a liberdade.[73] Na poesia lírica, o conflito e sua resolução se dão no próprio sujeito: trata-se, então, de uma reconciliação *subjetiva* do antagonismo de princípio. Na poesia épica, o acordo entre a necessidade e a liberdade é num certo sentido anterior a toda diferenciação: o acordo manifesta-se antes de mais nada pelo sucesso do empreendimento, ainda que com isso ele deixe espaço para a sorte ou o acaso. A necessidade jamais se revela aí sob a figura inexorável do destino. Não é senão no *procès* ou *processus* trágicos que liberdade e necessidade podem então surgir *como tais*. Mas, para surgirem como tais, é preciso que uma e outra, ao término do processo [*procès*], apareçam em igualdade, em equilíbrio. O que é encenado, exposto na tragédia é, portanto, um combate no qual se enfrentam adversários irredutíveis e, por assim dizer, de igual força. O combate deve precisamente evidenciar *o equilíbrio entre a liberdade e a necessidade*. Todavia, como o destaca Schelling, "não há verdadeiro combate, se não existe, dos dois lados, a possibilidade de vencê-lo". Ora, uma tal possibilidade é pensável, quando se sabe de antemão que cada um dos protagonistas é fundamentalmente invencível? Certamente não se trata, por um lado, de triunfar sobre a necessidade, pois uma necessidade que se pudesse vencer deixaria por isso mesmo de ser necessária; por outro lado, tampouco se trata, por certo, de triunfar sobre a liberdade, pois é de sua essência não

[72] *SW*, V, p. 690.

[73] *SW*, V, pp. 687-8. Pode-se lembrar aqui o que ensinava Hegel no início de suas preleções sobre a *Estética*: "Era absolutamente preciso [após a tentativa kantiana de reunificação, no plano estético, da liberdade e da necessidade] conceber de uma forma mais ampla e abrangente a unidade tal como ela se realiza entre a liberdade e a necessidade, entre o universal e o particular, entre o racional e o sensível" (Ed. Bassenge, t. I, p. 65).

poder ser vencida — se ao menos ela quiser se manter livre! Diante dessa alternativa insustentável, não há outra saída senão reafirmar a contradição em estado puro: é preciso que a liberdade e a necessidade saiam desse combate como que ao mesmo tempo vencidas e vitoriosas, dito de outro modo, que elas saiam, sob todos os aspectos, como iguais. É o que Schelling declara em alto e bom som: "É sem dúvida a mais alta manifestação (*Erscheinung*) da arte que a liberdade seja elevada à igualdade com a necessidade, e que a necessidade, em compensação, sem nada perder de sua absolutez, apareça igual à liberdade; é apenas mediante tal relação (*Verhältnis*) que se torna objetiva essa verdadeira e absoluta indiferença que há no absoluto e que não repousa num ser-ao-mesmo-tempo (*zugleich-sein*), mas num ser-igual (*gleich-sein*)".[74]

Schelling, que segue aqui uma abordagem dedutiva, interroga-se para saber quais são as condições de possibilidade dessa *Verhältnis*, dessa estranha relação de "equalização", na qual a necessidade vence sem que ainda assim a liberdade sucumba, e na qual, em compensação, a liberdade pode ganhar a partida, sem que a necessidade seja simplesmente vencida. A resposta não deixa dúvida: só a natureza humana, ou melhor, os indivíduos que heroicamente a representam, podem fornecer as condições de possibilidade desse singular perde-ganha. "É apenas na natureza humana que se encontram as condições de possibilidade para que a necessidade vença sem que a liberdade sucumba e, inversamente, que a liberdade seja vitoriosa, sem ainda assim interromper o curso (*Gang*) da necessidade. A mesma pessoa que sucumbe à necessidade pode novamente alçar-se acima dessa última graças a sua *Gesinnung* [sua disposição de espírito, sua força de caráter, sua generosidade], de tal forma que uma e outra (necessidade e liberdade), ao mesmo tempo vencida e vitoriosa, manifestem-se em sua suprema indiferença". É portanto a natureza humana que constitui o único meio (*Mittel*) — instrumento, *medium* — da apresentação (*Darstellung*) desse vínculo complexo de pertinência e co-pertinência.

Por mais que Schelling assim retome, quase que termo a termo,[75] a interpretação de *Édipo-Rei* que havia esboçado alguns anos antes

[74] *SW*, V, p. 690.

[75] *SW*, V, pp. 696-7.

Tragédia e sublimidade

nas *Cartas*, nem por isso ela mudou menos radicalmente de sentido, em função precisamente desse "enquadramento": analítica do sublime, sublimidade específica da *Gesinnung*, intuição fundamental do absoluto como caos.

Aquilo que, nas *Cartas*, tinha um lugar claramente designado *nos limites da arte* e podia parecer necessário para a elucidação completa da destinação do homem, recebe no momento uma função decisiva com respeito ao próprio absoluto: o poema trágico tornou-se poema de identidade ou de identificação: liberdade e necessidade aí, com efeito, identificam-se, e isso em todos os sentidos do termo. Elas revelam sua verdadeira identidade e se reconhecem cada uma para si e uma pela outra, uma na outra e por meio da outra, enquanto deixam aparecer ou transparecer a suprema identidade, a indiferença em que se reúnem finalmente e se reconciliam.

Sem dúvida, jamais terá sido proposta interpretação mais especulativa (no sentido próprio) da tragédia. Mas uma tal interpretação manifesta igualmente a que ponto a filosofia dita da identidade pode encontrar seu derradeiro acabamento numa filosofia da arte na qual intuição intelectual e intuição estética se aproximam até coincidirem: uma filosofia da arte cuja pedra angular continua a ser o conceito de *Darstellung*, último avatar da *mímesis* platônico-aristotélica. Essa exposição, essa encenação, culmina, por sua vez, na apresentação (necessariamente trágica) do inapresentável, do absoluto "ele mesmo", tal como ele a nós se oferece, mediante a experiência do sublime, como caos e/ou como drama.

# 8.
## MITO E VERDADE.
## A MITOLOGIA EXPLICADA POR ELA MESMA?


Quando se fala do papel de Schelling na história das interpretações da mitologia, é o conceito de *tautegoria* que com mais freqüência surge em primeiro plano.[1] Tal seria, com efeito, o principal mérito dele: haver tentado tomar ao pé da letra as narrativas míticas, reconhecer na mitologia sua verdade própria, substancial, apreendendo o fenômeno da mitologia em sua autonomia, em sua auto-suficiência. (É nessa perspectiva que autores tão diversos quanto W.-F. Otto, Karl Kérényi, mas também o Cassirer da *Filosofia das formas simbólicas*, puderam saudar em Schelling um verdadeiro precursor.)

Não haverão, contudo, faltado críticas na época de Schelling, como a de Franz von Baader, fingindo maravilhar-se diante da prodigiosa coincidência entre o desenvolvimento das figuras mitológicas e a "dialética" das potências.[2] Se queremos interrogar-nos aqui sobre a interpretação schellinguiana da mitologia, não é, contudo, seguindo o fio condutor da crítica baaderiana. Após haver tentado rapidamente recapturar, em suas grandes linhas, o projeto schellinguiano, gostaríamos de mostrar como Schelling determina e delimita, no quadro de uma história transcendental da consciência, que também é história religiosa, o fenômeno da mitologia. Voltar-nos-emos, portanto,

---

[1] A tautegoria opõe-se à alegoria em suas diferentes versões: histórica (o evemerismo), física, psicológica, metafísica ou religiosa. *Cf.* Jean Pépin, *Mythe et Allégorie, Les origines grecques et les contestations judéo-chrétiennes*, Paris, Études Augustiniennes, 1962, pp. 41 ss. O termo, tomado de Coleridge [*SW*, XI, p. 196, nota], é definido na introdução histórico-crítica à filosofia da mitologia. Mas já se encontra uma determinação bastante precisa do fenômeno, sem o termo próprio, no curso de Iena-Würzburg sobre a filosofia da arte. O plano de fundo comum é fornecido por Karl-Philipp Moritz e seu conceito de obra de arte vista em sua autonomia, como totalidade fechada sobre si mesma.

[2] Texto citado em X. Tilliette, *Schelling, une philosophie en devenir*, Paris, Vrin, 1970, t. II, pp. 404-5.

Mito e verdade

para duas questões, por trás das quais talvez se dissimulem duas suspeitas quanto ao rigor da fenomenologia schellinguiana:

1) De que verdade se trata para Schelling, no caso da mitologia? Por que essa tentativa que visa a descobrir a "verdade" da mitologia?

2) Como se delimita positivamente o "território" mitológico, isto é, também a era do mito, o tempo mítico ou mitológico?

Tentaremos, por fim, ilustrar mais concretamente nosso tema, examinando o tratamento reservado por Schelling a algumas figuras privilegiadas da mitologia grega: Dioniso, Deméter, Perséfone.

## A FENOMENOLOGIA SCHELLINGUIANA

A primeira questão que Schelling se põe diante da mitologia é antes de tudo hermenêutica: como se deve entender a mitologia, como tomar, receber as narrativas tão freqüentemente fantásticas, contraditórias, até mesmo escandalosas ou horríveis? A questão central é, portanto, a da *Bedeutung*, da significação.[3] O que tudo isso quer dizer? pergunta-se antes de mais nada diante de um fenômeno que não se compreende. Qual deve ter sido o desígnio, a intenção daqueles que elaboraram e depois transmitiram essas narrativas?

Uma tal abordagem é bem conhecida, ela define mesmo de imediato a mitologia, no sentido estrito: a tentativa de "dar conta" (*logon didonai*) das grandes narrativas míticas ou dos principais "mitologemas" (*mythologoumena*).

Mas é precisamente também essa abordagem, essa busca sempre apressada do sentido, que Schelling examina e critica em sua *Introdução histórico-crítica à filosofia da mitologia*.

Ser-me-á aqui permitido deixar de lado essa introdução — é sem dúvida a parte que se conhece melhor da Filosofia da mitologia (e por certo também aquela que menos envelheceu).[4] Digamos apenas, a tí-

---

[3] "Quando se trata de mitologia, a principal questão é a de sua significação, mas a significação da mitologia não pode ser senão o do processo através do qual ela surge."

[4] *Cf.*, por exemplo, a abertura da tese de Jean Pépin, *Mythe et allégorie*, que toma como fio condutor de um rápido sobrevôo histórico da história das interpretações da mitologia as lições schellinguianas.

tulo de rememoração, que nessa introdução Schelling passa em revista as grandes explicações históricas da mitologia — do evemerismo, passando pelo neoplatonismo, até a *História natural da religião*, de David Hume, para prender-se principalmente aos autores contemporâneos (Christian Georg Heyne, Joseph Görres, Georg Friedrich Creuzer, J. A. Kanne, Karl Ottfried Müller),[5] mostrando a cada vez como hipóteses não fundadas, pressuposições ou preconceitos guiaram a interpretação e impediram-na de apreender em sua verdade o *fenômeno* da mitologia.

Correndo o risco de simplificar excessivamente, pode-se dizer que o principal defeito de todas as interpretações passadas da mitologia é, aos olhos de Schelling, haverem alegorizado o fenômeno (quer se trate de alegoria física, cosmológica ou teológica), pressupondo sempre que os mitos, para ser suscetíveis de receber um sentido, devem remeter a algo outro — um acontecimento ou uma doutrina — que teria sido em seguida transposto ou traduzido, re-apropriado na língua e no registro do mito. Caberia, então, antes de tudo, ao intérprete explicar os mitos, reconduzindo-os a seu verdadeiro primeiro núcleo de sentido.

Convém acrescentar, contudo — para encerrar essa rememoração demasiado rápida —, que Schelling não critica menos severamente as interpretações que reduzem os mitos a simples fábulas, a ficções inventadas por poetas, se se pode assim dizer, gratuitamente, e fora de toda finalidade superior. Se a mitologia não é alegórica, tampouco poderia ela ser tida por simplesmente "poética". A questão da *Bedeutung* permanece, então, e requer uma resposta.

Se a mitologia tem um sentido, ou melhor, se deve, de direito, ter um, e se todas as tentativas feitas até o momento visando a explicá-la a partir ou em função de algo que lhe seria fundamentalmente estranho fracassaram, resta explorar uma outra via: a da interpretação imanente que visa a esclarecer a mitologia a partir do interior, sem outra pressuposição que não a de sua inteligibilidade específica, ou melhor, de sua auto-inteligibilidade tangencial, de sua possível transparência a si.

---

[5] Para um resumo bem documentado das pesquisas consagradas à mitologia no início do século XIX na Alemanha, poder-se-á consultar Ch. Jamme, *Einführung in die Philosophie des Mythos, vol. 2: Neuzeit und Gegenwart*, Darmstadt, Wissenschaftliche Buchgesellschaft, 1991.

Mito e verdade

Para caracterizar um tal projeto, incontestavelmente inovador e fecundo,[6] Schelling toma de Coleridge o termo já citado "tautegoria":

"A mitologia — escreve ele[7] — não tem outro sentido que não aquele que ela exprime... Considerando-se a necessidade com a qual nasce igualmente sua forma, ela é inteiramente própria (*eigentlich*), isto é, é preciso compreendê-la tal como ela se exprime, e não como se ela pensasse uma coisa e dissesse outra. A mitologia não é alegórica; é tautegórica. Para ela, os deuses são seres que existem realmente; em lugar de *ser* uma coisa e *significar* uma outra, eles não significam senão aquilo que são".

Se, portanto, a mitologia tem um sentido, convém examinar seriamente a questão de saber se esse último não poderia ser o sentido *próprio*.

Essa idéia de tautegoria, como foi com freqüência observado, já está presente, sem haver ainda recebido seu nome definitivo, nas preleções de Würzburg e de Iena sobre a *Filosofia da arte*. Não é, evidentemente, por acaso: a filosofia da identidade permite, com efeito, pensar, a título da *reflexão* ou do *reflexo* ("Reflex"), a possibilidade de passar de um registro a outro, de um meio a outro, de transpor ou de traduzir um mesmo tema em esferas diferentes, sem com isso introduzir nem redução, nem subordinação ou secundariedade.[8]

É preciso assinalar também que a idéia de tautegoria vem direto de K. Ph. Moritz, que a determina com bastante rigor desde a introdução de sua *Mitologia* de 1791. Empenhando-se em definir o "ponto de vista" segundo o qual convém considerar as "ficções mitológicas" (*mythologische Dichtungen*), Moritz lembra antes de mais nada

---

[6] *Cf.* W. F. Otto, *Essais sur le mythe*, trad. francesa P. David, T. E. R., 1987, mas também Karl Kérényi e E. Cassirer [*Die Philosophie der symbolischen Formen*. Oxford, Bruno Cassirer, 1954].

[7] *SW*, XXI, pp. 193-4.

[8] Seja-nos, aqui, permitido remeter a nosso estudo: "De l'*Universio* à l'*Universitas*: Le déploiement de l'unité", *in Extase de la raison, Essais sur Schelling*, Paris, Galilée, 1990, pp. 113-48.

que o mito constitui um "mundo em si".[9] Querer transformar, acrescenta ele, com auxílio de todo tipo de interpretação (*Ausdeutungen*), a história dos deuses dos Antigos em puras alegorias é um empreendimento tão disparatado quanto aquele que consiste em querer metamorfosear essas poesias em histórias verdadeiras, com o auxílio de toda espécie de explicação forçada.

"Para não alterar em nada essas belas poesias, é necessário tomá-las, antes de tudo, como elas são (*gerade so nehmen, wie sie sind*), sem atentar para o que se espera que elas signifiquem e, na medida do possível, examinar-lhes, a partir de uma visão de conjunto, a totalidade, a fim de descobrir progressivamente vestígios mesmo das relações e dos vínculos mais distantes entre os fragmentos particulares ainda não integrados... No domínio da fantasia (*Phantasie*), o conceito de Júpiter significa antes de mais nada ele mesmo, assim como o conceito de César significa o próprio César na série das coisas reais."[10]

Como já se percebe claramente por essa curta passagem, é a perspectiva estética, e em particular a reflexão sobre o conceito de beleza, que põe Moritz no caminho da tautegoria. Uma obra de arte só é bela se constitui uma totalidade autônoma, auto-suficiente: "A natureza do belo — escreve Moritz em seu ensaio sobre *A imitação formadora do belo* — consiste em que as partes e o todo se tornem falantes e significantes, uma parte sempre por meio da outra e o todo por meio de si mesmo; em que o belo se explique a si mesmo, descreva-se mediante si mesmo e, portanto, não precise de nenhuma explicação ou discussão...".[11]

---

[9] Frankfurt, Insel, [1999], p. 10.

[10] *Ibidem*, trad. francesa T. Todorov, *in Théorie du Symbole*, Paris, Seuil, 19[77], p. 196.

[11] Moritz [*Schriften zur Ästhetik und Poesie*. Tübingen, Max Niemeyer, 1962, p. 77]. T. Todorov, *op. cit.*, p. 192. — *Cf.* também "O verdadeiro belo consiste no fato de que uma coisa não significa senão ela mesma, não designa senão ela mesma, não contém senão a si mesma, de que ela é um todo realizado em si" (sobre K. Ph. Moritz, ver P. Szondi, *Poetik und Geschichtsphilosophie I*, Frankfurt am Main, Suhrkamp, 1974, pp. 82-98).

Mito e verdade

## O PROJETO DA *SELBSTERKLÄRUNG*

Se a mitologia pode e deve ser abordada como uma totalidade auto-suficiente, suscetível de se esclarecer a si mesma, de se interpretar ou de se explicar por si, permanece a questão de saber o que, por um lado, é requerido pela *Selbsterklärung* e o que, por outro lado, no seio mesmo da mitologia, representa o princípio de sua inteligibilidade, sua chave ou sua chave de abóboda.

O projeto de interpretação imanente, de auto-explicitação, implica antes de tudo tomar a mitologia ao pé da letra ou literalmente. Isto é, nada importar de fora, nada acrescentar àquilo que a mitologia diz. Por certo, para explicar — como já sugeria Moritz —, é necessário explicitar, descobrir relações a princípio inaparentes, convém mesmo ordenar, classificar, "construir", se se preferir, e, no limite, sistematizar, para revelar, por exemplo, a sucessão lógica das diferentes mitologias acabadas (egípcia, indiana, grega) ou para descobrir uma periodização forte na mitologia grega, que acaba e recapitula todas as outras —, mas sem jamais impor qualquer grade previamente estabelecida. A auto-interpretação obriga, a princípio negativamente, a não forçar nem deformar o material mitológico de que dispomos, com a idéia de nele descobrir um sentido oculto.

Deve-se, então, primeiro conceber o projeto de auto-explicitação,[12] no sentido de um imperativo metodológico negativo: a mitologia oferece-nos, por si mesma, todos os elementos necessários a sua compreensão. Por conseguinte, não há necessidade de fazer intervir hipóteses auxiliares, de imaginar, por exemplo, uma cosmologia primitiva, cuja formulação teria sido em seguida mal interpretada (Ch. G. Heyne), ou pressupor uma *Uroffenbarung* (Creuzer) progressivamente perdida e deformada, desfigurada.

O projeto de autocompreensão não é apenas legítimo, mas mesmo indispensável, a partir do momento em que a última mitologia (mitologia acabada) pôs-se ela mesma, no fim, em busca de seu sentido, a partir do momento em que ela se voltou resolutamente para a elucidação de si, de seu começo originário, como é eminentemente o caso da doutrina dos mistérios, em especial, à qual retornaremos.

A palavra de ordem da *Selbsterklärung* recebe, então, primeiro

---

[12] *SW*, XII, p. 670.

o valor de uma simples advertência: a filosofia da mitologia não deve ser concebida como a aplicação de princípios filosóficos já estabelecidos a um material mitológico indiferente. A filosofia da mitologia tampouco é uma simples disciplina regional, no sentido de que bastaria estender o campo de aplicação de princípios gerais a um novo território deixado de lado até aqui.

Desse modo, a filosofia da mitologia responde à orientação contínua da última filosofia de Schelling em direção aos "fatos", ao empírico. Não se trata, para uma tal filosofia positiva, de adotar "princípios de explicação" "antes de qualquer pesquisa e independentemente dos fatos", de maneira *a priori*. Com a teoria da mitologia, trata-se, inversamente, de edificar uma interpretação que seja "ao mesmo tempo totalmente científica e totalmente histórica, totalmente empírica e totalmente filosófica".[13] No plano de fundo desse desígnio metodológico, é fácil reconhecer uma tese schellinguiana fundamental: "O que é verdadeiramente histórico confunde-se com o que é integralmente científico". Cabe sempre ao desenvolvimento da ciência pautar-se por seu objeto, seguir seu ritmo íntimo, esposar-lhe de mais perto possível o desenvolvimento histórico imanente. A pesquisa que tende a reunir estreitamente historicidade e cientificidade deve, então, "descobrir o princípio do desenvolvimento, princípio objetivo, interno, imanente ao próprio objeto". Cabe, com efeito, a toda pesquisa rigorosa "seguir o objeto em seu auto-desenvolvimento".[14] "Não se tratará no que se segue — anunciava Schelling em sua *Introdução histórico-crítica* — senão de uma teoria a um só tempo filosófica e empírica, científica e histórica, desenvolvendo-se ela mesma sobre o objeto e com ele."

Seguir a mitologia em seu primeiro movimento, em sua historicidade, em seu autodesenvolvimento, tal é, então, a primeira condição para lhe permitir auto-explicar-se, refletir-se no sentido primeiro e especular do termo: *die sich selbst erklärende Mythologie*.

A auto-interpretação, auto-explicitação, não fixa o ponto de vista (*Ansicht*) a tomar sobre o objeto considerado senão a partir desse último, e em função desse último. Aqui, observa Schelling, a *Ansicht* é determinada pela própria *Erklärung*. O ponto de vista sobre a mitologia é aquele mesmo imposto pela mitologia tomada ao pé da letra:

---

[13] *SW*, XII, p. 138.

[14] *Ibidem*.

"O princípio em toda explicação — sublinha ainda Schelling — é fazer justiça ao objeto a explicar, sem rebaixá-lo, sem reduzir-lhe o alcance, sem diminuí-lo nem mutilá-lo, a fim de torná-lo mais fácil de ser concebido. Aqui a questão não é saber que visão (*Ansicht*) nos é preciso alcançar sobre o fenômeno para explicá-lo tranqüilamente, em conformidade com uma filosofia [prévia] qualquer, mas, ao contrário, que filosofia é requerida para estar em pé de igualdade com o objeto, no mesmo nível dele. Não se trata, portanto, de saber como o fenômeno deve ser virado ou revirado, simplificado ou deformado para ser explicado em função de princípios que decidimos previamente não transgredir, mas até onde nossos pensamentos devem ampliar-se, a fim de concordar com o fenômeno".[15]

Como a mitologia, em seu movimento próprio de elucidação, pode ela mesma fixar o ponto de vista a partir do qual a interpretação, a explicação se tornam possíveis? A mitologia pode ser observada como um todo, como um fenômeno de conjunto, que se basta a si mesmo e que é o único a deter a chave de sua inteligibilidade. É então antes de tudo em sua coesão interna que a mitologia deve ser apreendida, recolocando sempre no seu contexto mais amplo e mais abrangente (*tiefer und weitgreifender Zusammenhang*) cada uma das representações mitológicas. Nenhum elemento pode receber sentido se for tomado separadamente, fora do que, na mitologia, forma sistema, independentemente da "concatenação" ou da "sucessão" (*Folge, Verkettung*) que liga sempre um deus a outro, um mito a outro. O mundo dos deuses (*Götterwelt*) forma um conjunto a tal ponto coerente que, se um dentre eles viesse a desaparecer, tudo desabaria. A conexão, destaca Schelling, é aqui análoga à que existe entre as diferentes potências.

Esse sistema tem, além do mais, sua lei própria de progressão: a *katabolé* [*Grundlegung*, materialização, fundamentação], em virtude da qual as figuras divinas se sucedem ou se substituem umas às outras.

Mas se cada elemento não se torna significativo, significante, senão no conjunto, em função da lógica própria ao sistema, o siste-

---

[15] Essa passagem é citada elogiosamente por W. F. Otto, *in Theophania*, Frankfurt, Klostermann, 2ª ed., p. 7.

ma da mitologia por sua vez não assume todo seu sentido senão re-colocado em uma economia mais ampla, a *oikonomia* da Revelação. O fenômeno da mitologia, considerado como um todo, é análogo ao fenômeno da natureza: ele é igualmente autônomo e consistente. Daí uma filosofia da mitologia poder ser elaborada com tanto rigor quanto uma filosofia da natureza, estritamente articulada à filosofia transcendental. O fenômeno da mitologia desenvolve-se, aliás, de maneira natural, orgânica (e necessária). O desenvolvimento da mitologia obedece, também ele, a um processo análogo ao da natureza: escandido por um começo, um meio e um fim, ele constitui um ciclo no interior do qual ciclos secundários encontram seu lugar: ciclo de ciclos. Uma segunda característica aproxima o fenômeno "mitologia" do fenômeno da natureza: a necessidade de seu desenvolvimento, uma vez dado o pontapé inicial. Por ser natural, o processo mitológico é necessário, irreversível, imutável. Não seria possível queimar as etapas do "percurso" mitológico, nem abrir algum atalho. Seu curso (*Gang*) não mais pode ser modificado.

Havendo assim definido ou pré-esboçado o "fenômeno" da mitologia, compreende-se o cuidado particular que Schelling consagra à letra, ao "documento".[16] A letra, os documentos são aqui a *Sache selbst*. E Schelling mesmo, se com freqüência propõe etimologias que nos parecem hoje totalmente fantasiosas, esforça-se sempre por respeitar o mais cuidadosamente os dados históricos e filológicos. Ele é igualmente atento — e trata-se de um ponto capital — ao que poderíamos chamar de fenomenalidade da mitologia: à *Erscheinung*, ao *Phänomen* da mitologia tomada em seu conjunto, em sua unidade e sua coerência — em sua *Zusammenhang*, isto é, também em seu sistema.

Mas dedicar-se à letra, ao documento, tomar a mitologia pela literalidade é também tentar deixar ou fazer falar a própria mitologia, até parecer, numa *Filosofia da mitologia*, falar sua língua. Falar sua língua mesma, mais do que querer re-traduzir a mitologia em conceitos filosóficos, extrair da mitologia uma filosofia latente ou, *a fortiori*, como o tentaram Proclo e o neoplatonismo tardio, cobrir com vestes mitológicas conceitos filosóficos.

---

[16] Schelling refere-se aqui a numerosas fontes e, em particular, à riquíssima *Symbolik*, de Creuzer, 1812. *Cf.* também o *Dyonisus* de 1809.

Mito e verdade

"Minha tarefa — observa Schelling — é mostrar as coisas como elas são e pôr a cada vez no devido lugar a palavra própria, a palavra natural..."[17]

A primeira resposta dada por Schelling à questão da *Bedeutung* da mitologia, à questão de saber como tomar ou entender os mitos, pode então assim ser formulada: é preciso recebê-los tais como eles se apresentam, do modo como se apresentam, ou melhor, como aquilo pelo que eles se dão.

Essa resposta de princípio precisa ela mesma, naturalmente, ser de imediato explicitada.

Ater-nos-emos — anuncia Schelling — ao sentido próprio das representações mitológicas, porque estamos em condições de compreendê-las em sua propriedade (*Eigentlichkeit*).[18]

Se, metodologicamente, a atitude "fenomenológica" é requerida, é porque se trata de apreender a própria questão com toda a *propriedade*, no que constitui seu *sentido próprio*. Mas o que é *próprio* da mitologia? Como Schelling determina ou predetermina a *Eigentlichkeit* da mitologia?

Para apreender a mitologia com toda a "propriedade" e de maneira "apropriada", é preciso evitar toda pressuposição, ou melhor, ter como única pressuposição (*Voraussetzung*) a idéia de que "a mitologia contém sua própria história e não precisa de outros pressupostos; ela se explica perfeitamente sozinha, e os mesmos princípios que constituem materialmente seu conteúdo são também as causas formais de sua geração inicial e de sua origem".[19]

Tal é a proposição central em que se enuncia a hipótese hermenêutica de Schelling, o único, mas decisivo, pressuposto de sua interpretação. A mitologia pode, de direito, explicar-se por si mesma, porque ela se expõe precisamente, põe em cena os princípios mesmos que comandam seu aparecimento e sua história. — A mitologia, então, pode e mesmo deve refletir-se em abismo.

A tese capital precisa, contudo, ser completada por essa outra proposição que em nada a contradiz:

[17] *SW*, XII, p. 193.

[18] *Ibidem*.

[19] *SW*, XII, p. 670.

"A mitologia não pode explicar-se, ela mesma, no começo, ela não pode conceber seu próprio começo, mas somos *nós* que o explicamos, assim como a mitologia chegada a seu fim e tornada consciente de si mesmo o explicou".[20]

A mitologia chegada a seu fim é a princípio a mitologia grega,[21] mas é também, e sobretudo, a doutrina dos mistérios. A filosofia da mitologia vê, então, seu método totalmente traçado: é preciso que ela siga o movimento de auto-explicação da mitologia até seu termo, a doutrina dos mistérios. Pode-se mesmo arriscar dizer que a mitologia, de um extremo a outro de sua história — através de todas as histórias em que ela é rica —, não está em busca senão da inteligibilidade de seu próprio começo, da compreensão dos princípios que, sem que ela mesma de início o saiba, presidiram o seu devir, a sua evolução.

Seguindo a auto-explicação da mitologia, temos, contudo, uma enorme superioridade sobre os autores antigos que a expunham ou tentavam explicá-la para si mesmos. Nossa superioridade é a da *retrospecção*. Não nos conferimos *a priori* um ponto de vista privilegiado sobre a mitologia: é, antes, ela que indica nosso ponto de vista, mas é-nos permitido, *a posteriori*, reconsiderar o conjunto do fenômeno, as etapas sucessivas do processo, cujo começo e cujo termo podemos identificar. A autocompreensão da mitologia se acaba — se assim se pode dizer — conosco, já que compete a nós situar esse fenômeno, indicar-lhe o lugar exato num quadro muito mais vasto, numa economia de conjunto. (É a esse problema do quadro, do "enquadramento" da mitologia, que voltaremos em seguida.)

## A SACHE SELBST

Qual é o assunto da mitologia? Tomar a mitologia como aquilo por que ela se dá é antes de mais nada estar atento a sua historicidade específica: receber a mitologia tal como ela se apresenta é, com efei-

---

[20] *SW*, XII, p. 671.

[21] "Os princípios que, para sermos exatos, contêm a chave de toda a mitologia encontram-se da maneira mais determinada e mais pura na mitologia grega..." (*SW*, XII, p. 671).

Mito e verdade

to, antes de mais nada, tomá-la como uma grande narrativa, um conjunto de histórias embaralhadas. A mitologia — que Schelling coloca de imediato sob o patronato de Hesíodo — apresenta-se como teogonia: história do nascimento das diferentes gerações de deuses. O mito fala-nos dos deuses, de suas aventuras, de suas múltiplas relações, de seu nascimento e mesmo de seu desaparecimento e de sua morte. A mitologia é antes de mais nada *Göttergeschichte*, Schelling repete incansavelmente, e não *Götterlehre*... O conjunto do movimento mitológico tende, finalmente, a produzir (*Erzeugung*) o mundo exotérico dos deuses. Se, contudo, há realmente doutrina, ensinamento, este não surgirá senão no fim (com os mistérios, precisamente, a *Mysterienlehre*), e seu "conteúdo" não será jamais separável, destacável da narrativa mítica e de seus episódios, pois estes ainda serão apresentados, encenados para os iniciados.

Se, portanto, alguém se indaga sobre a "relevância" filosófica da mitologia — como se deve necessariamente fazer no quadro de uma *filosofia da mitologia* —, é essa dimensão intrinsecamente histórica que vem para o primeiro plano e que permite esboçar uma resposta.

Por ser programaticamente aberta para o factual, para o *quod* (o *daß*), para a historicidade, a filosofia positiva é bem particularmente destinada a estender suas investigações na direção do mitológico. Se a mitologia comanda uma ampliação (*Erweiterung*) da investigação filosófica, é precisamente porque nos dá acesso a uma história ou mesmo a uma pré-história, uma *Vorzeit*, que sem isso nos permaneceria desconhecida. Schelling destaca mesmo com ênfase essa afinidade entre o fenômeno da mitologia e a orientação histórico-positiva de sua filosofia:

> "O que é verdadeiramente histórico e o científico são uma coisa só... O verdadeiramente histórico consiste em descobrir o princípio objetivo e, portanto, interno ao próprio desenvolvimento... Assim, nada mais resta do que seguir o objeto em seu autodesenvolvimento".[22]

Mas na realidade Schelling não se limita a destacar essa afinidade, já que, remetendo ao *Sistema do idealismo transcendental*, ele su-

[22] *SW*, XI, p. 223.

gere mesmo que só a perspectiva de uma história da consciência, aberta em 1800, tornou possível o projeto de uma interpretação imanente — isto é, histórica — da mitologia:

"Foi somente graças a sua própria configuração (*Gestaltung*) histórico-interna que a filosofia pôde estabelecer uma relação com o que constitui o cerne (*das Innere*) da mitologia, desde que a própria filosofia começou a progredir por momentos diferentes, a se explicar a título de história, ainda que da consciência".[23]

Veremos que, para a filosofia da mitologia, o fato de que a história seja apreendida precisamente como história da consciência não comporta nenhuma limitação particular. A mitologia diz o que tem a dizer no sentido próprio e de modo absoluto; ela é constituída de um tecido de histórias que podem ser interpretadas por si mesmas, e como tal ela se basta.

Por certo, Schelling introduz algumas hipóteses suplementares, mas que são todas elas destinadas a explicitar essa primeira "tese". Se a mitologia, enquanto teogonia, é uma narrativa, o que ela relata é um processo real: os deuses de que fala não são ficções imaginadas por poetas, mas seres que existem ou existiram; existiram na consciência, como representações. Tomar a mitologia ao pé da letra é, portanto, como vimos, tomá-la como teogonia, mas esta deve por sua vez ser entendida estritamente como primeiro testemunho sobre o "devir efetivo do deus na consciência".[24]

"[A mitologia] — observa Schelling — seguramente não tem nenhuma realidade *fora* da consciência; mas se ela só transcorre nas determinações da consciência, isto é, nas representações, esse *transcurso*, essa *sucessão de representações* não poderia ela mesma ser, por sua vez, meramente representada como tal; ela teve de ter *efetivamente* ocorrido, ela teve de se produzir na consciência."[25]

[23] *Ibidem.*
[24] *SW*, XI, p. 198.
[25] *SW*, XI, pp. 124-5.

Mito e verdade

É a consciência humana que é "a verdadeira sede, o verdadeiro princípio gerador das representações mitológicas". Pode-se certamente ver aí uma primeira tradução idealista-especulativa — e mesmo tradução "violenta" — operada pela filosofia positiva: os deuses são potências reais (*Mächte*), forças que se exercem por meio da história, através de um processo, mas esse processo é delimitado de pronto como processo de consciência, no interior do qual as potências não intervêm senão a título de representações. Todavia, o processo teogônico adquire realidade na experiência da consciência, na prova — dolorosa — do processo que põe e suprime as figuras divinas.

"Afora a consciência — observa claramente Schelling — em sua *substância* e o primeiro movimento que incontestavelmente deve ser considerado como natural, pelo qual a consciência atrai a determinação graças à qual está submetida à sucessão mitológica, não é preciso *nenhuma* pressuposição."[26]

A mitologia é verdadeiramente uma história real, pontuada de acontecimentos dramáticos — tal é sua vertente positiva ou objetiva —, mas essa história ocorre na consciência. É a consciência humana que é "a verdadeira sede, o princípio gerador das representações mitológicas".[27] A mitologia demonstra antes de tudo a *Erfahrung* — prova, experiência teopática, paixão — da consciência.

Com efeito, não é porque as representações mitológicas sobrevêm na consciência, nela e a partir dela, que elas a afetam ou alteram menos. As representações mitológicas que se sucedem na consciência não foram inventadas, nem são livremente aceitas por ela:

"Produtos de um processo independente do pensamento e da vontade — escreve Schelling — elas eram de uma realidade incontestável e irrefutável para a consciência submetida a ele. Povos e indivíduos não são senão os instrumentos desse processo que ultrapassa seu horizonte e ao qual eles servem sem o compreender. Não lhes é dado

[26] *SW*, XI, p. 191.
[27] *SW*, XI, p. 199.

subtrair-se a essas representações, acolhê-las ou não; com efeito, estas não lhes vêm de fora, mas *estão* neles, sem que saibam como; elas vêm do interior da consciência, à qual se apresentam com uma necessidade que não deixa qualquer dúvida quanto a sua verdade".[28]

Se os deuses do politeísmo só existem "nas representações", nem por isso eles se impõem com menos força à consciência. O que, na consciência, surge do mais profundo dela mesma mantém-na sob seu domínio: a consciência é tomada de estranheza, é afetada, alienada, alterada: *theoplektos, teoblabes*, diz Schelling, que utiliza com predileção esses termos bastante raros para destacar a estupefação da consciência,[29] nesse estado quase extático em que ela engendra representações que nela se encadeiam até formar precisamente um "processo mitológico".[30]

"Os deuses que se sucederam [politeísmo sucessivo][31] — observa Schelling — de fato dominaram a consciência alternadamente. A mitologia enquanto história dos deuses — portanto como mitologia propriamente dita — não se pôde produzir senão na própria vida, ela teve de ser algo *vivido, experimentado*."[32]

Uma vez afetada, a consciência passa até o fim pela experiência ou pela prova do processo mitológico.[33] A experiência mitológica

[28] *SW*, XI, p. 194.

[29] *Cf.* L. Pareyson, "Lo stupore della ragione in Schelling", *in Romanticismo, Esistenzialismo, Ontologia della libertà*, Mursia, Milão, 1979, pp. 137-80.

[30] "O conceito de processo teogônico não exige nada fora da consciência, nada fora dos princípios que a põem e constituem" (*SW*, XI, p. 207).

[31] *SW*, XI, p. 125: "É precisamente porque os deuses não existem senão em representações [como objeto de representações] que o politeísmo sucessivo só se pode tornar efetivo a partir do momento em que é posto na consciência um Deus que vem substituir um outro, um Deus que, sem suprimir pura e simplesmente esse outro... repele-o do presente para o passado e despoja-o, se não de sua divindade em geral, pelo menos do que ela comportava de exclusivo".

[32] *SW*, XI, p. 125.

[33] Se, ao começar, pudemos caracterizar a abordagem schellinguiana em

define ou descreve um caminho que percorre tantos crimes e horrores que se pode perguntar por que a humanidade teve de por aí passar. O caminho é provavelmente incompreensível, mas era necessário, aberto ou traçado providencialmente por Deus, cujos desígnios são insondáveis.[34]

O que resulta, assim, é a vertente a um só tempo subjetiva e objetiva da mitologia: algo que nasce na consciência (da humanidade, dos povos) e que a mantém sob seu domínio a ponto de submeter a consciência àquilo que surge diante dela, para ela, mas primeiro nela.

Para dizer a verdade, a realidade desse caminho, sua existência mesma enquanto caminho suscetível de circunscrever uma história, só se esclarecem à luz do que Schelling com freqüência denomina "a história superior", história antes da história em que tem lugar esse arquievento, esse "fato puro" que constitui como que o ponta-pé inicial da história e do mundo, tais como os conhecemos. Esse fato primeiro, supra-histórico, na origem do processo mitológico como processo necessário da consciência presa do divino, é, diz-nos Schelling, o que costumamos chamar de "queda".

O PROCESSO E SUA SIGNIFICAÇÃO

"Quando se trata de mitologia, a principal questão é
a da significação, mas a significação da mitologia não pode
ser senão a do processo pelo qual ele surge."

O processo mitológico tem, de imediato, uma significação religiosa: "A verdade da mitologia é antes de tudo e especialmente uma verdade religiosa".[35] O processo, com efeito, concerne diretamente "à relação da consciência com Deus". Tal é, se assim se quiser, sua primeira significação subjetiva. Mas o processo também tem uma significação geral, universal: ele repete, com efeito, o "processo universal".

referência à fenomenologia husserliana, é em Hegel que devemos pensar agora, no Hegel da *Fenomenologia do Espírito*, entendida como ciência da experiência da consciência (*SW*, XII, pp. 272-3).

[34] Cf. *SW*, XI, pp. 176-7.

[35] *SW*, XII, p. 215.

"A mitologia não é reconhecida em sua verdade, isto é, verdadeiramente reconhecida, senão em seu processo. Mas o processo que nela se reproduz de maneira determinada é o processo *geral, absoluto... A verdadeira ciência da mitologia é, portanto, a filosofia da mitologia.*"[36]

O processo constitui, como vimos, para a consciência uma experiência; experiência na qual a consciência está como que fora de si mesma, enfeitiçada, fascinada, extática (*stupefacta quasi et attonita*). Para compreender em que consiste ao certo esse êxtase, esse estar-fora-de-si, essa afecção ou alteração, é preciso que voltemos ao estado que deveria haver sido o da arquiconsciência (*Urbewußtsein, ursprüngliches Bewußtsein*), se precisamente ela não estivesse envolvida catastroficamente no processo mitológico.

O projeto schellinguiano de interpretação imanente tende antes de tudo, contra todas as interpretações reducionistas, a reconhecer explicitamente o fenômeno da mitologia e estabelecer sua verdade própria. Trata-se, então, de deixar/fazer aparecer a mitologia. Mas esse projeto inicial vai dar de imediato num propósito totalmente diferente: o de detectar e enunciar a *verdade última ou derradeira* da mitologia enquanto tal e em seu conjunto. Pois este é o verdadeiro objeto de uma filosofia da mitologia.

A questão diretora é ainda a da *Bedeutung*, da significação, mas ela mudou inteiramente de sentido. Na verdade, detectar a verdade íntima da mitologia a título de processo teogônico, cujo lugar é a consciência, implica, em razão mesmo de seu enquadramento necessário (criação, queda, encarnação) somente no interior do qual o fenômeno pode surgir como tal, que a mitologia é essencialmente incompreensível para si mesma, que ela mesma não poderia jamais se compreender inteiramente.

Não se trata mais, assim, de saber como "tomar" ou "entender" tal ou qual mitologema, mas de conferir ao fenômeno da mitologia tomado como um todo — depois, portanto, de sua reconstrução ou sistematização — seu local ou seu lugar no contexto mais geral da filosofia positiva, considerando-se o projeto de "religião filosófica" ao qual se consagra o último Schelling.

[36] *SW*, XI, pp. 216-7.

O processo mitológico em particular, do qual partimos, não é ele mesmo inteiramente inteligível como processo teogônico, a não ser que se perceba como ele repete, a sua maneira, o processo universal cujo sentido cabe à filosofia "geral" estabelecer:

"A mitologia não é reconhecida em sua verdade e, por conseguinte, verdadeiramente reconhecida, a não ser que haja sido reconhecida como processo. Mas o processo que nela se repete de maneira determinada é o processo universal, o processo absoluto; a verdadeira ciência da mitologia é, portanto, aquela que expõe (*darstellt*) o processo absoluto".[37]

Expor, re-encenar o processo absoluto no processo mitológico — isto é, mostrar concretamente como se expõe na mitologia e de modo mitológico o processo absoluto (processo teo-cosmo-gônico, processo das potências) —, eis, sem dúvida, um empreendimento diferente daquele da *Selbsterklärung*. A abordagem é aí de imediato orientada para o que Schelling denomina *Begründung* [fundamentação] da filosofia da Revelação.

Por comandar a tradução ou transposição permanentemente em ação na filosofia da mitologia, a repetição de um processo por e em um outro não re-introduz sub-repticiamente os métodos da interpretação alegórica? Apesar das passagens bastante numerosas, nas quais Schelling diz explicitamente que Dioniso, a idéia ou o conceito de Dioniso, Perséfone ou Deméter, por exemplo, significam ou representam isso ou aquilo: $A^2$, B etc., é preciso, sem dúvida, responder negativamente a uma tal pergunta. Pois aqui a tradução — e há realmente tradução ou re-tradução — é operada do mesmo para o mesmo. São os mesmos princípios, as mesmas potências que estão em ação nos diferentes processos; é a mesma legalidade que regula cada um deles. Mas essa pergunta bem poderia induzir a uma suspeita suplementar, mais grave, se se preferir: não seria antes a extraordinária plasticidade da doutrina das potências, a dramatização a que essa doutrina se presta, que abriria caminho para uma possível mitologização, talvez já operante no processo universal?

[37] *Ibidem.*

O processo mitológico não se esclarece em seu caráter factual próprio, em sua historicidade, senão à luz de uma outra história, uma vez recolocado, reintegrado nessa história superior (*höhere Geschichte*) que deve permanecer necessariamente calada para a consciência mitológica, assim como para a rememoração que dela operam os mistérios, a doutrina dos mistérios.

Na realidade, o processo mitológico não é processo teogônico, no sentido que dissemos — a consciência como princípio gerador das representações do deus, a consciência como sede do devir do deus, a consciência como aquilo que põe deus (teo-tética) —, senão porque o homem original ou a arquiconsciência (*Urbewußtsein*) relançou, reencenou o processo teo-cosmogônico ao termo do qual o homem havia aparecido precisamente como a criatura central.

Foi, com efeito, o homem que constituiu o termo, o fim da primeira criação:

"A consciência humana, segundo a intenção original, era precisamente o meio, o *medium* graças ao qual a natureza inteira devia encontrar sua consistência (*Bestand*), isto é, chegar a sua verdade; daí ainda hoje a verdade última de toda a natureza repousar na consciência-de-si do homem".

Pela criação, o homem havia sido estabelecido Senhor das potências ou das causas, como Deus. Elas encontravam nele sua unidade, mas tratava-se, diferentemente de Deus, de uma unidade instável, lábil. Cabia ao homem fixar essa unidade, transformá-la em unidade indissolúvel. Mas isso não seria — poderíamos ser tentados a pensar — desconsiderar a mobilidade constitutiva do homem original?

O produto último (*Erzeugnis*) era um elemento absolutamente móvel (*ein absolut Bewegliches*), que, por conseguinte, podia, e de certo modo mesmo devia, inevitavelmente mudar.[38]

Não será isso subestimar a indecisão do *Urmensch*, ao qual se impunha esta única lei (*Gesetz*): a lei que lhe ordena não recolocar em movimento o *Grund der Schöpfung*?[39] Esta mesma lei foi também a primeira ocasião, a primeira incitação à transgressão (*Anlaß der*

---

[38] "Umschlagen", virar, inverter-se.

[39] *SW*, XIII, p. 358.

*Übertretung*). Todavia, a sorte de toda a criação repousava no e sobre o homem:

"Deus faz tanto caso da liberdade da criatura que fez o destino de toda sua obra depender da livre vontade da criatura".[40]

O que então se repete de modo mitológico na consciência é, na verdade, o primeiro ou o autêntico processo cosmoteogônico: aquele através do qual Deus se engendra ou se revela como Pai, quando num só gesto cria o mundo e engendra o Filho. É, com efeito, apenas ao termo desse processo teogônico, no qual o homem é o acabamento da criação, no qual ele é, ele mesmo, determinado como *das Gott Setzende* [o que põe Deus] que se torna legítimo empregar estritamente o nome "Gott".[41] Deus não se torna Deus, se sabemos como com palavras se fazem coisas, senão mediante a realidade da relação da consciência à Deus (*reales Verhältnis zu Gott*).

O processo teogônico que o homem ou que a consciência mitologicamente afetada relança "não é senão uma repetição desse processo original, através do qual a essência humana se tornou aquilo que põe Deus".[42] É, então, num certo sentido, do ponto de vista dessa história superior, à qual recorre Schelling para esclarecer o começo supra-histórico da mitologia, um único e mesmo processo que tem prosseguimento, de início como processo teocosmogônico, em seguida como processo mitológico.

Sem dúvida, não se deve falar aqui estritamente de continuidade nem de identidade. Primeiro porque o processo implica sempre desenvolvimento inédito, novidade, mas sobretudo porque intervieram duas cesuras maiores que impedem de se conceber o processo universal como contínuo e estritamente homogêneo. A primeira cesura é marcada pela decisão divina de criar. A segunda pelo que, para dizer a verdade, não é uma decisão, mas, antes, um *Urzufall*,[43] o fruto

---

[40] *SW*, XIII, p. 359.

[41] *SW*, XII, p. 270.

[42] *SW*, XII, p. 128.

[43] *Urzufall, Urereignis*: "O ato através do qual se encontra posto o fundamento do politeísmo foi exterior e não interior à consciência efetiva. A primeira

de uma ilusão (*Täuschung*), pelo qual o homem põe novamente em movimento as potências que nele haviam encontrado equilíbrio e repouso. O processo, então, muda de cena. Ele ocupa um novo teatro, o da consciência, precisamente. O processo desenrola-se doravante inexoravelmente na consciência afetada, que nada pode. O processo doravante ocorre mediante a produção das representações mitológicas sucessivas. Todavia, é sempre o mesmo drama, uma vez que põe em cena, se assim se preferir, os mesmos protagonistas: as potências ou as causas:

> "É, então, de novo a mesma tensão das potências que aquela que sobrevém na *universio* original (*Herauswendung*): a extroversão das potências que são o elemento exterior e exotérico da divindade (*das Äußere, das Exoterische der Gottheit*); a única diferença é que, nesse caso, tal tensão não é posta senão na consciência, dito de outro modo, todos os fatores [todas as instâncias] do processo teogônico são novamente dados, mas trata-se apenas de um processo que se desenrola na consciência".[44]

O homem original ocupa uma posição-chave no universo, mas é também, e por isso mesmo, uma posição particularmente exposta; se o homem, com efeito, é suscetível de relançar o processo, é que recebeu uma função de todo capital na dialética das potências: interiorizar, internar, manter oculto o princípio: o princípio, o *prius* do começo, o fundo ou a base de toda a criação: "A substância da consciência humana é esse B que em toda a natureza está mais ou menos fora de si, mas no homem em si; ora, esse B apareceu-nos em sua potencialidade ou em sua centralidade, ele apareceu em seu pré-conceito como o fundamento de toda divindade. Enquanto princípio teo-

consciência efetiva já se encontra exposta a essa afeição, pela qual ela é separada de seu ser eterno e essencial. Essa primeira determinação tem algo de inconcebível para a consciência; ela é a conseqüência não desejada e não prevista de um movimento, movimento irresistível, que para a consciência não admite volta. Sua origem encontra-se numa região, à qual, uma vez que dela foi separada, a consciência não tem mais acesso". (*SW*, XI, p. 192)

[44] *SW*, XII, p. 93.

Mito e verdade

gônico, ele perpassa toda a natureza. Na consciência humana, onde é reconduzido à posição originária, onde, de volta a si mesmo, torna a ser = A, ele se comporta de novo como aquilo que põe Deus. A pura substância da consciência humana é, então, em si, aquilo que põe Deus naturalmente".[45]

Uma vez posto em movimento, o processo teogônico é, como o indicamos, um processo necessário; ele tem seu lugar na consciência, a consciência dele é, não apenas sede, mas ainda princípio gerador, mesmo que contra a vontade e sem o saber, e ela também é sua "paciente".

Compreende-se melhor, agora, a importância da crítica schellinguiana de todas as interpretações da mitologia em termos de fábula ou de ficção poética, bem como o que está em jogo em tal crítica. Reconduzida ao que dela constitui o fundo último, o verdadeiro e decisivo plano de fundo, o processo universal, a mitologia, longe de aparecer como uma "invenção", uma obra humana qualquer, é uma peça mestra da/na economia divina que comanda também a criação, a queda, o paganismo, o judaísmo, a revelação, a crucificação do Filho etc.

> "A mitologia repousa sobre a presença imediata das potências teogônicas efetivas. São forças originárias, forças que são em si teogônicas, cujo conflito produz na consciência humana as representações mitológicas."[46]

Havendo sido novamente reativadas pela e na consciência original — a do *Urmensch* [arqui-homem] —, encontrando-se outra vez num estado de tensão e de exclusão recíprocas, as potências não podem mais se reunir de maneira sucessiva, graças a e por vontade de configurações diferentes e sempre efêmeras, que constituem épocas distintas, reinos, "estações" ou "eras", no processo mitológico (tempo de Saturno, de Cronos, de Zeus, de Urânia, de Cibele, de Hera). Como a passagem de uma época a outra é sempre marcada por uma crise e obedece ao movimento de materialização, de sobrelevação e de afundamento (fundamentação) chamado por Schelling de "Grundlegung", "*katabolé*", o princípio segundo o qual a mitologia avança é,

---

[45] *SW*, XII, pp. 118-9.

[46] *SW*, XII, p. 130.

então, o princípio da emergência sucessiva (*Hervortreten*) das potências. Mas a óptica da *Potenzlehre* apresenta uma nova explicação da mitologia que será difícil reconduzir à *Selbsterklärung*, ainda que Schelling observe: "A doutrina das potências, de sua exclusão e do processo com isso posto, já é suficiente para explicar a mitologia".

Parece que, chegando a esse ponto, é preciso concluir que Schelling pára de ser fiel ao princípio da tautegoria: as figuras mitológicas — digamos, os deuses do politeísmo sucessivo — não podem mais ser consideradas como entidades autônomas que se confundem com seu significado imanente. Não se pode mais esperar ler rigorosamente nelas mesmas, direto nelas mesmas, o sentido das grandes figuras mitológicas. Longe de ser as verdadeiras *dramatis personae*, os deuses — no mais, objetos de representação — são as instâncias mediante as quais se encarnam ou se manifestam as "forças" efetivamente teogônicas, as "potências", os "princípios" (*Mächte*), que serão igualmente interpretados por Schelling, no quadro da doutrina dos mistérios, como "deuses espirituais", "causativos" ou "causadores", em oposição às figuras dos deuses simplesmente materiais que se desenvolvem largamente em tal ou qual fase do politeísmo simultâneo. Dioniso, por exemplo, sob suas três determinações diferentes (Zagreu, Bakchos, Jakchos) é a cada vez uma epifania diferente do mesmo princípio A[2]. Os diferentes momentos do processo, chegará a afirmar Schelling, podem ser conhecidos "aus Natur der Potenzen", a partir da natureza das potências, eles podem ser provados, ou melhor, estabelecidos, evidenciados (*nachweisen*), dentro das ou diretamente nas diferentes mitologias reais que se sucederam.

A QUEDA

A mitologia inteira, se é para pensá-la a fundo como teogonia, isto é, como processo teogônico necessário, que se desenrola na consciência, deve ser ligada a um "fato", a um evento primordial, originário. O evento buscado, para sermos exatos, é um evento fundador, um evento supra-histórico, portanto, e que faz com que se liguem num mesmo encadeamento, se assim se pode dizer, o processo mitológico e a revelação no sentido estrito. O fato em questão, diz-nos Schelling, é puro, metaempírico, supra-histórico; é, literalmente, um fato da consciência que não pertence à história, nem mesmo à pré-história. O fato só é, ele mesmo, inteligível quando recolocado nessa história superior que é a Revelação, em sentido amplo: história escandida por uma série de intervenções, de manifestações (teofanias) de Deus, que, também ele, leva tempo, a quem é preciso tempo para realizar ironicamente seus desígnios. Os deuses do politeísmo sucessivo, quando aparecem, são momentos, faces do Deus. Nesse sentido, é preciso dizer que a mitologia pertence de pleno direito à Revelação, da qual constitui uma seqüência determinada, tendo uma função totalmente específica, insubstituível, no seio da economia divina.

Esse evento primordial, imemorial (ou inatingível pelo pensar*) — ele não é conhecido senão a posteriori, por suas conseqüências — é o que se costuma chamar de queda. A queda é o "fato originário", o "dado factual originário da história".[47] Evento supra-histórico pelo qual o homem se torna novo ou "segundo começo", pelo qual o homem ocupa o lugar do Pai.

Esse evento é, no sentido próprio, uma catástrofe, a catástrofe por excelência que afeta tanto a relação do homem com a natureza, quanto a relação da consciência com Deus. O homem torna-se como deus, toma seu lugar, faz-se Pai, Criador.[48]

> "Essa idéia — precisa Schelling — poderia parecer quase que demasiado audaciosa, todavia sou forçado agora a evocar claramente essa relação, pois só assim será possível mostrar a verdadeira diferença entre a mitologia e a Revelação..."

Em que medida se pode dizer que, com esse tema da queda, é a revelação do Velho Testamento que está encarregada de dar a chave, a explicação última do processo mitológico, informando-nos sobre seu ponto de partida? Schelling, mesmo designando a queda como o

---

* O autor cunhou o termo "imprépensable" (literalmente: "im-pré-pensável") para traduzir o termo schellinguiano "das Unvordenkliche". O adjetivo existe na língua alemã corrente, significando um passado imemorial, que não se alcança com o pensamento. (N. da T.)

[47] SW, XIII, p. 360. Cf. também XIII, 385: "Sem uma saída do paraíso original não haveria história".

[48] SW, XIII, p. 366.

*Grund* — o fundo ou o fundamento, a razão última — do processo mitológico, recusa-se naturalmente a tomar à dogmática cristã um elemento doutrinal. Se a narrativa da Gênese é utilizada — desde a *Introdução histórico-crítica* —, é essencialmente a título de documento, de testemunho. Na realidade, é principalmente por intermédio da figura de Perséfone, filha de Deméter surpreendida e violada por Zeus metamorfoseado em serpente, que Schelling se esforça por encontrar no seio mesmo da mitologia uma ilustração da queda do *Urbewußtsein*. Mas que significa ao certo a queda, fato puro, irredutível, que não nos é acessível senão por suas conseqüências, pelas pistas obscuras que deixou e que exigem ser interpretadas?

A queda afeta o homem original, ou melhor, o *Urbewußtsein*; a consciência original é essencialmente teopática: ela é consciência de Deus, sem, contudo, ter Deus diante de si (*vor sich*). A queda marca, então, para a consciência original, um afastamento (*Entfernung*) em relação ao deus verdadeiro — ao Pai —, mas, na realidade, pela queda, a consciência não se desliga do deus, de seu quase-fascínio por deus, senão para cair sob o domínio do princípio, da potência que ela imprudentemente acionou. Pela queda, a consciência tornada estrangeira a si mesma caiu sob o domínio do princípio B reativado; e dele não escapará senão progressivamente, ao termo de uma longa errância, de um longo caminho, através do qual retorna a si, volta a tomar posse de si mesma, para apenas no fim ser *Selbstbewußtsein*.[49]

O que faz da queda o "começo supra-histórico da mitologia"?[50] Em que consiste essa "catástrofe da consciência humana" que é a queda? Para responder a essas perguntas, é preciso determinar, com mais precisão, o estatuto do *Urmensch* e a natureza exata do re-começo assim operado, da segunda criação, cujo autor é o homem, e da qual o processo mitológico constitui o prelúdio.

O homem original é de alguma forma o poder-ser reconduzido a ele mesmo, possuindo a si mesmo. O homem foi instituído senhor desse poder-ser que na natureza estava fora-se-si, desse mesmo poder-ser que era o "princípio do começo", a *Grundlage der Schöpfung*. É precisamente esse princípio do começo que a catástrofe vai acordar,

---

[49] *Cf. SW*, XI, pp. 144-74, onde a exegese schellinguiana da Gênese confirma essa interpretação da mitologia como errância.

[50] *SW*, XII, p. 153.

Mito e verdade

vai reativar. No homem, o princípio do começo estava destinado a repousar; ele devia permanecer imanente e não mais se tornar potência, isto é, possibilidade de um outro ser. O princípio do começo devia permanecer oculto no homem. Mas o homem faz precisamente a descoberta de sua liberdade, quando esse princípio lhe é mostrado, apresentado, em sua possibilidade, isto é, como possibilidade.

Quando se revela como tal, a possibilidade se mostra como aquilo que pode tornar a ser *Seinkönnen*, no sentido transitivo.[51] A possibilidade como tal já seduz e atrai o querer. É esse o momento feminino da consciência original: o momento em que a possibilidade, mesmo permanecendo possibilidade, já atrai para si a vontade. Momento representado mitologicamente pela figura de Perséfone/Prosérpina.

É preciso notar aqui que essa arquifigura de Perséfone não pode surgir como tal senão no fim do processo, nessa última recapitulação e nesse pressentimento do futuro que é a misteriologia, a doutrina dos mistérios. É somente quando a mitologia se completa e acaba, quando ela começa a ser objeto, através dos mistérios, de uma rememoração ou de uma re-apropriação, que o princípio — o que haverá sido o princípio — pode reaparecer obscuramente para a consciência. O que surge no fim é, precisamente, que o que se apoderou da consciência como necessidade, *fatum*, "destino funesto" e impensável de antemão (*unvordenkliches Verhängniß*)[52] não era no início senão possibilidade.

O homem original ou a arquiconsciência, a título de poder-ser em repouso — equilíbrio e reunificação das potências — essas potências que Deus havia extrovertido na criação, ou melhor, nessa "universio", *Herauswendung* da qual resulta a criação — o homem original é, então, liberdade ou vontade, mas vontade cujo querer está ainda em repouso, porquanto precisamente o homem se consagra ou se dedica à representação e à contemplação de Deus, porquanto precisamente se perde nelas. O homem é de início absorvido pelo divino, presente para Deus muito mais do que para si mesmo, consciência abismada na contemplação do Deus. O homem original — observa Schelling[53] — é em si mesmo e por assim dizer antes de si mesmo, antes de se haver tornado *outro* — pois ele já é um outro quando,

[51] *SW*, XIII, p. 382.

[52] *SW*, XII, p. 153.

[53] *SW*, XI, pp. 186-7.

voltando a si mesmo, tornou-se para ele mesmo objeto. Limitando-se a *ser* sem haver ainda se tornado outro, o homem é, então, a consciência de Deus, ele não *tem* essa consciência, ele é essa consciência, e é apenas no *não*-ato, no não-movimento, que ele é aquilo que põe o verdadeiro Deus.

À consciência original se mostra — é propriamente o momento da tentação — a possibilidade como tal, o poder-ser em sua acepção transitiva. O que se revela ao homem por meio dessa possibilidade é a eventualidade de ser livremente o que ele é; a possibilidade de ser o que ele é, não fortuitamente, mas porque ele o teria posto livremente: o que a ele se apresenta — para dizer a verdade, de maneira enganosa — é a possibilidade da posição-de-si, de retomar a sua essência como posta por si. Numa palavra, ser como deus! O que é curioso, ao que parece, e que merece ser mencionado, é que a possibilidade que se mostrou a Deus como Sabedoria, e na qual ele percebeu, como que num espelho, a criação,[54] era também a possibilidade da posição-de-si como Deus, precisamente, isto é, como Pai.

A emergência dessa possibilidade no horizonte faz aparecer a ambigüidade, a indecisão da consciência, que assume aqui a figura feminina de Perséfone;[55] Perséfone: *Dyas, natura anceps.*[56]

Pela figura originária de Perséfone e com o filosofema da queda, a filosofia da mitologia liga-se à filosofia da Revelação em sua parte geral (doutrina da criação e procissão trinitária). Assim como,

[54] *SW*, XIII, p. 277.

[55] *SW*, XII, p. 142.

[56] Perséfone é o princípio, o começo, a primeira figura da consciência exposta à passagem, à inversão do essencial, ao fortuito. Perséfone é assim uma figura essencialmente ambígua: *zweideutiges Wesen. Cf. SW*, XIII, p. 383: "Esse ser ambíguo, de início totalmente interno, depois, uma vez que abandonou sua essência, submetido ele mesmo à necessidade, ao processo — esse ser é, então, na mitologia, Perséfone. Todavia, não se deve imaginar que a idéia de Perséfone seja contemporânea ao início da mitologia. Para a consciência que ele surpreende, esse início é um início oculto; é apenas *no fim* do processo, quando seu tecido já começa a se desfazer, que o início se torna claro para a consciência, é somente então que esse princípio *aparece* de novo para ela *como* possibilidade e se apresenta para ela como Perséfone — como esse princípio que experimentou a totalidade do processo". Perséfone, Dioniso: compreende-se por que as duas figuras são inseparáveis, ou melhor, por que elas devem necessariamente ser reunidas no fim, sob os traços respectivamente de Kouros e de Kore.

Mito e verdade

voltaremos a isso, a Cristologia se liga à parte especial da filosofia da Revelação pela doutrina dos Mistérios e em particular pela figura de Dioniso (o Dioniso da 3ª potência) — antecipação do deus por vir, anúncio de um outro reino, de uma nova senhoria ou de uma nova soberania.

EXOTÉRICA E ESOTÉRICA.
A VERDADE DA MITOLOGIA. A MITOLOGIA DECRIPTADA

O fenômeno da mitologia, em seu desenvolvimento histórico (*Göttergeschichte*) revela progressivamente, a título de signo, de índice, uma realidade subjacente e que não se mostra como tal: o jogo de exclusão, de sobrelevação das potências e de suas diferentes configurações. É essa realidade oculta que fornece a chave da mitologia, entendida como processo. É, com efeito, observa Schelling, "da cooperação (*Zusammenwirkung*) das potências que resulta o mundo dos deuses enquanto fenômeno (*Phänomenon*) de sua cooperação". Será que o mundo dos deuses (a mitologia tal como ela se desenvolve, em cada etapa decisiva, como politeísmo simultâneo) não corre assim o risco de ser apreendido como o simples fenômeno, a aparência (*Erscheinung*) de uma outra realidade: aquela do processo (*Vorgang*) que não começa a se desvelar verdadeiramente senão na doutrina dos mistérios?

Os mistérios revelariam assim a verdade secreta da mitologia:

> "A essência, o verdadeiro cerne (*das Innere*) da mitologia doravante está presente nos mistérios, enquanto o mundo exterior dos deuses exotéricos não se mantém senão como fenômeno de um processo interno e não tem outra realidade que não a da aparência (*Erscheinung*). Com efeito, o real (*das Reele*), a significação propriamente religiosa não mais reside senão nesses conceitos esotéricos que não se referem ao que é produzido, ao que se tornou, mas às puras causas do processo mitológico. É tomando consciência dessas últimas que a arquiconsciência, cuja cisão (*Zertrennung*) havia dado origem à mitologia, aparece restaurada".[57]

[57] *SW*, XII, p. 635.

Ainda é possível afirmar que a mitologia é capaz de se compreender, de ela mesma se explicar por si mesma? Deve-se antes afirmar que a mitologia, precisamente em seu progresso, em seu desenvolvimento, tende a se compreender; ela está em busca de seu próprio sentido, de sua inteligibilidade. Compreender-se, para a mitologia, significa antes de tudo lembrar-se, tentar, num longo movimento de anamnese, reencontrar sua própria história, voltar-se em direção a seu ponto de partida catastrófico. Mas, é preciso insistir, o começo não se desvela senão no fim e, num certo sentido, fora da mitologia, no ensinamento esotérico dos mistérios. A verdadeira retrospecção, ou melhor, rememoração, começa com a iniciação. Os Mistérios (Elêusis e Samotrácia) são o *Verstand* [inteligência, entendimento] da mitologia. Recapitulação, interiorização mistéricas formam como que uma repetição do processo mitológico que é, ele mesmo, repetição do processo universal.

Compreende-se melhor agora em que consiste o privilégio da mitologia grega. Se a mitologia grega é aquela por meio da qual se apresentam ou se expõem[58] todas as outras mitologias completas, é também porque a mitologia grega, com o desdobramento interno do exotérico e do esotérico, permite "pôr em evidência da maneira mais pura e mais determinada" os princípios que nos dão a chave de todo o processo:

> "Se, entre todas as mitologias, a mitologia grega contém em toda sua pureza os princípios últimos da mitologia, é precisamente porque ela é a mais recente, aquela, portanto, que atingiu o mais alto grau de conhecimento e de consciência, aquela que revela também, na separação mais pura, princípios que — nos momentos anteriores — operam ainda cegamente uns mediante os outros, que se obscurecem e se combatem reciprocamente. Eu nunca teria podido, então, ousar ir além do simples material e passar do exterior ao interior, aos princípios geradores da mitologia e à lei de sua formação e de sua progressão, se não houvesse sabido esses últimos tão puramente desenvolvidos e expostos na mitologia grega...".[59]

[58] *SW*, XII, p. 670.
[59] *SW*, XII, p. 671.

Mito e verdade

A doutrina (*Lehre*) dos mistérios constitui, assim, um suplemento decisivo para a explicação da mitologia, encarada antes de tudo em sua dimensão de experiência (*Erfahrung*).

Schelling, quando decide seguir *a priori* o movimento da *Selbsterklärung*, tal como atravessa toda a mitologia, já se apóia em diversas teses que vão se revelar decisivas para toda a economia da filosofia da mitologia. Lembremo-las rapidamente:

É na mitologia grega que se expõe da maneira *mais determinada e mais pura* o conjunto do processo mito-teogônico. Em cada uma das grandes mitologias históricas completas (egípcia, indiana, grega), são as mesmas potências que estão em ação; distinguem-se aí os mesmos movimentos de junção e disjunção das potências cindidas, das potências que entraram em tensão (*Spannung*). É então possível e legítimo fazer aparecer as concordâncias e as correspondências entre as diferentes figuras divinas das diversas mitologias. Em compensação, nada de derivação, a não ser fortuita e não-significativa, de uma mitologia a outra, nada de empréstimos verdadeiros, mas uma fonte comum e desenvolvimentos paralelos. Eis o que de direito recomenda um estudo comparativo. Todas as mitologias bebem da mesma fonte: *a mitologia mergulha suas raízes no Urbewußtsein*, ela procede dele, e suas representações constituem respectivamente episódios na aventura da consciência. Um único e mesmo processo mitológico, então, com "expressões" e formulações diferentes. É na mitologia grega que *a* mitologia encontra sua apresentação acabada, com Homero, os Hinos homéricos, Hesíodo, bem mais do que com Píndaro ou os trágicos. Como o processo teogônico acaba na consciência grega, os Gregos são também aqueles que podem propor a mais completa elaboração poética do processo uma vez acabado. Longe de voltar aqui à tese, criticada sem trégua, da "ficção poética" ou da "fábula", Schelling tira todas as conseqüências de sua crítica, situando por assim dizer numa época pós-mitológica os poetas que, tais como Homero ou Hesíodo, desenvolveram tardiamente o mundo dos deuses (*Götterwelt*).

A mitologia grega, que encontra sua expressão acabada na poesia épica e didática, foi ela mesma objeto, no mundo helênico, de uma primeira tentativa constante, de um esforço de re-apropriação e de rememoração, graças à doutrina dos mistérios: os mistérios de Samotrácia, mas sobretudo os de Elêusis, que gravitam em torno das figuras maiores de Perséfone, Deméter, Dioniso.

É igualmente a retrospecção, a lógica do *a posteriori*, em ação na filosofia da mitologia, que comanda a abordagem dos mistérios, tornando possível o trabalho de anamnese em que consiste essencialmente a iniciação.[60]

> "No começo, a mitologia é incapaz, ela mesma, de se explicar, de conceber seu próprio início, mas, quanto a nós, podemos explicar para nós mesmos seu começo, no sentido de que a mitologia que chegou ao seu termo e se tornou consciente de si mesma o explicou."[61]

A verdadeira auto-explicação da mitologia começa, então, com os mistérios, ainda que a doutrina dos mistérios, por sua vez, não constitua senão um pressentimento da verdade por vir: a do cristianismo. Algo como uma mãozinha do intérprete é, portanto, sempre necessário para elucidar a fundo, explicitar o ensinamento dos mistérios.

> "Os mistérios são, por assim dizer, a consciência da mitologia, o pressentimento que o paganismo tem de seu próprio crepúsculo."

Mas essa consciência não está plenamente acabada. Os mistérios são proféticos: anunciam a morte de todos os deuses, inclusive a de Dioniso. É principalmente a misteriologia que sustenta a idéia de que o paganismo antecipa a revelação, pelo menos se é verdade que a idéia do cristianismo é uma idéia eterna, anterior ao próprio Cristo e a sua encarnação. Na história da consciência, é preciso então chegar a dizer que Jesus Cristo não representa uma aparição absolutamente sem

---

[60] *Cf.*, a propósito da lógica geral do *a posteriori* [*après coup*], em sua aplicação à filosofia da mitologia (*SW*, XII, p. 645): "Am Ende zeigt sich was im Anfang war". As figuras de Dioniso e Perséfone fornecem aqui dois exemplos privilegiados. A propósito da tríade Zagreu, Bakchos, Jakchos, Schelling precisa ainda: "O último levou-nos de volta ao primeiro, pois ele era considerado como sendo o mesmo que ele e confundido, ao menos parcialmente, inteiramente com ele, de uma maneira que já se tornou compreensível em geral, porque o fim é em toda parte de novo igual ao começo, porque, para ser exato, nada mais é que o começo extraposto e fixado como tal, enquanto o inicial, para ser exato, não é senão o fim que ainda não foi posto como tal, e portanto exposto à ruína (*Umsturz*), ao processo e à restauração".

[61] *SW*, XII, p. 145.

Mito e verdade

precedentes. O esquema tipológico aplica-se, não apenas às relações, às correspondências entre Novo Testamento e Antigo Testamento, mas ainda, de maneira geral, àquelas que se estabelecem entre o "fenômeno da mitologia" e o "fenômeno do cristianismo". O paganismo é tão prototípico do cristianismo quanto o judaísmo. Pode-se reconhecer, por exemplo, na série dos personagens dionisíacos (Hércules, Baco, Osíris), encarnações mitológicas do princípio $A^2$, advertências sucessivas dadas por Deus (o Uno, o Pai) à consciência pagã. Às aparições de Deus no Antigo Testamento, responde a série das teofanias na mitologia.

Mas se é preciso distinguir, marcar bem a oposição, importa sublinhar também a complementaridade do exotérico e do esotérico: na verdade, não há corte rigoroso entre a mitologia e os mistérios: "Os mistérios são um produto natural e necessário do processo mitológico".[62] A cesura passaria muito mais nitidamente entre os mistérios e o cristianismo, apesar das antecipações que acabamos de lembrar, a estrutura tipológica da explicação dos fenômenos: Mitologia — Cristianismo.

> "Os mistérios são para nós um produto natural e necessário do próprio processo mitológico, dele resultam e ele não os poderia pressupor. Eles não suprimem (*aufheben*) o politeísmo (*Göttervielheit*), mas dele contêm a inteligência (*Verstand*), o segredo propriamente dito (*das eigentliche Geheimnis*), não um segredo que está em contradição com ele e lhe é *exterior*, mas precisamente o segredo que nele encerra essa própria pluralidade."[63]

A iniciação nos mistérios deve ser entendida, diz-nos Schelling, que aqui segue bem de perto as afirmações de Platão no *Fédon* e no *Fedro*, como uma libertação do processo mitológico, isto é, também dos deuses materiais, tais como apareceram necessariamente para a consciência, no decorrer desse processo.[64] — Este último, portanto, é também libertação da matéria, do corpo, do devir, da mortalidade:

[62] *SW*, XIII, p. 442.

[63] *Ibidem.*

[64] *SW*, XIII, p. 450.

"Segundo o conhecimento dos mistérios que Platão possuía, a verdadeira felicidade, a epoptéia (*eptoteia*), consistia na restauração dessa pura consciência arquetípica, de alguma forma ainda celeste e paradisíaca".[65]

É a partir daí que se pode compreender a função, a eficácia (*Wirkung*) dos mistérios: a obra dos mistérios visa a reconduzir o iniciado à felicidade original que era a da consciência primitiva. É a iniciação mistérica que torna novamente sensível o *paradiesisches Verhältnis* em que se encontrava, quanto a seu *Urseyn*, o homem original. A função dos mistérios é, então, a de "transportar a consciência do reino das figuras simplesmente materiais até o reino das puras potências espirituais".[66] Um tal "deslocamento" responde de certa forma à queda, entendida como afastamento, distância quanto ao centro da criação.[67]

É precisamente esse deslocamento que livra, que liberta a consciência. O iniciado liberta-se progressivamente dos deuses materiais que constituíam a trama do processo mitológico.[68]

Aqui se coloca uma pergunta: o estabelecimento de relação entre o exotérico e o esotérico, entre a mitologia e os mistérios não reintroduz, na interpretação do processo mitológico, o esquema explicativo da alegoria?

Tal pergunta, creio, pode ser respondida negativamente, uma vez que a língua dos mistérios ainda é a da mitologia. Os mistérios contêm um ensinamento, uma doutrina, mas também uma "apresentação", uma "encenação" (*dromema, phantasmata, theamata*), cujos protagonistas são mitológicos ou oriundos da mitologia (como é o

[65] *SW*, XIII, pp. 454-7.

[66] *SW*, XIII, p. 454.

[67] *Cf. SW*, XI, p. 206, onde Schelling evoca a doutrina de Jacob Boehme e a de Œtinger: *Eine reelle Verrückung des Menschen von seinem ursprünglichen Standpunkte* — "um deslocamento real que arrasta o homem para longe do lugar onde originalmente se mantinha".

[68] "A felicidade obtida graças à iniciação consistia precisamente no fato de que os iniciados eram liberados pelos mistérios da necessidade do processo mitológico e postos em relação (*Verkehr*) imediata com os deuses puramente espirituais."

Mito e verdade

caso de Deméter, de Perséfone e de Dioniso...).[69] Que significa ao certo falar a língua da mitologia? O que faz com que a mitologia seja uma língua? Antes de tudo o léxico, constituído pelas figuras divinas, mas, sobretudo, sua sintaxe comum. Não se trata, então, propriamente, de tradução possível das mitologias para a língua dos mistérios. Se há tradução, ela é de uma certa forma intralingüística. Não se pode simplesmente afirmar que o que se diz na mitologia seja entendido, uma vez traduzido para a língua dos mistérios. Por que a metáfora ou a analogia: mitologia/língua deveria necessariamente reintroduzir, ainda que sub-repticiamente, toda a potência do esquema alegórico?

Certamente, Schelling chega ao ponto de precisar que "a doutrina dos mistérios não tinha outro meio de exprimir suas representações além do *medium* mitológico do engendramento e do nascimento". É então ainda por meio da história, da experiência — e antes de tudo a da reconciliação de Deméter, desesperada pelo rapto de sua filha Prosérpina —, que se elabora o ensinamento dos mistérios. Ensinamento proibido, mas sobretudo não-dito, indizível, precisamente por falta de palavras, de uma língua para dizê-lo, enunciá-lo. Não se deve, então, pôr-se em busca de uma doutrina abstrata qualquer que constituísse o conteúdo último da iniciação nos mistérios.[70]

> "A doutrina dos mistérios jamais existiu abstratamente. Ela foi, também ela, mostrada antes historicamente, por processos reais, representações cênicas."[71]

Ainda que afirme que "os mistérios contêm propriamente a explicação, a verdadeira filosofia da mitologia",[72] Schelling nem por isso mantém menos uma separação radical entre essa última figura da

---

[69] "Os mistérios não cessam de falar a língua da mitologia, a única compreensível para sua época, para a consciência dessa época." (*SW*, XIII, p. 467).

[70] "Evidenciamos nos próprios mistérios os princípios de onde deriva toda a mitologia. Mas não se pode qualificar de acabada uma explicação, quando as causas acabaram por ser verificadas no próprio objeto e por aí serem reconhecidas como tais." (*SW*, XIII, p. 463).

[71] *SW*, XIII, p. 460.

[72] *SW*, XIII, p. 409.

auto-explicação e a explicação propriamente filosófica que se desenvolve na filosofia positiva. O que faz toda a diferença? A retrospecção, precisamente, o quadro, a perspectivação econômica que só se abre para nós, agora, hoje. A verdadeira conquista dos mistérios é precisamente a da interiorização, da *Erinnerung*, se assim se preferir. Mas a rememoração não age senão através de uma história delimitada, graças a uma repetição dessa história (a mitologia é antes de tudo, já o observamos, *Göttergeschichte*).[73] Reconhecer na multiplicidade exterior das figuras divinas os momentos convergentes de um mesmo processo unitário, tal é a derradeira conquista da doutrina dos mistérios. Os deuses materiais, que passaram a existir, são reconduzidos a seus princípios geradores: as causas, as potências, os deuses espirituais. Mas, na realidade, trata-se sempre das mesmas figuras divinas, encaradas sob ópticas diferentes, reconhecidas ou não em seu significado espiritual:

> "É preciso que encaremos a relação [entre mitologia e mistérios] de tal forma que os deuses materiais possam ser considerados de duas maneiras: primeiro, precisamente, de um modo apenas material, isto é, sem inteligência (*Verstand*) propriamente dita e sem nenhuma verdadeira consciência de sua significação; depois, de maneira que não se reconheça nesses deuses materiais, eles mesmos, senão os deuses causativos ou que neles se vejam simples formas ou revestimentos (*bloße Formen oder gleichsam Verkleidungen*) dos deuses causativos".[74]

O que caracteriza os mistérios é, então, essencialmente uma nova *Betrachungsweise* [modo de consideração] que nem por isso anula, suprime os deuses materiais, já que são precisamente eles que, graças a esse novo modo de considerar, na repetição de sua história, se encontram espiritualizados. A doutrina dos mistérios não trata, portanto, propriamente de novos deuses: ela põe em evidência os deuses

---

[73] "Was äusserlich als Geschichte der Götter erschien, war innerlich nur die Geschichte des durch verschiedene Momente hindurchgegangenen Gottes" (*SW*, XIII, p. 502).

[74] *SW*, XIII, p. 454.

Mito e verdade

causativos.[75] Esses deuses elevados a uma potência superior são precisamente as "puras potências" (*reine Potenzen*), as "forças límpidas" (*lautere Mächte*), as "causas" (*Ursachen*), tais como surgem do processo mitológico e de sua repetição mistérica. São, precisa ainda Schelling, "os deuses puramente agentes", eficazes, os deuses causativos. Mas cabe ao filósofo que considera *a posteriori* o conjunto dos documentos revelar plenamente, no seio mesmo da *Mysterienlehre*, "os Princípios de que toda a mitologia deriva"; cabe a ele dar a chave dela, decifrar-lhe o segredo, fornecer a inteligência (*Verstand*)[76] dela, seguindo certas linhas já traçadas ou esboçadas pela "doutrina", mas indo mais longe, até verdadeiramente esclarecer. Por certo, como observa também Schelling, "os mistérios não são nada mais do que a consciência superior, compreensiva (*begreifendes Bewußtsein*) da mitologia". O verdadeiro conteúdo da consciência mitológica são as potências — causas a partir das quais se pode derivar, deduzir toda a mitologia, mas isso não significa de modo algum que a *Mysterienlehre* antecipasse no que quer que seja a *Potenzenlehre* da última filosofia.

A doutrina dos mistérios deu um passo capital em relação à mitologia: permitiu tomar consciência do encadeamento, da concatenação das figuras divinas, espirituais que sustentam o processo mitológico; permitiu reconhecer nesses diferentes momentos as etapas do devir do Deus; soube decifrar nessas figuras espirituais um único e mesmo Deus: "as personalidades (*Persönlichkeiten*) sucessivas de um único e mesmo Deus".[77] Tal é o derradeiro ensinamento da doutrina dos mistérios: as diferentes figuras, os diferentes momentos remetem, todos eles, a um único Deus: *ein und derselbe — aus sich, durch sich, in sich gehende — Gott.*

Alcançando assim a inteligência dos deuses causadores, essenciais, descobrem-se as verdadeiras causas, as potências cujo estudo específico concerne à filosofia:

---

[75] Schelling busca fundar sua interpretação dos deuses causativos recorrendo a numerosas fórmulas, tomadas de Varrão: *Dii potes* (XIII, 461), *Deorum Dii* (*ibidem*), *Dii penetrales, Dii consentes et complices* (*SW*, XIII, p. 462).

[76] *SW*, XIII, pp. 443-4.

[77] *SW*, XIII, p. 463.

"Todo o processo mitológico move-se em torno das três potências. Estas são o essencial no processo, todo o resto é mais ou menos acidental. Elas são as verdadeiras causas, os princípios causadores do processo, e uma vez que aparecem para a consciência como deuses, esses deuses que não entram na consciência senão sucessivamente, são os deuses verdadeiramente causadores, os deuses essenciais. A mitologia não é nada mais do que a vinda sucessiva desses deuses".

O processo mitológico é, como sublinhamos, um processo real, ainda que seu lugar seja a consciência, um processo feito de eventos reais e marcado por uma série de crises. Como também pertence essencialmente à mitologia e a seu processo, a doutrina dos mistérios, longe de ser algo de fictício, de fabricado, é um momento determinado da derradeira e última crise da consciência mitológica (ou mitologicamente afetada). Os mistérios são como uma *representação repetida* — uma nova apresentação e uma repetição do evento pelo qual a consciência se supera e decide de todo pelo derradeiro conhecimento".[78]

A história da mitologia (a mitologia como história) reproduz-se nos mistérios: o que ressurge, então, na representação dos mistérios é tão real quanto o que constituiu a trama do processo mitológico. É um processo que, sabemos, afeta ou afetou essencialmente a consciência. Não surpreende, assim, que as principais figuras dos mistérios sejam figuras femininas precisamente através das quais a consciência recapitula ou interioriza sua relação com deus: Perséfone, Deméter, em presença do último Dioniso.

O SEGREDO MAIS PROFUNDO DOS MISTÉRIOS.
DEMÉTER, PERSÉFONE, DIONISO

O verdadeiro segredo dos mistérios é o terceiro Dioniso, ou melhor, o Dioniso da terceira potência: deus do futuro, deus que vem, deus ainda por vir. Deus cuja vinda anuncia um novo senhor, um novo

[78] *SW*, XIII, p. 443.

reino.[79] O nome desse Dioniso místico é Jakchos, aquele que, num casamento sagrado (*hieros gamos*), desposa Kore, que não é outra senão Perséfone, mas Perséfone celeste, que recuperou sua virgindade ardilosamente roubada, surpreendida, no começo de todo o processo, por Zeus metamorfoseado em serpente.

Perséfone, no começo, era a possibilidade ainda oculta, não reconhecida como tal, retraída na primeira consciência (*die verborgene Möglichkeit*). Foi ela que foi surpreendida num lugar inacessível, onde sua mãe acreditava havê-la posto a salvo. É surpreendida por Zeus, que se havia revestido da figura de uma serpente; a serpente desliza para dentro dela, e ela concebe dessa singular união o primeiro Dioniso, Dioniso primogênito, o antigo "Dioniso-Zagreu", o deus "feroz" e "selvagem" (*omestes*), comedor de carne crua, aquele mesmo que ela desposará em seguida, sob a figura de Hades.

As semelhanças entre esse primeiro episódio das aventuras de Perséfone e a queda de Adão e Eva são impressionantes. Schelling, contudo, faz questão de destacar claramente os limites dessa comparação:

> "Se comparei um traço da doutrina de Perséfone com o que a narrativa da Gênese nos diz da morada do primeiro homem, errar-se-ia em pretender apoiar-se nessa correspondência (*Übereinstimmung*) para provar que as representações mitológicas nada mais são do que disfarces de verdades bíblicas, de verdades reveladas. Esse não poderia ser o caso, a não ser que nos fosse permitido considerar essas representações, elas mesmas, como simplesmente contingentes. Mas mostrei, ou melhor, a natureza mesma dessas representações mostrou que elas são engendradas de modo necessário, que elas procedem da natureza mais profunda, mais íntima da consciência. Elas bebem da mesma fonte de que também bebe a Revelação, digo, a fonte da própria coisa".

Ao contrário, Schelling apóia-se nessa "correspondência" para defender sua tese da originalidade do mito, ou melhor, dos mitos, da

[79] *SW*, XIII, p. 508.

doutrina de Perséfone: "A mitologia, como o mostra a doutrina de Perséfone, mergulha suas raízes no fundo da consciência originária do próprio homem, até se confundir com essa consciência".[80]

Mas a idéia de Dioniso não pode, por sua vez, ser exposta, sem que se deva igualmente evidenciar as figuras femininas que sempre a acompanham: "O conteúdo completo e exaustivo da mais elevada doutrina concebida nos mistérios é o triplo Dioniso e a tripla consciência correspondente, ou ainda a tripla deidade feminina que a cada vez a ele responde".[81] Por que essa presença necessária de figuras femininas, quer se trate de mãe ou de esposa, de mãe e de esposa? O processo mitológico desenrola-se na consciência e tem seu ponto de partida numa ação originária da consciência. O processo afeta a consciência, que é, ela mesma, figurada em todas as etapas decisivas do processo.

Se a consciência ainda não é, a cada momento, senão a consciência de tal ou qual deus determinado, ela é também, segundo sua natureza, aquilo que põe Deus pura e simplesmente, e aquilo que, nesse sentido, ultrapassa o momento determinado. Essa ambigüidade (*Doppelseitigkeit*) mostra-se também em todas as divindades femininas. A divindade nova é, sempre, ou bem a consciência do Deus que lhe é paralelo — em pé de igualdade —, do Deus contemporâneo, ou bem a consciência de um deus superior, do deus que vem.

Sob a figura do Dioniso da terceira potência, o paganismo pressente o tempo do Filho, o tempo de Cristo e de seu reino. Eis o que no fim os mistérios podem pressentir, mostrar, mas são incapazes de dizer. Impossibilidade, aqui, tanto quanto interdição. A idéia de Dioniso — presente necessariamente em toda mitologia[82] — explicita-se na mitologia grega mediante três figuras distintas. Dioniso é, sabe-se, esse deus uno e o mesmo que opera através de todo o processo mitológico, aquele que, "partindo de si mesmo, através de si mesmo, entra nele mesmo". O processo está acabado quando se pode dizer e reconhecer no fim que "tudo é Dioniso".[83] "O deus reconhecido em

[80] *SW*, XII, p. 160.

[81] *SW*, XIII, p. 464.

[82] *Cf. SW*, XIII, pp. 424-5.

[83] *SW*, XIII, p. 463.

Mito e verdade

todos os momentos sucessivos como um único e mesmo deus se chama Dioniso. Dioniso é, então, o nome comum das três figuras por meio das quais o deus nasce e se engendra, ele mesmo, para a consciência." Que significam esse triplo Dioniso e as três figuras femininas que a ele correspondem? O Dioniso da primeira potência é Zagreu, filho de Zeus e Perséfone.[84] O Dioniso da segunda potência é Bakchos, filho de Zeus e Sêmele. O Dioniso místico, enfim, aquele da terceira potência, é Jakchos, filho de Deméter. Se o segredo dos mistérios tem o nome Dioniso, aquele em torno do qual giram os mistérios, os de Elêusis em particular giram em torno de Deméter. Deméter é a consciência que se mantém no meio, dividida que está entre o deus real e o deus libertador (Dioniso$^2$, conforme a idéia de Dioniso).[85] Deméter figura, se assim preferirmos, a consciência ainda indecisa, dilacerada entre as duas figuras divinas às quais ela continua a aderir. Romper com o deus real é, para Deméter, perder uma parte de si mesmo, sua filha, raptada pelo deus real e levada em sua queda, em seu devir invisível.

Perséfone, filha de Deméter, é como que uma parte destacada de sua mãe. Perséfone figura, com efeito, essa parte da deusa, da consciência que permaneceu cativa do deus real, isto é, do princípio que primeiro se impôs à consciência, quando ela transformou imprudentemente em poder transitivo o que antes não se apresentava a ela senão a título de possibilidade. O nascimento de Perséfone está submetido ao processo teogônico, está preso, arrebatado por esse processo, que assume nela a relação de fascínio com o deus real. É assim que se pode compreender o relato do rapto de Perséfone por Hades. A parte da consciência enfeitiçada pelo deus real de quem ela era presa desde o começo deve seguir esse deus quando, após haver sido por um tempo princípio ou deus exclusivos, ele mergulha no passado, morre, caso se prefira, em todo caso se torna invisível, senhor de um mundo defunto, passado, material, subterrâneo: *Aides*, Hades.

*Aides* — Hades, eis ainda uma das figuras de Dioniso superada, recalcada no passado. Hades e Dioniso são o mesmo, diz-nos Heráclito, no sentido do Dioniso Zagreu. O primeiro deus, deus cego, real, é superado por um segundo deus, o Dioniso da segunda potência —

[84] *SW*, XIII, pp. 466-7.

[85] *Cf. SW*, XII, p. 629; XIII, p. 412; XIII, pp. 483 ss.

o libertador — (*Lusios*). O deus vencido, reconduzido a seu em-si, re-calcado no passado, é ou se torna semelhante ao deus que o superou. Ele é, ele mesmo, o Dioniso à primeira potência: o deus tornado invisível (Hades). Dioniso[1], Zagreu, é Dioniso, o mais velho, o velho Zagreu é, então, compreensível como um decalque de Hades, é o Dioniso ctoniano, filho de Zeus e de Perséfone (*der reale Gott überhaupt*). O deus cindido, separado do ser, o deus isolado, mas também defunto (*abgeschiedener von Sein*). O deus da segunda potência, aquele que superou o deus real é Bakchos, Dioniso, o tebano — (Lusios) — o libertador, deus benfeitor, o filho de Zeus e de Sêmele.

A propósito da tríade Zagreu, Bakchos, Jakchos, Schelling observa:

> "O último levou-nos de volta ao primeiro, pois era considerado como que sendo o mesmo que ele e confundido em parte, inteiramente com ele, de uma maneira que já se tornou compreensível em geral, porque o fim é em toda parte de novo igual ao começo, porque, para ser exato, nada mais é que o começo extraposto e fixado como tal, enquanto o inicial, para ser exato, não é senão o fim que ainda não foi posto como tal, e portanto exposto à ruína (*Umsturz*), ao processo e à restauração".[86]

Para encerrar, voltemos ao rapto de Perséfone:

O rapto de Perséfone havia deixado sua mãe ferida, desesperada. Deméter, aflita, fica de luto, mas também irreconciliada, invadida pela cólera, e põe-se em busca de sua filha que acabou de ser-lhe arrancada. Os mistérios que, como lembramos, giram essencialmente em torno de Deméter, apresentam a reconciliação da deusa. Deméter é, então, a consciência ferida, de luto: "Ela busca o deus que antes foi o Uno, o exclusivo, aquele que preenchia a consciência inteiramente." Quando Deméter se separa de sua filha, quando Perséfone lhe é arrancada, ela se separa, na realidade, "[d]o que havia de fortuito, de acrescentado ou de acidental em sua essência" (*das Zufällige, das Zugezogene ihres Wesens*). Em que medida é permitido dizer que Perséfone é uma figura acidental, um aspecto contingente de Deméter? Precisamente porque Perséfone é um ser indeterminado, ambíguo, in-

[86] *SW*, XIII, p. 482.

Mito e verdade

deciso (*natura anceps*), ainda não definido. A decisão de Perséfone acarreta seu rapto pelo deus real. Daí poder-se afirmar que Perséfone é a ocasião (*Anlaß*) de todo o processo.

Que Perséfone seja a primeira ocasião de todo o processo mitológico, eis por certo o que no fim se pode reconhecer. Perséfone é o ser ainda indeterminado (a díade dos pitagóricos) que saiu de sua reserva, avançou, expôs-se (daí seu nome latino de Prosérpina, que Schelling faz derivar de *pro-serpere*). Perséfone (*die hervorgetretene*) é "essa possibilidade funesta (*verhängnisvolle Möglichkeit*) por meio da qual todo o processo se encontra posto, uma vez que ela transita para a efetividade ou avança". Nessa medida, pode-se considerar Perséfone como o princípio subjetivo, o começo subjetivo de toda a mitologia. É igualmente por essa razão que, prossegue Schelling, "de maneira totalmente conseqüente" Perséfone não pode ser senão a mãe de Dioniso, isto é, aquela que põe (carrega e dá à luz) o primeiro Dioniso, objeto de sobrelevação durante o processo, ocasião objetiva do processo.

Voltemos à Deméter determinada como "das wesentlich Gottsetzende": aquela que, por sua essência, põe deus. Esse pôr o deus lhe é tão essencial que Deméter não renuncia a sua relação exclusiva com o deus real senão uma vez tornada aquela que põe, isto é, potência geradora, a mãe (e não apenas a ama) do terceiro Dioniso: o Dioniso da terceira potência, Dioniso Jakchos (*das Setzende, die gebärende Potenz, die Mutter des dritten Gottes*).[87]

Só o nascimento de Jakchos reconcilia e apazigua Deméter: Jakchos é "o deus que é como tal, o espírito elevado acima da multiplicidade e no qual a multiplicidade torna a ser espiritualmente Um". Essa reconciliação, como já destacamos, não pode acontecer senão nos mistérios, isto é, depois que o processo mitológico está terminado. Deméter figura o *Urbewußtsein*, a arquiconsciência, antes de toda dissociação ou cisão (*Scheidung, Auseinandersetzung*). É também a primeira figura feminina (*weibliche Potenz*), aquela que responde ou corresponde à primeira aparição exclusiva ou devoradora do deus real e que com isso dá origem a Perséfone.

A última figura feminina, que responde ao Dioniso da terceira potência, é, para os mistérios, Kore, a jovem. Kore está para Persé-

---

[87] *SW*, XIII, p. 484.

fone, esposa de Hades, como Jakchos para Zagreu. Kore é Perséfone ressuscitada, elevada a uma potência superior: é a Perséfone do alto, a Perséfone celeste que recuperou sua virgindade. Os mistérios celebram ou repetem a celebração do casamento místico (*hieros gamos*) de Jakchos e Kore. É esse casamento místico que põe o ponto final no processo mitológico. A consciência (Kore) é doravante subtraída à necessidade do processo, à influência do deus real. Começa, então, para ela um novo mundo, entrevisto "no segredo mais profundo dos mistérios". Um mundo que por certo, a princípio, não é senão pressentido, um mundo ainda por vir — aquele onde Dioniso haverá cedido lugar, por sua vez, a Cristo.

A mitologia deveria, assim, ser apreendida como "fenômeno", num sentido totalmente diferente daqueles que evocávamos até aqui: na mitologia, fenomenalizam-se potências cujo jogo conflituoso constitui secretamente a trama das narrativas mitológicas. A lógica do mitológico lhe é exterior, transcendente: a mitologia encena, representa, figura, no sentido em que se diz que, nos mistérios de Elêusis, a iniciação consistia em repetir, em figurar tal ou qual episódio da história de Dioniso ou Deméter.

A interpretação da mitologia que pretende elaborar-se tomando por fio condutor a *Selbsterklärung*, o esforço de autocompreensão já em ação na mitologia, encontra nos mistérios a doutrina (*Lehre*) que ao mesmo tempo recapitula, comemora e tira a lição da experiência (*Erfahrung*) que a consciência mitologicamente afetada teve de sofrer, teve de suportar sem trégua. Os mistérios guardam o segredo da mitologia; dele dão a chave. Mas, como vimos, graças à oposição entre o exotérico e o esotérico, a doutrina dos mistérios, ainda que não possa nunca ser abstraída das grandes figuras míticas que dela constituem como que a língua primeira, que são como que o revestimento indispensável de suas idéias, já contrariou o princípio fundamental da explicação imanente. Reconduzir os deuses materiais aos deuses causadores, às potências que agem secretamente em todo o processo, não é renovar de um certo modo a interpretação alegórica?

Certamente, Schelling não volta atrás na afirmação da realidade do processo, de seu caráter factual e, se ouso dizer, processual, mas a verdade do fenômeno mitológico, contudo, deslocou-se. Se ela pode ser estabelecida a título de verdade histórica, é apenas porque consegue inscrever-se numa história superior, numa historicidade, inacessível em seu princípio mesmo a todo esforço de compreensão mitoló-

Mito e verdade

gica, a toda autocompreensão. Os mistérios informam-nos sobre a mitologia, revelam-lhe o sentido. Mas não pode tratar-se senão de um pressentimento. A doutrina dos mistérios não poderia dizer verdadeira e plenamente o segredo que ela guarda como que à sua revelia. Não apenas porque dizê-lo lhe seria proibido, porque o esotérico não deve ser divulgado, mas porque a própria consciência que os mistérios constituem abriga uma larga zona de sombras, porque o segredo que ela anuncia deve permanecer para ela mesma não-dito e em parte não-pensado. É ao cristianismo que cabe dizê-lo, ou melhor, à filosofia religiosa, à religião filosófica capaz de re-situar, na perspectiva de uma filosofia positiva, mitologia, misteriologia e Revelação.

# 9.
## TEMPORALIDADE E REVELAÇÃO

A idéia de revelação, em sua dimensão teológica, está sem dúvida nenhuma intimamente ligada a uma concepção, que pode permanecer implícita, do tempo e da história: a revelação advém no tempo, cuja linearidade e iteração ela quebra: o absoluto, por sua irrupção num horizonte temporal, constitui um acontecimento e inaugura uma história especificamente escandida, a da salvação, por exemplo. Para uma reflexão filosófica que, como a de Schelling, prende-se ao conceito e ao fenômeno da revelação, sem por isso partilhar qualquer preocupação de ortodoxia, sem se dar nem como filosofia cristã, nem como "filosofia revelada", o que está verdadeiramente em jogo na investigação que decide apoiar-se em documentos positivos — quer se trate de narrativas mitológicas, literariamente atestadas, quer se trate de mitologemas gerais ou, enfim, desses arquidocumentos reunidos sob o título enfático de Escrituras — é uma "ampliação" (*Erweiterung*) da filosofia. Que essa ampliação, por outro lado, acarreta uma mudança radical na natureza mesma do projeto filosófico e de sua intenção sistemática, eis um assunto que não podemos abordar aqui e que já foi tratado por Tilliette, em suas reflexões sobre a "passagem" da filosofia negativa à positiva.[1]

A questão que nos reterá no momento é um pouco diferente e, num certo sentido, prévia: trata-se da questão de saber se a interpretação schellinguiana da temporalidade, tal como é abordada nas primeiras versões das *Idades do mundo* — em nítida ruptura com a subordinação do tempo à eternidade, característica da dita Filosofia da Identidade —, forma como que um pressuposto indispensável ao estudo do conceito de revelação na última filosofia e se, em troca, a temática positiva de uma história superior, integrando as diferentes

---

[1] "Deux philosophies en une", *in Actualité de Schelling*, ed. G. Planty-Bonjour, Paris, Vrin, 1979, pp. 89-106.

mitologias, os mistérios pagãos, as teofanias judaicas do Antigo Testamento e a aparição do Filho, recoloca em questão a análise do tempo, ou melhor, do organismo dos tempos, do sistema dos tempos, explicitado desde 1811, no fio condutor de uma investigação centrada na temporalidade humana extática e finita ou, em todo caso, por ela ilustrada.

É bastante claro que o próprio Schelling quis marcar a continuidade de sua abordagem desde o grande projeto inacabado d'*As idades do mundo* até os derradeiros remanejamentos da última filosofia devidos à disjunção filosofia negativa — filosofia positiva. A publicação da *Fundamentação da filosofia positiva*, a cargo de Horst Fuhrmanns, bastava para indicá-lo, e as diferentes *Nachschriften* recentemente publicadas do primeiro ensino de Munique, em 1827-1828, sob o título significativo de *Sistema das idades do mundo*, hoje o atestam de maneira definitiva.

Numa perspectiva mais sistemática do que histórico-filológica, proponho-me, então, a abordar sucessivamente os seguintes pontos:

Após ter lembrado muito esquematicamente a novidade schellinguiana da interpretação do tempo, ou melhor, da temporalidade nas primeiras versões das *Idades do mundo*, esforçar-me-ei para distinguir os diferentes conceitos schellinguianos de *revelação*, de uma concepção ampla ou "universal" a uma concepção "estrita" ou "superior", antes de esboçar, para concluir, uma confrontação entre a interpretação hegeliana e a interpretação schellinguiana da *Offenbarung*, suscetível, espero, de evidenciar o alcance, a originalidade e a fecundidade da abordagem schellinguiana da organicidade e da imanência do tempo em sua junção extática.

Começo muito brevemente por lembrar as principais linhas de força da interpretação schellinguiana da temporalidade, tal como sustenta o grande projeto d'*As idades do mundo*. Que essa interpretação, por razões a um só tempo fenomenológicas e teológicas, distingue-se de imediato daquilo que Heidegger caracterizou, numa nota célebre de *Sein und Zeit* (§ 82), como a concepção "vulgar" do tempo, aquela que domina desde o tratado aristotélico (*Física IV*), até Hegel, ou além dele, incluindo Bergson, pode ser considerado ponto pacífico, se pelo menos concordarmos com Heidegger que a característica dominante da conceitualidade vulgar é abordar o tempo a partir do agora e de seu privilégio ontológico: o agora é, do tempo, aquilo que *é* (enfaticamente), ainda que reduzido a um ponto (*stigme*). Eu hesitaria, contudo, em afirmar com Pascal David, recente e excelente tradutor das *Urfassungen*, que, com seu conceito de organicidade do tempo, Schelling é o primeiro a propor uma concepção não-metafísica da temporalidade.[2] — Nessa perspectiva, à qual não nos podemos prender aqui, também seria preciso examinar precisamente o que liga de modo íntimo a meditação schellinguiana da temporalidade à metafísica da vontade, que encontra sua fórmula canônica nas *Investigações*: "Em última e suprema instância, não há outro ser que não o querer. Querer é o ser primordial...".[3] A filosofia ulterior permanecerá fiel a esse motivo remanente, segundo o qual não há revelação senão da vontade! O que há, por outro lado, de notável e digno de ser discutido, na passagem bem conhecida das *Investigações* que se acaba de citar, é que Schelling continua conferindo ao querer, como arqui-ser, os atributos que tradicionalmente convêm ao ser: "ausência de fundamento, eternidade, independência em relação ao tempo, auto-afirmação".

A bem da verdade, caso quiséssemos procurar nas *Investigações* de 1809 o primeiro esboço de um novo pensamento sobre a temporalidade, em franca ruptura com as determinações da Filosofia da Identidade, que fazia da temporalidade uma categoria da finitude, radicalmente estranha ao Absoluto eterno e fora do tempo, então deveríamos sem dúvida nos voltar menos para a célebre dissociação do "fundo" e da "existência" do que para a idéia do deus em devir, do absoluto apreendido como vida, força, antagonismo e jogo de forças: "lebendige Einheit von Kräften".

Passo, porém, às *Idades do mundo* para sublinhar, antes de mais nada, o que ali se pode caracterizar como uma fenomenologia da consciência interna do tempo, atenta antes de tudo à multiplicidade de seus aspectos, a sua "multilateralidade" e à articulação tensa de suas dimensões ou de seus estratos: "Wie vielgestaltig ist das Ansehen der Zeit" — "Quantas facetas apresenta o tempo!" surpreende-se Schelling no início da primeira versão. Para tentar considerar o tempo em suas diferentes facetas, a abordagem de Schelling consiste de pronto em

---

[2] *Cf.* Pascal David, Posfácio a sua tradução francesa, Paris, PUF, 1992, "La généalogie du temps", pp. 341-2.

[3] *SW*, VII, p. 350.

"tomar as coisas de maneira humana". Dito de outro modo, em não se voltar prioritariamente para o tempo físico ou o tempo do mundo, mas dedicar-se resolutamente ao que ele chama também de "considerações éticas", a fim de estudar, por exemplo, como a relação com o tempo, ou melhor, o *traço* temporal é constitutivo da consciência, se é verdade que essa última é ao mesmo tempo — *zugleich*, simultaneamente — consciência de algo que está excluído e consciência de algo que puxa para a frente, que atrai (*ausgeschlossen, angezogen*).[4] Assim, Schelling pretende antes de tudo estudar as relações entre o caráter inteligível do homem e sua liberdade temporal e finita, ou ainda, e de maneira privilegiada, examinar a escansão dinâmica dos tempos no momento da decisão:

> "Só o homem que tem a força de elevar-se acima de si mesmo é capaz de dotar-se de um verdadeiro passado, só ele goza de um verdadeiro presente, assim como é o único a enfrentar um autêntico futuro; essas considerações éticas bastam para mostrar que passado, presente e futuro não são simples conceitos de relação no seio de um único e mesmo tempo, que eles são, ao contrário, em virtude de sua significação mais elevada, tempos efetivamente diferentes, entre os quais há lugar para um escalonamento e uma gradação".[5]

Tais "considerações éticas" levam Schelling a opor o que ele chama de organicidade do tempo ao tempo mecânico, linear e indefinido, no qual se encontrariam situadas todas as coisas, para a ele resistirem ou se deixarem levar. O tempo orgânico é um tempo interior, imanente, em conformidade com o qual se pode dizer, como já sugeria desde as *Conferências de Stuttgart*, que: "Cada coisa tem seu tempo em si mesma... Não há tempo *exterior*, comum; todo tempo é subjetivo, isto é, um tempo interno que toda coisa tem dentro de si mesma, e não fora de si".[6] Dessa tese da subjetividade radical do tempo,

---

[4] *As idades do mundo*, SW, VIII, pp. 262-4.

[5] *Urfassungen*, ed. Schröter, p. 223.

[6] *SW*, VII, 430-1.

à qual Kant não conseguiu alçar-se, as *Idades do mundo*[7] vão tirar dois corolários decisivos. Se toda coisa "não tem senão um tempo interno, próprio a ela mesma, que lhe é inato e inerente", se o tempo não é "um princípio exterior selvagem e inorgânico", mas um princípio interior, este último está sempre presente e aí por inteiro, até na diversidade dilacerada de suas dimensões opostas, enfim, e sobretudo, já não é permitido afirmar que as coisas nascem no tempo, mas é preciso, antes, dizer que é "*em* toda coisa que o tempo nasce de novo imediatamente", e então que, para cada coisa, seu tempo é "também ele, em cada instante, todo o seu tempo".[8] Mas esse tempo interno, autêntico não deve ser concebido como um fluxo, com o qual a consciência se confundiria num envolvimento contínuo. A temporalização sempre pressupõe separação, cisão, diferenciação das forças.

Mesmo "aquele que se contenta em tomar o tempo tal como ele se apresenta, nele sente um conflito entre dois princípios: um que incita a ir em frente, que convida ao desenvolvimento, outro que refreia, que retém e contraria o desenvolvimento. Se este último não oferecesse resistência, não haveria tempo, porque o desenvolvimento se passaria num instante, sem demora ou sucessão; e se o segundo princípio não fosse constantemente superado pelo primeiro, haveria repouso absoluto, morte, letargia...".[9]

O tempo só se pode desenvolver — e é exatamente disso que se trata nas *Idades do mundo*, que propõem também uma *Genealogie der Zeit* — na multiplicidade de suas facetas, na diversidade de suas dimensões extáticas, se ele se faz ("fazer tempo", "fazer espaço")[10] por meio de uma luta ou, em todo caso, de uma tensão permanente de diferentes princípios, instâncias ou potências. Se Schelling, num certo sentido, realmente é pensador da decisão, da abertura do e para o futuro,[11] talvez seja também, e sobretudo, porque ele tenta ter em vista

[7] *Urf.*, pp. 79-84.

[8] *Urf.*, p. 79.

[9] *Urf.*, p. 122, trad. francesa. citada, p. 146.

[10] Cf. *Darstellung des philosophischen Empirismus*, *SW*, X, 253.

[11] *Urf.*, 119; trad. francesa p. 143: "O homem que não é capaz de separar-se de si mesmo, de destacar-se de tudo o que a ele adveio e de se opor ativamente a tudo isso, não tem passado ou, antes, nunca sai dele, vive constantemente nele. A consciência de haver deixado algo para trás, como se diz, isto é, de havê-lo posto

a profundidade dos tempos, porque ele consegue apreender como retenção, retração, contração, resistência, a força que retarda e que permite a tudo o que advém acontecer no seu tempo, na "sua hora": "Pressentimos que um organismo reside, profundamente mergulhado, no tempo, e isso até em suas mais íntimas divisões. E estamos convencidos... de que todo evento maior, de que toda ação de importância, cheia de conseqüências tem seu dia, sua hora, seu tempo prescritos; de que nenhuma se revela sequer um mínimo de tempo antes que o consinta a força que retém e tempera os tempos".[12]

Se essa força de resistência faltasse, "se tudo o que é fosse posto de imediato e simultaneamente como passado, se todo ente fosse posto como presente, e se essa suprema unidade por vir dos dois fosse posta como efetiva... não haveria tempo, mas uma eternidade absoluta", observa ainda Schelling.[13] Assim, o tempo que surge a cada instante por inteiro é, antes de tudo, sustentado por uma "disjunção polar"[14] ou, ainda, por uma "dissociação dinâmica", somente pela qual se encontram conjuntos as *extases* do tempo, de um tempo que, então, só é autenticamente temporal, suscetível de novidades imprevisíveis, de verdadeiros começos, se nele permanece de *reserva* um princípio original de contração e de retração, fundamento de todo "ser-próprio", de toda "ipseidade".

Não é nem indiferente nem fortuito que esse empreendimento de "genealogia do tempo", atento a sua diversidade, ou melhor, a sua autodiferenciação e a sua organicidade, desenvolva-se no mesmo plano de uma especulação trinitária ou, mais amplamente, teocosmogônica, em que se superpõem os princípios cuja disjunção está na origem de toda temporalização, em que as "potências" presentes implicitamente no *Urwesen* distinguem-se em pessoas, e essas em períodos. Também pode levar a uma discussão interminável saber se é a especulação trinitária e teogônica ou a genealogia do tempo que tem a prioridade e comanda o conjunto da economia dos *Weltalter*. Que o engendra-

como passado, é para o homem benfazeja e salutar; é apenas assim que o futuro para ele se torna radioso e leve, e é apenas sob essa condição que ele também se pode propor algo...".

[12] *Urf.*, p. 14.

[13] *Urf.*, p. 74.

[14] *Urf.*, p. 75.

mento (*Zeugung*) do Filho, por exemplo, coincida com "o primeiro e verdadeiro começo do tempo"[15] ou que o Filho seja de imediato concebido como o "conciliador" (*Versöhnender*), o qual a um só tempo tempera e exterioriza a força de contração e a retração, a retirada do Pai, ou ainda que o que "pressiona em direção ao futuro" seja o amor — "pois é somente graças ao amor que o passado é abandonado" —, eis aí temas que por certo mereceriam um estudo detalhado, em particular quanto a sua possível ou necessária inscrição e repetição no sistema dos tempos. Antes de deixar aqui abertas essas questões, guardaremos desse sobrevôo demasiado rápido simplesmente a tese de que, se a instância paterna é realmente, a título de força de contração, o princípio da geração do Filho — contraindo-se, ela se retira para o passado, isto é, cava a dimensão do passado —, essa instância só se torna ela mesma identificável como tal, como Pai, pela força de resistência que assim oferece ao Filho, de modo que é preciso dizer, na verdade, "o Pai é Filho do Filho".[16] "Antes do Pai, tampouco o Filho é; só a natureza fechada, latente da divindade não-desabrochada é". O que significa também, no plano temporal que nos interessa diretamente, que a eternidade deve, por sua vez, ser encarada como "filha do tempo": "A eternidade não é por ela mesma, ela não é senão pelo tempo; o tempo precede, então, a eternidade, segundo a efetividade...".[17]

Assim, sem excetuar a divindade da lei geral segundo a qual cada coisa tem seu tempo, vem a seu tempo e traz em si, de maneira imanente, o tempo em sua inteireza, que, a cada instante, também é todo o tempo, Schelling pode caracterizar a função primordial da criação — primeira manifestação geral de Deus ou o absoluto — como "explicitação, elucidação do tempo de reserva no Eterno".[18] Pôr assim o tempo em Deus mesmo, dedicar-se a desvelar e a compreender a temporalidade ou temporalização divina, em paralelo estrito com a temporalidade humana, não significa simplesmente conceber como e sob que condições Deus se manifesta na história, ou como o Espírito, por meio de sua fenomenalização temporal (finita), reconquista suas determinações permanentes com vistas a uma parousía definitiva, mas, antes, resul-

[15] *Urf.*, p. 77.
[16] *Urf.*, p. 59.
[17] *Urf.*, p. 73.
[18] *Ibidem.*

ta em introduzir a disjunção temporal até o cerne da eternidade sem fundo da essência divina, a cavoucar até chegar à noite dos tempos.[19]

Para tentar mostrar a articulação estrita entre temporalidade e revelação, isto é, para destacar também o caráter intrinsecamente temporal de toda revelação e, correlativamente, o traço epifânico da própria temporalidade extática, é preciso antes distinguir, com Schelling, diferentes conceitos de revelação, ou melhor, especificações complementares do conceito de *Offenbarung*. Ao conceito mais amplo, o de revelação em geral, que integra a procissão trinitária e a criação, Schelling opõe o fato singular da encarnação de Cristo. É assim que, já nas *Investigações* de 1809, Schelling de início só se interrogava sobre o que chamava de o "universal" da revelação, ligado, sem dúvida, à metafísica da vontade e, em última instância, ao antagonismo e à complementaridade do *Grund* e da *Existenz*, para sublinhar esse fenômeno único que deles constitui como que o ponto culminante e mesmo o "fim", a saber, o Cristo. Por isso, o conceito estrito, estreito ou superior de revelação designa eminentemente a revelação cristã, enquanto se opõe ao paganismo e à mitologia:

> "Por *revelação*, considerada em sua *oposição* à mitologia e ao paganismo, não compreendemos nada outro que o *cristianismo*; pois a revelação vétero-testamentária ainda não é senão o cristianismo, obscuramente apreendido, pressentido, já que é apenas no cristianismo e por seu intermédio que ela mesma é concebida. Pode-se dizer também: numa filosofia da revelação, trata-se unicamente ou ainda prioritariamente de conceber a pessoa de Cristo".[20]

---

[19] *Cf. Urf.*, p. 210: "O caráter sucessivo das operações divinas deve ter seu fundamento e sua razão de ser nas profundezas mais íntimas da divindade". E: "Se há realmente algo como tempos da revelação divina, por que não seriam pensáveis tempos naquela revelação mais precoce e mais universal mediante a qual foi posto o fundamento de toda revelação? Por que seria impossível que o obscuro conceito da eternidade que precede o mundo se decompusesse de novo em tempos aos olhos de quem dele tem uma visão profunda, assim como as nebulosas, cujo vago halo parece fluido ao olhar profano, decompõem-se em astros distintos aos olhos armados de um telescópio?" (*Ibidem*, trad. francesa cit., p. 210).

[20] *SW*, XIV, 35, *Cf.* também XI, 180.

Assim, o objeto da filosofia da revelação, no sentido estrito, é realmente Cristo, mas Cristo ele mesmo encarado antes como "fato" do que como fundador de uma "doutrina", à qual conviria referir-se fielmente seguindo o fio condutor de uma tradição interpretativa dos eventos, das narrativas, das palavras.

Mas, em troca, para compreender ou conceber o conteúdo da revelação (no sentido estrito) — e tal é a tarefa primeira de uma filosofia da revelação —, esta deve antes de tudo estender-se para bem além do fenômeno histórico do cristianismo: "Ela compreenderá ainda mais e outra coisa que não a mera revelação; mais ainda, só compreenderá *esta última* porque haverá previamente compreendido outra coisa, a saber, o Deus *efetivamente real*".[21]

É nesse sentido, e em virtude dessa ampliação, que a filosofia da revelação é também uma conseqüência ou uma parte — uma "aplicação" — da filosofia positiva.[22] A filosofia positiva não se confunde, então, com a filosofia da revelação, não mais do que esta última se confunde com uma "filosofia revelada" qualquer (*Offenbarungsphilosophie*) de que a revelação seria, de direito, a fonte.

O que constitui, antes de tudo, a positividade da filosofia da revelação? Certamente sua historicidade.[23] Ela funda-se em "fatos positivos", não no sentido em que Hegel e Hölderlin atacavam na juventude a "positividade" da religião, mas no de que a filosofia positiva tem a ver com atos (*Thaten*). O fundamento último da positividade é, com efeito, para Schelling, sempre a vontade, que não se pode manifestar, em sua liberdade, senão pelo "fato", agindo ou, como se diz com acerto em francês, *en passant à l'acte*, passando ao ato. A *revelação* — como gosta de repetir Schelling — *é sempre, em última instância, revelação da vontade*;[24] ora, essa última não se desvela como

---

[21] *SW*, XIII, p. 141; trad. francesa, *Philosophie de la Révélation*, livro I, Paris, PUF, 1989, p. 166.

[22] *SW*, XIII, p. 174: A filosofia da revelação é "Anwendung der positiven Philosophie". *SW*, XIII, p. 141: A filosofia da revelação não é, por certo, "a filosofia positiva, ela mesma", mas dela constitui "uma conseqüência ou uma parte".

[23] A oposição "filosofia histórica" — "filosofia lógica" preparou, na época da docência em Munique, a divisão um pouco mais tardia da "positiva" e da "negativa". *Cf.* H. Fuhrmans, "Dokumente zu Schellingsforschung", *in Kantsstudien* (47), 1955/1956 e (51), 1959/1960.

[24] *SW*, XIV, p. 10.

Temporalidade e revelação

tal, não é verdadeiramente ela mesma, como vontade volitiva senão pelo ato, pela execução:

"Enquanto uma vontade é apenas vontade e não passou ao ato, ela permanece segredo, mas o ato é sua manifestação".[25]

Da vontade divina, em particular, não se pode em princípio nada saber sem a revelação: "Essa vontade é o segredo *kat'exochen*". A revelação, no sentido mais elevado do termo, é então "revelação dessa vontade".[26] Tal é também, aliás, a razão pela qual não poderia haver saber *a priori* do positivo: o Deus criador não é, ele mesmo, acessível senão pela sua decisão, pelo seu ato (*die That*), isto é, sempre por aquilo que só pode ser conhecido depois de feito, aquilo que por princípio jamais se deixa antecipar. Mas se a própria criação — começo do mundo e temporalização inaugural do tempo, de início apreendido como tempo do mundo — deve ser pensada como a arqui-revelação pela qual é superada a força obscura do Pai, sua reclusão e seu entenebrecimento, uma segunda revelação análoga a essa primeira, à da criação inicial, deve intervir como que em resposta à catástrofe a que toda a natureza foi arrastada pelo primeiro homem, a quem Deus havia entregado o destino de sua criação. É a significação do homem na criação, a missão a ele confiada e a reviravolta que ele operou no equilíbrio das potências (teo-cosmogônicas) que explicam a necessidade de diferentes graus da revelação.

Demoremo-nos um instante nesse ponto: a primeira criação acabada repousava sobre o homem como num "fundo móbil", mas a mobilidade aqui evocada era a do equilíbrio das potências, em que se encontrava dominado e interiorizado o princípio rebelde (B) que cons-

---

[25] *SW*, XIV, p. 11: "Solange ein Wille nur Wille ist und nicht in That übergegangen ist, solange ist er Geheimniß, aber die That ist seine Manifestation." — Em princípio, nada se pode saber da vontade divina sem revelação: "Dieser Wille ist das Geheimniß *kat'exochen*" A revelação, no sentido mais elevado do termo, é então "Offenbarung dieses Willen. Kein Wille aber offenbart sich anders als durch die That, durch die Ausführung" [revelação dessa vontade. Vontade alguma, no entanto, se revela de outro modo que pela ação, pela execução] (*SW*, XIV, p. 26).

[26] *SW*, XIV, p. 26.

titui o fundo da criação. Como ruptura do equilíbrio das potências, extraposição do princípio cego do *ser-fora-de-si*, a queda é também, observa Schelling, "dilaceramento da consciência" e, com isso, precisamente origem do mundo *extra Deum*. "O homem pode vangloriar-se de ser o criador desse mundo exterior... deste mundo aqui... Foi ele que pôs o mundo fora de Deus... ele pode chamar esse mundo de *seu* mundo... [o homem] por certo tomou o mundo para si", mas trata-se "do mundo despojado de sua glória, dividido de si mesmo", aquele que, "uma vez separado de seu verdadeiro futuro, busca em vão seu fim e, engendrando esse tempo falso e de pura aparência, repete-se sempre ele mesmo numa triste uniformidade".

"Por essa catástrofe — prossegue Schelling —, somos por assim dizer separados dos eventos precedentes, de nosso próprio passado... [por isso] foi lançado um véu sobre toda a criação, que de fato encerra a história de nosso passado anterior; nenhum mortal... pode seguramente levantar o véu, retirá-lo." Para levantar o véu, mas também para pôr fim ao processo que doravante se reproduz, como processo mitológico, no espaço restrito da consciência humana, é preciso uma segunda revelação, uma "revelação no sentido mais determinado do termo". O processo mitológico, os mistérios pagãos, bem como a economia específica das teofanias do Antigo Testamento definem, assim, um conceito 'amplo' de revelação, ainda que a figura do Cristo permaneça sua chave, reconhecida como tal, *a posteriori*. Ele é aquele que propriamente desvela o mistério (*Geheimnis*), *musterion*, o "plano" ou o "desígnio" concebido por Deus, desde antes da fundação do mundo.

Mas se sublinha com insistência o centro cristológico do sistema dos tempos e da história superior, na qual se decide a vontade de Deus, Schelling não afirma menos a autonomia (relativa) do processo mitológico e, sobretudo, da economia específica do Antigo Testamento, mesmo em sua unidade indissociável com o Novo Testamento. O Novo Testamento é edificado sobre a base, o *Grund*, do Antigo e verdadeiramente o pressupõe. Os começos (*Anfänge*) encontram-se, assim, no Antigo Testamento, "mas são precisamente os começos que são o essencial".[27] A inapagável co-pertinência entre os dois Testamentos remete à conexão das teofanias divinas, a qual não pode ser compreen-

---

[27] *Cf. SW*, VIII, p. 271.

dida ou apreendida senão a partir do começo, e não apenas do "meio" ou do "centro" cristológico.[28] É apenas a partir dessa conexão da história superior que se pode pensar a verdadeira historicidade.

O ponto mais alto da revelação é ainda o homem, mas "o homem arquetípico e divino, aquele que no começo estava junto a Deus e em quem todas as coisas, inclusive o próprio homem, foram criadas." Assim, "o grau mais alto da revelação é aquele em que o divino se finitiza a si mesmo completamente, em suma, aquele em que ele mesmo se torna homem...".

Mas isso significa dizer também, seguindo-se até o fim essa linha de pensamento, que a idéia de revelação no sentido estrito, bem longe de prolongar diretamente uma primeira manifestação (a criação *praeter Deum*), implica sempre, para Schelling, dissimulação e "ironia". É sempre, com efeito, numa perspectiva "econômica" (*kat'oikonomian*) que convém apreender a revelação divina.[29]

Assim, o conceito geral de manifestação (*Manifestation*) não deve ser apenas cuidadosamente distinguido do de *Offenbarung*, mas convém opor rigorosamente os dois termos, uma vez que a revelação, no sentido estrito, pressupõe, com efeito, a idéia de *Verstellung*, de disfarce ou de dissimulação, em conformidade com a "ironia" divina.[30]

---

[28] "Es ist ein Zusammenhang in den göttlichen Offenbarungen, der nicht in seiner Mitte, der nur vom Anfang her begriffen werden kann" [Há uma coesão nas revelações divinas, que não pode ser compreendida em seu meio, mas apenas desde seu começo].

[29] *SW*, XIV, 73. *Cf.* também *Einleitung in die Philosophie*, ed. W. E. Ehrhardt, Schellingiana, Bd. 1, Stuttgart, 1989, p. 113: "Eine unmittelbare Offenbarung Gottes ist unmöglich — ... der Weltprozeß ist die Offenbarung Gottes *per contrarium*" [Uma revelação imediata de Deus é impossível. O processo do mundo é a revelação de Deus *per contrarium*]. *Ibidem*, p. 114: "Der Begriff *per contrarium* oder göttliche Verstellung ist sowenig anstößig, daß ich gestehe, ohne die Voraussetzung sei das ganze Christentum unverständlich" [O conceito *per contrarium* ou dissimulação divina é tão pouco repugnante, que confesso que todo o cristianismo é ininteligível, sem essa pressuposição] — A aparição de Cristo é o que desvela o plano divino: Cristo é *Schlüssel zur Erklärung des Weltplans. In diesem Plan besteht die göttliche Ökonomie der Welt, da kat'oikonomian tun nichts anders heißt, als dem Schein nach etwas anderes tun, als was beabsichtigt ist* [Chave de explicação do plano do mundo. Nesse plano reside a economia divina do mundo, uma vez que fazer *kat'oikonomian* não significa nada outro que fazer aparentemente outra coisa do que aquilo que se tencionava].

[30] *SW*, XIV, p. 24.

Assim como o sobrenatural da religião revelada — observa Schelling — pressupõe sempre uma natureza que ele supera, assim também o conceito de revelação implica uma obscuridade original:

"De uma maneira geral, o conceito de revelação ou de um ser que se revela pressupõe uma obscuridade original. Não se pode revelar senão aquilo que antes foi ocultado. — ... O verdadeiro deus, o deus em sua supranaturalidade, só pode se revelar se passa por essa obscuridade ou por esse ser-oculto, no qual ele é posto pela consciência...".[31]

Não se pode, com efeito, revelar, no sentido óbvio do termo, senão aquilo que antes foi oculto, dissimulado. Mas essa obscuridade prévia não é ainda senão de primeiro plano. Mais fundamental, sem dúvida, do que a saída de um estado primeiro de dissimulação ou de obliteração é o fato de que o Deus que se revela, isto é, que *decide* aparecer por meio de tal fenômeno, signo ou vestígio, nunca se esgota na e pela revelação, não se equaliza em nada a ela, mas permanece essencialmente retraído, em sua insondável reserva: portanto, o Deus que se revela é sempre e por isso mesmo *deus mirabilis, deus absconditus*.

Com efeito, a deidade mesma de Deus não consiste em sua "extroversão" (*Hinauswendung*), mas, antes, em sua "introversão" (*Hineinwendung*), em sua "retração".[32] Retração, reserva ou reticência de um Deus que nos poupa — como o dizia também Hölderlin[33] — não traem nenhuma impotência do divino, mas antes dão a medida de sua generosa e condescendente mediatidade,[34] na ausência da qual — se Deus, em sua figura de Pai, queria imediatamente ser tudo em todos —, ele não seria nada mais do que "fogo devorador".

E Schelling, a quem nunca repugnam os "antropomorfismos", sobretudo quando se trata do *analogum princeps* da liberdade, precisou que, para nós outros, homens, também, a "liberdade autêntica

[31] *SW*, XIII, p. 187. *Cf.* também *SW*, XIII, p. 229.

[32] *SW*, XIII, p. 250.

[33] *Cf.* W. Binder, "Hölderlin: Theologie und Kunstwerk", in *Hölderlin-Jahrbuch*, 1971-1972, pp. 1-29.

[34] "Pois o Deus de um apóstolo é mais mediato", sublinha ainda Hölderlin em suas *Observações sobre Antígona*, quando tematiza a apresentação trágica.

Temporalidade e revelação

consiste precisamente menos na exteriorização que no poder de não se manifestar fora".[35] Do mesmo modo, a "personalidade divina" consiste precisamente no fato de que Deus é Senhor do ser, isto é, de em virtude de sua retenção (*Zurückhaltung*), ele não se perder cegamente, desvairadamente no ser.

Assim, o Deus que a nós se revela é aquele que se revestiu de humanidade, o Deus *en morphe doulou, Deus indutus*,[36] o deus velado, oculto em seu verbo encarnado.

É esse conceito schellinguiano de *Offenbarung*, entendido como advento, aparição, mas também superação, vitória, elevação, as quais permanecem indissociáveis do velamento, do encobrimento, da ocultação, que sustenta ao mesmo tempo sua crítica da determinação de Deus como *ens manifestativum sui*, presente especialmente em Oetinger,[37] e sua crítica do conceito hegeliano de Espírito.

Um segundo traço essencial do conceito schellinguiano estrito de revelação surge aqui: é pela revelação (o fato, o ato) que Deus se torna *pessoal*. Mas é preciso logo acrescentar que a relação pessoal é sempre também "ein vermitteltes Verhältnis", uma relação mediada: o mediador sendo justamente o Filho como Filho do Homem.

Se, portanto, como observa Schelling, "o ponto máximo da revelação" ou "a mais alta revelação" (*die höchste Offenbarung*) nada mais é do que a execução dessa decisão voluntariamente estabelecida no momento mesmo da queda, por ocasião desse episódio, literalmente *catastrófico*, sobrevindo ao conjunto da natureza e das potências cosmogônicas, é a uma filosofia da revelação que cabe elucidar esses dois momentos decisórios: a vontade de criar um ser diferente de si (isto é, de se retirar em si mesmo, de suspender sua essência para ceder lugar a um outro ser) e secundariamente a vontade de redenção.[38]

---

[35] *SW*, XIII, 209: "... a liberdade *autêntica* não consiste no poder *ser*, nem no poder exprimir-se — mas no poder não ser, não se exprimir...".

[36] *Cf.* Hölderlin, fragmento da oitava versão de *Grécia*: "Alltag aber wunderbar zu Lieb den Menschen/Gott hat ein Gewand" [Todo dia, porém, para maravilha e amor dos homens/Deus veste um traje].

[37] *Cf.* E. Benz, *Les sources mystiques de la philosophie romantique allemande*, Paris, Vrin, 1968, pp. 48, 56. *Cf.* também, do mesmo autor, *Schelling, Werden und Wirken seines Denkens*, Zurique, 1955, capítulos I e II.

[38] *SW*, XIV, p. 26: "Die höchste Offenbarung besteht also nur eben in der Ausführung jenes zugleich mit der Katastrophe des Menschen gefaßten Willens

O ponto limitado ao qual me aplicarei, para concluir, será observar rapidamente o que distingue de modo radical a filosofia da religião ou filosofia positiva "*à la* Schelling", e ele terá sucessores,[39] da filosofia hegeliana da religião.

Formulada de outro modo, a questão é saber se o empreendimento hegeliano de uma filosofia da religião abre verdadeiramente o campo de uma investigação nova e "positiva" ou se o pensamento que ali se desenvolve não substitui, antes, a antiga *theologia naturalis*, permanecendo preso a uma economia não reconhecida como tal e não dominada, a da *ontotheologische Verfassung*. O que viria assim a estar em questão seria, programaticamente:

1) o estatuto respectivo, talvez radicalmente diferente, da filosofia da religião, isto é, da filosofia da mitologia e da revelação nos dois pensadores;

2) as conseqüências que podem ser tiradas quanto a suas respectivas concepções da fenomenalidade, quanto à determinação do que aparece e da modalidade de seu aparecer.

Pode-se igualmente abordar uma segunda vertente da mesma problemática. Em que sentido a crítica schellinguiana da filosofia negativa (ou racional pura) renova a possibilidade de pensar a fenomenalidade, a manifestação como revelação, no quadro de uma filosofia *segunda* por oposição à *prote philosophia* aristotélica?[40]

Sem pretender enfrentar essas questões aqui, pode-se esboçar, a título de indicação prévia, uma análise sumária dos dois conceitos em jogo, ligados respectivamente a Hegel e a Schelling. — Que significam os conceitos hegelianos e schellinguianos de *Erscheinung, Manifestation, Offenbarung*?

---

oder göttlichen Entschlusses" [A revelação suprema consiste, portanto, apenas na execução daquela vontade ou decisão divina, tomada simultaneamente à catástrofe do homem].

[39] *Cf.* especialmente os estudos de Michael Theunissen "Die Dialektik der Offenbarung. Zur Auseinandersetzung Schellings und Kierkegaards mit der Religionsphilosophie Hegels", *in Philosophisches Jahrbuch* (72), 1964-1965, pp. 134-60; "Die Aufhebung des Idealismus in der Spätphilosophie Schellings", *in Philosophisches Jahrbuch* (83), 1976, pp. 1-29; e de B. Casper, "Sein und Offenbarung. Zum achtzigsten Geburtstag Franz Rosenzweig", *in Philosophisches Jahrbuch* (74), 1966, pp. 310-39.

[40] *Cf. SW*, XIII, p. 120; XIII, p. 151.

Temporalidade e revelação

No contexto hegeliano, como se sabe, a revelação (*Offenbarung*) de Deus é essencialmente compreendida como manifestação do Espírito. Em Hegel, o termo "Offenbarung" especializa-se, se se pode assim dizer, no horizonte de uma teologia do Espírito. É assim que, nas *Preleções sobre a filosofia da religião*, Hegel explicita nesses termos a proposição fundamental, segundo a qual Deus é espírito:

> "Ele é espírito, e não o espírito finito, mas o espírito absoluto; e isto, de ele ser espírito, consiste em não ser apenas uma essência que se mantém no pensamento, mas também o que *aparece*, o que se confere *revelação, objetividade*".[41]

Essa insistência na fenomenalização não invalida senão num primeiro grau a crítica schellinguiana remanescente, segundo a qual Hegel se prende sempre, sem poder ultrapassá-lo, ao "conceito lógico" de Deus. Não simplesmente porque só a completa determinação do conceito vai dar, segundo Hegel, na tematização do espírito, mas, mais radicalmente ainda, porque o próprio espírito, no princípio de sua "espiritualização", obedece estritamente à reflexividade do conceito, a sua auto-objetivação.

Na *Introdução* do curso de 1827 sobre a *Filosofia da religião*, Hegel sublinha-o, com bastante clareza, nos seguintes termos:

> "O conceito que agora temos diante de nós é, sem nenhum acréscimo, o do espírito ele mesmo; é o espírito, ele mesmo, que é desenvolvimento e que dessa maneira é ativo... Sua atividade consiste em manifestar-se... Manifestar-se significa devir para um outro. Enquanto devir para um outro... a manifestação é finitização do espírito... Assim, o segundo momento é o do espírito que se manifesta, determina-se, acede ao ser-aí, confere-se finitude. Mas o terceiro consiste no fato de que ele se manifesta em conformida-

---

[41] G. W. F. Hegel, *Vorlesungen, Ausgewählte Nachschriften und Manuskript*, ed. W. Jaeschke, vol. III, Hamburg, 1983, p. 35: "Er ist Geist, und nicht der endliche, sondern der absolute Geist, und dies, daß er Geist ist, ist das, daß er nicht nur das im Gedanken sich haltende Wesen ist, sondern auch das *Erscheinende*, das sich *Offenbarung*, das sich Gegenständlichkeit Gebende".

de com seu conceito, retoma em si sua primeira manifestação, supera-a, alcança a si mesmo, torna-se para si e é, tal como é nele mesmo. Tal é o ritmo, a pura, a eterna vida do espírito mesmo... O espírito é ter-se por objeto. Eis em que consiste sua manifestação".[42]

Com isso, o espírito submete-se, então, também ele, ao princípio geral e fundamental formulado na *Enciclopédia* (§ 13) e que vale também para toda "teologia": "Das Wesen muß erscheinen" [A essência tem de aparecer].

Essa revelação, se passa realmente pela finitização, pela alteração, até mesmo pela alheação, permanece fundamentalmente reflexão, manifestação de si para si; ela é sempre e essencialmente automanifestação. Porque é automanifestação em virtude da lei onipotente da "superação", da *Aufhebung*, o espírito é fundamentalmente desenvolvimento do mesmo, atestação, confirmação de sua ipseidade enfim tornada evidente. Um "Adendo" da *Enciclopédia* no § 383 é suficientemente explícito quanto a isso:

"O espírito não revela no Outro senão ele mesmo, senão sua própria natureza; mas esta última consiste na revelação de si: o ato de revelar-se a si mesmo é, por conseguinte, nele mesmo, o conteúdo do espírito e não, por exemplo, apenas uma forma que se acrescenta exteriormente a seu conteúdo; por sua revelação, o espírito não revela, então, um conteúdo diferente de sua forma, mas sua forma exprimindo o conteúdo inteiro do espírito, a saber, sua revelação de si".[43]

---

[42] *Vorlesungen*, vol. III, p. 85: "Der Begriff, den wir hier vor uns haben, ist nun ohnehin der Geist selbst; es ist Geist selbst, der diese Entwicklung und auf diese Weise tätig ist... Näher ist er die Tätigkeit, sich zu manifestieren. Manifestieren heißt *für Anderes* werden. Als Werden für ein Anderes... ist es Verendlichung des Geistes... So ist der Geist, der sich manifestiert, sich bestimmt, ins Dasein tritt, sich Endlichkeit gibt, das zweite. Das dritte aber ist, daß er sich seinem Begriff nach manifestiert, jene seine erste Manifestation in sich zurücknimmt, sich aufhebt, zu sich selbst kommt, für sich wird und ist, wie er an sich ist... Der Geist ist, sich zum Gegenstand zu haben. Darin besteht seine Manifestation...".

[43] Trad. francesa, B. Bourgeois, Paris, Vrin, 1988, p. 394.

Temporalidade e revelação

Essa automanifestação do absoluto também pode ser caracterizada em Hegel como reflexão determinante, relação infinita consigo, isto é, retomada em si do ser-outro. Ora, uma tal reflexão poderia muito bem acarretar, também e necessariamente, a extinção do finito e a abolição da exterioridade.

A revelação schellinguiana, em compensação, desde o instante em que é tematizada prioritariamente a partir da subjetividade e de sua finitude intrínseca, sempre pressupõe receptividade, afeto, êxtase, isto é, também e fundamentalmente exterioridade; ela não poderia, então, ser prioritariamente entendida como auto-reflexão do absoluto. É sem dúvida, com efeito, o questionamento — como ultrapassagem ou superação— da subjetividade finita que está na raiz da determinação hegeliana do espírito como automanifestação sem reserva, sem retração, sem "interioridade", para seguir aqui uma preciosa sugestão de Michel Henry.[44]

Certamente, para Hegel, se a religião cristã é religião acabada e absoluta, é antes de tudo porque ela é religião *revelada*, mas isso significa aqui que ela é a religião na qual Deus manifestou, sem restrição, o que ele era, e nada mais, a plenitude realizada de sua essência: a religião revelada é, então, aquela na qual a realidade do ser divino está inteiramente (re)-presentada para o conhecimento do homem. É por isso, aliás, segundo a lei rigorosa da *Aufhebung*, que ela pode doravante se tornar a substância mesma da razão e da filosofia!

A religião revelada põe Deus a descoberto e inteiramente a descoberto para o espírito humano. Ela torna a verdade do ser de Deus disponível para o saber filosófico.

---

[44] Michel Henry observava precisamente em seu primeiro grande livro, *L'essence de la manifestation*, Paris, PUF, 1963, p. 879, contra Hegel e em referência expressa a Schelling: "A subjetividade não é de forma alguma, para Hegel, uma essência autêntica, fenomenologicamente determinada por um modo de revelação próprio... Às vezes se diz que Hegel concebe o espírito como o que deve manifestar-se. Na realidade, o espírito é o *produto* da manifestação, é o *termo* e não a *origem* de uma realização. O espírito real é o espírito objetivo. O interior não é o espírito. É, ao contrário, o que ainda não alcançou a luz da realidade, algo de obscuro, a possibilidade, o em-si que é preciso compreender como fundo sem causa das *Investigações sobre a essência da liberdade humana*, ou como a primeira potência (-A) da última filosofia de Schelling. É, todavia, a partir dessa obscuridade do *Grund* em que está mergulhado o interior que a manifestação se produz".

À religião em sua positividade, em sua exterioridade, para a qual o espírito vem "como que de fora", a filosofia hegeliana opõe, então, a manifestação que se passa dentro do espírito, que se dá do espírito para o espírito. Assim, o saber filosófico reintegra, se se pode assim dizer, re-interioriza a revelação, recaptura-a na interioridade mesma do espírito, ultrapassando sem retorno a simples representação, já que a representação sempre tem um objeto, um fora e como que um face a face. A concepção hegeliana da religião cristã como religião da revelação acabada marca bem essa circularidade da manifestação e da consciência como consciência-de-si divino-humana:

"A religião cristã é assim a religião da revelação. Nela, manifesta-se o que Deus é: que ele é sabido como ele é, não historicamente ou de qualquer outra maneira como nas outras religiões, mas a manifestação revelada é sua determinação e seu conteúdo mesmo, a saber, revelação, manifestação, ser para a consciência, e precisamente para a consciência de que ele mesmo é espírito, ou seja, por conseguinte, consciência e para a consciência".[45]

Sem dúvida, é permitido ver aí uma "subversão" radical, consciente e conseqüente da noção teológica tradicional de revelação.[46] Pelo menos se se entende por revelação o que um Deus dá livre e gratuitamente a conhecer de seu próprio ser, sem que a inteligência a isso jamais tenha acesso independentemente dessa doação mesma e, de forma correlata, da disposição determinada que a acolhe; pelo menos se se concorda que é impossível suprimir essa condição essencial que é a disponibilidade, a receptividade e, numa palavra, o consentimento intelectual a um ensinamento cujo conteúdo, em princípio, nunca é *visto*, nunca é conhecido objetivamente.

---

[45] *Philosophie der Religion*, ed. Lasson, "Absolute Religion", p. 32: "Die christliche Religion ist auf diese Weise die Religion der Offenbarung. In ihr ist es offenbar, was Gott ist, daß er gewußt werde, wie er ist, nicht historisch oder sonst auf eine Weise wie in andern Religionen, sondern die offenbare Manifestation ist ihre Bestimmung und Inhalt selbst, nämlich Offenbarung, Manifestation, Sein für das Bewußtsein, und zwar für das Bewußtsein, daß es selbst Geist ist, d. h., also Bewußtsein und für das Bewußtsein".

[46] *Cf.* também H. U. von Balthasar, *Herrlichkeit*, III 1, 916.

Temporalidade e revelação

Para Hegel, em compensação, singularmente próximo aqui de Lessing, a religião é proposição de verdades em si racionais e filosóficas. Por si, as verdades da religião se destinam a ser reconhecidas racionalmente. Com a aparição da religião absoluta, advém uma revelação completa, acabada, do que Deus é, oferecendo ao homem a possibilidade próxima do saber da própria essência divina. Com isso, Hegel pressupõe uma unidade fundamental entre a essência mesma de Deus, determinado como espírito e revelado na religião, e o espírito humano em devir e que se realiza na história. O § 544 da *Enciclopédia* tematiza, com toda a clareza desejável, essa idéia de que a consciência humana é necessária para o devir Deus de Deus, ele mesmo alcançando somente assim o saber de si:

> "Deus não é Deus senão à medida que ele se sabe, ele mesmo; seu saber de si é, além disso, sua consciência de si no homem, e o saber que o homem tem de deus, saber que progride em direção ao saber de si do homem em Deus".[47]

Indico, para encerrar, a oposição não menos patente que separa as concepções hegeliana e schellinguiana da positividade: para Hegel, como se sabe, a positividade está sempre colocada sob o signo da acidentalidade e da exterioridade, está então destinada a desaparecer à medida que o espiritual se encontre interiorizado e autenticamente reapropriado pelo espírito humano. Para que a contribuição da religião, a contribuição do divino, possa entrar positivamente no campo da existência humana, ela por certo deve aparecer (*erscheinen*) e fenomenalizar-se, mas essa fenomenalização sempre implica adjunção ao essencial de um conjunto de determinações circunstanciais que constituem precisamente a positividade (isto é, também a acidentalidade) inerente a toda *Erscheinung*.

Para tentar determinar em sua diferença o conceito schellinguiano de revelação, é preciso, em compensação, destacar a articulação estrita desse motivo com a tematização da criação e da liberdade que dele são indissociáveis: o ser que se revela só se distribui caso disponha inteiramente de seus dons quando nos abre seus segredos e, antes

---

[47] *A educação do gênero humano*, §§ 72-6: "Quando as verdades religiosas foram reveladas, elas por certo não eram verdades de razão, mas foram reveladas para que assim se tornem".

de tudo, de si mesmo, numa soberana independência, caso seja — observa Schelling: *Herr des Seyns*, senhor do ser, caracterizado por essa "senhorilidade" (*Herrlichkeit*) mediante a qual escapa a um só tempo de toda necessidade interna, bem como de toda exigência de direito que seria como que imanente à alma humana.

É sempre dirigido a um homem *livre* e da parte de um deus *vivo* que advém o *evento* da revelação. Três aspectos da problemática schellinguiana se destacam aqui: a finitude da existência humana (tematizada desde as *Investigações* de 1809), o momento singular mas essencial em que a razão encontra seu limite, atestado por algo como um transporte extático, e enfim o que seríamos tentados a chamar de um pensamento do dom, do evento ou da eventualidade do *Es gibt* [há] ou do *Ereignis* [evento].[48]

Assim, o verdadeiro ponto do pensamento do último Schelling seria duplo: a análise da temporalidade extática n'*As idades do mundo*, mas igualmente a descoberta, saudada a seu tempo por Heidegger, do abismo da liberdade humana nas *Investigações* de 1809.[49]

---

[48] Trad. francesa, B. Bourgeois, p. 355.

[49] *Cf.* Marc Maesschalck, *Philosophie et Révélation dans l'itinéraire de Schelling*, Paris-Louvain, 1989, pp. 663 ss.

# 10.
## A CRÍTICA DA ONTOTEOLOGIA

### I. ARISTÓTELES E HEGEL

Em abril de 1838, Schelling escreve em francês a Victor Cousin para agradecer o envio do famoso relatório sobre a *Metafísica* de Aristóteles. Trata-se do relatório sobre o concurso de 1835,[1] onde foram premiados *ex aequo* os trabalhos de Ravaisson e de K. L. Michelet. Schelling declara-se "encantado" com o texto de Cousin, mas é para protestar logo em seguida. Com efeito, ele repreende em seu correspondente

"a condescendência que tivestes em premiar a obra de uma das cabeças mais limitadas que foram geradas pela escola de Hegel, que delas atraiu e nutriu um número tão grande, obra essa a que não poupastes elogios, com os quais os conhecedores de Aristóteles, como por exemplo o Sr. Brandis, ficaram extremamente escandalizados... Para dizer a verdade, não vejo mais como um verdadeiro progresso esse aristotelismo, ressuscitado à força e excessivamente preconizado; seria bem triste se não nos restasse senão voltar a esse peripatetismo, que acima de tudo me parece ainda ser muito pouco compreendido, se, como fizeram alguns ignorantes na Alemanha, Hegel fosse comparado a Aristóteles; não há, a meu ver, em toda a história da filosofia, cabeças mais desiguais e mais opostas do que essas duas.

[1] Lembro o objeto do concurso: "Dar a conhecer a obra de Aristóteles intitulada *Metafísica*. Dela fazer a história, assinalar sua influência sobre os sistemas ulteriores na antiguidade e nos tempos modernos. Investigar e discutir a parcela de erro e a parcela de verdade que aí se encontram, quais são as idéias que dela subsistem ainda hoje, e quais poderiam entrar na filosofia de nosso século".

Concedei-me a honra de acreditar que conheço um pouco Aristóteles".[2]

O mesmo Schelling observava em seu último trabalho, posterior a 1846, com o intuito de elaborar, sob o signo de Aristóteles, uma "filosofia racional pura": "O melhor programa de uma vida consagrada à filosofia consistiria em começar por Platão para terminar com Aristóteles".[3] Fórmula que naturalmente é também uma maneira de pregar em causa própria.

A distância que separa essas duas apreciações — essas duas citações — define com bastante precisão meu propósito ou meu "problema": compreender as razões e os procedimentos dessa tardia reapropriação schellinguiana de Aristóteles e tentar detectar o que aí está em jogo. Mas é preciso antes explicitar o título dessa contribuição e indicar como ela se liga à problemática geral: a questão de Deus em Aristóteles e em Hegel.

O termo ontoteologia, abstraindo-se de seu uso kantiano determinado,[4] remete hoje, de maneira óbvia, a Heidegger. O filósofo de Messkirch pretende com isso determinar, desde o início dos anos 1930, isto é, bem antes da Conferência de 1957, *A versão ontoteológica da metafísica*, a estrutura ou a constituição de toda a metafísica enquanto tal. A metafísica — ensina-nos Heigegger —, de acordo com sua instauração platônico-aristotélica, não põe a questão do ser (a questão: *ti to on; ti boulesthe semainein hopotan on phthengesthe; Sofista*, 244 *a*) senão determinando-a, especializando-a como uma questão que leva ao supremamente ente, ao ente exemplar, ao mais elevado ou mais ente: *to timiotaton, to akrotaton on, to theion — das Seiendste des Seienden* ou ainda *das Seiendste am Seienden*, como traduz Heidegger, em sua *A doutrina da verdade de Platão*, por exemplo.[5] Mas a instância assim alçada a título de ente supremo — ainda que separada e transcendente (*ousia choriste, epekeina tes ousias*) — é ainda e sempre ente;* a questão que se investiga, a questão do ente em seu ser,

---

[2] *Aus Schellings Leben in Briefen*, ed. Plitt, t. III, pp. 136-8 (Leipzig, 1870).

[3] *SW*, XI, 380.

[4] *KrV*, A 631/B 659.

[5] *GA.*, IX, p. 236.

* Em francês: *étant(e)*, com a colocação da desinência do feminino no par-

do ser do ente, concentra-se assim no ente primeiro, o mais elevado ou o Altíssimo, faz-se *protologia*, mas com isso escapa-lhe o ser em sua diferença radical quanto a tudo o que é. É porque a metafísica obedece a essa estrutura impositiva, a essa conjunção do mais geral e do especial, do mais comum e da eminência, é porque ela é regulada por essa constituição ontoteológica, que Heidegger, para desenvolver a questão do ser como tal, do ser mesmo, dispõe-se a ultrapassar ou a superar a metafísica, considerada como esquecimento do ser, ou ainda como "niilismo", no sentido estrito de que num tal pensamento o ser mesmo não é tido por nada.

Naturalmente, em toda a obra de Schelling, não se encontra nenhum elemento doutrinal, nenhuma conduta de pensamento, de que se possa dizer que antecipam a análise heideggeriana da metafísica, tomada em seu todo e considerando-se sua constituição fundamental, tal como a ela nos referimos rapidamente. Mais do que isso, Heidegger, em um dos cursos que consagrou a Schelling — o comentário do ensaio sobre *A essência da liberdade humana*[6] —, mostra como o tratado de 1809 é, "num sentido eminente, ao mesmo tempo ontológico e teológico"; teológico neste sentido amplo, precisa ele, de que, interrogando-se sobre o ente na totalidade, o tratado põe a questão do "fundamento do ser, fundamento que tem por nome *theos*".[7] Como então é ainda legítimo falar de crítica schellinguiana da ontoteologia? Em que essa crítica diz respeito à questão de Deus em Hegel e em Aristóteles?

\* \* \*

Indico uma primeira resposta possível: Schelling desenvolveu — como se sabe — uma crítica notável daquele que se denominou argumento ontológico. Essa crítica foi bem estudada, e não é necessário, aqui, voltar a ela;[8] todavia é preciso observar que ela por certo per-

ticípio presente. Sobre o "ente", ver nota à tradução no segundo ensaio deste livro, p. 51. (N. da T.)

[6] *GA.*, XLII.

[7] *Schelling. Le traité de 1809 sur l'essence de la liberté humaine*, trad. francesa, Paris, Gallimard, 1977, pp. 94-5.

[8] *Cf.* D. Henrich, *Der ontotheologische Gottesbeweiss*, Tübingen, 1967. *Cf.* também S. Tilliette, "L'argument ontologique", *in L'Absolu et la philosophie. Essais sur Schelling*, Paris, PUF, 1987, pp. 162-81.

A crítica da ontoteologia

mitiria determinar um primeiro conceito schellinguiano estrito da on-toteologia, em oposição ao qual se definiria a empreitada do último Schelling: elaborar uma filosofia positiva, isto é, um pensamento prio-ritariamente atento à existência, que não se pode apreendida antes de sua facticidade, nem recuperada depois dela. Dito de outro modo: uma filosofia atenta ao *quod*, ao *daß*, que não pretenda deduzir do pensa-mento, ou de qualquer necessidade lógica, o que quer que seja quan-to ao ser de Deus ou a sua existência necessária, como se se tratasse de um "ser necessariamente ente ou existente" — *ein notwendig seyen-des Wesen*. Constatar, com efeito, que Deus é o "ser que só se pode pen-sar como existente e de forma alguma como in-existente" é apenas — observa Schelling — determinar a *natureza divina*, mas uma tal deter-minação "nunca enuncia nada quanto à existência mesma de Deus".[9] Ainda que as duas formulações sejam vizinhas, não se deve confun-dir (pois tal é a raiz do paralogismo) a tese que postula que Deus é o ser necessário (*das notwendig Seyende*) e o argumento que estabele-ceria que Deus é necessariamente o ente, ou, caso se queira, de modo ainda mais preciso, que "Deus é *necessariamente* o ente necessário".[10] Só este último argumento importa na dita prova ontológica.

"Contentamo-nos habitualmente — observa Schelling — em denominar Deus o ser necessariamente existente, mas isso não é exato. A verdadeira relação é a seguinte: o ser su-premo (o ser mais elevado e, nessa medida, também a potên-cia suprema), Deus, em uma palavra, *se* ele existe, não *pode* ser senão o existente necessário. Essa expressão mostra que Deus não é somente o ente necessário, mas o ente neces-sariamente necessário (*das notwendig notwendig Seyende*), e isso constitui uma diferença considerável."

É porque o argumento ontológico constitui a seus olhos uma peça central da metafísica como ontoteologia que Schelling volta a ele na *Introdução de Berlim*, no momento de determinar a *filosofia posi-tiva*, em sua possibilidade de começar por si, a partir de um princípio que seja um verdadeiro princípio do começo.

⁹ *SW*, X, p. 65; trad. francesa, p. 80.

¹⁰ *SW*, XIII, p. 159.

Tornaremos a encontrar mais adiante essa exigência do começo. Mas é preciso que antes examinemos um outro aspecto da questão diretora indicada por nosso título. Em que sentido se pode legitimamente sustentar que há em Schelling a elaboração de uma crítica da metafísica? Antes de qualquer coisa, distinguiremos aqui diferentes acepções do termo metafísica. O que Schelling entende sob esse nome? Como emprega ele o termo? Para dizer a verdade, as ocorrências desse termo são relativamente pouco numerosas e de aparecimento bastante tardio no *corpus* schellinguiano. Mais do que de "metafísica", o jovem Schelling, no rastro de Kant e sobretudo de Fichte, falará enfaticamente de *ciência* ("Wissenschaft"). Quando o termo "metafísica" aparece sob sua pena, é mais freqüentemente com um significado trivial, vago e pejorativo ("terra erma, longínqua"). Darei apenas um exemplo, extraído das *Preleções de Stuttgart*:[11] evocando a "contração", "o rebaixamento" de Deus que começa com a criação, Schelling pergunta: "De que valeria para nosso espírito, assim como para nosso coração, um Deus metafisicamente visado nas alturas?".[12] Em seguida, no quadro das investigações mais históricas, Schelling falará com mais freqüência da "antiga metafísica",[13] da "metafísica da Escola",[14] da "metafísica de outrora" — isto é, do edifício da metafísica escolar, tal como ela encontra sua realização acabada em Wolff, com a divisão entre metafísica geral ("ontologia") e metafísica especial (teologia, psicologia, cosmologia), sem que Schelling jamais faça uma distinção nítida entre escolástica e metafísica escolar. Nas *Preleções de Munique sobre a história da filosofia moderna*, Schelling critica, por exemplo, a ontologia da metafísica escolar: na Escola, a ontologia reduz-se a uma "sucessão de noções", é uma simples coletânea de definições em que se supõe estar contidas "as primeiras e as mais universais determinações do ente"; ela não é nem uma ciência propriamente dita, nem uma investigação metodicamente conduzida, mas "um simples léxico das diferentes expressões e noções utilizadas em filosofia", léxico "que se teria colocado no início para a boa com-

[11] *SW*, VII, p. 429.

[12] *Œuvres métaphysiques, 1805-1821*, Paris, Gallimard, 1980, trad. francesa, p. 210.

[13] *SW*, XIII, pp. 82, 110.

[14] *SW*, XIII, p. 39.

A crítica da ontoteologia

preensão do resto".[15] Assinalemos de passagem que a importância polêmica dessa crítica surge com tanto mais clareza quanto se sublinha a aproximação insistente, operada por Schelling, entre hegelianismo e wolffianismo.

Encontram-se também alguns usos positivos do termo "metafísica" em Schelling: a palavra é então empregada num sentido enfático e retórico, não sem uma certa "pose", que hoje parece um pouco ridícula — como quando Schelling compara, na *Introdução de Berlim*, o edifício das coisas humanas ao colosso de pés de argila entrevisto no sonho bíblico de Nabucodonosor: "Se acontecesse de retirarmos do Estado e da vida pública tudo o que aí se encontra de metafísica, eles ruiriam do mesmo modo. Verdadeira metafísica, eis o que são a honra, a virtude; a verdadeira metafísica não é apenas religião, mas também respeito perante a lei, amor à pátria".[16] Schelling observava ainda, em 1811 (?), em uma passagem extraída do breve ensaio *Sobre a ciência alemã*:

> "Diga-se o que se disser, tudo o que há de elevado no mundo ocorre em virtude de algo que podemos chamar de metafísica, no sentido mais geral. A metafísica é aquilo que cria organicamente os Estados e faz de uma multidão humana um coração e uma alma, isto é, um povo. A metafísica é aquilo que permite ao artista e ao poeta reproduzir em uma forma sensível a viva sensação dos arquétipos eternos".[17]

Mais significativos do que essas raras ocorrências, em contextos retoricamente saturados, são evidentemente os empregos, positivamente acentuados, do termo "metafísica", na dita última filosofia. Schelling sublinha em geral — implicitamente — o prefixo *meta-* para indicar a transcendência, o movimento de um pensamento que de imediato ultrapassa o ente (*das Seyende*) em direção ao ser, isto é, àquilo que É (*cum emphasi*) o ente: "das seyende-Seyn", ou melhor, ao que está além do ser, mestre ou Senhor do ser (*Herr des Seyns*). Nessa nova

---

[15] *SW*, X, p. 63; trad. francesa, J.-F. Marquet, PUF, 1983, pp. 78-9. *Cf.* também *SW*, XIII, pp. 44-5.

[16] *SW*, XIII, p. 27.

[17] *SW*, IX, p. 9.

perspectiva, só a filosofia "positiva" é a verdadeira metafísica, a metafísica "interior", porque ela tem por objeto privilegiado o *huperon*, o sobre-ente: o ser antes e além do ser, aquilo que haverá sempre escapado ao pensar, aquilo que o haverá sempre precedido: *das Unvordenkliche*, o imemorial, ou melhor, o que já não se pode atingir pelo pensar. Inversamente, a filosofia hegeliana, confundindo negativo e positivo, será caracterizada como "a negação absoluta de tudo o que é metafísica".[18]

Pode-se, sem dúvida, esclarecer essa interpretação da filosofia positiva como *meta*-física, lembrando dois motivos schellinguianos importantes: a recusa de toda identificação de Deus com o ser[19] e a crítica a toda abordagem fundada sobre a exemplaridade, a eminência do primeiro, que passasse da determinação de Deus como ente supremo, o mais elevado, ao ser mesmo, de Deus como vivente supremo ou perfeito à vida mesma.

Lembremos o princípio da interpretação schellinguiana de *Êxodo* III, 14. Schelling compreende a resposta dada por Deus a Moisés, que o interroga para saber "Quem ele é", "Qual é o seu nome", num sentido radicalmente oposto a toda "metafísica do Êxodo", cara a Étienne Gilson. Com efeito, para Schelling, Deus não *é*, ou antes, não é jamais *das blind Seyende*, o cegamente, o perdidamente ente. Deus jamais é, sem ser também e ao mesmo tempo aquele que pode, poderia ou haveria podido não ser. Quando ele é, quando aceita assumir por sua conta a "miséria da existência", Deus permanece sempre Senhor do ser, livre tanto perante tudo o que é, quanto perante todo ser. O Nome divino é então explicitado por Schelling, que segue aqui fielmente a tradução de Lutero, nesses termos: *Serei aquele que serei* — tal é meu nome. Ou ainda: Serei aquele que serei, isto é, *aquele que quero ser*.[20] É, com efeito, como vontade, como por-vir, como futurição que Deus se deixa determinar propriamente, isto é, apreender como *espírito*,[21] se é verdade que o "espírito absoluto é, para além de toda mo-

[18] *SW*, XIII, p. 31.

[19] *Cf.* a exegese schellinguiana de *Êxodo* III, 14. Sobre tudo isso, ver "Do Deus em devir ao ser por vir" [ensaio publicado neste volume].

[20] "Ich werde seyn, der ich seyn werde, dieß ist mein Name." "Ich werde seyn, der ich seyn werde, d. h. der ich seyn will."

[21] *SW*, XIII, p. 256.

dalidade de ser (*über jede Art des Seyns hinaus*), o que ele quer ser (*er ist das, was er will*). O espírito absoluto é livre de todo ser, assim como é livre em relação a si mesmo: ele é liberdade absoluta, liberdade transcendente (*absolute, überschwengliche Freiheit*)".

É esse movimento metafísico, para além do ente — do ente que é, que se tornou, que já passou ao ser, que já transitou para o ser —, que caracteriza a filosofia positiva em seu primeiro início.[22] Ser-me-á permitido, neste ponto, ser muito breve, limitando-me a citar esse texto impressionantemente paradoxal, extraído dos *Weltalter*[23] e que constitui, sem dúvida, uma inversão muito sutil de toda conduta de pensamento em regime ontoteológico:

> "Nem a ciência, nem o sentimento se satisfazem com um Deus que não é porque é o Ser, que não vive porque é a Vida, que não é consciente porque é pura consciência. Ciência e sentimento postulam um Deus que exista diferentemente de sua essência, que saiba, que aja. O argumento ontológico não basta. Razão e sentimento reclamam em uníssono um Deus que não seja puramente 'Isso' (*Es*), mas que seja 'Ele' (*Er*)".

Para não deixar de fato nada de fora, seria preciso assinalar também as passagens, aliás muito pouco numerosas, e em contradição aparente com o que acaba de ser lembrado, nas quais Schelling aceita caracterizar como "metafísica" ou "verdadeira metafísica" sua própria doutrina das potências ou, de modo mais geral, sua filosofia racional.[24] Talvez seja simplesmente porque a reconstrução tardia da filosofia racional esteja inteiramente colocada sob a autoridade de Aristóteles que Schelling, de maneira bem pouco coerente, aceita dar-lhe esse título tradicional de *metafísica*.

\* \* \*

[22] *SW*, XIII, pp. 203-4.

[23] *SW*, VIII, pp. 237-8.

[24] *Cf.*, por exemplo, numa carta a H. Beckers, de 29 de dezembro de 1852: "Agradeço-vos em particular por essa afirmação de que a doutrina das potências ou dos princípios constitui a minha metafísica" (Plitt, III, p. 241).

Mas se deixarmos de lado essas diferentes acepções positivas, é claro que quando Schelling se dispõe a criticar a "metafísica" — e ele o faz longa e expressamente — é sempre acima de tudo a filosofia que ele de início determinou como *negativa* que se encontra assim visada. Ou, mais precisamente ainda, a crítica incide sobre a filosofia negativa, quando ela pretende ser outra coisa e mais do que uma simples doutrina das categorias, das determinações puras do pensar, quando este se torna para ele mesmo seu próprio e único conteúdo. — Sob esse título de filosofia negativa (antes da última re-elaboração da filosofia racional pura), é essencialmente o hegelianismo que Schelling tenta criticar.

A crítica a Hegel, ou ao que Schelling por vezes chama pejorativamente de "episódio" hegeliano, vale por si mesma, mas ao mesmo tempo também, e talvez sobretudo, como interpretação retrospectiva: autocrítica e autojustificação do próprio Schelling. Isso é visto muito bem quando Schelling introduz pela primeira vez a dissociação entre filosofia negativa e filosofia positiva nas *Preleções de Munique sobre a história da filosofia moderna* (1836), no fim do exame da "filosofia anterior", a saber, do pensamento do próprio Schelling, em seu desdobramento: filosofia transcendental e filosofia da natureza. A questão crucial para julgar toda filosofia — questão que também pode servir de pedra de toque para saber se "uma filosofia dada se encontra de acordo ou em conflito com a consciência comum da humanidade" — é, observa Schelling, aquela que se volta precisamente para "a maneira como uma filosofia se representa o Altíssimo". O que decide tudo é, então, a *Stellung Gottes*, o lugar que é reservado a Deus, sua posição no sistema do pensar.

"Que lugar — pergunta Schelling — tinha Deus na filosofia de que acabamos de falar? Antes de tudo o de um simples *resultado*, o de um *conteúdo* supremo e último do *pensamento*, onde tudo se encontrava concluído; isso correspondia de fato ao lugar que ele havia tido na filosofia anterior, lugar que Kant lhe havia deixado; pois, para ele, Deus era apenas uma idéia indispensável para dar uma conclusão formal ao saber humano. No sistema em questão [o da *Naturphilosophie* e da Identidade], Deus era esse sujeito que, no fim, permanece enquanto sujeito, vitorioso quanto a todo o resto e não podendo mais recair no estado de

A crítica da ontoteologia                                                     283 objeto; fora esse mesmo sujeito que atravessara toda a natureza, toda a história, a série inteira de todos os momentos, de que ele não parecia ser senão o resultado último; e essa travessia era representada como um movimento efetivo (não como uma progressão que se efetuasse apenas no pensamento) e mesmo como um processo real."[25]

Se é permitido, como o fazia a antiga metafísica, considerar Deus como "fim", "resultado do pensamento", em compensação não se poderia tomá-lo por *resultado* de um processo [*processus*]* objetivo. Schelling rejeita aqui com firmeza a idéia que ainda defendera em 1809, nas *Investigações sobre a essência da liberdade humana*, de um Deus em devir. Uma tal idéia apresenta imediatamente, com efeito, pelo menos duas dificuldades maiores: um Deus final, um Deus-resultado, se é verdadeiramente um Deus, não pode ter como pressuposto o que quer que seja de exterior a ele mesmo (*praeter se*): deverá, então, pressupor a si mesmo. Mas isso também significa dizer que esse Deus final deve assim ser determinado como "aquele que era já no início": "esse sujeito que passa pelo conjunto do processo é então Deus desde o começo e ao longo dele, antes de também ser posto como Deus no resultado".[26] Mesmo que o Deus não seja afirmado e expressamente posto *como tal* senão no resultado (*in fine*), ele contudo já estava presente em toda parte (é o verdadeiro sentido do panteísmo bem compreendido), na condição de "sujeito que atravessa toda a natureza".[27] Mas era então um Deus fora de si, "fora de sua divindade, um Deus alienado ou alterado, diferente daquele que ele é, e que não é como tal senão no fim".

Aqui, portanto, de duas uma: ou se dirá desse Deus que se vota ao devir para se pôr como tal que havia um tempo, uma época em que esse Deus não era, não existia como tal; ou então, recusando esse tempo anterior, se fará desse movimento, desse evento algo de eterno.

---

[25] *SW*, X, p. 132; trad. francesa cit., pp. 141-2.

* Sobre *processus*, ver nota à tradução do ensaio "Tragédia e sublimidade", p. 190 deste volume. (N. da T.)

[26] *SW*, X, p. 124.

[27] *Cf. Leçons d'Erlangen. SW*, IX, pp. 215-6; trad. francesa, *Œuvres métaphysiques*, pp. 276-7.

Mas, sublinha Schelling, "um evento eterno não é verdadeiramente um evento". "A representação integral desse processo, desse movimento torna-se assim, ela mesma, ilusória, nada ocorreu verdadeiramente, tudo se desenrolou simplesmente em pensamentos, e todo o movimento não era precisamente senão um movimento do pensamento".[28]

Eis — e aqui a autocrítica tem influência direta sobre a crítica a Hegel — o que essa filosofia anterior deveria ter reconhecido: era-lhe preciso renunciar a toda objetividade e apresentar-se como uma ciência em que não se trata da existência, do que existe efetivamente; uma ciência na qual já não mais se trata sequer propriamente de *conhecer* ou de *conhecimento*: "seu domínio são apenas as relações reservadas aos objetos do puro *pensamento*". E Schelling pode então concluir com rigor: "Como a existência é sempre o positivo, isto é, aquilo que é posto, assegurado, afirmado, essa filosofia devia reconhecer-se como puramente negativa e limpar assim o terreno para a filosofia que se reporta à existência, a filosofia positiva; ela não se devia se fazer passar pela filosofia absoluta, pela filosofia que não deixa nada de fora".[29]

O ponto importante será doravante, para Schelling, elucidar essa distinção entre duas filosofias, respectivamente negativa e positiva, sem que jamais se possa prescindir de uma delas.[30] Mas o essencial é antes de mais nada não as confundir, não pretender alcançar a existência, a efetividade, o "fato", quando se está ainda se movendo nas determinações do pensar, quando não se lida senão com o automovimento, com a auto-explicitação das determinações do pensamento puro.

Ora, é precisamente nesse ponto que intervém o "episódio" hegeliano. Sem dúvida, Hegel teve o mérito de "pôr como primeira exigência para a filosofia retirar-se ao puro pensamento e não ter por objeto imediato senão o puro conceito"; ele soube "reconhecer a natureza unicamente *lógica* dessa filosofia que ele se dispôs a remanejar e empenhou-se em levar a sua forma acabada".[31] Mas em vez de ficar nisso e de renunciar de maneira conseqüente a toda positividade,

[28] *SW*, X, p. 125.

[29] *SW*, X, p. 125; trad. francesa cit., p. 144.

[30] *Cf.* X. Tilliette, "Deux philosophies en une", *in L'Absolu et la philosophie, op. cit.*, pp. 182-99.

[31] *SW*, X, pp. 128, 141, 146.

A crítica da ontoteologia

Hegel pretendeu, no momento mesmo em que operava esse recolhimento ao conceito puro,[32] abrir caminho até o "positivo". De maneira na verdade bastante livre, Schelling cita as últimas páginas da *Ciência da lógica*:[33] "O método não é senão o movimento do conceito mesmo, mas no sentido de que o conceito é tudo e seu movimento, a atividade absoluta e universal",[34] para logo comentar: "Enquanto até o momento não se tratava senão do pensamento e do conceito, eis então que aparece a pretensão de conhecer. Mas o conhecimento é *positivo*, não pode ter por objeto senão o ser, o real (*das Seyende, das Wirkliche*), ao passo que o pensamento tem por único objeto o possível e, por conseguinte, não o conhecido, mas somente o cognoscível."

O erro principal de Hegel foi então, em lugar de reconhecer sua filosofia como puramente negativa, defender que ela era *a* filosofia, atribuindo-lhe "um valor totalmente objetivo e em particular um conhecimento perfeito de Deus e das coisas divinas".[35] No fim da *Ciência da lógica*, Hegel chega a pôr o conceito como sendo Deus mesmo: "Para ele, Deus não era tanto um simples conceito, quanto o conceito era Deus. Em seu sistema, Deus não era nada mais do que o conceito que, progressivamente, torna-se idéia consciente de si, como idéia consciente de si 'entrega-se' (*sich entlassen*) à natureza e, retornando a si desta última, torna-se espírito absoluto".[36]

Um outro elemento essencial na crítica schellinguiana a Hegel diz respeito à idéia de processo, de evento eternos; dito de outro modo, à idéia de um devir que poderia prescindir de uma temporalidade verdadeira, isto é, que vive e sofre. Encontra-se aqui o motivo geral da crítica ao Deus hegeliano como Deus sem repouso, sem sabá.[37] O

---

[32] *SW*, X, p. 127: "O conceito é tudo e fora dele não há lugar para nada". *Cf.* também *SW*, XIII, p. 87.

[33] Edição Lasson, II, p. 486.

[34] *Cf.* também, *ibidem*. "O método é a força infinita do conhecer, à qual nenhum objeto pode opor resistência, ainda que ele se apresente como exterior à razão, distante e independente dela."

[35] *SW*, X, p. 128.

[36] *SW*, X, p. 126; trad. francesa cit., pp. 145-6. *Cf.* também, sobre a tradução de "entlassen", p. 172.

[37] *SW*, X, 160; trad. francesa cit., pp. 178-9.

Deus de Hegel está absorvido num trabalho sem fim e como que votado à repetição, ao retorno eterno do mesmo:

"Deus não se lançou de uma vez por todas na natureza, ele sempre de novo aí se lança, para sempre de novo se restabelecer no topo; esse evento é um evento eterno, um evento que sempre acontece, mas, mesmo por essa razão, não é um verdadeiro evento, isto é, um evento que se produz realmente. Além disso, se Deus é livre, só o é para se alienar na natureza, isto é, para sacrificar sua liberdade, pois esse ato de livre alienação é ao mesmo tempo o túmulo de sua liberdade; a partir desse momento, ele está envolvido num processo, ele é, ele mesmo, processo; já não é um Deus ocioso, como era o caso quando não era, de fato, senão causa final, ele é, antes, o Deus da ação eterna, perpétua, da incessante inquietude que nunca encontra seu sabá; ele é, portanto, o Deus que nunca faz nada de diferente do que sempre fez e que, então, não pode criar nada de novo; sua vida é uma seqüência de formações cíclicas, onde ele se aliena perpetuamente para voltar a si e onde ele jamais volta a si senão para de novo se alienar".

Mesmo quando se esforça para romper os limites do "lógico", quando busca tematizar a passagem da Idéia à natureza, Hegel nunca consegue elevar-se até a verdadeira noção de liberdade divina, até a apreensão de Deus como *causa causarum*, até um Deus transcendente ao processo, capaz de começar de novo, capaz de acionar um processo, sem ter, contudo, de ser tragado por ele. A questão das questões, cuja formulação leibniziana Schelling retoma: "Por que há algo, e não, antes, nada?" não é, não pode ser, de direito, levada em consideração pela especulação hegeliana, já que sua esfera de predileção é precisamente a esfera do "lógico".

O que Schelling pretende assim denunciar principalmente na empreitada hegeliana é, portanto, sua *confusão* fundamental: ao designar como objeto primeiro do pensamento o próprio pensamento, ao tomar resolutamente a decisão de se retirar no pensamento, Hegel não se preocupou senão com o que está *antes de toda a natureza*, com o *prius*, no sentido do *a priori*, no sentido das pressuposições, das condições de possibilidade, isto é, da pensabilidade para todo ente possível. Mas, ao não reconhecer os limites intrínsecos desse "pensar sobre o pensamento" (*Denken über das Denken*), ao deixar escapar exatamente o que previne e precede todo pensamento, o que escapa de antemão ao conceito e a seu domínio, ele entrega o positivo, o real efetivo ao poder da lógica. Seu pensamento tornou-se "negativo", num sentido decididamente pejorativo, visto que se desenvolve numa contínua denegação do que resiste ao pensamento, deixa-o estupefato, impede-o (o que Schelling chama também de *thaumaston, das absolut Erstaunenswerthe, das Wunderbare, das Verwunderungswerthe*).[38] Havendo saído de si, para fora de si mesma, tomada de assombro diante da instância que sempre haverá precedido o pensamento — o que não se alcança pelo pensamento, *das Unvordenkliche* —, a razão está *quasi attonita*, paralisada ou petrificada, "regungslos", "erstarrt". A esse propósito, Xavier Tilliette fala com razão de feitiço, de aniquilação, de torpor ou de entorpecimento. A razão está como que paralisada, arrancada de si mesma, petrificada e imobilizada, capturada, apanhada de súbito, e como que arrasada, estupefata, estupidificada, obcecada e cega.[39] Por não reconhecer os limites estritos do lógico, Hegel não compreendeu nem a filosofia positiva, nem a negativa, mas tentou amalgamá-las. Sendo fundamentalmente negativa em seu projeto, em seu princípio, sua filosofia se apresenta contudo como positiva. Afinal de contas, ela não é nem uma nem outra. Em função des-

[38] Reconhece-se aqui o motivo determinante do *mirabilis Deus* — "wundersamer Gott", traduz Lutero — do Salmo 67. *Cf.* X. Tilliette, *Schelling. Une philosophie en devenir*, Paris, 1970, pp. 101-2.

[39] Sobre esse tema, deve-se consultar o estudo magistral de L. Pareyson, "Lo stupore della ragione in Schelling", *in Romanticismo, Esistenzialismo, Ontologia della libertà*, Mursia, 1979, pp. 137-80. — Assinalo aqui, de passagem, um testemunho indireto de uma experiência semelhante de estupor diante da existência nua, em Wittgenstein! Norman Malcon, após haver citado a passagem célebre do *Tractatus*: "O que é um mistério não é o mundo, mas o *fato* de que ele seja", acrescentava: "Parece que Wittgenstein experimentou esse sentimento de estupefação diante da noção mesma de existência, não apenas no momento em que escrevia o *Tractatus*, mas também no decorrer do período, durante o qual o conheci". Malcon observava ainda, em nota: "Após haver escrito essa passagem, tomei conhecimento de uma exposição sobre um tema de moral feito por Wittgenstein, depois de seu retorno a Cambridge, em 1929. Ele aí dizia, especialmente, que estamos sujeitos a experimentar por vezes uma certa impressão de assombro diante da existência do mundo". Citado por E. Gilson, *in Constantes philosophiques de l'être*, Paris, Vrin, 1983, p. 147.

sa crítica, compreende-se por que Schelling pensará mais tarde em reelaborar por conta própria uma autêntica filosofia negativa, plenamente consciente de seus limites — daí Aristóteles lhe servir, então, de fio condutor privilegiado.

A idéia fundamental de Hegel segundo a exposição da *Introdução de Berlim*[40] — idéia correta e necessária até um certo ponto, o ponto de reversão precisamente, o *Wendepunkt* ou o momento crítico —, é que a razão não se ocupa senão do em-si das coisas, da essência das coisas, isto é, tanto quanto dela mesma e de seu conteúdo próprio. E tal é muito precisamente a definição rigorosa da ciência racional — *Vernunftwissenschaft*. Mas Hegel não soube estabelecer um termo para a filosofia racional; ele não conseguiu circunscrevê-la em seu limite intransponível. Seu sistema é, assim, um híbrido de filosofia negativa e filosofia positiva. Não tendo sabido discernir o caráter positivo global da filosofia racional — que inclui, no presente retrospecto schellinguiano, a filosofia da natureza, bem como a filosofia do espírito[41] —, ele divide a filosofia em uma parte ideal, a lógica especulativa, e uma parte real, a natureza, a história, o espírito.

"Segundo Hegel, a lógica é a filosofia puramente especulativa, em que a idéia ainda está encerrada no pensamento, o absoluto em sua eternidade (a idéia e o absoluto são, portanto, tratados como termos equivalentes, assim como o pensamento, por ser totalmente intemporal, é considerado como idêntico à eternidade). A lógica deve representar a pura idéia divina, tal como ela é antes de qualquer tempo, ou então tal como ela não existe ainda senão em pensamento: ela é portanto, sob esse ponto de vista, uma ciência subjetiva, na qual a idéia ainda não está posta senão como idéia, não também como objetividade ou efetividade; mas ela não é uma ciência subjetiva no sentido de que excluiria o mundo real; ao contrário, ela se mostra, antes, como o fundamento absoluto do conjunto do real e, nessa medida, é também uma ciência real e objetiva."[42]

[40] *SW*, XIII, p. 60.

[41] *SW*, X, p. 128.

[42] *SW*, X, pp. 136-7.

A crítica da ontoteologia

Ao mesmo tempo, Hegel só conhece de real efetivo a realidade sensível. O real é assim interpretado de pronto como o outro do conceito, e a natureza aparece por isso mesmo como "queda" (*Abfall*) da idéia: ela é, no ser, a agonia do conceito, sua eterna alienação e alteração. A essa acepção pejorativa e restritiva da natureza e do real efetivo, Schelling oporá o conceito positivo que Aristóteles, por exemplo, tinha da experiência no sentido amplo, a ponto de caracterizar todo seu pensamento como empirismo filosófico, empirismo *a priori*, empirismo regressivo: a experiência funda uma abordagem dialética em direção ao princípio último.

\* \* \*

Uma passagem da *Darstellung des Naturprocesses* (1843) permite compreender bem, parece-me, como e por que Schelling pode recorrer à metafísica aristotélica em seu esforço de reconstrução da filosofia negativa e a que preço, segundo que transformações, é possível uma semelhante retomada.

"Cada faculdade particular em nós — observa Schelling, numa abordagem paralela à do capítulo 1 do livro I da *Metafísica* —, seja ela espiritual ou sensível, e cada ciência tem seu objeto particular; a física tem por objeto a natureza em geral, a química, a qualidade dos corpos, a astronomia, o sistema do universo. Se percorremos, se passamos os objetos em revista, cada um tem sua ciência. Tudo o que é objeto de uma ciência é algo de existente, e como tudo o que existe já tem sua ciência, nada resta para a filosofia que aparece por último senão o existente em geral (*das Existirende im Allgemein*), independentemente de todas as determinações particulares e contingentes. A primeira questão da filosofia é, então, a seguinte: o que é o existente? o que cabe ao existente?"

E Schelling introduziu, sem dificuldade, essa transformação evidentemente decisiva: "O que eu penso, quando penso o que existe?".[43]

Essa passagem permite igualmente avaliar em que consiste ao certo a negatividade da filosofia negativa ou da filosofia primeira,

[43] *SW*, X, p. 303.

entendida como *Vernunftwissenschaft*.[44] O objeto imediato da potência infinita de conhecer que é a razão é, sem dúvida, o ente (*das Seyende*); mas o ente designa aqui aquilo mesmo *que é e que não é*, dito de outro modo, aquilo que *pode ser*. O ente que pode ser (*das Seynkönnende*), que é e que não é, deve ser cuidadosamente distinguido do ente mesmo: *auto to on*. Este último, com efeito, é definido como aquilo de que não se pode dizer "é e não é", mas apenas que ele É, no sentido enfático do termo; ele é o *ontos on*, *das seyend-Seyende*, o "entemente-ente". Eis, por certo, o que a razão procura, aquilo de que ela está em busca, que ela *quer*, mesmo que não possa forjar para si outra determinação que não negativa daquilo que é o *ente mesmo*. A razão, ainda que seu fim último, seu desígnio seja apenas o ente, não o pode determinar, dele não pode formar outro conceito que não o daquilo que não é não-ente [*non-nihil, aliquid, etwas...*]; ela não pode ter dele outro conceito que não negativo. É essa característica da razão, da filosofia primeira como *Vernunftwissenschaft*, que explica que esta última seja filosofia *negativa*. Ela não pode produzir o conceito daquilo que é o ente mesmo senão procedendo por eliminação, afastando tudo o que não é ente, tudo o que *implicitamente* ou *em potência* encontra-se encerrado, compreendido no conceito geral e indeterminado do ente tomado em si mesmo. É apenas quando ela chegou a seu termo, quando atingiu seu fim, que se põe a questão, de outra ordem, de saber se esse conceito — resultado de uma ciência negativa e que foi conquistado *via exclusionis* — pode novamente ser objeto de uma outra ciência, de uma ciência positiva.

Vê-se também por que Schelling se orienta preferencialmente pela abordagem aristotélica, quando introduz uma tal distinção, uma tal divisão — que ele também reconhece "escandalosa" — entre duas filosofias. Para dizer a verdade, Schelling defende-se de haver, ele mesmo, introduzido uma tal separação. Ela, ao contrário, parece exigida pela própria coisa, por aquilo que é o encargo da filosofia, que não poderia ser subsumido a um único e mesmo título comum. Dupla tarefa, portanto, dupla exigência que corresponde a pelo menos dois aspectos ou duas vertentes da própria filosofia: "É preciso uma ciência que conceba a essência das coisas, o conteúdo de todo ser, não menos do que uma ciência que explique a existência das coisas. Essa oposição está lá, não poderia ser contornada colocando na surdina

---

[44] *SW*, XIII, pp. 69-70.

A crítica da ontoteologia

uma das duas tarefas a cumprir, não mais do que misturando as duas, de onde não poderia resultar senão confusão e contradição".[45]

Cada tarefa deveria, então, ser tratada por si mesma, no quadro de uma ciência cada vez diferente e particular. Mas que significa, então, a *unidade* da filosofia? Ao longo da história, a filosofia, na realidade, sempre manifestou essa dupla face: as duas dimensões, as duas linhas se aproximaram e, por vezes, entraram abertamente em conflito. Aristóteles, por exemplo, quando evoca os "teólogos",[46] designa com esse nome os "filósofos dogmáticos" que reconduzem o mundo a Deus, aos quais é preciso opor aqueles que "tentam tudo explicar de modo puramente natural ou pela razão": os Físicos jônios de um lado, os eleatas de outro. Assim, a ruptura socrática e platônica em direção ao *mítico* e ao *histórico*, desde o instante em que se trata de *doutrina*, é, também ela, como que uma antecipação do positivo:

"Essa positividade, para Sócrates e Platão, ainda não está senão por vir, um e outro a ela não se reportam senão de modo profético. Foi somente com Aristóteles que a filosofia se purificou de todo elemento profético e mítico, mas Aristóteles aparece, contudo, como o discípulo dos dois, desde que se desvia do *puramente* lógico, para voltar-se em direção ao positivo que *lhe* era acessível, a saber, o empírico no sentido mais amplo do termo, no seio do qual o *quod* (que isso exista) sobrepuja o *quid* (o que é), que não é em relação a ele senão segundo ou secundário. Aristóteles desvia-se do lógico, quando este último pretende ser *explicativo*, portanto positivo: *logikos, dialektikos* e *kenos* (no vazio) são para ele expressões equivalentes; ele condena todos aqueles que pretendem apreender a realidade não se movendo senão no seio do lógico (*en tois logois*)... Mas a objeção mais *geral* que Aristóteles dirige àquele que filosofa logicamente é a de que um abismo imenso separa a ne-

---

[45] SW, XIII, p. 95.

[46] *Metafísica*, N 4, 1091a34. Schelling interpreta, sem dúvida às avessas, como Ravaisson (*Essai*, I, p. 189), a fórmula: *theologon ton nun tisi...*, não no sentido de "certos teólogos de hoje", mas como designando o acordo dos teólogos com certos filósofos de nosso tempo.

cessidade lógica da realidade efetiva. Ele recrimina-lhe a confusão que não deixa de surgir quando a ordem lógica é confundida com a do ser, o que significa inevitavelmente confundir, ao mesmo tempo, as causas reais do ser com os princípios simplesmente formais da *ciência*".[47]

O procedimento aristotélico não é, sem dúvida, o da filosofia negativa, mas seus principais resultados, conclui Schelling, coincidem com os da "filosofia negativa bem compreendida". O caminho aberto por Aristóteles é, com efeito, aquele que permite, passando pelo empírico, chegar ao lógico, enquanto lógico inato e inerente à natureza. Muito longe de excluir o empírico, Aristóteles reconheceu que o *a priori* lhe está necessariamente ligado, assim como o empírico comporta em si o *a priori*. "Ele tem um pé completamente no *a priori*", observa Schelling.[48] Daí porque o procedimento aristotélico também poder ser caracterizado como *philosophia ascendens*, que se eleva progressivamente até o fim último que é a ciência primeira: *prote episteme*.

Mas como explicitar, como determinar mais completamente o procedimento aristotélico, se em seus resultados essenciais ele coincide com a filosofia negativa bem compreendida? A filosofia negativa é filosofia puramente *a priori*, mas justamente por isso ela não é "lógica", no sentido de Aristóteles, não é "vazia", mas dá acesso aos domínios da experiência, confirma-se onticamente: "O lógico verdadeiro, o lógico no seio do pensamento efetivo traz em si uma relação necessária com o ser, ele se torna o conteúdo do ser e passa necessariamente para o empírico". Não é, então, porque ela é *a priori* que a filosofia negativa exclui o ser. Este último é, muito antes, o verdadeiro conteúdo do pensamento puro, ainda que pertença a este simplesmente a título de potência (*Potenz*). "Aquilo que é potência — precisa Schelling — está por natureza... a ponto de passar ao ser (*auf dem Sprung in das Sein*). É pela natureza de seu próprio conteúdo que o pensamento é atraído para fora de si mesmo." O que assim passou ao ser deixa de ser conteúdo do pensamento puro para se tornar objeto

[47] *SW*, XIII, p. 101.

[48] *SW*, XI, pp. 553 ss. Schelling remete aqui à *Ética a Nicômaco*, X, 7, mas também a Platão: *Teeteto*, 176 A, *Filebo* 62 B.

A crítica da ontoteologia

de um conhecimento empírico que excede o pensamento. "O pensamento vai em cada ponto até a coincidência com o que está presente na experiência. Em cada ponto, por conseguinte, o que passou ao ser é abandonado pelo pensamento." Ele terá a cada vez servido de etapa em direção a algo superior, no nível do qual o mesmo processo se reproduz. O pensamento que se assegura de seu conteúdo enquanto ele passa ao ser logo o abandona, o desampara, o confia a um outro conhecimento: um conhecimento empírico. "Em todo esse movimento, o pensamento não tem, propriamente, *nada para si*, mas sempre o atribui a um conhecimento estranho a ele — a experiência —, até chegar àquilo que, não podendo mais estar fora do pensamento, nele permanece." É assim que o pensamento chega a si mesmo, perto dele mesmo: "pensamento que se vê livre e que escapou ao necessário"; é com esse pensamento que começa a ciência do *pensamento livre*, em oposição àquela que, como na filosofia negativa, era votada a um movimento necessário.

Assim entendida, pela via de Aristóteles a filosofia negativa não sai dos domínios da experiência, não se aventura *para além* da experiência, mas reconhece seu *limite* ali mesmo onde a experiência encontra um termo, e ela deixa subsistir esse termo último como *incognoscível*. A via de Aristóteles é, assim, aquela que permite chegar ao lógico passando pelo empírico, ao "lógico tal como é inato e inerente à natureza". Seguindo Aristóteles em sua abordagem, percebe-se que ele introduz a progressão ascendente que é a sua pela potência, e que essa progressão encontra seu termo, seu fim, no *ato* que se situa acima de toda oposição e, com isso, de toda potência: "Do seio da infinitude e da indeterminidade da pura potência, do possível, a natureza eleva-se pouco a pouco em direção ao termo último pelo qual, diz Aristóteles, ela é atraída". Todos os seres são assim como que encadeados, ordenados segundo uma progressão rigorosa *a potentia ad actum*. "À medida que o fim se aproxima — observa ainda Schelling —, o ser prevalece sobre o não-ser, o ato sobre a potência... O termo último não é potência, mas *energeia on*, a potência inteiramente posta como ato."

Ora, este é o ponto decisivo que Schelling sublinha com força: "O termo já não é ele mesmo um dos elos da sucessão... mas está liberado da sucessão, ele é para si". A esse termo último, pode-se então afirmar que Aristóteles o possui como o "existente efetivo" (*das wirklich Existierende*), e não somente, como na filosofia negativa, a título de simples idéia. E, contudo, logo vem a importante restrição que marca toda a ambigüidade da filosofia aristotélica e que explica a ambivalência de Schelling a seu respeito: "Todo esse mundo que a filosofia racional tem em pensamento, Aristóteles o possui como existente, mas não é a *existência* que lhe importa; ela é, por assim dizer, um elemento contingente e não tem valor para ele senão como esse elemento onde ele busca a qüididade das coisas; a existência é para ele uma simples pressuposição, seu verdadeiro fim é a essência, a qüididade das coisas, enquanto a existência é apenas um ponto de partida". Para Aristóteles, o termo último é o *ato puro*, mas ele o é *por natureza*, e é somente essa determinação que lhe importa. Que esse ato puro seja também o existente efetivo, isso é acessório e contingente. O verdadeiro *telos* da filosofia negativa é esse ente que, *por natureza*, é ato.

"Tal é — prossegue Schelling — a razão pela qual Aristóteles não faz *nenhum* uso desse termo último — a saber, Deus — como existente efetivo, e mesmo, ao contrário, a isso se recusa expressamente." A investigação aristotélica cultiva, com efeito, uma *theoria*, ciência contemplativa pela qual o Eu entra diretamente em contato (*aute te psyche, auto to no*) com o que existe em si mesmo e para si mesmo. Mas justamente essa ciência contemplativa não pode conduzir senão ao Deus que é *fim*, ao Deus que está *no fim*, e não ao Deus efetivo. Assim, a contemplação não dá acesso senão àquilo que é Deus segundo sua essência (*seinem Wesen nach*), e não ao Deus atual. O Deus da contemplação é necessariamente causa final, A°, na álgebra schellinguiana: Deus em seu ser-si, em sua ipseidade (o *Selbstseyn Gottes*), e não o Deus existente, aquele que é o ente: *das Seyende-Seyn*. O Deus assim abordado, no máximo da filosofia negativa, é Deus com exclusão do ente, separado do ente. Em sua separação, em seu isolamento (*Ausscheidung, Absonderung*), o Deus de Aristóteles é pura e simplesmente *heauton echon*; ele é aquele que permanece imóvel, eternamente semelhante, idêntico a si mesmo. Com efeito, Aristóteles só determina esse termo último como causa final (*aition telikon*), nunca como eficiente (*poietikon*). No momento mesmo em que obteve acesso ao existente efetivo, Aristóteles não pensa absolutamente em dele fazer um começo efetivo. Ele permanece um fim que não se torna novamente princípio de explicação. O movimento é sempre um movimento em direção ao *fim*, fim que, por sua vez, não exerce nenhuma ação, não dá nenhum impulso. Se ele move, é por uma espécie de atração, de

A crítica da ontoteologia

295

desejo (*orexis*) que as naturezas subordinadas, os astros experimentam em relação ao Altíssimo. Se Deus é causa do movimento, é então sempre *hos telos*, ele mesmo permanecendo nessa atração imóvel (*autos akinetos*). Essa última fórmula — precisa Schelling — não significa que Deus não é mais, ele mesmo, movido, por sua vez, por algo outro, mas que ele mesmo não se move, não age e que, mesmo produzindo um efeito, permanece imóvel. Deus é nisso como que o objeto de uma aspiração (*hos eromenon*), como que algo que desejaríamos, em cuja direção iríamos e que tentaríamos atingir, algo que nos move, sem ele mesmo ser movido.[49]

Dessa perspectiva essencialmente "teleológica" resultam limitações decisivas na determinação aristotélica de Deus: "Separado de tudo, incapaz de qualquer ação fora (*apraktos tas exo praxeis*), seu Deus imóvel não pode senão pensar e pensar-se continuamente, ele é *heauton noon*. O termo último pensado por Aristóteles é certamente ato, a ponto de Deus não mais ser para ele *nous* separado da *noesis* (do pensamento efetivo) nem simples potência do pensamento. Deus é para ele *actus*, ato puro e sem trégua do pensamento (o que não significa um pensamento sem conteúdo)". Mas é difícil determinar o que pensa esse Deus definido como pura noese. Desde logo, para nós, homens, é inconveniente pensar certas coisas, assim como há muitas coisas que seria preferível não ver. O mesmo se dá com Deus. Daí Aristóteles preferir declarar que Deus não pensa senão a si mesmo, sem descontinuar. Isso significa que "esse ato é um ato infinito", que não há nele, *ad infinitum*, nada de estranho, nenhum objeto suscetível de limitá-lo. Daí Aristóteles falar de *noeseos noesis*, de um pensamento que é ao mesmo tempo seu próprio conteúdo. Certamente, esse "pensamento do pensamento" não deve ser confundido com o *Denken über das Denken* que caracteriza, aos olhos de Schelling, a abordagem da *Ciência da lógica*. O sentido da expressão aristotélica, como o precisa Schelling, é bem mais o seguinte: Deus nada mais é do que ato do pensamento infinito, "ato que é par do pensar" (*Denkender Actus des Denkens*), ato do pensar pensando-se sem cessar, sem nenhum objeto fora dele que viesse a limitá-lo.[50] Assim determinado, o Deus

[49] *SW*, XIII, pp. 105-6.

[50] Schelling remete aqui a VII, 12, 1245b15: *ou gar outo ho theos eu echei, alla beltion e oste allo ti noein par'auto autos.*

aristotélico é — traduzido na língua de Schelling — *das seyende, blei-bende, nicht mehr von sich wegkönnende Subjekt-Objekt*: o sujeito-objeto, que é, que permanece, que não pode mais se afastar de si mesmo, abandonar-se. Todavia, se Deus tivesse sido para Aristóteles apenas a meta, o fim, seu Deus não teria sido nada mais do que um puro conceito. O que — Schelling não deixa de sublinhar, para marcar bem toda a diferença em relação a Hegel — certamente não é o caso; mas se é verdade que Aristóteles possui esse último elemento do pensar como existente, *é como se ele não existisse*, pois ele não é, por fim, de nenhuma "utilidade": ele nada pode fazer, isto é, nada pode começar.

Eis o aspecto propriamente *negativo* da determinação aristotélica. Se se pode afirmar de um tal Deus que ele é espírito, é apenas a título de "espírito ideal", e nunca como espírito absoluto. Se, por certo, ele possui a si mesmo, mas não pode sair de si mesmo, "existir", ele só é espírito "segundo a essência". Tal é o Deus ao qual nos pode levar a contemplação. E, nesse caso, as relações da consciência ou da alma com Deus não são ainda, tampouco elas, senão de natureza *ideal*. Mas o Eu — sublinha Schelling — não se pode contentar com esse Deus em idéia, a não ser permanecendo nessa vida puramente contemplativa, o que é justamente impossível para o homem finito, existente. Desde o momento em que ele quer agir, entrar na vida ativa, desde o momento em que a realidade reafirma seus direitos, esse Deus ideal não pode bastar. O termo ao qual nos pôde conduzir a filosofia racional, a simples *Vernunftwissenschaft*, ainda que em sua realização aristotélica, é então apenas provisório. A tarefa da ciência racional era a de obter o princípio (Aº) como tal, em seu ser-para-si e livre do ente; de possuí-lo como o último e supremo objeto (*to malista ge episteton*), em sua completa separação (*in völliger Abgeschiedenheit*). Mas se esse procedimento continua a ser necessário, sempre por re-efetuar, ele deve também nos levar a reconhecer sua insuficiência; ele deve, se não abrir o caminho, pelo menos conduzir-nos a esse ponto em que a necessidade do "salto" a nós se impõe.

> "Hoje ainda — pode então concluir Schelling —, o ca-minho de Aristóteles, que consiste em avançar do empírico, do dado, da experiência e, então, do existente, para o lógi-co, para o conteúdo do ser, seria, na ausência de uma filo-sofia positiva, o único caminho que permitiria chegar ao Deus *efetivamente* existente. Mas se estivéssemos dispostos

a nos contentarmos com o Deus encontrado pela via aristotélica, ser-nos-ia preciso igualmente ser capazes da *renúncia* aristotélica, que se limita a Deus como *fim*, em lugar de querer fazer dele novamente uma causa eficiente."[51]

\* \* \*

Todavia, um tal Deus já não corresponde às exigências de nossa consciência. Da filosofia negativa à positiva, não há, na realidade, nenhuma passagem contínua, mas sempre franca ruptura, salto. Reencontra-se aqui o motivo schellinguiano recorrente: a filosofia positiva deve poder começar por ela mesma; ela é, como efeito, por definição, a ciência do começo, desde o primeiro começo. De uma à outra, é preciso então realizar uma verdadeira conversão, uma reviravolta completa na atitude e na abordagem do pensamento. Schelling fala aqui de *Umkehrung*, de *Wendung*, de *Wendepunkt*. O tema da razão estupefata, suspensa — o êxtase da razão, fora de si mesma — marca precisamente o problema da cisão e da radical solução de continuidade entre as duas filosofias. Por conseguinte, seria vão tentar ligar as duas ciências assim dissociadas, fazendo de uma o pressuposto ou a fundamentação da outra, considerando, por exemplo, a filosofia positiva como acabamento da *Vernunftwissenschaft*. Querer assim *a posteriori* superar a filosofia negativa com algum promontório representado pela teologia especulativa ou pela doutrina da criação é, como tentaram os discípulos de Hegel, servir "mostarda depois do jantar".[52]

O que, para Schelling, dá o verdadeiro ponta-pé inicial da filosofia "positiva" é, correlativamente ao êxtase da razão, uma decisão existencial: aquela mesma que tende a escapar ao "desespero", à "infelicidade da existência", e que se pauta pela questão fundamental: Por quê? Por que há algo e não nada? Por que antes razão do que desrazão?[53] Ora, ainda aqui é a vontade que decide em última instância: "Quero aquilo que está além do ser, aquilo que não é o simplesmente ente".[54]

[51] *SW*, XIII, p. 107.

[52] *SW*, XIII, p. 91.

[53] *SW*, XIII, 7, pp. 163, 242. *Cf.* também VI, p. 155; VII, p. 174.

[54] *SW*, XIII, p. 92; XI, p. 564.

É igualmente nesse ponto que Schelling pretende separar-se definitivamente de Aristóteles. A grandeza de Aristóteles aos olhos de Schelling está, já o vimos, em conduzir, segundo um rigoroso procedimento regressivo, através da experiência, até o princípio, sem contudo nunca poder tomar por verdadeiro *princípio* ("principium", "Anfang") o que foi assim conquistado como causa final. Se, de certo modo, Aristóteles alcança realmente a efetividade, o ato puro, ele sabe ser-lhe preciso parar diante desse ato. Tal é a prudência, a reserva[55] ou a renúncia (*Verleugnung*) que caracteriza a atitude aristotélica em relação ao *Prius*:

> "É impossível apreender, enquanto tal, com um conceito, aquilo que é o ente e que não pode ser senão pura efetividade. O pensamento avança até aí, mas não vai além. O que é apenas ato escapa ao conceito. E se a alma quiser disso se ocupar, se ela quiser pôr o que *é* o ente fora do ente, em e para si — *kechorismenon ti kai auto kath'auto* —, para exprimir-se como Aristóteles, é preciso então que ela não seja mais pensante, mas, já que tudo o que é geral desapareceu, que se faça vidente: é preciso que ela apreenda intuitivamente (*schauend*)".[56]

Em sua reconstrução da filosofia negativa como filosofia racional pura, Schelling, já o lembramos, toma como fio condutor o projeto aristotélico de "filosofia primeira", por ele entendendo a princípio a investigação ontológica centrada na questão: *ti to on*; na condição de ontologia, a filosofia é mesmo a ciência primeira, aquela que

---

[55] *Cf.* também a carta a Ravaisson de 14 de janeiro de 1838: "Não entendo totalmente o que dizeis sobre a filosofia de Aristóteles, relativamente à filosofia e à nova direção que suponeis quero imprimir à filosofia; tenho Aristóteles na maior consideração, e encontrei-me em uma parte do seu caminho antes de o saber, é contudo pela filosofia *negativa* que nele reconheço o maior mérito; estou muito longe de recriminá-lo por não haver ido até a positiva; admiro, ao contrário, sua reserva a esse respeito e sua clareza perfeita nesse ponto que o impediu de fazer essa mistura do negativo com o positivo que, sob a influência do Cristianismo, devia entrar na Metafísica dos séculos posteriores e que, mesmo após Kant, não se conseguiu evitar" (*Revue des Deux Mondes*, 1936), Cartas de Ravaisson, Quinet e Schelling apresentadas por P. M. Schuhl, p. 504.

[56] *SW*, XI, pp. 315-6; *cf.* também XI, 107)

A crítica da ontoteologia

está "acima de todas as ciências, aquela que também indaga, portanto, sobre um objeto que está acima de todos os objetos: este, por sua vez, não pode ser um *ente* (pois tudo o que o é já foi reivindicado, assumido por alguma das outras ciências); ele não pode ser senão aquilo de que se deve dizer simplesmente que é *das Seyende* — o ente".[57] Todavia, essa ciência *primeira* não é propriamente aquela que é "desejada", "buscada": a *episteme zetoumene* é ainda de uma outra natureza, ou melhor, de uma outra ordem.

A filosofia primeira é a ciência que foi caracterizada em traços gerais por Schelling como um procedimento dialético com vistas ao princípio.[58] O que especifica uma tal ciência é que ela não possui o princípio senão como resultado. Ela não tem Deus senão como princípio, sem o ter por princípio.[59] Mas a ciência primeira, desde o momento em que é apreendida em seu conceito, logo suscita a idéia de uma outra ciência, de uma ciência *segunda*, na qual Deus, o princípio, não ocuparia simplesmente o lugar de princípio (no fim), mas seria tomado *por* princípio, por verdadeiro ponto de partida. Uma tal ciência segunda deve necessariamente existir, já que é por ela que o princípio é buscado como tal. Tal é a ciência verdadeiramente *desejada*, ainda que seja evidentemente num sentido totalmente diferente do de Aristóteles. Uma vez que essa ciência é propriamente buscada — aquilo que desde sempre foi buscado pela filosofia, ainda que à sua revelia —, ela não poderá ser estabelecida senão por último. É a ciência *última* ("letzte Wissenschaft") que a ciência geral, universal, não atinge senão após haver percorrido todas as outras. Mas na condição de ciência última, ela também é a mais elevada, a ciência suprema ("die höchste Wissenschaft"). Poder-se-ia, sugere por vezes Schelling, atribuir-lhe o altivo nome de *sophia*, se não se soubesse que ela não pode jamais ser senão um ideal, uma obra a realizar humanamente e que está destinada a sempre permanecer também uma simples "aspiração" (*Streben nach der höchsten Wissenschaft*).

É preferível, conclui então Schelling, conservar para essa ciência suprema *e* segunda o nome geral de filosofia, que se aplica *primeiro* à ciência que busca o princípio: a filosofia primeira — *prote episteme*.

---

[57] *SW*, XI, p. 295.

[58] *SW*, XI, pp. 366-8.

[59] "Sie hat Gott erst als Princip, aber nicht *zum Princip*."

A ciência que parte do princípio, em compensação, a ciência que toma o princípio por princípio poderá então ser caracterizada como "filosofia segunda", aí ainda numa acepção diferente da de Aristóteles, que com essas palavras designava a física, já que ignorava tudo sobre essa ciência que parte de Deus, do *Prius* absoluto — antes do ser e do pensamento (*das Unvordenkliche*). O que caracteriza, portanto, a filosofia primeira — tanto para Aristóteles, quanto para Schelling — é que ela é a ciência geral, a ciência *tout court* ou por excelência, ao passo que a filosofia no sentido segundo (*deutera philosophia*) se incluirá entre as ciências *particulares*, regionais: a ciência primeira e suprema deve decididamente aceitar ser uma ciência particular, singular.

Numa *Nachschrift* [caderno de anotação] de Kierkegaard, ouvinte de Schelling em Berlim em 1841-1842, encontra-se um testemunho impressionante dessa nova distribuição da filosofia negativa e positiva, respectivamente como *prote* e como *deutera philosophia*, sem que, do meu ponto de vista, seja possível ver aí simplesmente uma repetição ou uma variação de algo como uma constituição ontoteológica da metafísica:

> "A filosofia possui o verdadeiro, mas não apenas no fim, como a filosofia negativa; a filosofia negativa, encarada por si, não pode ser denominada filosofia; ela não se torna tal senão em ligação com a filosofia positiva. A filosofia negativa é *prima scientia*, ao passo que a filosofia positiva é a ciência suprema. A filosofia negativa acede ao *primum cogitabile*, a filosofia positiva, ao *summum cogitabile*. — Entre a ciência primeira e a ciência suprema estão todas as outras ciências e, assim como a filosofia negativa precede todas [delas constitui o derradeiro pressuposto], assim também a filosofia positiva conclui todas: delas constitui o último acabamento... À filosofia negativa sempre será atribuído um lugar de honra a título de invenção propriamente humana. Ela não constitui uma ciência particular, ela tem fora de si todas as outras ciências, ela é a ciência das ciências. Em compensação, a filosofia positiva é ciência particular".[60]

[60] A. M. Kortanek. *Schellings Seinslehre und Kierkegaard*, Munique, 1962, pp. 131-2.

Sabe-se que o próprio Kierkegaard, especialmente no *Conceito de angústia* e na *Repetição*,[61] fará sua essa nova divisão entre uma "filosofia primeira", minorada, se se ousa assim dizer, e uma filosofia "segunda", que concentra toda a seriedade da investigação metafísica. Seguramente, em Kierkegaard, o conteúdo da *deutera philosophia* não recobre exatamente aquele que Schelling lhe havia atribuído. Mas em ambos os casos não seria possível contentar-se com uma resposta *simples* à questão de saber se e como essas duas transformações de uma antiga dissociação permanecem sujeitas a uma estrutura comum: ontoteológica.

[61] OC, VII, p. 123; V, pp. 20-1.

# 11.
## DO DEUS EM DEVIR AO SER POR VIR

Que lugar convém conferir a Schelling, filósofo, no quadro de uma série de estudos consagrados à história das interpretações do Nome revelado a Moisés no Sinai? Por que razão Schelling mereceria comparecer aqui como testemunha privilegiada, mais do que Kant, Jacobi, Fichte ou Hegel, por exemplo?

Ou, para pôr a questão de maneira ainda mais geral: por que interrogar por ela mesma, na seqüência de uma história das interpretações de *Êxodo* III, 14, uma obra filosófica de imediato estranha a toda problemática exegética, assim como a toda definição teológica dogmática?

A essas questões formuladas de modo demasiadamente grosseiro — cada uma delas mereceria ser minuciosamente elaborada —, diversos tipos de resposta são em princípio possíveis, de alcance e natureza aliás muito diferentes:

1) É possível supor — ressalvando-se o sentido a ser dado à expressão "metafísica do *Êxodo*"[1] — que haja algo como um "encontro", um ponto de "cruzamento", ainda que inteiramente fortuito e mesmo prejudicial para os dois protagonistas, da questão diretora da metafísica ocidental ou, mais prudentemente, da metafísica em sua

---

[1] Et. Gilson, *L'esprit de la philosophie médiévale*, 1948, 2ª ed., p. 50, nº 1. Sobre essa fórmula e suas dificuldades, deve-se consultar E. Zum Brunn, "La philosophie chrétienne et l'exégèse d'Exode III, 14, selon Et. Gilson", *Revue de théologie et de philosophie*, 1969, pp. 94-105. Assinalemos de passagem que a fórmula "metafísica do Êxodo" já está em germe — numa perspectiva por certo bem diferente — sob a pena de Renan: "... a inscrição de Mesa, que é aproximadamente do ano de 875 antes de Jesus Cristo, já nos apresenta o nome YHWH escrito com quatro letras, como no hebreu clássico. Desde essa época, de resto, explicava-se o Tetragrama pelo verbo *haïa*, que é a forma hebraica de *hawa*: "Sou aquele que sou", e "Sou" tornava-se um verdadeiro substantivo. Chegava-se, assim, a uma espécie de metafísica, talvez sem se afastar muito do sentido primitivo" (*Histoire du Peuple d'Israël*, livro I, cap. VI. OC., vol. VI, p. 80).

tradição platônico-aristotélica — a questão *Ti to on? Tis he ousia? Ti to on he on?* — com a palavra do *Êxodo* mediante a qual Deus se identifica "ontologicamente", nomeia-se em termos de ser, pelo menos no grego da *Septuaginta* ou no latim de São Jerônimo. Mas qual é então o sentido último desse encontro? E, uma vez admitido tal encontro, não se é por isso mesmo levado a elaborar a idéia, seguramente problemática, de uma "filosofia cristã"? É a *identificação* de Deus com o ser que caracteriza — observava Étienne Gilson — "a filosofia cristã como cristã".[2] Para Schelling, contudo, a quem acontece também determinar sob o título de filosofia cristã sua empreitada última,[3] uma tal identificação caracterizaria muito antes a filosofia dita "negativa".

2) Supondo-se mesmo que a identificação cara a Et. Gilson não deva nada de essencial à exegese de *Êxodo* III, 14,[4] ainda teríamos forte base para sustentar que, sob o nome de "proposição especulativa", por exemplo, uma tal identificação responde secretamente à explicitação completa da questão diretora da metafísica. Dito de outro modo, que a questão metafísica fundamental do ser do ente elabora, como por si mesma e por vezes a sua revelia, uma questão "especial" em direção ao "ser mais ser", como dizia belamente monsenhor Diès, ao ente supremo: *das Seiendste am Seienden*.[5] Assim, uma investigação rigorosa sobre as diferentes interpretações de *Êxodo*

[2] *Cf.* também o capítulo intitulado "L'être et Dieu", *in* Et. Gilson, *Constantes philosophiques de l'Être*, Paris, 1983.

[3] *Cf.* o curso inédito do inverno de 1827, citado por H. Fuhrmans, "Dokumente zur Schellingforschung II", *Kantstudien*, vol. 49, p. 280: "O cristianismo, em sua pureza, é o modelo pelo qual a filosofia se deve pautar... O nome verdadeiramente decisivo para minha filosofia é o de filosofia cristã, e foi com seriedade que me apossei desse elemento decisivo. O cristianismo é então a base da filosofia". Comparar, contudo, as formulações mais nuançadas da *Introdução* de Berlim (*SW*, XIII, p. 133, 139, 141).

[4] *Cf.* P. Hadot, "Dieu comme acte d'être dans le néoplatonisme", *in Dieu et l'être, exégèses d'Exode III, 14 et de Coran 20, 11-24* (obra coletiva), Paris, 1977, pp. 57-63; *cf.* também P. Aubenque, "Gilson et la question de l'être", *in Et. Gilson et nous*, Paris, 1980, pp. 79-92.

[5] A. Diès, *Autour de Platon*, Paris, 1972, p. 556: "O grau de divindade é proporcional ao grau de ser; o ser mais divino é, portanto, o ser mais ser". *Cf.* também M. Heidegger, *Platonslehre von der Wahrheit*, Berna, 1954, p. 48.

III, 14, deveria necessariamente consultar os filósofos, uma vez medida que a metafísica, ela mesma determinada constitucionalmente como onto-teo-logia, recorre tradicionalmente, ainda que apenas a título de ilustração, à palavra do *Êxodo* que sempre terá sido previamente pré-interpretada em termos filosóficos.

Nas duas hipóteses, Schelling pode figurar como testemunha privilegiada: mesmo deixando inteiramente de lado a questão da determinação schellinguiana da filosofia cristã, ele ainda mereceria particularmente a atenção num estudo de conjunto das interpretações do Nome revelado, não apenas por ser o autor de uma *Filosofia da revelação*, cujo conteúdo especial é fornecido pela Escritura — ainda que a filosofia da revelação exceda largamente, e em seu princípio, o dado revelado no sentido dogmático do termo —, mas ainda porque Schelling, "teólogo", "hebraizante", interroga continuamente, desde a época das *Idades do mundo*, e com visível *satisfação*, os "mais antigos testemunhos", os documentos vétero-testamentários, o conjunto do legado da tradição:

> "Reconheço de bom grado — observa Schelling na primeira versão das *Idades do mundo* — que nenhum livro humano nem qualquer outro meio estimularam tanto minhas visões quanto a tranqüila incitação desses escritos [a Escritura], cuja profundidade aliada à suprema clareza, cujo maravilhoso acordo mesmo nas asserções isoladas e que parecem perdidas, e cujo rigor, perceptível apenas ao conhecedor, nas coisas aparentemente mais imperceptíveis, já bastariam para elevar à condição de livros sagrados. Foi com eles que primeiro aprendi a buscar, finalmente de maneira humana, o que desde minha juventude eu sentia a mais veemente inclinação a conhecer; foi com eles que aprendi a trazer os pensamentos sublimes à medida natural da compreensão humana".[6]

[6] *Weltalter, Urfassungen*, ed. Schröter, p. 70. Citamos aqui a tradução que X. Tilliette apresenta desse texto (*Schelling, une philosophie en devenir*, Paris, 1970, vol. I, p. 636, n. 14). *Cf.* também *SW*, VIII, p. 271. Sobre a questão: Schelling e a Escritura, ver o artigo de E. Benz, "Schelling und die Bibel", *in Schelling, Werden und Wirken seines Denkens*, Zurique-Stuttgart, 1955, pp. 65-72.

Do Deus em devir ao ser por vir

E se a metafísica, como ontoteologia, vem necessariamente interferir na história das interpretações de *Êxodo* III, 14, Schelling pode ainda ser convocado a comparecer como testemunha privilegiada, já que se dispõe a criticar expressamente ou, como hoje preferiríamos dizer, "desconstruir" essa ontoteologia que ele certamente não chama por seu nome, mas que define em seu conjunto como "filosofia negativa", e que culmina, a seu ver, no argumento ontológico que de imediato identifica Deus com o ser necessário (o *necessariamente ente**). Se um estudo das exegeses de *Êxodo* III, 14 não pode esquivar-se à análise da proposição especulativa (*Gott ist das Sein* — Deus é o ser — *Deus est esse*),[7] então é absolutamente importante interrogar a meditação schellinguiana, uma vez que ela visa a confrontar com o maior rigor — e a separar radicalmente — especulação onto-teológica e auto-manifestação da liberdade divina.

## I. AS IDADES DO MUNDO

Que eu saiba, é nas *Idades do mundo* — o vasto canteiro abandonado ao qual consagrou o essencial de suas forças entre 1811 e 1825[8] — que Schelling se interroga pela primeira vez explicitamente sobre o sentido do Nome revelado a Moisés. Mas antes de examinar por ela mesma essa primeira interpretação schellinguiana, convém lembrar rapidamente a natureza do projeto d'*As idades do mundo*. Na perspectiva do que Schelling denomina o "sistema dos tempos", a obra deveria ter sido distribuída em três livros, dos quais só o primeiro teve diversas redações sucessivas. O objeto do primeiro livro (o passado, isto é, aqui, o de Deus mesmo, a "natureza" em Deus) é duplo: trata-se antes de mais nada, como Schelling claramente indica, da "construção completa da idéia de Deus". Essa construção representa a ta-

---

[7] Hegel, *Phänomenologie des Geistes*, ed. Hoffmeister, p. 51. Sobre o estatuto da proposição especulativa em Hegel, ver o capítulo de J. Beaufret, *in Dialogue avec Heidegger*, vol. II, pp. 110-42. *Cf.* também W. Beierwaltes, *Platonismus und Idealismus*, Frankfurt, 1972.

[8] *SW*, VIII, pp. 196-344. *Cf.* também os primeiros esboços e versões publicados por M. Schröter, *Die Weltalter, Fragmente in den Urfassungen von 1811 und 1813*, Munique, 1946. Observemos também que, ao retomar seu ensino em Munique, em 1827, Schelling intitula seu curso: *System der Weltalter*.

refa prévia que deve ser realizada antes de abordar "a narrativa", a "narração" propriamente dita dos eventos através dos quais Deus se revela no tempo da história. Esse objeto último, a narrativa da "sucessão de ações livres" pelas quais Deus quis se manifestar,[9] não pode, com efeito, ser empreendida senão ao término da construção da idéia de Deus. É preciso observar desde agora que a idéia a ser construída é de imediato determinada como aquela do Deus *vivo*, do Deus que se temporaliza e que, num certo sentido, devém no interior de si mesmo e com isso acede a si mesmo na plenitude de sua essência integralmente realizada. A construção da idéia de Deus *repete*, então, de certo modo, o devir-consciente de Deus, sua auto-manifestação, tal como ela advém de toda eternidade (*von Ewigkeit*).

A questão diretora, no projeto do primeiro livro d'*As idades do mundo*, poderia então assim ser formulada: como conceber a idéia de um Deus que seja precisamente um Deus vivo? Como apreender a eternidade em Deus, no sentido de uma eternidade de vida que seja efetiva?[10] Para ser "viva", a eternidade deve, de certo modo, temporalizar-se, não ser "vazia" ou repetitiva. A determinação schellinguiana da eternidade é elaborada aqui diretamente contra as análises de Boécio, cujo fio condutor teria permanecido o "agora", ainda que especificado pela estabilidade e pela permanência (*nunc stans — beständiges Nun*).[11]

"A verdadeira eternidade é ultrapassagem do tempo", observa Schelling.[12] Mas a ultrapassagem (*Ueberwindung*) aqui em questão

---

[9] *SW*, VIII, p. 269. Revelar-se é sempre se revelar por seus efeitos. *Cf. SW*, VIII, p. 306: *Sich-Offenbaren ist Wirken, wie alles Wirken ein Sich-Offenbaren* ["Revelar-se é um atuar, assim como todo atuar é um revelar-se"].

[10] "Wirkliche lebendige Ewigkeit". *Cf.* também *SW*, VIII, p. 260: "Os metafísicos imaginam haver um puro conceito da eternidade, livre de toda mistura com os conceitos temporais. Eles podem ter razão, caso falem dessa eternidade que, sem nenhum efeito exterior..., é como que um nada em relação a todas as outras coisas; o conceito de presente, assim como o do passado e o do futuro, está excluído dessa eternidade".

[11] *Ibidem*: "Mas desde o instante em que querem falar de uma eternidade viva, efetiva, eles não a concebem de outro modo que não como um agora constante, um eterno presente; assim também, quando se trata do tempo como reflexo da eternidade (e isso também vale para o tempo eterno), não o concebem de outro modo que não como o não-presente eterno (*die ewige Nichtgegenwart*)".

[12] *SW*, VIII, p. 260: "Não é por acaso", acrescenta Schelling, "que o hebreu

Do Deus em devir ao ser por vir                                                              307

não significa que a eternidade se define de imediato e essencialmente como atemporalidade, para além de toda afecção temporal; a ultrapassagem visada por Schelling nesse contexto é a *do* próprio tempo, *a que é* o tempo na diversidade contrastada de seus "êxtases". Muito longe de excluir as determinações temporais, a eternidade (viva) as faz aparecer em estado puro, por assim dizer, em sua correlação "ekstática". É essa correlação — a tensão dos "êxtases" — que anima propriamente a vida divina: "Também na vida divina, há movimento, progressão (*Fortschreitung*)".[13] Se o Deus deve ser um Deus vivo, é mesmo preciso que haja em Deus "sucessão efetiva", ainda que esta última não tenha lugar *no* tempo (*in der Zeit*).

Mas como conceber a temporalidade, ou melhor, a temporalização da vida divina, sem que esta última "caia no tempo", se determine necessariamente como intra-temporalidade. Por essa "vivacidade" (*Lebendigkeit*) da vida em Deus, Deus está de alguma forma adiante dele mesmo, não ainda revelado para ele mesmo na absoluta consciência-de-si. A vida introduz no seio mesmo da essência divina como que uma espessura de tempo, uma dimensão obscura que é a do *passado* enquanto pressuposição necessária de toda possibilidade de revelação e, antes de tudo, de auto-revelação.

A questão pré-judicial a toda construção da idéia de Deus é, com efeito, a seguinte: como uma revelação de Deus é, em geral, possível? Quais são as condições de possibilidade de toda revelação enquanto tal? "Começa-se com mais freqüência" — sublinha Schelling — "por querer invocar uma revelação da deidade. Mas é preciso antes (*zuvor*) que o que se presume dar-se possua-se a si mesmo (*sich selbst haben*), que o que quer exprimir-se alcance antes a si mesmo, que o que deve revelar-se aos outros revele-se antes a si mesmo".[14] A questão prévia a toda interrogação relativa à economia da revelação, à sucessão das manifestações parciais de Deus na história[15] é, então, a de saber como

exprime por uma mesma palavra (*Nitzach*) a vitória e a eternidade e designa com isso uma das primeiras propriedades de Deus". Trata-se — é sabido — da sétima sefirá, na árvore sefirótica. *Cf.* também *Urfass.*, pp. 229-30: a eternidade é aí determinada como "filha do tempo".

[13] *SW*, VIII, p. 261.

[14] *SW*, VIII, p. 263.

[15] *Cf.* F. C. Oetinger, *Die Lehrtafel der Prinzessin Antonia*, ed. Breymayer

Deus acede a si mesmo, como ele advém como tal, em sua ipseidade. Que significa o devir si-mesmo de Deus, sua identificação eterna? Que significa Deus em sua ipseidade eterna *e* eternamente advinda *(das ewige zusich-selber-Kommen des Höchsten)*? Dito de outro modo, "como o eterno pode tornar-se consciente de sua eternidade"?[16] Mas, como Schelling de imediato enfatiza, não há, rigorosamente, nenhum sentido em falar de consciência eterna ou de consciência-de-si eterna. Ser consciente é sempre, na realidade, um resultado: ter-se-tornado consciente, tomar, ou melhor, haver-tomado consciência do que até então permanecia precisamente não sabido. Assim como a revelação, a possibilidade de se manifestar a tal ou qual, até mesmo a um povo, por intermédio de tal fenômeno determinado, pressupõe a auto-revelação,[17] assim também o ser-consciente sempre pressupõe algo como um devir-consciente. No caso particular, se é possível assim dizer, da deidade, a revelação, enquanto auto-revelação, já implica sempre um devir consciente eterno.[18] É somente com isso — em função da tensão ou do espaçamento que são próprios ao devir — que o ser-consciente, o *Bewusstseyn*, se deixa determinar como consciência eternamente *viva*. "Uma consciência eterna *(ein ewiges Bewusstseyn)*, isso não é pensável, ou então ela se identificaria com a in-consciência *(Bewusstlosigkeit)*".[19] O *ser*-consciente é, com efeito, sempre consciência do que até então permanecia não sabido, não consciente, *não presente*, inaparente; do que restava subjacente ou jazia no fundo, do que, numa palavra cuja polissemia agradava a Schelling, é *Grund*.[20] A presença

e F. Häussermann, *TGP*, VII, 1, p. 246: "Im alten Testament... geschahen die Offenbarungen Gottes in mancherley zertheilten Stücken und auf sehr verschiedene Weisen" [No Antigo Testamento as revelações de Deus ocorreram em diversas partes separadas e de maneiras bem diversas]. *Cf.* Hebr. 1, 1: *polumerôs kai polutropôs palai ho theos lalesas...* Sobre o caráter decididamente histórico da revelação, ver *Leçons sur la méthode des études académiques, VIIIᵉ Leçon*.

[16] *SW*, VIII, p. 263.

[17] *SW*, VIII, p. 308: "Deus, em sua mais alta ipseidade *(Selbst)*, não é manifesto, ele se manifesta; ele não é efetivo, ele se torna efetivo, e isso justamente para aparecer como o ser *(Wesen)* mais livre de todos".

[18] *SW*, VIII, p. 263.

[19] *SW*, VIII, p. 362.

[20] *Cf. SW*, VIII, p. 223. O que pertence "ao fundo da revelação" *(Grund*

para si é seguramente o que define propriamente a consciência, mas precisamente o presente — a presença do presente — nunca é tal senão decidindo-se, destacando-se sobre o fundo do passado. É essa decisão, essa cisão, que assegura ao presente seu caráter de presença e que faz passar o passado.[21] A temporalidade não advém à consciência como uma determinação extrínseca; esta (Bewusst*seyn* = Bewusst*werden*) é temporal de ponta a ponta. A consciência é essencialmente temporalização, o presente é presente *vivo*.

"Não conhecemos outro Deus além do Deus vivo":[22] essa proposição é como que a pedra angular das *Idades do mundo*, cuja primeira tarefa é explorar a "maravilha da vida indissolúvel" (*das Wunder des unauflöslichen Lebens*)[23] que, de acordo com a palavra do Apóstolo, caracteriza a deidade.

---

*der Offenbarung*), o que lhe é subjacente, é precisamente o que "nega toda revelação", a *Verschliessung (Verschlossenheit) des Wesens. Cf.* também *SW*, VIII, p. 225: "O que há de primeiro em Deus, no Deus vivo, seu eterno começo de si mesmo nele mesmo, consiste em que ele se fecha, se recusa, retira sua essência do exterior e retoma-a em si mesmo".

[21] Detenhamo-nos um instante na ilustração antropológica desse *Bewusstwerden*: "Passado: conceito capital, conhecido por todos e contudo compreendido por muito poucos. A maioria não conhece outro, além daquele que a todo instante cresce, justamente do instante presente, que ele mesmo se torna, mas não é; sem um presente determinado, decidido, não há passado. Quantos são os que gozam de um semelhante presente? O homem que não ultrapassou a si mesmo não tem passado ou, antes, dele nunca sai (*kommt nie aus ihr heraus*), vive constantemente nele. É bom, é desejável que o homem deixe algo para trás, como se diz, isto é, que ele o haja posto como passado; é apenas sob essa condição que o futuro lhe será sereno e que lhe será fácil projetar algo diante de si. Só o homem que tem a força de extrair-se de si mesmo (da parte subordinada de seu ser) é capaz de criar para si um passado; só ele goza de um verdadeiro presente e tem em vista um verdadeiro futuro; essas considerações éticas deveriam bastar para mostrar que não é possível nenhum presente que não repouse sobre um passado decidido, assim como não é possível nenhum passado que não seja subjacente, enquanto ultrapassado, a um presente" (*SW*, VIII, p. 259).

[22] *SW*, VIII, p. 259.

[23] É assim que Schelling, que ainda aqui segue Oetinger contra Lutero, compreende *He.* 7, 16: *dunamis zoes akatalutou*.

## II. ELOHIM — YHWH

A partir de uma análise, tão rica quanto nova,[24] da temporalidade como temporalização "ekstática" da consciência, voltada para o futuro, Schelling esforça-se para tematizar o que, segundo uma formulação necessariamente paradoxal, se deve chamar de temporalização da eternidade em Deus, no sentido de que a eternidade não é estranha ao tempo, exclusão radical do tempo, mas realização da diferenciação temporal. Mas como — logo se perguntará — pensar em Deus o que aparece antes de tudo como uma pura e simples *contradictio in adjecto*: um devir-consciente eterno (*ein ewiges Bewusstwerden*), supondo-se, como o faz Schelling, que a consciência, o *Bewusstseyn*, não consista, efetivamente, senão "no ato de devir-consciente"?[25] Ou ainda: como o Eterno pode *ser propriamente*, isto é, *tornar-se* consciente de sua eternidade? Tal é mesmo a dificuldade fundamental, o enigma do início d'*As idades do mundo*, de que o nome revelado constitui como que a chave.

"Na eternidade vazia — observa Schelling —, abstrata, nenhuma consciência é pensável. A consciência da eternidade não pode se exprimir senão através das seguintes palavras: *Sou aquele que era, que é e que será*".[26] A alusão ao *Apocalipse* de João (I, 8) é aqui perfeitamente transparente. Todavia, a modificação que Schelling faz do versículo de João merece que nele nos demoremos um instante. Contrariamente a seu hábito, nosso autor não segue aqui a tradução de Lutero, fiel ao texto grego: "Ich bin das A und das O/ der anfang und das ende/ spricht der Herr/ der da ist/ und der da war/ und der da kompt/ der Allmechtige". A resposta divina à pergunta subjacente: quem sou? (resp. quem és?), encontra-se sensivelmente alterada em

---

[24] Não podemos, aqui, seguir essa análise em detalhe e limitamo-nos a remeter ao trabalho sugestivo de W. Wieland, *Schellings Lehre von der Zeit*, Heidelberg, 1956.

[25] Sobre a questão controversa do devir eterno em Deus, pode-se opor *Urfass.*, p. 199 e *SW*, VIII, p. 254, 298-9. Ver, sobre esse ponto, W. R. Conti, "Die Mythopoesie des 'Werdenden Gottes'", *in Schelling-Studien, Festgabe für M Schröter*, Oldenburg — Munique — Viena, 1965; ver também as ricas indicações de A. W. Schulze, "Schelling und die Kabbala", *in Judaica* XIII (1957), pp. 222 ss. Ver ainda as observações ponderadas de X. Tilliette, *op. cit.*, I, p. 634.

[26] *SW*, VIII, p. 263.

Do Deus em devir ao ser por vir

dois pontos importantes. Quando Deus se exprime em sua eternidade, quando ele se identifica, é a título de *werdender Gott*, de Deus em devir: "Sou aquele que era aí (presente), que é aí e que será aí",*[27] sou passado, presente e por vir, Eu era e serei. *Ho theos, ho on kai ho en kai ho erchomenos*, observa João. Não se diz que o Deus é aquele que será, mas *aquele que vem*, como o observam todos os exegetas.[28] Aquele cuja vinda é desde agora presente. "Não há futuro em Deus, senão em relação a suas obras", destacava por seu lado Bossuet.[29] Se, portanto, num certo sentido, pode-se dizer de Deus que ele é aquele que será, é preciso afirmar, considerando-se seu ser ou sua essência, que *Ele É*.

Sem no momento tentar explicitar mais ainda a formulação schellinguiana, observemos simplesmente que ela antes de tudo responde estritamente ao conceito oetingeriano de auto-manifestação. "A essência de Deus consiste na *manifestatio sui*", observava Oetinger.[30] E na *Lehrtafel* ele acrescentava, de acordo com a mesma variação em

---

\* Normalmente, em português, seria o verbo "estar", e não "ser", que se usaria nesta frase, mas num contexto filosófico-religioso, em que se trata de Deus, o verbo "ser" me pareceu mais adequado. A necessidade de optar não se coloca nem em alemão nem em francês, já que em cada uma dessas línguas um único verbo (respectivamente, *sein* e *être*) abrange os sentidos de "ser" e "estar". (N. da T.)

[27] "Ich bin, der da war, der da ist, und der da seyn wird."

[28] *Cf.* G. Kittel, *Theol. Wörterbuch zum N.T.*, t. II, p. 397.

[29] Citado por J. Bonsirven, *in L'Apocalypse, trad. et commentaire*, Paris, 1951, pp. 86-7.

[30] *Cf.* F. C. Oetinger, *Auszug aus der Herzenstheologie vom Geheimnis Gottes und Christi* (*SW*, 2ª parte, t. VI, p. 306): "A essência de Deus consiste na *manifestatio sui*, na auto-revelação". É preciso observar, contudo, que Schelling critica expressamente essa determinação de Deus como *ens manifestativum sui*, à medida que ela acompanharia a idéia de uma manifestação necessária, a representação de um deus como um ser se revelando naturalmente (*seiner Natur nach*). Deus não é *ens manifestativum sui* senão porque decide manifestar-se. *Cf. SW*, VIII, p. 307: "Jene Entschliessung Gottes, sein höchstes Selbst zu offenbaren, kam aus der lautersten Freiheit" [Aquela decisão de Deus, de revelar seu si mesmo supremo proveio da mais pura liberdade]. *Cf.* também VIII, 306: "... ein Freies ist eben darum frei, dass es sich nicht offenbaren muss. Sich Offenbaren ist Wirken, wie alles Wirken ein Sich-Offenbaren. Dem Freien aber muss frei seyn, innerhalb des blossen Können zu bleiben, oder zu That überzugehen" [... um algo livre é li-

relação ao texto de João: "Deus é a profundeza insondável, o *En Soph*... que permanece nele mesmo. Este último quer comunicar-se com as criaturas, daí a primeira emanação (*Ausgang*) do *En Soph*, do *Un-grund* (sem-fundo), ser dita *ursprünglich* (original), no sentido de que no *Cântico* dirigimos nossa primeiras preces ao Deus trino que era originalmente, que é e que permanecerá (*bleiben wird*), agora e sempre".[31]

Voltemos ao texto dos *Idades do mundo*. Imediatamente após haver sublinhado que a única expressão possível da consciência da eternidade é a palavra transmitida por São João, Schelling prossegue: "ou ainda ela pode exprimir-se de maneira mais interior no nome intraduzível que o Deus Altíssimo se deu na presença de Moisés, e que, na língua fundamental (o hebreu), exprime com as mesmas palavras significações diferentes: *Sou aquele que eu era, Eu era aquele que serei, Serei aquele que sou* (Ich bin, der ich war, Ich war, der ich seyn werde, Ich werde seyn, der ich bin)".[32]

Com essa explicitação temporal do teônimo "èhyèh 'ashèr 'èhyèh" e a transformação correlata do versículo joanino, Schelling pretende mostrar, com toda a fidelidade ao testemunho da Escritura, como, no seio mesmo da essência divina, e até através do Nome pelo qual Deus se revela e se identifica, desenvolve-se a "distinção" ou a "diferenciação" (*Unterscheidung*) "dos tempos". "A consciência de uma eternidade desse gênero" — prossegue ele, com efeito — (isto é, de uma eternidade de vida) "não é possível sem distinção dos tempos". A diferenciação temporal, *a diferença que o tempo é*, age no interior da

vre justamente porque não tem de se revelar. Revelar-se é atuar, assim como todo atuar é um revelar-se. Mas ao livre tem de ser livre permanecer no interior do mero poder-ser ou passar à ação].

[31] F. C. Oetinger, *Die Lehrtafel...*, ed. cit., p. 93. *Cf.* o *Lied* "Nun danket alle Gott", de M. Rinckart (*TGP.*, VII, 1, 2, p. 43): "Lob, Ehr und Preis sei Gott, dem Vater und Sohne und dem, der beiden gleich im höchsten Himmelsthrone, dem dreimal einen Gott, wie er ursprünglich war und ist und bleiben wird jetzt und immerdar!" Contudo, em seu sermão para a festa da Santíssima Trindade (*TGP.*, VII, 1, 1, p. 246), Oetinger observa, seguindo dessa vez o texto de João: "As revelações de Deus advêm diversa e parcialmente... Todavia, o tempo todo a revelação de Deus advém por meio daquele que é, que era e que vem... Porque ele é um ser que se revela a si mesmo, ele se nomeia: ele era e ele vem".

[32] *SW*, VIII, pp. 263-4.

Do Deus em devir ao ser por vir

eternidade divina. A eternidade divina, se deve ser viva, é essa diferenciação segundo a qual Deus não pode exprimir-se, "definir"-se senão através de uma alternância contínua, de uma enálage de tempo regulada. O Deus de eternidade não fala, precisamente, no presente: "Sou", meu Nome é: "Aquele que é" ou "É", a não ser apenas nomeando uma eternidade vazia de tempo; ele tampouco se exprime no passado: "Eu era", "Fui", ou mesmo apenas no futuro: "Virei", "Serei", mas indissociavelmente no presente-passado, no passado-futuro, no futuro-presente. Um tal entrecruzamento dos tempos é regido pela lei mesma da manifestação. A identificação ("Sou mesmo") através do retrospecto e da antecipação é condição primordial de possibilidade para toda auto-manifestação, condição de possibilidade da consciência-de-si, no sentido do devir-consciente. Se quer nomear-se em sua eternidade, o Deus vivo deve necessariamente fazê-lo através do *sistema dos tempos*.

"Aqueles que afirmam um começo temporal do mundo — observava Schelling, num dos primeiros esboços do Livro I das *Idades do mundo* — fazem a eternidade precedê-lo imediatamente e, por isso, se vêem em embaraço quando se trata de pensar a eternidade, em sua relação com o mundo, como passado. Mas esse conceito obscuro de uma eternidade anterior ao mundo poderia resolver-se, num exame mais profundo, em uma seqüência de tempos (*Folge der Zeiten*), assim como uma nebulosa, que aos olhos comuns parecem uma pálida cintilação, decompõem-se, para olhos melhor armados, em luzes distintas."[33] A seqüência dos tempos, tal como ela se revela intrínseca à eternidade "pré-temporal" ou "pré-mundana", não é simplesmente a sucessão de um passado eterno, de um eterno presente e a vinda de um futuro indefinido; não há *seqüência* de tempos senão porque cada figura do tempo é essencialmente "ekstática" e desenvolve como tal todo o sistema dos tempos. "O tempo — precisa claramente Schelling — é a cada vez o tempo em sua inteireza (*die ganze Zeit*), passado, presente e futuro."[34] Cada tempo singular, cada instante do tempo pressupõe o tempo em sua totalidade articulada: "A cada instante... surge tempo, e precisamente como tempo em sua inteireza, na qual

[33] *Urfass.*, p. 224.

[34] *Urfass.*, p. 80. *Cf.* também, p. 81: "Jede mögliche einzelne Zeit ist die ganze Zeit" [Todo tempo singular possível é o tempo inteiro].

passado, presente e futuro estão dinamicamente afastados, mas por isso mesmo ligados".[35]

Vê-se, a partir de agora, que a elucidação do Nome divino responde, na obra de Schelling, a mais de uma questão fundamental e contribui de maneira decisiva para a explicação da possibilidade de um Deus que esteja *no começo*, de um Deus que esteja propriamente apto a começar.

A construção schellinguiana da idéia completa de Deus define-se, com efeito, de imediato e expressamente, em oposição à teologia filosófica, racional, que Schelling liga ao "erro fundamental" de Descartes. É contra essa "religião racional que imagina situar Deus tanto mais alto quanto mais o despoja de toda força motriz vital (*lebendige Bewegungskraft*)",[36] que Schelling pretende reatar, para além da ruptura moderna, com uma tradição muito mais antiga. "Onde tinha eu mais chance de encontrar essa tradição — pergunta Schelling — a não ser nesses documentos inabaláveis, que repousam eternamente sobre si, os únicos que encerram uma história do mundo e do homem, desde o começo até o fim (*vom Anfang bis zum Ende*)?[37] Isso bastaria para explicar por que já citei com tanta freqüência expressões tomadas de empréstimo às sagradas Escrituras e por que isso ainda me acontecerá com mais freqüência a seguir." Mas a tradição das Escrituras não representa simplesmente uma história completa que abrange tanto o princípio (a gênese), quanto as últimas perspectivas escatológicas. Ela abriga também, em sua articulação interna, uma sistematicidade que ainda resta ser descoberta: "Ninguém ousará defender que a dogmática (*Lehrbegriff*) atual esgotou as riquezas da Escritura; ninguém negará que o sistema suscetível de explicar todas as palavras da Escritura e de estabelecer sua completa harmonia continue ainda por fazer... Falta, numa palavra, o *sistema interno (esotérico)*, no qual os mestres deveriam ser muito especialmente inicia-

---

[35] *Urfass.*, p. 74: "... in jedem Augenblick... entsteht Zeit, uns zwar als ganze Zeit, als Zeit, in der Vergangenheit, Gegenwart und Zukunft dynamisch auseinander gehalten, aber eben damit verbunden sind" [a cada instante... surge para nós tempo, e mesmo como tempo inteiro, como tempo no qual passado, presente e futuro são mantidos dinamicamente afastados, mas justamente com isso ligados].

[36] *SW*, VIII, p. 270.

[37] *SW*, VIII, p. 271; *cf.* também *Urfass.*, p. 70.

dos".[38] As revelações divinas formam sistema, mas sua coesão (*Zusammenhang*) não se esclarece senão para aquele que sabe voltar à fonte, partir do primeiro começo. Daí o privilégio relativo do Antigo Testamento, o valor dos testemunhos insubstituíveis de sua *Grundsprache*: "No Novo Testamento, tudo se mostra a nós à luz de épocas e circunstâncias ulteriores, que pressupõem as precedentes; mas só os raios isolados vindos das nuvens do Antigo Testamento revelam a obscuridade das épocas originais (*Urzeiten*), as primeiras e mais antigas relações (*Verhältnisse*) no seio da própria essência divina".[39]

Tome-se, por exemplo, a questão, decisiva para a construção da idéia de Deus, da "unidade que é ao mesmo tempo dualidade e da dualidade que é ao mesmo tempo unidade". Essa idéia fundamental da unidade na dualidade e da dualidade na unidade, a única que permite compreender "o essencial da individualidade divina", esclarece-se precisamente em função dos nomes que são primeiro atribuídos a Deus na Escritura.[40] "Os dois nomes de Deus [Elohim — YHWH] — observa Schelling — quer tomados separadamente, quer associados, sempre impressionaram todos os estudiosos."[41] Quis-se mesmo ver aí uma alusão à coexistência das três pessoas numa mesma "essência" e tentou-se explicar assim o fato de o termo *Elohim* (plural) reger, mais freqüentemente, um verbo no singular. Por que não reconhecer, simplesmente, que o plural *Elohim* "designa a substância divina", que ele remete àquilo "que é de início o Uno, depois o Todo das forças origi-

[38] *Cf.*, no mesmo sentido, J. F. Molitor, *Philosophie der Geschichte oder über die Tradition*, 1ª parte, Münster, 1834, pp. 49-50: "Não há nada de fortuito no modo de exposição da Bíblia, mas tudo tem um significado profundo, mesmo o que parece mais irrelevante, assim como cada episódio, ainda que na aparência não faça parte da questão (*Sache*), cada narrativa de circunstâncias anexas aparentemente mínimas e sem importância, cada repetição, quer diga respeito às coisas ou às palavras, cada expressão pleonástica, cada partícula e até os elementos de ligação — tudo é aí saturado de significação. Daí não ser absolutamente indiferente saber que tal ou qual sinônimo, tal ou qual nome divino foi escolhido; cada palavra, cada nome divino tem seu lugar, seu uso e sempre sua razão particular e específica".

[39] *SW*, VIII, p. 272.

[40] *Cf. SW*, VIII, p. 273: "... a doutrina da unidade da essência divina na dualidade revela-se profundamente incorporada (*verwebt*) ao que há de mais íntimo na própria língua do A. T.".

[41] *SW*, VIII, p. 272.

nais" (*Urkräfte*), que ele indica aquilo mesmo que é, "tomado por si, inexprimível (*das für sich Unaussprechliche*) e não pode efetivamente ser exprimido senão através da pura deidade espiritual"? Assim, desde a origem, YHWH (*Jehovah*)[42] manteria uma relação de "expressão", de nominação, frente a Elohim. YHWH é própria e absolutamente o Nome, a Palavra (*Wort*), aquilo através de que a substância divina se pode exprimir, dar a conhecer. YHWH é o nome de Elohim — Elohim nomeia-se: YHWH. É com o nome de YHWH, sob o nome de YHWH, que ele alcança o verbo. YHWH é a Palavra (*das Wort*), no sentido em que se fala da palavra que dá a chave do enigma, daquela que esclarece de uma só vez todas as denominações que até aí permaneceram obscuras.[43]

Em apoio a sua distinção, Schelling cita *Êxodo* III, 13 e III, 15, isto é, seguindo com a maior precisão sua própria tradução: "Que deveria eu responder aos filhos de Israel, pergunta Moisés, se lhes digo: 'O Elohim de vossos pais a vós me envia', e eles me perguntam: 'Qual é o seu nome?'" E YHWH responde: "Tu lhes dirás: 'YHWY, o Elohim de vossos pais a vós me envia', tal é meu nome em toda a eter-

[42] Como a maioria de seus contemporâneos, Schelling transcreve assim o Tetragrama, tomando de empréstimo, de modo aberrante, a vocalização do nome *Adonai*. *Cf.*, sobre esse ponto, as indicações de E. Dhorme, "O nome do Deus de Israel", *in Revue de l'Histoire des Religions* (1952), p. 13. *Cf.* também *Encyclopaedia Judaica*, t. *sub v.*

[43] *Cf.* também *Urfass.*, p. 166, n. 1 (*Randbemerkung*): "Der Herr war der, bei dem alle Macht und alle Kraft war, jener ruhende Wille, der noch nicht wollte; der eben darum unaussprechliche Geist, den die Ursprache hier wie anderwärts bei jenem unaussprechlichen Namen (Jehovah) nennt, das was schlechthin und immer Eins ist, indess sie das eine Mehrheit von Kräften in sich begreifende göttliche Wesen (das unmittelbare Subjekt jenes Eins) durch Elohim bezeichnet" [O Senhor era aquele em que estava todo poder e toda força, era aquela vontade em repouso, que ainda não queria nada; o espírito justamente por isso ainda inexprimível, que a língua original, aqui como em outros lugares, chama por aquele nome inexprimível (Jehovah), que é pura e simples e eternamente o Uno, ao passo que designa com Elohim aquele ser divino que compreende em si uma multiplicidade de forças (o sujeito imediato daquele Uno)]. A isso se opõe M. H. Landauer, *Jehovah und Elohim, oder die althebräisch Gottesslehre*, Stuttgart-Augsburg, 1836. Para Landauer, o *nomen ineffabile* (YHWH) "designa o ser e a ação da divindade no seio das coisas do mundo; a força de Deus tal como ela desceu até as obras da criação, que ela mantém e anima", ao passo que Elohim "designa o ser e o governo extra- e super-natural da divindade" (pp. 3, 8, 12).

Do Deus em devir ao ser por vir

nidade". Daí resulta claramente, prossegue Schelling, que "YHWH deve ser o nome de Elohim e Elohim aquele que recebe o nome, aquele que é exprimido". É por essa mesma razão que YHWH pode igualmente chamar-se simplesmente *der Name, das Aussprechende* — o Nome, o que é expresso num nome. E Schelling cita aqui as passagens clássicas, *Lev.*, XXIV, 11: "Ele blasfemou o Nome", e *Dt.*, XXVIII, 58: "Se não temes o Nome glorioso, isto é, o terrível, YHWH, teu Elohim."

YHWH é, então, conclui Schelling, que remete aqui à tradição judaica e, mais precisamente, à Cabala,[44] o nome da essência (*Wesen*), Elohim o dos efeitos, das ações exercidas por Deus. Pode-se igualmente dizer que YHWH é o nome do Deus como "pura vontade" que efetivamente ainda não quer nada.[45]

"A proibição religiosamente observada de pronunciar o nome (a impronunciabilidade (*Unaussprechlichkeit*) do Nome) mostra também que ele devia designar aquele que enuncia a deidade (*das Aussprechende der Gottheit*), o nome que por essa razão não deve justamente ser, ele mesmo, pronunciado" (*ibidem*). Reconhece-se facilmente, no plano de fundo dessa interpretação, a doutrina clássica do *Schem Ha-méphorasch*, do nome que ao mesmo tempo dá a conhecer, explicita e permanece reservado, secreto, mantido afastado.[46]

Importa então, aos olhos de Schelling, poder ao mesmo tempo compreender a possibilidade da associação freqüente YHWH — Elohim (YHWH vosso Elohim) e as passagens em que Elohim, embora concebido como Deus verdadeiro e único, rege verbos no plural, "para marcar que, apesar de sua unidade com YHWH, os Elohim não ces-

---

[44] *SW*, VIII, pp. 272-3: "Há muito se observou que o Nome cuja verdadeira pronúncia (*Aussprache*) é desconhecida é constituído apenas de sopros (*Hauch*), e daí se concluiu que ele designa aquilo que, da deidade, é sopro puro (*reiner Hauch*), espírito sem mistura; aí está, segundo a expressão dos judeus, o nome da essência, ao passo que Elohim é o nome das ações divinas. Outros observaram que ele consiste apenas de letras que permanecem em repouso (*litterae quiescentes*); o que corresponde também à essência daquele que é pura vontade (*lauterer Wille*), sem querer efetivo". Sobre a questão Schelling e a Cabala, consultar-se-á principalmente o artigo já citado de W. A. Schulze, *Judaica*, XIII (1957), pp. 65-99, 143-71, 211-6. A ser completado pela nota de X. Tilliette, *op. cit.*, t. II, pp. 164-5, n. 53.

[45] *SW*, VIII, p. 273.

[46] *Cf.*, em particular, G. Scholem, "Der Name Gottes und die Sprachmystik der Kabbala", na coletânea *Judaica III*, Frankfurt, 1970, especialmente pp. 16-7.

318                                          A tragédia e o tempo da história

sam de ser para si".[47] Dito de outro modo, é preciso poder distinguir o que é "dito ou contado dos Elohim", sem que isso deva "estender-se ao mesmo tempo" a YHWH. A esse respeito, o exemplo mais impressionante é fornecido pela cena da sarça ardente: a "aparição" (*Erscheinung*) é aí a do "anjo da face" (*Engel des Angesichts*) ou ainda "o anjo de YHWH". "Aquilo que aparece para Moisés na sarça ardente é o anjo de YHWH, que nessa medida dele se distingue. Mas — prossegue Schelling — é Elohim que chama Moisés do meio da sarça (*Ex*. III, 2-4). E, imediatamente após, é YHWH que se dirige a ele. Daí resulta manifestamente, na opinião do narrador, que aquele que é o anjo da face é também aquele que é YHWH e, contudo, eles são distintos um do outro. Aquele que chama: 'Moisés, Moisés!' é Elohim; aquele que fala em seguida, YHWH (*Ex*. III, 7)."[48] O sentido desse episódio, conclui Schelling, é provavelmente que Moisés foi gratificado com uma visão da "suprema vivacidade" (*Lebendigkeit*), "do fogo interior, que devora, mas sempre renasce... que constitui a natureza da deidade".[49]

Assim começa a se confirmar a hipótese hermenêutica fundamental: "A idéia de uma dualidade (ademais e além da trindade das pessoas) na unidade da essência (*Wesen*) divina, a doutrina de um eterno presente e de um eterno passado (tornando-se eternamente passado) está urdida até os fios mais profundos da língua dos escritos véterotestamentários".[50]

### III. DEUS ETERNO — DEUS POR VIR

Se nas *Idades do mundo* Schelling formula a exigência de uma explicitação sistemática das revelações vétero-testamentárias, e se ele esboça uma interpretação dos Nomes divinos em função do relato da visão da sarça ardente, ele nunca se interroga sobre a multiplicidade das fontes ou das tradições (elohista, yahwista, sacerdotal etc.) que se misturam na redação do *Pentatêuco*. O mesmo se dá em seu curso

---

[47] *SW*, VIII, pp. 273-4.

[48] *SW*, VIII, p. 274.

[49] *Ibidem*.

[50] *SW*, VIII, p. 274.

sobre o *Monoteísmo* ou na *Introdução histórico-crítica à filosofia da mitologia*: na perspectiva geral de sua problemática do monoteísmo, a multiplicidade das denominações do Deus recebe ainda uma interpretação decididamente especulativa, centrada, dessa vez, no relato do Sacrifício de Abraão. Encontra-se aí, novamente, a tese fundamental já evocada: Elohim é o nome geral do deus tomado de modo absoluto (*der Gott überhaupt*), do deus ainda indistinto (*der Gott noch indistincte*).[51] Ao passo que YHWH (Jehowah) nomeia o Deus *distinguido* enquanto tal, o Deus *diferenciado*. Daí o monoteísmo propriamente dito, isto é, a afirmação da unidade, ou melhor, da unicidade de Deus *enquanto tal*, não aparecer senão com o Deus distinguido, dito de outro modo, com a geração de Enós, unicamente a partir da qual Deus (YHWH) "é invocado *por seu nome*" (*Gen.*, IV, 26).

O monoteísmo pode definir-se como consciência da unidade (unicidade) do verdadeiro Deus. Importa, contudo, precisar: do verdadeiro Deus *enquanto tal*, isto é, *mit Unterscheidung*, em sua distinção, em sua diferenciação; do verdadeiro Deus enquanto *diferente*.[52] O Deus distinguido enquanto tal é o *absolutamente Uno*, em relação ao qual o Deus inicialmente apreendido se revela *a posteriori* como o *relativamente Uno*, o único no sentido do exclusivo. Dito de outro modo, distinguir o *verdadeiro* Deus, chamando-o por seu nome, não significa desviar-se do primeiro, mas, ao contrário, elevar-se "ao que era propriamente venerado no primeiro" (o relativamente uno). O uno, o exclusivo aparece sempre *a posteriori* como o que ele era na verdade, ao passo que, sob seu Nome revelado (YHWH), o verdadeiro Deus aparece enquanto tal. YHWH é *deus revelatus* em oposição ao *deus*

---

[51] SW, XI, 146.

[52] "Da aber sonst der Jehovah auch der Elohim und der Elohim der Jehovah ist, so *kann* der Unterschied zwischen beiden nur der seyn, dass Elohim der Gott noch *indistincte* ist, Jehovah der als solche unterschiedene... Vor Enos, d.h. vor dem durch diesen Namen bezeichneten Menschengeschlecht, wurde der wahre Gott nicht als solcher unterschieden, bis dahin war also auch kein Monotheismus in den Sinn einer Kenntniss des wahren Gottes als solchen" [Mas como aliás Jeová também é Elohim, e Elohim é Jeová, a diferença entre ambos *pode* ser apenas a de que Elohim é o Deus ainda *indistincte*, Jeová é ele diferenciado como tal... Antes de Enos, isto é, antes da estirpe de homens designada por esse nome, o verdadeiro Deus ainda não fora diferenciado, portanto tampouco havia até então monoteísmo no sentido de um conhecimento do verdadeiro Deus como tal].

*absconditus*, o deus inicial preso a sua unicidade. YHWH é propriamente o Deus *que aparece* (*der erscheinende Gott*), o Deus que *se revela*, a aparição do Deus. E é justamente por essa razão que YHWH é o Deus que é invocado, aquele que pode ser chamado por seu nome (*bei Namen rufen*), "no sentido de que se chama aquele que se quer reter ou aquele que deve aparecer".[53]

Encontra-se aqui, novamente, o princípio fundamental que já regia a análise das *Idades do mundo*: a revelação nunca é imediata, ela sempre pressupõe "um fundo tenebroso", princípio de ocultamento, de dissimulação ou de sombreamento.[54] É por isso que o Deus imediato, aquele que determina de pronto a consciência dos abraâmidas, não poderia ser o verdadeiro Deus. Sua unicidade está destinada a se revelar ser apenas exclusividade (fogo que devora); unidade de um "Deus ciumento (*eifersüchtig*) de sua posse exclusiva (*Alleinbesitz*) do ser".

O princípio fundamental de toda revelação pode, então, ser enunciado nos seguintes termos: "O revelado é um produto, não um imediato. O que já está presente não poderia ser o verdadeiro".[55]

---

[53] *Ibidem*: "Von da an fing man an den Jehovah bei Namen zu rufen; diess ist aber ebenso viel als: er wurde unterschieden, denn wer bei einem Namen gerufen wird, wird eben dadurch unterschieden... 'Jehovah wurde bei Namen gerufen', was freilich denn auch so viel als: er wurde angerufen, denn wer z.B. von einem andern, an dem er vorübergeht, bei seinem Namen gerufen wird, wird allerdings auch angerufen" [Desde então [da estirpe de Enós] se começou a chamar Jeová pelo nome; isso, porém, é o mesmo que: ele foi diferenciado, pois quem é chamado por um nome, é por isso mesmo diferenciado... 'Jeová foi chamado pelo nome', era naturalmente também o mesmo que: ele foi invocado, pois quem, por exemplo, é chamado pelo nome por um outro, pelo qual passa, também é invocado].

[54] *SW*, XIV, p. 120: "Wer dieses festhält, dass die Offenbarung ihre Voraussetzung nicht absolut aufheben durfte (diess geschah erst, als das Ende aller Offenbarung gekommen war), dem wird dies dadurch begreiflich werden, was uns im A.T. theils als Gottes unwürdig, theils geradezu als heidnisch erscheinen muss..." [Para aquele que mantém que a revelação não podia suprimir absolutamente sua pressuposição (o que só ocorreu quando toda revelação chegara ao fim), isso pode se tornar compreensível por aquilo que no Antigo Testamento tem de nos aparecer, em parte como indigno de Deus, em parte como pagão...]. *Cf.* também *Philosophie der Offenbarung* (ed. Paulus, reedição de M. Franck, p. 279).

[55] "Das Geoffenbarte ist ein Hervorgebrachtes, nicht ein Unmittelbares. Das schon Daseiende kann nicht das Wahre sein" [O que foi revelado é um produzido, não um imediato. O que já está-aí não pode ser o verdadeiro].

Do Deus em devir ao ser por vir

O ponto essencial para a análise do monoteísmo, a distinção entre o monoteísmo absoluto e o monoteísmo relativo, não é esclarecido senão com a aparição do "segundo Deus" ou, mais simplesmente, com a aparição (*Erscheinung*) do Deus, o Deus que aparece enquanto tal. Só a aparição (do "segundo Deus") permite a distinção, a diferenciação, entre o absolutamente e o relativamente uno e a ela obriga. Ao Deus inicial, original, opõe-se então, a princípio, num certo sentido, o verdadeiro Deus, isto é, o Deus que se tornou, que apareceu (*der gewordene, erschienende Gott*). O Deus que se tornou é precisamente também aquele que se conhece pelo nome, sob seu Nome próprio, se é verdade, mais uma vez, que conhecer o nome é conhecer *in der Unterscheidung*. O verdadeiro Deus não é aquele que *é*, mas aquele que se torna, que devém; ele devém, distinguindo-se, manifestando-se, daí separar-se também do "conteúdo imediato" que era o da consciência de Abraão e dos abraâmidas. A esse "conteúdo imediato", Schelling denomina também: "o deus natural" (*der natürliche Gott*): "Para que o verdadeiro Deus apareça para Abraão — observa Schelling —, é preciso que o primeiro [Deus] permaneça fundamento da aparição (*Grund der Erscheinung*), unicamente no qual o verdadeiro Deus pode constantemente devir para ele [Abraão]. Para Abraão, o verdadeiro Deus não é simplesmente aquele que transita através do Deus natural, mas aquele que permanece sempre apenas o *que devém...*".[56] Daí seu Deus ser essencialmente *passageiro*, a aparição do Deus é sua passagem. Assim, o verdadeiro Deus é aquele que devém continuamente, aquele cuja transição é essencial, aquele que primeiro passa através do Deus natural.

Eis, prossegue Schelling, o suficiente para explicar o Nome revelado a Moisés: YHWH (Jehowah) — ele exprime primeiro e antes de tudo "o conceito de devir".

Mas, perguntar-se-á, como situar mais precisamente o Deus de Abraão em relação ao Deus inicial, ao Deus primitivo (*der Gott der Vorzeit*)? Abraão — assinala Schelling — não renega o Deus primitivo, a ele permanece, ao contrário, essencialmente fiel, já que é nele (nesse e através desse Deus da noite dos tempos) que o verdadeiro Deus lhe aparece.[57] Não é senão através do Deus primitivo, e como que nele,

---

[56] *SW*, XI, p. 165.

[57] *SW*, XI, p. 165: "Damit der wahre Gott ihm erscheine, muss der Grund

que o verdadeiro Deus se manifesta. Ele permanece mesmo tão estreitamente ligado ao precedente que dele é, num certo sentido, "inseparável" (*untrennbar*). Trata-se, *no fundo*, sempre do mesmo Deus. O verdadeiro Deus, o Deus que deveio, é certamente diferente, mas também inseparável do "Deus que era desde sempre (*der Gott, der von jeher war*), do Deus justamente nomeado *El 'Olam*." É sob esse nome de *El 'Olam* que ele ainda é invocado por Abraão no deserto de Bersabé (*Gen.*, XXI, 33): "Abraão plantou um tamariz em Bersabé e aí invocou o nome de YHWH, Deus de eternidade — YHWH El 'Olam" (... *invocavit nomen Dominis dei aeterni*, diz a Vulgata). El 'Olam é o Deus originário (o *Urgott*), o Deus imemorial (*der unvordenkliche Gott*).[58] Esse Deus imemorial pode muito bem ser nomeado Deus de eternidade, Deus eterno (*ewiger Gott*), mas só com a condição, precisa Schelling, de não predeterminar metafisicamente essa eternidade como extra-temporalidade, permanência, imutabilidade.

"A palavra *'Olam*", indica ainda Schelling, "designa o tempo, ou a época, anteriormente ao qual a humanidade não conhece outro tempo, outra época. Designa a época à qual pertence essa humanidade, aquela em que ela se situa." Impossível, então, ter a representação de um tempo anteriormente a essa época; ela está voltada para a noite dos tempos ou, como se diz, para o fundo primordial. "O Deus de eternidade (El 'Olam) é então o Deus que não é desde (*seit*) tal época, mas que já era desde sempre... É o Deus anteriormente ao qual não havia Deus nenhum, aquele de cujo nascimento (*das Entstehen*) ninguém sabe. É o Deus absolutamente primeiro, o Deus imemorial."[59]

Ora, a vocação singular de Abraão é justamente haver sabido distinguir nesse Deus arcaico, original, o Deus que aparece, aquele que dele se destaca, como de um fundo, o *Deus que devém* ou *que vem*, o

---

der Erscheinung der erste bleiben, in welchem allein jene beständig ihm werden kann. Der wahre Gott ist ihm durch den natürlichen nicht bloss vorübergehend, sondern beständig nur der *Werdende*, wodurch sich allein schon der Name Jehovah erklären würde, in dem eben der Begriff des Werdens vorzüglich ausgedrückt ist".

[58] *SW*, XI, pp. 165-6.

[59] *SW*, XI, p. 166: "Der *El Olam* ist also der Gott, der nicht *seit*, sondern in jener Zeit schon war, wo Völker noch nicht waren, der Gott, vor dem keiner war, von dessen Entstehen also niemand weiss, der schlechthin erste, der *unvordenkliche* Gott... Und so ist auch dem Abraham der wahre Gott nicht ewig im metaphysischen Sinn, sondern als der, dem man keinen Anfang weiss".

Do Deus em devir ao ser por vir

Deus *por vir*. Mas Abraão não pode apreender o Deus que apenas aparece senão como "aquele que será um dia" (*der einst sein wird*). A religião de Abraão já é mesmo, então, "puro e autêntico monoteísmo", mas ela continua, todavia, para ele "religião do futuro, do porvir", aquela do Deus de que se sabe simplesmente que Ele será; o Deus-que-será, tal é seu nome.[60]

Na *Filosofia da revelação* (parte especial, 29ª Preleção), Schelling volta ainda uma vez à questão da unidade (unicidade) do verdadeiro Deus. A tese fundamental permaneceu inalterada: o conceito do "verdadeiro Deus", do verdadeiro Deus *Uno*, não é um conceito original, mas produzido (*ein hervorgebrachter Begriff*), um conceito que, longe de ser dado de imediato, pressupõe, ao contrário, elaboração, explicitação. E é precisamente — agora sabemos — enquanto conceito revelado que ele implica esse processo [*processus*] de produção, esse *processo* [*procès*].* A revelação é, com efeito, em sua essência, sempre passagem de um estado anterior a um estado ulterior. Ela exige sempre uma condição prévia, um pressuposto, uma base, um fundo ou um pano de fundo. Daí o *deus revelatus* ser sempre em sua base *deus absconditus*. Só o Deus oculto pode revelar-se, mas ele não se poderia revelar a fundo.

É preciso agora pôr a questão evitada até aqui: o que é pressuposto pela revelação? Qual é a *Voraussetzung der Offenbarung*? O que constitui o fundamento, a base (*Grundlage*) de toda revelação possível? A revelação de Deus (do "verdadeiro Deus") não tem por ponto de partida a ignorância absoluta, o não-saber puro e simples. Ela não advém em "uma consciência na qual não haveria absolutamente nada do Deus". Não! Muito pelo contrário, Deus, já está sempre presente à consciência, afeta-a imediatamente, a ponto mesmo de constituir integralmente o seu conteúdo, o seu teor próprio. A consciência é originalmente cativa do Deus, e como que estupidificada de deidade.[61]

---

[60] *SW*, XI, p. 171; *SW*, XII, p. 32.

\* Sobre a diferença entre *processus* e *procès*, ver nota de tradução ao ensaio "Tragédia e sublimidade", p. 190 deste volume. (N. da T.)

[61] *SW*, XI, pp. 162-3. "O plural *Elohim* pode ser interpretado também como *pluralis magnitudinis, qui unam sed magnam rem indicat* [plural majestático que indica uma coisa só, mas magna]. Nesse sentido, ele designa 'algo de grande, de potente, de surpreendente'. Ora, aquele que primeiro podia incontestavelmente

O Deus que se revela — aquele que aparece — é precisamente o Deus que se distingue, que se diferencia no interior da consciência inteiramente açambarcada pelo Deus exclusivo.

Para ilustrar sua tese geral relativa à revelação enquanto distinção (*Unterscheidung*), Schelling recorre igualmente a esse "evento singular" (*besonderes Ereignis*) que constitui a prova infligida a Abraão por Deus, exigindo dele o sacrifício de seu filho bem-amado Isaac. Com efeito, o relato da prova de Abraão revela, segundo Schelling, a diferenciação do Deus, o verdadeiro Deus, *desde que ele aparece*. "... Ocorreu de Elohim pôr Abraão à prova... Ele disse: 'Toma teu filho, teu único filho, aquele a quem tanto amas, Isaac, vai à terra de Mória e lá oferece-o em holocausto sobre um dos montes que te direi" (*Gen.*, XXII, 1-2). E no momento em que, chegado ao monte, após haver atado Isaac ao altar, Abraão pega o cutelo para o sacrifício, "o anjo de YHWH chamou-o do alto dos céus..." (*Gen.*, XXII, 11). "O anjo de YHWH chamou Abraão uma segunda vez do alto dos céus..." (*Gen.*, XXII, 15). Agora, observa Schelling, é o anjo de YHWH que substitui Elohim. O anjo de YHWH, dito de outro modo, glosa Schelling, *"die Erscheinung Jehovah"*, a aparição de YHWH, YHWH manifestando-se. "Aquele que se chama Elohim, prossegue ele, é a substância da consciência, ao passo que o anjo de YHWH não é nada de substancial, é somente o que devém na consciência, o que, precisamente, não faz senão aparecer; ele não é presente em substância, na consciência, ele é sempre presente em ato; ele não é senão a aparição (*Erscheinung*), a revelação (*Offenbarung*) de YHWH."[62]

Naturalmente não é preciso ver aí uma oposição pura e simples entre dois deuses, ou mesmo entre duas figuras de Deus, mas algo como uma tensão, uma diferenciação no seio mesmo da deidade que aparece. Este é o preço da aparição de Deus. "Nenhum dos dois, prossegue Schelling, tomado à parte (*für sich*), é o verdadeiro Deus, pois o verdadeiro Deus é apenas aquele que aparece (*erscheint nur*), e ele

pretender a um tal nome que suscita admiração era o omnideus (*der Allgott*), aquele fora do qual não havia nenhum outro em sua época. E o próprio nome não exprime senão essa surpresa, pois deriva de um verbo que em árabe possui seguramente esse significado (*obstupuit, attonitus fuit*). Não há, portanto, para nós, nenhuma dúvida de que em Elohim se encontra preservado o nome semita primitivo do deus original...".

[62] *SW*, XIV, p. 123; *ibidem*, pp. 124 ss., n. 1.

Do Deus em devir ao ser por vir

pressupõe, então, continuamente, o Elohim como a substância [substância = *Unterlage, id quod substat*], o meio (*Medium*) de sua aparição." Nas *Preleções sobre a filosofia da revelação*, editadas a sua revelia por Paulus, Schelling correu o risco de determinar o Elohim como "o princípio não divino e mesmo anti-divino" (*das ungöttliche, ja widergöttliche Prinzip*).[63] O verdadeiro Deus é sempre aquele que aparece, mas ele não aparece senão "mediado pelo falso, ao qual ele continua assim ligado". O Deus, se quer aparecer, deve então necessariamente passar pelas mediações. A revelação do Deus, que pressupõe sempre, lembremo-nos, a auto-revelação, só é possível como auto-mediação (*sich selbst vermitteln*). Mas essa auto-mediação se dá na consciência, que assim se torna a sede do processo teogônico, o que também vale tanto para a mitologia, quanto para a revelação propriamente dita. O que significa, mais uma vez, que a revelação nunca é comunicação imediata, que ela não poderia, de fora, vir enxertar-se na consciência. À revelação corresponde sempre, na consciência, uma produção (*Hervorbringen*) pela qual, ao termo da qual, o Deus que aparece surge em sua distinção.[64]

Não escapando à regra, o Deus de Moisés, como o de Abraão, é um Deus mediato. É o que resulta claramente, assinala Schelling, da revelação de *Êxodo*, VI, 2: "Elohim falou a Moisés e disse-lhe: 'Sou YHWH! Apareci para Abraão, para Isaac e para Jacó como El Shaddai, e por meu nome de YHWH não fui por eles conhecido'". Temos aqui, comenta Schelling, um testemunho expresso de que El Shaddai, o Deus dos primeiros tempos (*Vorzeit*), foi mesmo "o elemento e o meio da manifestação e da revelação" de YHWH, o verdadeiro Deus.[65] Na condição de Deus, o Deus que aparece é então, sempre, "aquele que será" (*der, der seyn wird*), aquele que procede, aquele que advém. A Moisés, que lhe pergunta seu nome, o Deus responde: "Serei aquele que serei" (*Ich werde seyn der ich seyn werde*). "Seria totalmente fora de propósito, logo observa Schelling, buscar aqui a expressão da *unidade* metafísica ou da imutabilidade de Deus." O Deus de Moisés não é ainda senão um Deus mediato (*nur ein vermittelter Gott*), no senti-

[63] Ed. cit., p. 279. *Cf.* também *SW*, XIV, p. 123.

[64] *SW*, XIV, pp. 120 e 123-4.

[65] "Das Offenbarungs- oder Erscheinungsmedium" [meio de revelação ou de aparição] (*SW*, XIV, p. 129 n.). *Cf.* também *ibidem*, pp. 123 e 127.

do de que pressupõe o Deus Elohim, o El Shaddai, mas também porque é, por sua vez, *Grundlage*, *Potenz* do Deus ainda por vir. Assim, YHWH ("futuro arcaico de *hawa* ou, numa forma menos antiga, de *haja* = ser") é propriamente o nome daquele que devém, que vem (*des Zukünftigen*), "daquele que no presente não é senão em devir, mas que um dia será".[66]

## IV. A METAONTOLOGIA SCHELLINGUIANA

Quer dizer que a interpretação schellinguiana do Nome revelado a Moisés é principalmente orientada por uma perspectiva "econômica",[67] no sentido mais amplo do termo? Que o Deus de Moisés é um Deus por vir, visto que o Antigo Testamento em seu conjunto anuncia o Novo, de que é como que o signo e a prefiguração? Trata-se, em suma, de uma interpretação fundamentalmente tipológica, no sentido em que o Apóstolo diz de Adão, por exemplo, que ele é *tupos tou mellontos*? O Deus nomeia-se YHWH — *Erit* — precisamente porque ele não *é* total e absolutamente. O Nome revelado a Moisés é ainda incompleto, imperfeito; falta-lhe, dizia Reuchlin, o acréscimo capital de uma letra suplementar: o Schin acrescido ao Tetragrama, pelo qual se revela enfim o Nome do Filho: YHSWH.[68] Por certo, para Schelling, assim como para os cabalistas cristãos, o Cristo representa o cumprimento da Revelação, a partir do qual se pode dizer, retrospectivamente, que todas as manifestações anteriores do Deus não eram senão prévias, preparatórias, que tudo se anunciava ainda apenas como porvir (no futuro ou no futuro anterior). Mas essa perspectiva geral não basta para dar conta do que constitui a especificidade do ensinamento schellinguiano sobre esse ponto. Para Schelling, o Deus que vem ou que será não é somente o Deus do Antigo Testamento, YHWH, mas o Deus *como tal*, apreendido em sua essência.

Pode-se caracterizar grosseiramente o pensamento de Schelling, pelo menos segundo uma das características mais acusadas, prova-

---

[66] *SW*, XI, pp. 172-3.

[67] *Cf. SW*, XIV, pp. 127-8.

[68] *Cf.* Reuchlin, *De arte cabalistica*, trad. francesa Fr. Secret, Paris, 1973; *cf.* também Fr. Secret, *Les Kabbalistes chrétiens de la Renaissance*, Paris, 1964, p. 49.

velmente desde as *Idades do mundo* e, em todo caso, a partir de 1827, data da docência em Munique, como uma tentativa de crítica radical à ontoteologia, à estruturação ontoteológica, tal como ela subjaz ao questionamento da metafísica enquanto tal. Seguramente, o próprio Schelling nunca formula nesses termos o objeto de sua crítica; ele fala apenas de filosofia *negativa*, à qual opõe uma *deutera philosophia*, filosofia *positiva*, centrada na existência, no *Dass*, na quodidade, no "há". A crítica schellinguiana da ontoteologia culmina na crítica insistente do argumento ontológico e na radicalização da análise kantiana.

A última filosofia de Schelling é elaborada, com efeito, mediante o exame do que para Hegel passava pela proposição especulativa por excelência, a tese: Deus é o ser, *Deus est esse, Gott ist das Seyende selbst*. Tal é, seguramente, o pré-conceito (*Vorbegriff*) de Deus. Tal deve ser nosso ponto de partida, observa Schelling em suas Preleções sobre *O monoteísmo*. O objetivo do curso é, efetivamente, partindo dessa tese inicial, aceder ao conceito inteiramente determinado do Deus único, de um Deus que seja *um Deus Uno*. A primeira tarefa é, então, explicitar completamente esse pré-conceito.

Acabamos de encontrar aqui, de passagem, uma dificuldade de tradução, na qual importa nos demorarmos um instante, pois é realmente decisiva. Nas Preleções sobre *O monoteísmo*, como em muitos outros textos, Schelling escreve: "Deus é o ente" (*Gott ist das Seyende*). "Deus é o ente mesmo" (*das Seyende selbst*). Tese que é preciso explicitar e acentuar assim: Deus *É* o que é; Deus é aquilo que *É* o ente (e não evidentemente "o que o ente é") — *das, was Ist; das, was das Seyende ist*. Deus é o ente, isto é, a enteidade (ou entidade), o ser (*essentia, esse*) do ente (*ens*). Mas quando lhe acontece de se exprimir em francês aqui ou ali, e quando cita e traduz um autor francês, Schelling insiste na equivalência: *das Seyende — l'Être* [o Ser]. Assim, na *Introdução filosófica à Filosofia da Mitologia*,[69] Schelling evoca o início do *Diálogo de um filósofo cristão e de um filósofo chinês*, onde Malebranche, que aliás se refere expressamente a *Êxodo*, III, 14, diz-nos: "O Deus que anunciamos é aquele mesmo cuja idéia está gravada em vós e em todos os homens. Mas por não lhe dar suficiente atenção, eles não a reconhecem tal como ela é e estranhamente a desfiguram.

[69] *SW*, XI, p. 272.

Eis por que Deus, a fim de para nós renovar sua idéia, declarou-nos, pelo seu profeta, que ele é *aquele que é*, isto é, o Ser que encerra em sua essência tudo o que há de realidade ou de perfeição em todos os seres, o ser infinito em todos os sentidos, em uma palavra, o Ser".[70] E ainda essa passagem, que Schelling igualmente cita, de *A busca da verdade* (Livro XIII, cap. IX, *in fine*): "... Seu nome verdadeiro é *Aquele que é*, isto é, o ser sem restrição, todo ser, o ser infinito e universal". Schelling logo transcreve em sua língua esse Ser ("numa palavra, o Ser", "todo ser", "ser sem restrição") por *das Seyende* (*Es ist mit einem Wort das Seyende*).

Em seu Prefácio à tradução alemã dos *Fragmentos filosóficos* (1833) de Victor Cousin, Schelling observa ainda, contra Hegel:[71] essa filosofia quis pôr "no lugar do ente pura e simplesmente" (*das bloss Seyende*) o ser puro (*das reine Seyn*), isto é, "a abstração de uma abstração", um "conceito vazio", igual ao "nada", não no sentido em que o próprio Hegel o entende no início de sua *Lógica*, mas no sentido de que "o branco sem o branco", o "vermelho sem o vermelho" (uma coisa vermelha) não é nada. O ser não é nada sem o ente. O que é, é o ente: *das Seyende = das, was Ist*. "Pôr o ser como primeiro, prossegue Schelling, é pô-lo *sem o ente*. Mas o que é o ser *sem* o ente? Aquilo que é (*das, was ist*) é primeiro, o ser (*Seyn*) não é senão segundo, não é sequer pensável à parte (*für sich*)." Em francês, a palavra *Être* tem os dois sentidos, observa Schelling, mas filosoficamente designa *das Seyende* (*nicht das Sein*).

Parece-nos, contudo, impossível pautar-nos por essa observação de Schelling, que aliás não vale senão para um estado historicamente determinado da língua francesa, aquele precisamente em que o termo *étant*, empregado de modo absoluto, saiu de uso (mas ainda era lido, como se sabe, no início do século XVII, e em especial na *Metafísica* de Scipion Dupleix) e ainda não foi re-introduzido, sem dúvida graças a traduções ou sob a coerção das traduções do... alemão.

Mas o que quer que se dê com a história da língua francesa, importa, parece-nos, conservar em francês a distinção marcada por Schelling entre ente, *l'étant* (*das Seyende, das Seyende selbst*) e ser, *l'être* (*das Seyn*). Há mesmo em Schelling uma diferença ôntico-onto-

[70] Malebranche, O.C., t. XV, p. 3.

[71] *SW*, X, p. 125.

Do Deus em devir ao ser por vir

lógica, e é preciso respeitar-lhe a marca. Mas atenção! Ela não se confunde com a que será destacada por Heidegger, e tampouco dela é a simples inversão.

Que significa "ser" (*das Seyn*) para Schelling? Arrisquemos essa resposta, fornecida pelas *Idades do mundo*: o ser é quanto-a-si, ser-próprio, separação, insulamento.[72]

A ilustração antropológica pode aqui, como sempre em Schelling, quando se trata do essencial, ajudar-nos a compreender: "Deus, escreve ele nas *Conferências de Stuttgart*,[73] cindiu-se dele mesmo, cindiu-se, como *ente*, de seu *ser*: o que constitui também no homem o mais elevado ato moral. Nosso ser (*Seyn*) é apenas meio, instrumento para nós mesmos. O homem que não sabe cindir-se de seu ser (dele tornar-se independente, dele liberar-se) é o homem enquanto está totalmente imerso em sua ipseidade (*Selbstheit*), incapaz — moral e intelectualmente — de crescer no interior de si mesmo. Para aquele que não se cinde de seu ser, o *ser* é essencial, e não sua essência (*Wesen*) interior, superior, verdadeira. Do mesmo modo, se Deus permanecesse em concreção com seu ser, não haveria vida, crescimento. E se ele se cinde de seu ser, é que esse não é para ele senão um instrumento".

Não há nenhum mérito em ser (Schelling, citando aproximadamente d'Alembert, falará da "infelicidade da existência"),[74] em ser insistentemente e em ser o que se é, em perseverar no ser, em permanecer encerrado em si ou em abismar-se em si mesmo (*Verschlossenheit, Vertiefung in sich selbst*). O ser, o *Seyn*, é, ao contrário, o que deve ser deposto ou ultrapassado, segundo um movimento capital que Schelling denomina *katabolé* (*Grund-legung*).

Todavia, as formulações schellinguianas continuam desconcertantes e fundamentalmente inadequadas. Em seu *Curso sobre o monoteísmo*, a dificuldade terminológica dessa distinção *ente-ser* aparece plenamente quando Schelling observa que se Deus não é um ser (*ein Seyn*) é porque ele não é "algo que possa somente tomar parte do

---

[72] *SW*, VIII, p. 210. "Sein ist Seinheit, Eigenheit, Absonderung".

[73] *SW*, VII, p. 436 (trad. francesa *in Œuvres Philosophiques*, Paris, 1980, pp. 216-7).

[74] *SW*, X, p. 267. *Cf.* também *Initia philosophiae universae* (ed. Fuhrmans, Bonn, 1969), p. 69: "O mundo temível do ser" e *SW*, XIII, p. 224, a propósito do ser de Parmênides: "o ser vazio e deserto, com o qual não se pode nada começar".

ser", dele participar. "Se Deus não é um ser (*ein Seyn*), isto é, uma coisa que se limita a participar do ser, só há uma solução, a saber, que ele é o ente mesmo (*das Seyende selbst*)...".[75] Empregar precisamente o particípio (*das Seyende, l'étant*) para nomear o que não toma parte do ser, mas que é (*das, was Ist*), é seguramente bastante singular para explicar a solução adotada pelos melhores intérpretes franceses, que é a de seguir as indicações do próprio Schelling quanto à equivalência: *das Seyende* — o ser. Levando em conta nosso presente propósito, não poderíamos abraçar essa solução.

Voltemos à tese inicial: Deus é o ente, o ente mesmo (*ipsum ens, auto to on*). Essa tese, todavia, não anuncia ainda senão o pré-conceito de Deus. "Ser o ente não é a deidade em Deus, mas o pressuposto (*Voraussetzung*) de sua deidade."[76] Não é como tal, nele mesmo, como ele mesmo (*Er selbst*) que Deus é o ente. O ente não é senão a matéria, o estofo ou o instrumento de sua deidade. Deus não pode ser determinado como o ente a não ser que o ente seja somente o fundamento, a base (*Grundlage*) de sua deidade, o que Deus deve ter "em e, por assim dizer, perante si mesmo" (*an und vor sich*) para ser, Ele-mesmo: Deus.

Mas que significa, a princípio, para Deus, ser o ente mesmo? O que o ente mesmo é? Que se dá com o ser do ente mesmo? O ente mesmo não é, se por ser se entende ser efetivo, ser dado, ser presente (*vorhanden*).[77] "O desígnio da filosofia não poderia ser, escreve Schelling, permanecer no interior do ser, uma vez tornado, devindo, mas deve poder ir além desse ser efetivo, devindo, fortuito, a fim de concebê-lo."[78] O objeto da filosofia é, bem antes, o que está *além* do ser assim compreendido, o que é *anterior a* ele. Voltemos ao ente mesmo: ele não deveio, no sentido do ser determinado. Ente mesmo é simplesmente o *título*, o *sujeito* do ser, a possibilidade geral para todo ser determinado efetivamente. Diferentemente do ser (um ser, singular, definido), o ente mesmo é a simples possibilidade do ser:

---

[75] *SW*, XII, p. 125.

[76] *SW*, XII, p. 25.

[77] *SW*, XIII, p. 204: "das wirkliche, gewordene, zufällige Sein".

[78] *SW*, XIII, p. 205. É próprio da filosofia questionar, "para além do ser presente e já subsistente" (*über das vorhandene und schon bestehende Seyn hinweg*).

Do Deus em devir ao ser por vir

*aptitudo ad existendum, potentia essendi.* Aptidão, potencialidade, que não deve, contudo, ser compreendida aqui no sentido da possibilidade simplesmente passiva, no sentido do *dunaton* aristotélico: *to endechomenon allos echein, kai einai kai me einai,* mas antes no sentido em que Plotino fala de *dunamis ton onton,* no sentido do que Schelling denomina *Seyn-können.* Assim encarado em sua potencialidade, assim re-potencializado, o ente mesmo opõe-se, diz-nos Schelling, ao que *já é* (*das, was* schon *ist*), ao que já recebeu e tomou a si um ser (*Seyn = das zum Wesen Hinzukommende*). Em relação àquilo que é assim, àquilo que *tem* o ser, isto é, àquilo que *já é,* o ente mesmo é: aquilo que será, *das, was seyn wird.* Dizer de Deus, encarado "em e antes de si mesmo", de Deus, considerado em sua pura essência (*Wesen*), que ele é o ente é dizer que ele é "simplesmente *aquilo que será*". É aqui que a "ontologia" pode, por sua vez, recorrer ao testemunho da Escritura, à declaração do Nome divino: Deus, considerado ontologicamente (na óptica do ente, à medida que o ente é o pressuposto de sua deidade), é o que será, *Aquele que será*: "Deus nomeia-se: *Ich werde seyn.* É, pois, bem natural que aquele que se nomeia na primeira pessoa '*èhyèh, Serei,* quando fale dele mesmo, seja nomeado [por outros] *Jahwo* ou *Jiwaeh: Er wird seyn* (Ele será)".[79]

Esse futuro, esse ser porvir, permite-nos pela primeira vez, sublinha Schelling, o acesso ao conceito supremo do Deus, porque ele é de imediato (em seu pré-conceito) determinado a fundo como *der Seyende selbst* (*ontos on*). Deus é o ente. Essa era a tese de partida. O que aqui nos importa, para além do detalhe da explicitação dialética que pode parecer arbitrária (e que aqui tivemos que esquematizar ao extremo) é essa primeira etapa decisiva: a elucidação ontológica do conceito do Deus tende a evidenciar a possibilitação, a *futurição* nele. Mas não se trata ainda senão de uma etapa preliminar. Se o ser de Deus deve ser dito *no futuro,* não é porque o Deus está eternamente em devir — Schelling critica mesmo expressamente, nesse contexto, e contra Hegel, a idéia de um Deus em devir e de um devir eterno[80] —, mas é porque cabe a Deus não apenas ser *livre do ser* (*frei von dem Seyn*), isto é, não contaminado pelo ser, indene ao ser (*mit dem Seyn unbehaftet*), mas ainda livre perante o ser, contra o ser (*frei gegen das*

[79] *SW,* XII, pp. 32-3.

[80] *SW,* X, pp. 124-5 e p. 155 (trad. francesa J.-F. Marquet, pp. 142-3 e 174).

*Seyn*), isto é, pura liberdade de ser ou de não ser, de assumir, de tomar a si um ser, sem contudo jamais abdicar em nada de sua possibilitação. Deus é aquele que, sendo, pode não ser, e que, não sendo, pode ser. O que caracteriza Deus, metaontologicamente, é a livre relação com o ser (*freies Verhältnis zu dem Seyn*), a relação ao ser daquele que não se define senão como *liberdade*. Quando Deus responde a Moisés, que o interroga sobre sua identidade: "Serei aquele que serei" (*Ich werde seyn, der ich seyn werde*), ele marca antes de tudo negativamente, por esse futuro, que ele não é cega ou perdidamente ser (*das blinde Seyn — blindlings seyn*). Deus nunca é cegamente, impulsivamente ou sem *reservas*, ele não é o necessariamente ente, mas sobretudo, e dessa vez positivamente, ele é *Senhor do ser*, mestre do ser (*Herr des Seyns*). Schelling observa de passagem que as traduções antigas (da *Septuaginta*) transcrevem, regularmente, e acertadamente, o Tetragrama pela fórmula *ho kurios*, o Senhor, *der Herr*. "O Senhor (*der Herr*) tornou-se, então, nas línguas modernas, assim como o hebreu YHWH, o verdadeiro Nome de Deus", daquele que não é simplesmente ente, mas senhor do ser, de todo ser. Quando Deus diz dele mesmo: *'èhyèh 'ashèr 'èhyèh, Serei aquele que serei*, ele se define bem, de um certo modo, ele declara seu nome e sua essência, mas esta não pode ser determinada ontologicamente de maneira unívoca, em sua plena identidade consigo mesma. *Serei aquele que serei* deve antes de tudo ser entendido no sentido de *Sou Senhor do ser*.

Deus não diz: *Serei aquele que sou*, no sentido em que se diz "Logo saberás *quem* sou". Essa denominação não significa, portanto: *Ainda* não sou quem sou, isto é, quem estou destinado a ser, no sentido em que se diz, de Píndaro a Nietzsche, passando por Goethe e alguns outros: torna-te quem és! Ele tampouco diz: *Sou aquele que serei*, permanecerei *tal como sou*, tal ou qual. Mas: *Serei aquele que serei*, que deve ser entendido no sentido de: *Serei aquele que eu quero ser* (*der ich seyn will*). Meu Nome é: *Eu quero!* O puro poder-ser, o *Urkönnen* de que falávamos acima, enquanto primeira explicitação do ente mesmo, é com efeito querer em repouso (*ruhendes Wollen*). "Todo poder, escreve Schelling, não é senão um querer que ainda não quer efetivamente, um querer em repouso."[81] Só o querer pode assegurar a passagem, a mediação entre não-ser e ser, ficando entendido que o

[81] *SW*, XII, p. 36.

Do Deus em devir ao ser por vir

querer de que aqui é questão não quer *nada* de determinado, já que justamente nada há que o preceda no ser: o querer *se* quer, "inflama-se ele mesmo", "imanta-se", "atrai a si mesmo".

Havíamos partido do pré-conceito de Deus, da tese fundamental da onto-teo-logia: *Deus é o ser*, ou melhor, de acordo com a terminologia schellinguiana: *Deus é o ente mesmo*. A elucidação dessa tese, que de imediato se impõe, primeiro levou Schelling, na preocupação de salvaguardar a pura liberdade (*lautere Freiheit*), a uma nova acentuação da proposição inicial: não mais *auto to on*, mas *o ontos on*, não apenas o ente, mas o super-ente (*das Ueberseyende*), o Senhor do ser.[82] Em apoio a essa transformação, Schelling cita "uma antiga sentença": "Ejus quod est Esse, nullum est Esse — *Das, was das Seyn selbst ist, hat kein Seyn*". Não há ser para aquele que é ser. Aquele que é ser não é. Ou ainda, se ele é, é *ontos*, o advérbio marcando aqui que a *ousia* é *huperousios*.

É a senhoria que define a deidade em Deus, aquilo em relação a que tudo o que concerne ao ser não passa de pressuposição. E, nessa perspectiva, Schelling cita com predileção o *Scholium generale* que encerra o Livro III dos *Principia mathematica philosophiae naturalis* de Newton: *Deus est vox relativa et ad servos refertur. Deitas est dominatio Dei.* "A deidade em Deus, aquilo pelo que ele é Deus, aquilo que chamamos habitualmente de *Wesen Gottes*, não consiste em sua substância, mas em sua dominação, no ato de seu domínio (*Herrschaft*)."[83] *Deus sine dominio, providentia et causis finabilus, nihil aliud est quam Fatum et Natura* [Deus sem domínio, providência e causas finais, nada outro é que destino e natureza], prosseguia Newton. Privado de seu domínio e de sua senhoria, Deus não seria nada mais que natureza necessária. Dizer que a palavra Deus é um termo *relativo*, que a deidade em Deus refere-se sempre àquilo mesmo sobre o que Deus afirma seu domínio, evidentemente não significa que Deus não esteja no mundo, que seu ser dependa de algo que ele não é. "Deus não é senão na condição de Senhor do ente, observa Schelling na *Filosofia da revelação*, e ele não é senhor sem algo sobre o que exercer sua senhoria. Mas Deus já é, *antes* do mundo, senhor do mundo, a saber, livre

[82] *SW*, X, p. 260; *SW*, XII, p. 41.

[83] *SW*, X, p. 261; XIII, p. 291.

para o pôr ou para não o pôr... Como senhor das simples potências (*Potenzen*), ele já é efetivamente Deus e seria aquele que pode pôr um mundo, ainda que um tal mundo nunca houvesse existido, ainda que Deus houvesse para sempre guardado junto a si as potências, a título de possibilidades (*Möglichkeiten*)." Assim, mesmo quando dizemos de Deus que ele é, que ele é aquilo que é, o ente mesmo, é preciso sempre entender também que ele nunca é pura e simplesmente presente, existente, efetivo, independentemente de toda futurição. Se Deus se nomeia propriamente: *Eu serei*, não é porque ele ainda está à espera de alguma realidade efetiva, porque permanece inacabado, em gestação, mas porque ele só está propriamente junto a si (*bei sich*), só é *espírito*,[84] permanecendo fundamentalmente "anterior ao ser e além do ser" (*vor und über dem Seyn*). Quando Deus revela seu nome a Moisés: *Serei aquele que serei*, é preciso então por último entender essa "identificação", para Schelling, no sentido de: *Serei aquele que eu quero*: eu "sou" apenas a título de vontade, vontade que não quer nada mais do que ela mesma, que nunca quer simplesmente ser ou ser tal ou qual, isso ou aquilo, mas que quer sempre também a vontade ou a pura liberdade, aquela sobre a qual o Schelling das *Idades do mundo*, que não mudará sobre esse ponto, já observava que se pode, com razão, denominar um *nada*:

> "O homem que nunca teve o sentido da verdadeira liberdade costuma acreditar não haver em geral nada mais elevado do que o fato de ser um ente ou um sujeito; é por isso que, quando ouve dizer que o que exprime a divindade não é o ente nem o ser, ele se pergunta o que pode ser o pensamento para além do ser e para além do ente. Então, responde para si mesmo: o nada ou algo do mesmo gênero.

[84] O que caracteriza o espírito, para Schelling, assim como para Hegel, é o ser-junto-a-si. Mas o ser-junto-a-si próprio ao espírito em sua absolutez determina-se de imediato, para Schelling, como transcendência pura e simples. Do espírito nunca se pode dizer: ele é isso ou aquilo, tal ou qual. *Cf. SW*, XIII, p. 256: "Der absolute Geist geht über jede Art des Seyns hinaus, es ist das, was er will... Der vollkommene Geist ist über allen Arten des Seyns — er geht über jede, auch die höchste hinaus. Darin besteht aber seine *absolute Transcendenz*" [O espírito absoluto vai além de toda espécie de ser, ele é o que ele quer... O espírito pleno está além de todas as espécies de ser — vai além de todas, mesmo da mais alta. Nisso consiste, porém, sua transcendência absoluta].

Sim, é mesmo um nada, mas no sentido de que a pura liberdade é um nada; como é um nada a vontade que nada quer, que nada deseja, para a qual todas as coisas são indiferentes e que portanto não é movida por nenhuma... Podemos denominar essa pura liberdade o nada, para indicar que nenhuma efetuação e nenhuma propriedade lhe é atribuída de fora. Podemos mesmo ir ainda mais longe: se chamamos de 'algo' o que é aí exteriormente, ao menos para si-mesmo, não podemos dar por um 'algo' essa suprema simplicidade (*Lauterkeit*). Ela é a pura liberdade, ela mesma, que a si mesma não compreende, a *Gelassenheit*, que pensa o nada e se regozija com seu ser nada".[85]

---

[85] *Urfass*, pp. 48-9.

# 12.
# SCHELLING E O JUDAÍSMO

A questão do judaísmo, longe de ser marginal, pertence ao núcleo central da última filosofia de Schelling. É mesmo uma questão tão complexa e multilateral que é preciso necessariamente escolher tal ou qual aspecto, deixando os outros no esquecimento. Pois podemos nos interrogar sobre as fontes judaicas do pensamento de Schelling (bom filólogo, hebraizante) e, em particular, sobre sua leitura da Cabala desde 1809 (época das *Investigações sobre a essência da liberdade humana*), e sobretudo a partir de 1811, na época da primeira elaboração do grande projeto inacabado das *Idades do mundo*, projeto ao qual, num certo sentido, Schelling jamais renunciará. Foi o que fez August Wilhelm Schulze num artigo muito documentado, "Schelling und die Kabbala", publicado na revista *Judaica*, XIII, 1957;[1] podemos também, como fez Werner Cahman, estudar a influência de Schelling sobre o pensamento judaico, de Isaac Bernays, passando por Hirsch Maier Loewengaard, até Rosenzweig.[2]

Para Schelling, o judaísmo, ou melhor, a "situação" do judaísmo, não é um tema regional, mas uma peça essencial do dispositivo

---

[1] Devem-se hoje completar as informações reunidas por W. A. Schulze com a atualização de Christophe Schulte, "Kabbala in der deutschen Romantik" e "Zimzum bei Schelling", *in Kabbala und Romantik*, Conditio Judaica 7, ed. por Hans Otto Horch e Itta Shedletzky, Niemeyer, Tübingen, 1994, respectivamente pp. 1-9 e 97-118. *Cf.* também Christophe Schulte, "F. W. J. Schellings Ausleihe von Hand- und Druckschriften aus der königlichen Hof- und Staatsbibliothek zu München", *in Zeitschrift für Religions- und Geistesgeschichte*, 45, 3 (1993), pp. 267-77.

[2] Werner J. Cahnman, "Friedrich Wilhelm Schelling and the New Thinking of Judaism", *in* W. J. Cahnman, *German Jewry. Its History and Sociology*, ed. J. B. Maier, J. Marcus, Z. Tarr, Transaction Publishers, New Brunschwick — Oxford, 1988. Esse notável estudo foi re-editado na obra coletiva citada na nota anterior: *Kabbala und Romantik*.

da última filosofia, que não é nem filosofia da religião, nem filosofia religiosa que se pauta por alguma ortodoxia.

A última filosofia de Schelling também pode ser caracterizada como uma filosofia positiva distinta da filosofia racional pura. A filosofia positiva é antes de tudo um empirismo superior, o exercício de um pensamento atento ao "fato", à historicidade, à aposterioridade. Ela requer, por isso mesmo, uma ampliação (*Erweiterung*) da filosofia, destinada a capturar, sem sacrificar os direitos e as exigências do conceito, o conjunto dos fenômenos que são indedutíveis, irredutíveis ao autodesenvolvimento da razão.

Mas a preocupação com a positividade significa antes de tudo, para aquele que é bom hebraizante e se vangloria de ser "filólogo", prestar atenção "aos testemunhos" aos "documentos", numa palavra, à Escritura.

Desde a época das *Idades do mundo*, Schelling insiste, nesse sentido, no caráter fundamental, original do Antigo Testamento, fundação, alicerce, base fundamental do Novo. E numa observação capital apresentada como que de passagem, logo antes do primeiro grande desenvolvimento que consagra à questão dos nomes divinos, Schelling sublinha que, caso se queira tratar cientificamente os "primeiros começos" — o que é mesmo o objetivo central d'*As idades do mundo*: expor a vida divina antes da criação do mundo, segundo uma perspectiva ao mesmo tempo teogônica e cosmogônica —, importa poder ligar-se a uma tradição antiga, sólida, reconhecida.

E é Schelling que se pergunta:

"Onde então tinha eu mais chances de encontrar essa tradição, senão nesses monumentos eternos (*Urkunde*) que eternamente repousam sobre si mesmos, que são os únicos que compõem a história do homem e do mundo, do seu começo até o fim? (*eine vom Anfang bis zum Ende hinausgehende Welt- und Menschgeschichte*)?".[3]

É a Escritura que nos oferece esses documentos, abrindo assim a possibilidade de uma reflexão ao mesmo tempo arqueológica e escatológica:

---

[3] Schelling, *Sämtliche Werke*, VIII, p. 271. Trad. francesa modificada de S. Jankélévitch, *Les Ages du monde*, Paris, Aubier, 1949.

Vê-se, assim, aparecer em Schelling, desde 1811-1815, a idéia de história superior, de economia, de conexão geral das épocas, dos tempos, das idades ou ainda do que ele denomina o "sistema dos tempos". Essa preocupação de se apoiar nos mais antigos documentos é indispensável, caso se queira assegurar a inteligência da conexão de conjunto da história, que justifica o retorno ou recurso à Escritura e, antes de tudo, ao Antigo Testamento, no quadro de uma hermenêutica especulativa, livre de toda ortodoxia:

> "Ninguém pretenderá que a erudição atual esgotou tudo o que podia ser dito no que concerne à Escritura ou passou em revista todas as suas riquezas. Assim como ninguém pensará em negar que o *sistema* suscetível de explicar (*erklären*) todas as passagens da Escritura e de estabelecer um acordo entre elas ainda não foi encontrado. Numerosas são, com efeito, as passagens carregadas de sentido que permanecem obscuras ou relegadas à obscuridade... Numa palavra, ainda falta o sistema interno (esotérico) no qual os mestres deveriam muito especialmente ser iniciados (... *es fehlt mit einem Wort an dem inwendigen (esoterischen) System, dessen Weihe ganz besonders die Lehrer haben sollten*). — Mas o que se opõe muito particularmente a que esses ensinamentos formem um todo compreensível e coerente é o injusto menosprezo e a negligência de que é acometido o Antigo Testamento, sem falar daqueles que o rejeitaram inteiramente. Não se considera como essencial senão o que se encontra reproduzido no Novo. Ora, o Novo Testamento tem por base o Antigo e o supõe de modo incontestável. É apenas no Antigo Testamento que se encontram os começos, os primeiros grandes princípios do sistema cuja influência se faz sentir até nas partes mais extremas do Novo. Mas são justamente os começos que são o essencial... Há uma conexão nas revelações divinas que não pode ser concebida em seu meio [o Cristo], mas apenas a partir do começo. (... *Es ist ein Zusammenhang in den göttlichen Offenbarungen, der nicht in seiner Mitte, der nur vom Anfang her begriffen werden kann*)".[4]

[4] *SW*, VIII, pp. 271-2.

Pode-se ainda assinalar uma outra ilustração dessa vontade constantemente reafirmada por Schelling de recorrer aos documentos mais antigos para deles nutrir suas análises "conceituais". Com o risco — mais do que claro — de um movimento circular, num curso notável de 1830, *Introdução à filosofia*, Schelling empenha-se antes de tudo em elucidar o conceito de Deus, determinado essencialmente em termos de vontade ou de espírito:

"*der Wille, der zu seyn, der er sein wird, ist er selbst* — Essa vontade de ser aquele que ele será é ele mesmo".

Antes de remeter aos "livros do Antigo Testamento":

"Os livros do Antigo Testamento fazem parte da investigação universal; eles devem, enfim, parar de estar apenas nas mãos dos teólogos; esses livros oferecem-nos mais do que os tesouros da Pérsia e da Índia".[5]

A antigüidade do testemunho bíblico contribui para aumentar seu interesse e sua importância:

"Enquanto em toda a filosofia moderna se usou e abusou do nome de Deus mediante tantos conceitos disparatados, é necessário remontar até uma época em que esse conceito foi pela primeira vez estabelecido firmemente na consciência humana. — Mas todos os mais antigos documentos antes profanaram esse conceito, à exceção dos livros do Antigo Testamento: as condições de um passado pré-histórico se refletem neles, como a luz dos relâmpagos através de nuvens espessas...".[6]

---

[5] Schelling, *Einleitung in die Philosophie*, ed. por W. E. Ehrhardt, Fromman, Stuttgart, 1989, pp. 103-4: "Die Bücher des Alten Testamentes gehören der allgemeinen Forschung an, sie sollen einmal aufhören, bloß in den Händen der Theologen zu sein; jene Bücher bieten uns mehr als die Schätze Persiens und Indiens".

[6] *Ibidem*: "Da während der ganzen neueren Philosophie der Name Gott in so disparaten Begriffen gebraucht und gemißbraucht wurde, so wird es nötig sein, in eine Zeit hinaufzusteigen, wo jener Begriff zuerst im menschlichen Bewußtsein festgestellt wurde. Alle älteren Urkunden haben aber diesen Begriff mehr profaniert,

Após essas considerações metodológicas gerais, Schelling passa ao exame do nome revelado a Moisés (*Ex.* III, 14): *'Ehye 'asher 'Ehye*. Esta é uma das inúmeras análises da passagem do Êxodo no *corpus* schellinguiano. A revelação do nome, insiste aqui Schelling, é revelação daquilo que Deus é.

> "Sou aquele que serei. Que significa isso, senão: sou aquilo que sou, não de maneira substancial, mas por minha vontade e por minha ação, ou ainda: nada mais sou do que a vontade de ser aquele que serei. Deus é assim a vontade, não de ser quem ele é, mas quem ele será... O primeiro ou o verdadeiro conceito de Deus é aquele de seu futuro, a saber, que ele é a vontade de ser quem ele será..."[7]

\* \* \*

Quando Schelling reflete sobre o conceito de revelação, destaca que esta última implica sempre um ato, uma vontade de se manifestar, que se eleva sobre um velamento ou um obscurecimento prévios, e nesse sentido a opõe a todos os processos naturais ou necessários, ao termo dos quais algo aparece ou se manifesta.

Nesse sentido, a revelação é sempre desvelamento, desencobrimento, mas pode também ser dissimulação, disfarce (*Verstellung*), e em todo caso nunca é total ou exata, mas comporta sempre em seu fundo uma retração ou uma reserva; ela sobrevém, atinge e surpreende, ela cria evento de maneira inesperada e não antecipável — ela abre uma história, na qual ela mesma se historiciza, se temporaliza, segundo idades ou épocas determinadas.

Sob esse aspecto, é necessário opor o conjunto das revelações divinas ao processo mitológico que Schelling caracteriza, em compen-

---

als jene Bücher; in ihnen spiegeln sich die Verhältnisse einer urweltlichen Vergangenheit; gleichsam durch Blitze aus einer dunklen Wolke erleuchtet...".

[7] *Ibidem*, p. 104: "Ich bin, der ich sein werde. Was heißt dieses anders, als ich bin, was ich bin, nicht substantiellerweise, sondern durch Willen und Tat, oder ich bin nicht anders, als der Wille der zu seyn, der ich sein werde. Gott ist also der Wille, nicht der zu seyn, der er ist, sondern der er sein wird... Der Erste oder wahre Begriff Gottes ist der seiner Zukunft, daß er nämlich der Wille sei, der zu seyn, der er sein wird". Sobre a interpretação schellinguiana dos nomes divinos, seja-nos permitido remeter a nosso estudo: "Do deus em devir ao ser por vir" [penúltimo ensaio deste livro].

Schelling e o judaísmo

sação, como um processo natural, necessário, devendo percorrer todas as suas etapas. Mas é preciso observar também que esse processo, que tem por teatro a consciência humana, capturada, atingida e como que alucinada pelo deus ou pelo divino (uma figura, um momento ou uma potência do divino),[8] acomete também a consciência, afeta a humanidade inteira em sua história, aberta com a queda,[9] e que ele põe em ação o deus mesmo, sua vida e seu devir; esse processo é, também ele, teogônico e não poderia desenvolver-se sem deus.

Opondo-se a Jacobi e Schlegel, Schelling recusa-se cada vez mais claramente a partir de um conceito universal da revelação, assim como da idéia de uma *Uroffenbarung*, estabelecendo um monoteísmo primitivo. Para Schelling, ao contrário, se a consciência do homem primitivo é certamente caracterizada por sua relação imediata com o Deus, esta última ainda não é um conhecimento do verdadeiro Deus reconhecido como tal e com distinção (*mit Unterscheidung*). A interpretação schellinguiana da Gênese aí vê, ao contrário, uma prova de que a primeiríssima geração humana ainda não tinha verdadeiramente consciência do verdadeiro deus enquanto tal, como mostra a análise dos nomes divinos: Elohim, El Shaddai, El Olam, e enfim o tetragrama YHWH. Elohim é o nome do deus que ainda não é senão conteúdo imediato da consciência.

Elohim é o deus indistinto, enquanto Jeová é o deus distinto:[10]

> "Mas visto que Jeová é também Elohim, e que Elohim
> é Jeová, a diferença entre os dois não pode residir senão no
> fato de que Elohim é o deus ainda 'indistinto', enquanto
> Jeová é o Deus 'distinto' como tal".[11]

---

[8] Sobre esse tema, *cf.* o estudo clássico de Luigi Pareyson, "Lo stupore della ragione in Schelling", *in Romanticismo, Esistenzialismo, Ontologia della libertà*, Mursia, Milão, pp. 137-80.

[9] *Cf.* Kant, *Começo conjectural de toda a história humana*, Ak. Ausg. VIII, 112-5. Trad. fr. Ferry-Wismann, *in Œuvres philosophiques*, sob a direção de F. Alquié, Pléiade, III, pp. 506 ss.

[10] *SW*, XI, 146.

[11] "Da aber sont der Jehovah auch der Elohim, und der Elohim der Jehovah ist, so kann der Unterschied zwischen beiden nur der seyn, daß Elohim der Gott noch *indistincte*, Jehovah der als solcher unterschiedene".

Em todos os casos, a consciência primitiva é "teo-tética", posição da divindade.[12]

Tese que se exprime de maneira particularmente impressionante num curso pronunciado em Berlim em 1845-1846, do qual dispomos hoje das notas tomadas por Henri-Frédéric Amiel:

"Antes da consciência-de-si, não pode haver senão consciência de Deus. — Sempre se formulou mal a pergunta: Como a consciência chega a Deus? Ela não chega a ele, ela parte dele... O monoteísmo do *Urbewußtsein*... é absorção do homem em Deus... O teísmo é o fundo comum do politeísmo e do monoteísmo; é a indiferença, o repouso dos dois e seu antecedente... A humanidade é nesse sentido antes de tudo *un-frei*; tomada de uma potência estrangeira, fora dela mesma...".[13]

A filosofia da mitologia consagra-se assim a retraçar a história de uma longa e dolorosa liberação: a consciência livra-se da relação imediata com Deus para alcançar a si, a consciência-de-si.[14]

É fundando-se na consideração da *Urbewußtsein*, presa do divino, que Schelling poderá dessa vez estabelecer o paralelo entre as revelações do Antigo Testamento e as teofanias do paganismo. Uma das conseqüências mais claras da interpretação "tautegórica" da mitologia, uma das conseqüências da recusa de considerar o conjunto dos "mitologemas" como alegorias ou ficções poéticas é, com efeito, situar na economia geral ou na história superior da revelação o processo mitológico ele mesmo, ou o momento do "paganismo".

É assim que, na introdução, a crítica às interpretações alegóricas ou "empiristas" dos mitologemas vale também para certos exegetas da Bíblia:

[12] *SW*, XI, 145.

[13] *La Philosophie de la Mythologie de Schelling, d'après Charles Secrétan (Munich 1835-36) et Henri-Frédéric Amiel (Berlin 1845-46)* ed. L. Pareyson e M. Pagano, Mursia, Milão, 1991, pp. 227, 230, 232.

[14] *Cf.* X. Tilliette, *La mythologie comprise, L'interprétation schellingienne du paganisme*, Bibliopolis, Nápoles, 1984, e Lidia Procesi, *La genesi della coscienza nella Filosofia della mitologia di Schelling*, Mursia, Milão, 1990.

"Há cinqüenta anos ainda, todos os filólogos que estudavam o Antigo Testamento teriam zombado de um comentador que houvesse percebido na chuva de pedras mencionada no livro de Josué uma verdadeira chuva de pedras, em vez de uma simples tempestade de granizo, e esta é, com efeito, a maneira mais simples para o espírito de atenuar as idéias que perturbam seu conforto... O primeiro fim de uma explicação é fazer justiça a seu objeto, não o depreciar, não reduzir seu alcance, nem o diminuir ou desnaturar, sob o pretexto de o tornar mais facilmente compreensível. Coloca-se aqui a questão, não mais de saber sob que perspectiva é preciso tomar o fenômeno para poder explicá-lo de acordo com uma filosofia, mas, inversamente, que filosofia se requer para estar em pé de igualdade com o objeto, a sua altura mesmo?... até onde é preciso alargar nossos pensamentos para nos manter em relação com o fenômeno?".[15]

A filosofia da mitologia tem por primeiro objetivo fazer surgir as "conexões tão profundas quanto vastas" das representações mitológicas, sublinhando a dupla articulação do processo mitológico e das épocas da revelação.

Mas isso implica também um sentido novo para a historicidade, para essa história superior que permanece ao mesmo tempo história da consciência, gênese ou genealogia da consciência:

"Enquanto a filosofia supuser que a consciência atual das coisas e da consciência humana em geral é a medida universal e a única válida, considerando essa condição como *necessária* e eterna no sentido lógico, ela nada poderá compreender do que ultrapassa, do que transcende a condição atual da consciência humana".[16]

Essa historicidade da consciência não pode ela mesma surgir senão segundo uma lógica do *a posteriori*, em função de uma retros-

---

[15] *Filosofia da mitologia*, 7ª Preleção, trad. francesa A. Pernet, J. Millon, Grenoble, p. 90.

[16] *Ibidem*, p. 92.

pecção de imediato teleológica, de tal modo que "não são os contemporâneos que vêem melhor, mas justamente aqueles que estão mais distantes no tempo, isto é, aqueles que de novo já estão mais próximos da evolução última da consciência".

"Se, no começo do processo mitológico, a consciência se tornou vítima de uma potência (*Gewalt*) completamente cega e para ela mesma incompreensível..., então a consciência mitológica não terá de seu começo uma idéia clara senão no fim, quando essa potência (*Gewalt*) já houver sido de novo ultrapassada ou estiver perto de o ser, para e na consciência, ela mesma."[17]

É então que a primeira conexão tipológica sobre a qual Schelling insistia, por exemplo, na passagem citada d'*As idades do mundo*,[18] é suscetível de se complicar para deixar espaço para outras relações privilegiadas, em especial entre o paganismo e o cristianismo. Toda a 27ª Preleção da *Filosofia da revelação* é consagrada a essa questão:

"O rosto do Pai era proibido aos pagãos, mas foi a eles que Cristo foi dado por Ele como Senhor, ainda que não agisse entre eles senão como uma potência natural. O paganismo — *precisamente porque o cristianismo não é sua absoluta negação, mas sua verdade* — tem também nele mesmo uma verdade relativa".[19]

Esta passagem é notável, pois, se de um lado repete o motivo paulino de Cristo como luz dos gentios,[20] de outro desloca a estrutura da tipologia, classicamente aplicada ao Antigo Testamento, na direção do paganismo. O paganismo comporta sua parte de verdade,

---

[17] *Ibidem*, p. 95.

[18] O Antigo Testamento é a base fundamental que corresponde ao tempo do Pai, deus ciumento caracterizado pela cólera.

[19] *Filosofia da revelação*, trad. francesa coletiva sob a direção de J.-F. Marquet, PUF, Paris, t. III, pp. 98-9.

[20] *Cf. SW*, XIV, p. 75.

Schelling e o judaísmo

ele não é pura e simplesmente excluído ou abolido pelo cristianismo, mas é antes num certo sentido "superado" (no sentido hegeliano da *Aufhebung*). O que vale correntemente para o judaísmo em relação ao cristianismo se aplica aqui à relação gentios — cristãos. Schelling pode então escrever: "Cristo, num certo sentido, existe mais para os pagãos do que para os judeus".[21]

É essa mesma inversão da relação fundadora entre judaísmo e cristianismo que justifica a seus olhos a "diáspora":

> "Ao não ver a passagem para o cristianismo, ao perdê-la, os judeus se excluíram do grande curso da história. *Foi preciso* que deixassem de ser um povo, e tivessem se dispersado e espalhado entre as nações... O povo judeu dispersou-se ao vento e desde então não tem história própria, independente; ele está, propriamente, excluído da história".[22]

A bem da verdade, essa separação não faz mais do que repetir aquela que ocorreu no começo da história, com Abraão e os abraâmidas. Quando aparece o politeísmo, instrumento da divisão em povos da humanidade primitiva, o conhecimento do verdadeiro Deus não se mantém senão numa única geração que está de fora dos povos, e é o fato de não se haver particularizado que se torna a particularidade forte dessa "geração".[23] "É assim que a verdadeira religião e a revelação não se encontram nem na humanidade nem num povo, mas numa geração que permaneceu de fora da evolução rumo ao estado de povos..."[24]

O que está presente nas notas tomadas por Amiel:

> "O conhecimento do verdadeiro Deus não está num *povo*, está conservado numa única raça que está de fora dos povos. Ele está de fora da humanidade, quando a humanidade se tornou povo e politeísta (como, quando o leite talha, o que não talha não é mais leite). A verdadeira religião

---

[21] *Filosofia da revelação*, 29ª Preleção, trad. francesa cit., p. 168.

[22] *Ibidem*, p. 169.

[23] *Introdução à filosofia da mitologia*, 7ª Preleção.

[24] Trad. Jankélévitch, p. 188.

e a revelação permanecem numa raça, a de Abraão, oposta a todos os povos. Os povos estão ligados a *um* deus".[25]

Se, para Schelling, Cristo está presente desde o início do processo mitológico e se o cristianismo é tão antigo quanto o mundo, então, observava ainda Amiel a partir do curso de 1845-46:

> "A função mediadora de Cristo não começou apenas com sua aparição na carne, mas também exerceu sua ação desde o começo do mundo — com a queda".

Se, então, Cristo está em ação no paganismo, mas sob figuras "naturais" diferentes, torna-se possível pensar em "prefigurações" do cristianismo até no paganismo, e associar em especial Cristo à figura de Dioniso ou, mais precisamente, ao que Schelling tematiza como o terceiro Dioniso, o deus que vem ou o deus por vir; é essa nova perspectiva tipológica que explica a importância capital atribuída por Schelling àquele que constitui para ele o momento da transição, os mistérios de Elêusis, que representam a conclusão da mitologia grega, ela mesma conclusão e perfeição do processo mitológico:

> "O próprio paganismo acaba por uma profecia do cristianismo".

Reconhece-se aqui um motivo comum a Schelling e a Hölderlin, o do trevo evocado em especial no hino tardio "Der Einzige", que associa Heracles, Dioniso e Cristo.[26] Nas Preleções sobre *O método dos estudos acadêmicos*, Schelling já fazia do Cristo o último dos deuses gregos: "o ápice e o fim do antigo mundo dos deuses".[27]

Mas quando Schelling faz assim aparecer o paganismo como pano de fundo do cristianismo, sobre o qual ele se eleva, se destaca

---

[25] *Op. cit.*, p. 225.

[26] *Cf.* Manfred Frank, *Der kommende Gott, Vorlesungen über die Neue Mythologie*, Suhrkamp, Frankfurt, 1982.

[27] Trad. francesa J.-F. Courtine-J. Rivelaygue, *in Philosophies de l'université, L'idéalisme allemand et la question de l'université*, Payot, Paris, 1979, p. 112.

Schelling e o judaísmo

ou se recorta, não pretende voltar pura e simplesmente à tese anteriormente ilustrada: o Novo Testamento tem por pressuposto fundamental o Antigo, mas antes alargar a "conexão", visar de forma ampla o *Zusammenhang* da história superior:

"Dar ao cristianismo todo o pano de fundo do paganismo [é] fazer sua realidade ganhar uma base muito maior e mais forte... O cristianismo não saiu unilateralmente do judaísmo, ele pressupõe igualmente o paganismo...".[28]

É a absoluta centralidade do Filho, mediador e conciliador, que leva a reconhecer sua presença até na mitologia, ou melhor, como aquilo que, no processo mitológico, a título de segundo deus libertador, assegura a este último seu movimento próprio, sua orientação teleológica. É desde então legítimo sustentar que o Filho, como "pessoa oculta na potência apenas natural", é "a causa de toda revelação" — o termo, é preciso destacar, sendo então tomado em sua acepção mais ampla, que tanto engloba a revelação propriamente dita, transmitida nas Escrituras, quanto todas as teofanias do paganismo, nas quais, mesmo que sob aspectos enganosos, espantosos, desconcertantes, é sempre o deus ou alguma coisa do deus que aparece.

"Cristo já está implicitamente presente no paganismo, ainda que não esteja ali *enquanto* Cristo. No Antigo Testamento, Cristo já é compreendido *enquanto* Cristo, mas ele é apenas *aquele que vem*. No Novo Testamento, Cristo, enquanto Cristo, é também *revelado*."[29]

Schelling pretende aqui ilustrar a comparação paulina (*Romanos* 11, 16-24) das duas oliveiras, a oliveira selvagem e a oliveira cultivada:

"Ora, se as primícias são santas, toda a massa também o é; e se é santa a raiz, os ramos também o são. Mas se alguns dos ramos foram quebrados, enquanto tu, azam-

---

[28] *SW*, XIV, trad. francesa cit., p. 99.

[29] *Ibidem*, p. 109.

bujeiro, foste enxertado entre eles para com eles te benefi-
ciares da seiva da oliveira, não vás te glorificar à custa dos
ramos. Ou, se queres te glorificar, não és tu que sustentas
a raiz, é a raiz que te sustenta...".[30]

É pondo essa conexão superior[31] em evidência que leva à idéia
de uma dupla economia formulada no início da 27ª lição:

"Cristo também já estava, pois, na mitologia, ainda
que ali não estivesse *como* Cristo. Os pagãos estavam então certamente separados de Cristo, *choris Christou*, isto é,
do Cristo como tal, e contudo foi essa potência natural que
devia morrer em Cristo, foi ela que os iluminou e foi a única a deles se encarregar. Pois o Pai que se tornava inacessível ao ser extra-divino retirou-se *exteriormente* também na
consciência de um pequeno povo sem brilho e recluso num
fim de mundo... e mesmo ali o Pai não apareceu senão sob
a forma de um ser com que era preciso incessantemente se
conciliar. Cristo, ao contrário, era — se bem que ainda em
sua ação inteiramente natural — Luz dos pagãos; era *ele* a
potência própria do paganismo; ele formava para si, no
paganismo, o solo que receberia um dia o germe do cristianismo, para o qual o judaísmo haveria sido demasiado estreito. Paganismo e judaísmo eram, então, duas economias
que não deviam confluir senão no cristianismo".[32]

Duas preocupações fundamentais sustentam aqui a análise e a
argumentação schellinguianas: a afirmação da universalidade e da

---

[30] *Filosofia da revelação*, trad. cit., t. II, p. 32.

[31] *Cf. SW*, XI pp. 147 ss. "Na grande evolução (*Entwicklungsgang*) que aqui
expomos, argumentos buscados nas mais remotas fontes [Antigo Testamento e
helenismo, revelação e mitologia] podem ser-nos de maior utilidade do que pen-
sam aqueles que têm o hábito da discussão abstrata, quando consideram, por
exemplo, a mitologia grega sem nenhuma relação com um conjunto mais geral
(*allgemeiner Zusammenhang*)."

[32] *Filosofia da revelação*, trad. t. III, 95-6. *Cf.* também *Urfassung der Philosophie der Offenbarung*, ed. W. E. Ehrhardt, Meiner, Hamburg, 1992, pp. 458-9.

eternidade do cristianismo, por um lado, a preocupação, por outro lado, de não deixar que a história do mundo seja cindida em duas:

"Se o cristianismo nada mais é do que aquilo por que habitualmente é tido, se nada mais é do que uma simples negação do paganismo, de modo que este último não é a seu lado senão uma fábula sem nenhuma realidade própria, se o cristianismo e o paganismo nada têm em comum de positivo, a história cinde-se em duas metades inteiramente exteriores uma à outra e sem o menor contato, toda continuidade, toda coerência da história é interrompida e o cristianismo não aparece como o *eterno* que ele é e que deve ser em tudo, mesmo no paganismo. Ele aparece apenas como algo que não existe senão *desde de um certo tempo*. Mas isso é rebaixar o cristianismo. O conteúdo de toda religião verdadeira é um conteúdo eterno, que não se pode então absolutamente excluir de tempo algum. Uma religião que não viesse de tão longe quanto o mundo, que não é de *todos* os tempos, não pode ser a verdadeira. É preciso que haja havido cristianismo no paganismo e que este último haja tido o mesmo conteúdo *substancial*... Haveria sido impossível para a natureza humana viver *apenas* de um erro durante milênios; uma consciência de homem cheia *apenas* de nadas não podia durar. É impensável que a humanidade tenha atravessado milênios sem *nenhuma* relação com o único princípio em que se encontra sua salvação".[33]

Em sentido contrário, quando estuda a revelação judaica (vetero-testamentária), em especial na 7ª e na 8ª Preleções da *Introdução à filosofia da mitologia*,[34] Schelling esforça-se, distinguindo os momentos de Deus e seus diferentes nomes, para reintroduzir o equivalente a um elemento mitológico ou natural até na revelação. Na 7ª Preleção da *Introdução histórico-crítica à filosofia da mitologia*, onde Schelling destaca a oposição entre Elohim, "o deus geral que para pôr

[33] *Filosofia da revelação*, trad. cit., t. III, p. 98.

[34] *Cf.* curso Amiel citado, p. 223: "Mitologia e Revelação estão ligadas de modo muito mais estreito do que até aqui se acreditou".

350                                          A tragédia e o tempo da história

Abraão à prova pede-lhe o sacrifício de seu filho", e Jeová, aquele que aparece para impedi-lo de realizar o sacrifício, "o anjo ou a aparição de Jeová", essa análise leva Schelling à tese segundo a qual foi a mesma potência que conduziu o gênero humano rumo ao politeísmo e que orientou uma geração eleita rumo à verdadeira religião. Percebe-se aqui o que está em jogo na distinção schellinguiana dos nomes divinos: Elohim — YHWH,[35] em oposição a leituras que isolam duas tradições diferentes: elohista — yahwista (vide Dhormes e Septuaginta). Seja-nos aqui permitida uma longa citação da 29ª Preleção:

"Aquele que é denominado Elohim é a *substância* da consciência, o anjo de Jeová não é nada de substancial, mas é algo que não faz senão devir na consciência, que justamente não faz senão aparecer, ele não é *em substância*, ele nunca existe senão *em ato* na consciência, ele nunca é senão [hebreu] 'anjo de Jeová', isto é, unicamente aparição, revelação de Jeová, e ao mesmo tempo pressupõe constantemente Elohim como substância, como meio de sua aparição... nenhum dos dois [deuses] é, tomado por si, o verdadeiro deus, pois o verdadeiro não *aparece* senão suprimindo o Deus precedente, visto que este último não é o verdadeiro; ele não pode então dele ser separado. O verdadeiro Deus no Antigo Testamento é então mediado pelo falso e como que ligado a ele. Aí está o limite da revelação vétero-testamentária em geral. Como a potência superior, que é a causa de toda revelação, supera o princípio que a ela se opõe, ela *produz* nele o verdadeiro Deus como aquele que aparece. A revelação não é então possível, da parte de Deus, sem que ele seja na consciência *imediatamente* um outro, e mesmo alguém de diferente de si mesmo — ela o é se ele se suprime nesse ser imediato, se ele se mediatiza para alcançar a si e assim se *produz* de fato na consciência. Sem uma tal produção de si na consciência, não haveria revelação de Deus. Uma comunicação puramente exterior, ainda que fosse pensável, não a alcançaria; nenhuma consciência pode ser preenchida de fora. O que o homem deve acolher em si

[35] *Cf. ibidem*, 223: "No Antigo Testamento, e particularmente em Moisés, o deus da imediata consciência é Elohim, o Deus verdadeiro e discernido é Jeová".

Schelling e o judaísmo

em matéria de conceito deve haver sido produzido nele mesmo e por meio de um princípio que o habita, que já *está* nele, que se comporta como potência do que há a ser produzido. Por isso, a revelação vétero-testamentária pressupõe perpetuamente a tensão. Toda a organização mosaica, todo o seu código religioso repousa mesmo unicamente sobre o reconhecimento da *realidade* desse princípio que denominamos princípio contrário, antidivino. É preciso deixá-lo subsistir como seu pressuposto, e poupá-lo. Se não houvesse na própria revelação vétero-testamentária um tal pressuposto, seria sem causa alguma que a constituição dele teria sido abolida pelo Cristo do mesmo modo que o paganismo. Os dois são suprimidos ao mesmo tempo e *uno eodemque actu*. É justamente por causa dessa relação — é precisamente *porque* o princípio do paganismo não está menos no fundamento da religião de Moisés do que no do próprio paganismo (no *fundamento*, pois é justamente o que nela é constantemente dominado, restrito e submetido a certas leis), é precisamente por isso que o Antigo Testamento é por excelência o período da revelação divina, que pressupõe um princípio de obscurecimento. Cristo é o *fim* da revelação, assim como é o fim do paganismo; ele acaba com a revelação que, como se disse, sempre supõe um princípio de obscurecimento, como o paganismo. O aparecimento efetivo de Cristo é, então, mais do que *apenas* uma revelação, precisamente porque suprime o pressuposto da revelação, e com isso a própria revelação. Se estabelecemos como as três grandes formas de toda religião o paganismo, o judaísmo e o cristianismo, a revelação do Antigo Testamento não é senão a revelação efetuando-se através da mitologia, o cristianismo é a revelação que atravessou esse invólucro (o paganismo) e que então suprime, ao mesmo tempo e do mesmo modo, judaísmo e paganismo".

É essa fusão numa única e mesma economia geral das duas articulações: judaísmo — cristianismo e paganismo — cristianismo, que leva Schelling a marcar também uma "gradação", cristológica em seu princípio: paganismo, judaísmo, cristianismo, tematizada na 27ª Preleção:

"O *verdadeiro* Filho... é a *causa* de toda revelação, assim como, enquanto potência simplesmente *natural*, é a causa de toda mitologia. Se agora distinguimos dois tempos, o tempo do simples projeto concebido desde a queda do homem... e o do ato efetivo, então, *antes* deste último tempo, aquele que ia tornar-se homem já é o princípio da revelação, mas de uma revelação por certo ainda velada, não falando senão através de signos e profecias, como no Antigo Testamento. — Não é a substância (que é a mesma nelas duas), mas o *agente* que faz a diferença entre a revelação e a religião natural... O agente em uma é a potência puramente natural, o agente na outra é a própria pessoa. Mas como não se pode separar a pessoa da potência natural, Cristo já está *implicitamente* também no paganismo, ainda que ele não esteja ali *enquanto* Cristo. No Antigo Testamento, Cristo já é compreendido *enquanto* Cristo, mas ele é apenas *aquele que vem*. No Novo Testamento, Cristo enquanto Cristo é também *revelado*. Antes ele então não estava absolutamente ausente, ele estava lá, mas oculto, no paganismo, por um duplo véu, no judaísmo, por um véu simples... Assim como o templo do Senhor em Jerusalém tinha um duplo átrio, o mais exterior sendo o dos pagãos, e também um santuário, além do mais com um Santo dos Santos, no qual só o sumo sacerdote podia entrar, uma vez por ano apenas, na festa do Dia do Perdão, assim também a gradação recíproca do paganismo, do Antigo e do Novo Testamento".[36]

\* \* \*

Apresentemos, para terminar, um documento que ilustra concretamente essa visão geral da economia da revelação e que revela a dificuldade de caracterizar, de modo unívoco, a relação de Schelling com o judaísmo. Trata-se de uma consulta de 13 de novembro de 1848.

O soberano Maximiliano II da Baviera dirige-se a *Schelling*, seu antigo preceptor, agora conselheiro de Estado, para lhe submeter um projeto de lei referente à emancipação dos judeus no reino da Baviera.

[36] *Filosofia da revelação*, trad. cit., t. III, pp. 108-9.

"Ser-vos-ei muito reconhecido se me puderdes dar rapidamente vosso parecer sobre uma questão tão importante e carregada de conseqüências... O ministro Lerchenfeld crê que essa lei é um postulado da época e representa ao mesmo tempo o melhor e mais seguro meio de fazer dos israelitas pacíficos cidadãos. Não tenho muita clareza a esse respeito."[37]

O soberano expõe em seguida o artigo I do projeto de Lei: "No conjunto do reino, os súditos israelitas têm os mesmos direitos e os mesmos deveres políticos e civis que os habitantes cristãos. Todas as disposições particulares contrárias em oposição aos israelitas tornam-se assim sem efeito". O artigo II reservava a decisões posteriores tudo o que concerne a disposições religiosas.

Ouçamos a resposta de Schelling:

"O grandioso veredicto pronunciado contra os judeus impediu-os para sempre de gozar dos benefícios de uma existência própria num Estado. Enquanto às outras nações (*Nationalitäten*) era dado alcançar no curso da história uma vida no Estado mais ou menos autônoma, os judeus foram empurrados para a vida nômade. É por isso que, segundo sua natureza, os judeus se colocam diante das estruturas organizadas do Estado numa atitude hostil; eles são totalmente desprovidos de qualquer sentimento pelas instituições do Estado germânico, porque o princípio de uma consideração superior, sobre a qual esse Estado repousa, é para eles algo de eternamente inconcebível. O sentimento dessa desarmonia em que se encontra em relação a nossa vida estatal o caráter do povo judeu esteve certamente na base da exclusão dos judeus dos direitos políticos, em todos os territórios alemães; todavia, revelou-se que os judeus, do ponto

[37] W. E. Ehrhardt, *Schelling Leonbergensis und Maximilian II. von Bayern Lehrstunden der Philosophie*, Frommann, Stuttgart, 1989, pp. 77-8: "Recht dankbar wäre ich bin, wollten Sie mir so bald als nur immer möglich Ihre Ansicht über diese so wichtige und folgenreiche Frage mitteilen... Der Minister Lerchenfeld glaubt daß dieses Gesetz ein Postulat der Zeit und zugleich das beste und sicherste Mittel sei, die Israeliten zu ruhigen Staatsbürgern zu machen: Ich bin Mir nicht klar über diesen Punkt".

de vista isolado a que estavam destinados, nada mais fizeram senão trabalhar para minar a ordem estatal com ainda mais maldade e hostilidade. A experiência das últimas décadas ensina que os elementos hostis que ameaçam o Estado não se deixam excluir pelo sistema de proibições (*Prohibitiv-System*) observado a seu respeito, mas que em toda parte foi aberta uma brecha, através da qual eles arranjaram um acesso (*Eingang*). Somos então forçados pelas próprias circunstâncias a tomar decisões em sentido contrário: a saber, ab-rogar em seu conjunto e em sua totalidade (*im Ganzen und Großen*) as medidas restritivas e esperar da força inerente ao próprio Estado a ultrapassagem (*Überwindung*) dos elementos maus e hostis. Desse ponto de vista, nada se pode objetar à emancipação dos judeus anunciada no artigo I do projeto de lei. Muito pelo contrário, pode-se esperar da emancipação que ela favoreça, por um constrangimento indireto, a conversão dos judeus ao cristianismo. Pois a partir do momento em que os judeus se sentirem aceitos como membros em igualdade de direitos no organismo do Estado, eles gradativamente se sentirão cada vez mais ligados aos interesses do Estado. Mas, quanto mais participarem dessa dimensão estatal, mais perceberão que ela é incompatível com a religião judaica e, a longo prazo, não poderão evitar a influência dominante do cristianismo. No início, sem dúvida, a arrogância inata (*angeborene Anmaßlichkeit*) dos judeus se exercerá da maneira mais deplorável (*auf widerliche Weise*), num superpovoamento da universidade por 'dozents' judeus. Mas o governo sempre terá meios suficientes nas mãos para paralisar, nesses casos particulares, a influência nefasta dos judeus que avançam, e é de se esperar que os cristãos, à medida que os judeus estiverem exteriormente em pé de igualdade, tomem cada vez mais consciência de sua superioridade espiritual interna e que, desse modo, assim como pela desconfiança quanto aos judeus ainda dominante no povo, sejam remediadas, num certo sentido, as usurpações e importunações dos judeus."[38]

[38] *Ibidem*, pp. 79 ss.

Schelling e o judaísmo

Mas Schelling acrescenta ainda uma nota mais pessoal dirigida ao soberano, que pode ser resumida citando apenas as passagens que me parecem essenciais para quebrar um pouco a dureza exemplar da primeira resposta formal, a cuja interpretação não nos deveríamos sem dúvida arriscar imediatamente, sem levar em consideração os fatos e sem eventualmente levar em conta preocupações táticas. Maximiliano II não era precisamente um soberano liberal e filossemita.

Segundo o artigo II do projeto de lei, artigo que rege as condições religiosas, os judeus exigirão sem dúvida, sublinha Schelling nessa nota anexa, "com todo o direito, um consistório judaico" e talvez mesmo "uma faculdade de teologia judaica".

"Creio que ambos, convenientemente estabelecidos, não podem ter senão um resultado benéfico. A principal razão é que, ao que me parece, só assim os judeus poderão afastar-se da ausência de pensamento (*das Gedankenlose*) de sua religião atual, que no fim deve tornar-se um completo ateísmo. No que concerne às nomeações para a faculdade de teologia, deve haver número bastante de indivíduos qualificados na Baviera e vizinhanças; no meu tempo, estudavam em Munique muitos dos candidatos ao rabinado, os quais, em parte, seguiam mesmo cursos dos teólogos católicos, em particular os cursos de exegese garantidos por Allioli e consagrados aos livros do Antigo Testamento. Pelo meu lado, eu tinha ouvintes, alguns excelentes, em especial em meus cursos sobre a filosofia da revelação. Se fosse preciso, eu poderia designar um, em particular, que desde então se tornou ilustre também como escritor: Löwengard, rabino de Bebenhausen, perto de Göppingen, no ducado de Würtemberg. Ele poderia ser oportunamente consultado, antes de qualquer decisão referente à nomeação para essa cátedra... vi-o ainda aqui, há menos de dois anos; sem as mudanças ocorridas, ele por certo haveria obtido na Prússia uma posição à altura de sua capacidade; ouso esperar que, sob a pressão das condições preocupantes nas quais viveu até agora, ele haja podido se manter espiritualmente... E já que vossa Majestade real me deu ocasião de vos escrever a respeito de questões judaicas, aproveito para expor uma situação que, por vários aspectos diferentes, muito me interessa. O Professor Molitor, que, há vinte anos, para acabar sua obra: *Filosofia da história*, consagrada principalmente à antiga filosofia judaica, se havia beneficiado, por parte de sua Majestade o Rei Luís, de uma pensão anual de 400 florins, perdeu-a em seguida às mudanças sobrevindas no governo. Até o momento eu havia adiado essa solicitação... mas a tal ponto sou devedor desse homem que sou obrigado a atestar que sua obra é a meu ver de uma tal importância, para a história da filosofia, e em particular também para a do cristianismo, que eu não gostaria de por mais tempo retardar a solicitação que dirijo... etc..."

Para concluir e tentar situar essas palavras, é preciso sem dúvida evocar o testemunho de um diálogo de Schelling e de seus ouvintes judeus, tal como aparece numa nota da 29ª Preleção da *Filosofia da revelação*:

Com efeito, uma nota dessa Preleção (trad. francesa, 166-7) apóia-se num diálogo com alguns de seus ouvintes judeus: o Antigo Testamento, havia defendido Schelling, revela ainda uma reconciliação apenas exterior da consciência com Deus: reconciliação com base em desentendimento que constitui uma relação ainda servil (sob a lei, assim como sob o jugo dos escravos), à qual Schelling opunha a de um homem livre ou de um filho, surgida apenas com o cristianismo:

> "Que a reconciliação no Antigo Testamento não era senão uma reconciliação que não suprimia o dilaceramento interior, o desentendimento com Deus, eis também uma doutrina dos Apóstolos e que surge com clareza do fato de que os sacrifícios deviam sempre ser recomeçados".[39]

Por certo, reconhecia Schelling a seus ouvintes judeus, encontramos no Antigo Testamento muitas passagens que pedem o amor a Deus, a obediência voluntária. "Alguns reflexos da reconciliação superior realmente transparecem, sobretudo nos profetas ou nas passagens proféticas. Isso é explicado justamente a partir do *contraste* mesmo cuja existência na constituição vétero-testamentária provamos, do

---

[39] Trad. francesa cit., t. III, pp. 166-7.

contraste entre o que nela é independente da revelação, como o pressuposto desta última, e o que nela é autenticamente revelação."

"Esse último elemento revela-se, sobretudo, nos Profetas, ao passo que na lei ele não está presente senão de maneira velada. O profetismo em si já era, a bem dizer, a potência oposta à lei — por assim dizer, o que há de dionisíaco no Antigo Testamento."

Como o judeu oferecia seu sacrifício prescrito pela lei, ele dobrava-se, na verdade, à mesma necessidade, ao mesmo impulso que aquele também seguido pelos pagãos em seus sacrifícios: tudo o que distinguia eles próprios desses últimos era o elemento profético neles, era o futuro que eles anunciavam.

E a Preleção terminava com essas palavras:

"Seria certamente um método muito perverso afastar os israelitas da religião de seus ancestrais para lhes dar em troca uma religião dita *universal*, isto é, absolutamente anistórica e puramente teísta. Enquanto se apegarem à religião de seus ancestrais, eles ainda estarão ligados à verdadeira história, ao processo verdadeiro e desejado por Deus, que é ao mesmo tempo a vida verdadeira, e ao qual ninguém se pode furtar impunemente".

Encontramos aqui um motivo importante da carta a Maximiliano: a evolução atual da religião judaica corre o risco de levar seus fiéis ao ateísmo, e é antes de tudo para lutar contra esse fenômeno que Schelling preconiza a criação na Universidade da Baviera de uma faculdade de teologia judaica. O que Schelling recusa, ao mesmo tempo é a idéia de uma emancipação a-religiosa que preparasse o caminho para uma religião universal, o teísmo. Aparece, contudo, uma discordância entre essa Preleção e a carta ao soberano: ela diz respeito à historicidade ou anistoricidade do povo judeu. Dispersados, eles foram excluídos da história, observava ele, dirigindo-se ao soberano. Aqui, em compensação, Schelling destaca sua inclusão na verdadeira história, a história superior, ainda que essa inclusão seja bastante complexa. Uma coisa é certa, em todo caso: quando Schelling toma partido a favor da segunda emancipação dos judeus em 1848, de sua admissão na Universidade, da criação de uma cátedra de teologia, é sempre com a perspectiva última de uma conversão dos judeus, ainda que através de longos desvios inesperados, já que essa conversão está inscrita, a seus olhos, na história superior, na economia geral da revelação.

"Uma conversão universal dos judeus ao simples teísmo ou ao que chamamos de pura religião da razão é, além do mais, difícil de esperar. Eles são ainda agora — mas num outro sentido — o povo reservado, reservado para o reino de Deus, no qual estão destinados a entrar por último, a fim de que aí também se verifique essa sublime ironia divina e que aqueles que eram os primeiros sejam os últimos... Virá o dia em que eles serão reintegrados a essa e nessa economia divina de que agora estão excluídos e como que esquecidos. Enquanto se espera, é digno das melhores inteligências não lhes recusar por mais tempo os direitos necessários."[40]

Se uma tal conclusão pode parecer, num certo sentido — e erraríamos em esquecê-lo — bastante aberta e generosa, ela permanece, contudo, singularmente menos "avançada", como o sublinhou em especial Christophe Schulte, do que o extraordinário trabalho, ao mesmo tempo de "apropriação" e de "desprendimento" de si, realizado por seu "discípulo" Franz Joseph Molitor.

[40] *Ibidem*, p. 170.

Schelling e o judaísmo

# NOTAS SOBRE OS TEXTOS

1. "Da necessidade de/da filosofia"
   Publicado em *Critique*, n° 369, 1978, pp. 138-53.

2. "A situação de Hölderlin no limiar do idealismo alemão"
   Uma primeira versão deste ensaio foi publicada em *Les Études Philosophiques*, n° 3, 1976. Posteriormente publicado em *Extase de la raison. Essais sur Schelling*, Paris, Galilée, 1990, pp. 15-42.

3. "A estréia filosófica de Hölderlin em Iena e sua crítica a Fichte"
   Publicado em *Les Cahiers de Philosophie*, número especial dedicado a Fichte, Lille, 1995, pp. 267-85.

4. "Quem é o Empédocles de Hölderlin?"
   Publicado em *Nietzsche, Hölderlin et la Grèce*, Publications de la Faculté des Lettres et Sciences Humaines de Nice, n° 34, 1988, pp. 19-32.

5. "O Cristo de Hölderlin"
   Inédito em francês. Há uma versão para o inglês: "Hölderlin's Christ", Aris Fioretos (ed.), *in The Solid Letter: New Readings of Friedrich Hölderlin*, Stanford University Press, 1999, pp. 121-41.

6. "Da metáfora trágica"
   Essas páginas retomam, em versão remanejada, texto de comunicação apresentada em Montreal em 1979, por ocasião de um colóquio sobre *O trágico e a tragédia na tradição ocidental*. Uma primeira versão foi publicada na *Revue Philosophique de Louvain*, t. 81, fevereiro de 1983 [pp. 37-62]. [Publicado em *Extase de la raison*, pp. 45-72.]

7. "Tragédia e sublimidade. A interpretação especulativa do *Édipo Rei* no limiar do idealismo alemão"
   O presente estudo retoma diferentes análises publicadas anteriormente sob o título "Finitude et liberté", como posfácio à tradução francesa de Schelling, *Premiers écrits (1794-1795)*, Paris, PUF, 1987, assim como o ensaio "Tragédie et sublimité", editado inicialmente na obra coletiva *Du sublime*,

publicada por J-L. Nancy, Paris, Belin, 1988. [Publicado em *Extase de la raison*, pp. 75-111.]

8. "Mito e verdade. A mitologia explicada por ela mesma?"
Inédito.

9. "Temporalidade e revelação"
Publicado em *Le dernier Schelling. Raison et positivité*, Paris, Vrin, 1994, pp. 9-30.

10. "A crítica da ontoteologia"
Como ponto de partida deste texto, uma conferência pronunciada por ocasião de um colóquio consagrado ao "Deus de Hegel e de Aristóteles" e organizada em junho de 1988 pelo Centro Hegel-Marx da Universidade de Poitiers, sob a direção de M. G. Planty-Bonjour. [Publicado em *Extase de la raison*, pp. 263-311.]

11. "Do Deus em devir ao ser por vir"
Publicado em *Extase de la raison*, pp. 203-36.

12. "Schelling e o judaísmo"
Publicado em *La philosophie allemande dans la pensée juive*, Paris, PUF, 1977.

## SOBRE O AUTOR

Jean-François Courtine é professor do departamento de filosofia da Universidade de Paris-Sorbonne (Paris IV), fundador e diretor do Centro de Estudos Fenomenológicos e Hermenêuticos/Arquivos Husserl, de Paris.

Além de inúmeros artigos, é autor de várias obras, entre as quais *Suarez et le système de la métaphysique*, *Heidegger et la phénoménologie* e *Extase de la raison. Essais sur Schelling*. Reconhecido também por suas traduções (inclusive de Heidegger), Courtine é também o principal tradutor das obras de Schelling para o francês.

# COLEÇÃO TRANS
*direção de Éric Alliez*

Gilles Deleuze e Félix Guattari
*O que é a filosofia?*

Félix Guattari
*Caosmose*

Gilles Deleuze
*Conversações*

Barbara Cassin, Nicole Loraux,
Catherine Peschanski
*Gregos, bárbaros, estrangeiros*

Pierre Lévy
*As tecnologias da inteligência*

Paul Virilio
*O espaço crítico*

Antonio Negri
*A anomalia selvagem*

André Parente (org.)
*Imagem-máquina*

Bruno Latour
*Jamais fomos modernos*

Nicole Loraux
*Invenção de Atenas*

Éric Alliez
*A assinatura do mundo*

Maurice de Gandillac
*Gêneses da modernidade*

Gilles Deleuze e Félix Guattari
*Mil platôs (Vols. 1, 2, 3, 4 e 5)*

Pierre Clastres
*Crônica do índios Guayaki*

Jacques Rancière
*Políticas da escrita*

Jean-Pierre Faye
*A razão narrativa*

Monique David-Ménard
*A loucura na razão pura*

Jacques Rancière
*O desentendimento*

Éric Alliez
*Da impossibilidade da fenomenologia*

Michael Hardt
*Gilles Deleuze*

Éric Alliez
*Deleuze filosofia virtual*

Pierre Lévy
*O que é o virtual?*

François Jullien
*Figuras da imanência*

Gilles Deleuze
*Crítica e clínica*

Stanley Cavell
*Esta América nova,
ainda inabordável*

Richard Shusterman
*Vivendo a arte*

André de Muralt
*A metafísica do fenômeno*

François Jullien
*Tratado da eficácia*

Georges Didi-Huberman
*O que vemos, o que nos olha*

Pierre Lévy
*Cibercultura*

Gilles Deleuze
*Bergsonismo*

Alain de Libera
*Pensar na Idade Média*

Éric Alliez (org.)
*Gilles Deleuze: uma vida filosófica*

Gilles Deleuze
*Empirismo e subjetividade*

Isabelle Stengers
*A invenção das ciências modernas*

Barbara Cassin
*O efeito sofístico*

Jean-François Courtine
*A tragédia e o tempo da história*

A sair:

Michel Senellart
*As artes de governar*

Este livro foi composto em Sabon,
pela Bracher & Malta, com CTP e
impressão da Prol Editora Gráfica
em papel Pólen Soft 70 g/m² da Cia.
Suzano de Papel e Celulose para a
Editora 34, em fevereiro de 2006.